Zu diesem Buch

Herr sein heißt: obenauf sein und auf Unterworfene herabblicken;
Herr sein heißt: Damen beschützen und Weiber gebrauchen;
Herr sein heißt: dafür sorgen, daß der eigene Nutzen zum Gemeinwohl erklärt wird.

Martha Mamozai hat sich auf die Fährte der Herrenmenschen begeben, zurück in die deutsche Kolonialgeschichte, in die Reservate des Hochmuts und der Menschenfeindlichkeit. Aus zeitgenössischen Bildern und Zeugnissen rekonstruiert sie das verhängnisvolle Bündnis von Rassismus und Frauenverachtung, das bis heute nicht ganz besiegt ist. In diesem Buch wird die Erbärmlichkeit des Herrenmenschen deutlich, der darauf angewiesen ist, sich überlegen zu fühlen. Er braucht die Brutalität, mit der «eingeborene Weiber» erniedrigt und benutzt werden, ebenso wie die herablassende Kavaliershaltung gegenüber «ebenblütigen Frauen», die zur Arterhaltung nach Übersee versandt wurden. Die Männergesellschaft der Kolonien war beispielhaft in der Rücksichtslosigkeit gegenüber Schwachen und in der Selbstgerechtigkeit, mit der diese Herrschaft zelebriert wurde.

Beispielhaft war freilich auch die Härte, mit der die weißen «Herrinnen» sich an der Unterdrückung der schwarzen Frauen beteiligten. Sie haben die Geschichte der kolonialen Epoche als Komplizinnen mitgeprägt. Frauen haben, so Martha Mamozai, mitgeschwiegen und mitgemacht und müssen deshalb heute mitverantworten.

MARTHA MAMOZAI, geboren 1944 in Bayern, arbeitete in Schreibstuben und Hotels, ging als Entwicklungshelferin nach Afghanistan, wurde auf dem zweiten Bildungsweg Diplom-Volkswirtin und Diplom-Soziologin, arbeitete in Frauengruppen in Hamburg und Berlin und in Djibouti/Afrika als Beraterin eines Frauen-Selbsthilfeprojekts, lebt heute in Oberbayern als freiberufliche Gutachterin für Entwicklungshilfeprojekte.

Zur Lage der Frauen in der Dritten Welt
erschienen bei Frauen aktuell:

Awa Thiam: Die Stimme der schwarzen Frau. Vom Leid der Afrikanerinnen (roak 4840)

Ruth Weiss (Hg.): Frauen gegen Apartheid. Zur Geschichte des politischen Widerstandes von Frauen (roak 5914)

Claudia v. Werlhof/Maria Mies/Veronika Bernholdt-Thomsen: Frauen, die letzte Kolonie. Zur Hausfrauisierung der Arbeit (12239)

Martha Mamozai

Schwarze Frau, weiße Herrin

Frauenleben in den deutschen Kolonien

Rowohlt

rororo aktuell
Herausgeber Ingke Brodersen · Freimut Duve

> **Frauen aktuell**
> **Herausgegeben von Susanne v. Paczensky**
> Wir gehen davon aus, daß der Kampf um Menschenrechte notwendig auch ein Kampf um Frauenrechte sein muß. Wir wissen, daß Frauen speziellen Formen der Unfreiheit und der Ungerechtigkeit unterworfen sind, daß ihre Beteiligung am politischen Handeln auf besondere Hindernisse stößt. Diese Handlungen sichtbar zu machen, wo möglich abzubauen – durch Erfahrungsberichte, Erklärungsversuche und Lösungsvorschläge –, ist das Ziel von «Frauen aktuell».

Originalausgabe
1.–12. Tausend März 1982
13.–21. Tausend Februar 1989
Veröffentlicht im Rowohlt Taschenbuch Verlag GmbH,
Reinbek bei Hamburg, Februar 1989
Copyright © 1989 by Rowohlt Taschenbuch Verlag GmbH
Reinbek bei Hamburg
Alle Rechte vorbehalten
Dieses Buch ist 1982 unter dem Titel: Herrenmenschen. Frauen im deutschen Kolonialismus (Nr. 4959) in der Reihe frauen aktuell erschienen
Umschlagentwurf Jürgen Kaffer/Peter Wippermann
(Foto: Bildarchiv Preußischer Kulturbesitz)
Satz Times (Linotron 202)
Gesamtherstellung Clausen & Bosse, Leck
Printed in Germany
1080-ISBN 3 499 12506 4

Inhalt

Vorwort zur 2. Auflage   I

Nicht nur ein historisches Thema   7

Deutsche in aller Welt   11

Männer machen Politik   23

Deutsche Kolonialpioniere   31

Die «Arbeiterfrage»   43

Die «Eingeborenenfrage»   51

Völkerkundler unterwegs   59

Mütter, Produzentinnen, Hüterinnen der Tradition   65

Die Heidenmission   81

Die neue Wirtschaftsweise
und ihre katastrophalen Folgen   105

Frauen unter dem preußischen Stiefel
   Zeugnisse aus dem britischen ‹Blaubuch›   119

Die «Mischehenfrage»   125

Die koloniale Frauenfrage   135

Wie Vorurteile entstehen   159

Ungehorsam gegen die Herren   169

«... daß eine weiße Frau sich nicht ebenblütig
verbindet, ist ausgeschlossen...»   179

Weiß gegen Weiß
   Hinter den Kulissen der kolonialen Siedlerschaft   187

Kolonialzeit daheim im Reich   193

Rassismus und Frauenverachtung im
Deutschen Reichstag
   Splitter aus den Kolonialdebatten bis 1918   205

Frauenbewegung im Kaiserreich 223

Kolonialismus, Rassismus, Faschismus
   Fragen nach einer deutschen Kontinuität 255

Krieger und Mädchen 277
«Wir wollen keine Kaffern mehr sein!»
oder: Kurzer Aufruf zur Nachdenklichkeit 293

«Wer hat Angst vorm schwarzen Mann...?»
   Volkstümlicher Rassismus – bis heute lebendig 297

Anmerkungen 301

Bildnachweise 311

*Für Mutti, Eckart,
Schlicki und Reiner*

Vorwort zur 2. Auflage

Djibouti, Februar 1982. Seit fast einem halben Jahr bin ich in Djibouti, dem kleinen Wüstenstaat am Horn von Afrika, mit dem Auftrag, die nationale Frauenunion (UNFD) zu beraten. Erste Erfolge stellen sich ein. Zum erstenmal ist die UNFD offiziell zur Kenntnis genommen und zu einem Seminar von nationaler Bedeutung eingeladen worden. Es geht um die Verbesserung der Gesundheitsversorgung der Bevölkerung. In der Pause verlasse ich das Parlamentsgebäude, in dem getagt wird, gehe die wenigen Meter hinüber zur Post. Obwohl es erst Februar ist, ist es heiß und staubig. Die Winterregen sind ausgeblieben in diesem Jahr. Im Postfach ein Päckchen vom Verlag: das Buch. Ich streiche über den Einband, ungläubig, das Resultat von drei Jahren Arbeit, drei Jahren Leben mit dem Thema schwarz auf weiß gedruckt in Händen zu halten. Im ersten Moment empfinde ich nichts außer Erstaunen. Es ist so weit weg... Dann beginne ich, mich zu freuen, zeige es Saida, mit der zusammen ich am Seminar teilnehme. Sie lacht, freut sich, ist stolz auf mich, daß ich ein Buch geschrieben habe, besieht sich das Titelbild, fragt, wovon es handelt. Ich versuche, es ihr zu erklären, und merke, wie schwer es ist. Am schwersten, ihr klarzumachen, daß auch wir Deutschen eine koloniale Vergangenheit haben. Die Kolonialherren, das sind für sie die Franzosen. 1977 erst ist ihr Land formell unabhängig geworden. Aber bis heute sind sie omnipräsent, als wichtige Geldgeber, Berater in allen Ministerien, mit regulären Truppen und mit Legionären. Um die Frauen haben sie sich bisher nicht gekümmert. Zwischen den djiboutischen Frauen und den Franzosen steht der Unabhängigkeitskampf, den die Frauen entscheidend mitgeprägt haben. Sie hatten nichts zu verlieren...

Hamburg, September 1982. Mein erster Heimaturlaub. Der Verlag hat mich zu einer Diskussionsveranstaltung anläßlich des Hamburger «Literatrubel» eingeladen, zusammen mit Kabamba Mupompa, Uwe Timm, Peter Schütt und Professor Helmut Bley. Das Thema: «Herrenmenschen – Deutsche in Afrika».

Ich habe Herzklopfen, als der namibische Kollege mit meinem Buch in der Hand auf mich zukommt. Es ist wie eine Feuerprobe: Kann das Buch vor seinen Augen bestehen? Es kann. Er lächelt freundlich. Das Buch sei gut und wichtig, sagt er und bittet mich, ihm eine Widmung hineinzuschreiben.

Burundi, September 1983. Im Verlauf einer Projektprüfung führt mich der Weg nach Gitega. Der Gouverneur empfängt mich. Als er hört, daß ich Deutsche bin, wird er betont freundlich. Er mag die Deutschen, hält große Stücke auf uns. Sein Amtssitz, den er mir stolz zeigt, stammt noch aus der Zeit, als das damalige Urundi deutsche Kolonie war, ein rotes Backsteingebäude, wie das Gefängnis, nur einen Steinwurf weit entfernt, Gefängnis damals wie heute... «Solide, sehr solide, wie da gebaut wurde. Ja, die Deutschen...» Ich starre auf die Schießscharten, den Wehrgang, das befestigte Tor, die starken Mauern. Gegen die Feinde draußen, die kolonialen Rivalen und die feindseligen Schwarzen! Und jetzt steht einer ihrer Enkel vor mir und tritt mir gegenüber überhaupt nicht so auf, als gäbe es da so etwas wie eine historische Schuld, ein koloniales Erbe, eine Verpflichtung zur Aussöhnung, Wiedergutmachung... In Burundi, so lerne ich, sind die «bösen» Kolonialherren die Belgier, die nach den Deutschen das Gebiet unter ihre Herrschaft brachten. Die Deutschen, das sind die «guten» Kolonialisten. «Alles wäre anders heute, wären damals die Deutschen geblieben», sagen auch die jungen Landfunkredakteure, die ich drei Jahre später in Burundi zu einer Fahrt über Land begleite. Wir fahren über eine Brücke. Auf dem mittleren Pfeiler eine Jahreszahl in Stein: 1904. Voll Begeisterung über die technischen Leistungen der Deutschen, auch sie. Und sie verstehen nicht, was ich meine, wenn ich sage: «Aber um welchen Preis...?»

Ich bin verwirrt. Wie kommen wir Deutschen in vielen Teilen Afrikas – denn ähnliches ist mir vielerorts begegnet – zu diesem positiven Image? Ist das, was vor achtzig, hundert Jahren geschah ohne Bedeutung? Ist «Erinnerungsarbeit» (Margarete Mitscherlich) nur für ein bestimmtes Kapitel der deutschen Geschichte wichtig?

Da erreicht mich der Brief eines Lesers aus Kassel: «...Die Komplimente für Dein ausgezeichnetes Buch will ich mir sparen», schreibt er, «statt dessen schicke ich als besonderes Kompliment eine Rezension aus dem ewiggestrigen ‹Mitteilungsblatt des Traditionsverbandes ehemaliger Schutz- und Überseetruppen› mit, die Dir vielleicht entgangen ist...» Ja, es gibt sie immer noch, die Herrenmenschen. In ihrem Mitteilungsblatt Nr. 64 von 1983 ereifert sich Professor Dr. Volker Lohse zunächst über meinen zweiten Bildungsweg und mein Engagement in Frauengruppen: «...Diesen Werdegang muß man kennen, um zu erahnen, wie eine Autorin es wagen kann, mit so wenig Wissen um den von ihr behandelten Stoff, mit so wenig Quellenstudium und -kritik ein Buch zu einem so bewegenden, so anspruchsvollen Thema zu schreiben...» Und fährt mit dem schärfsten Geschütz auf, das ein deutscher Professor zur Verfügung hat: «...Es entstand trotz der 290 Fußnoten kein wissenschaftliches Werk...» Er wirft mir vor, ich «vernachlässige Fakten und Genauigkeit», und schreibt, daß statt der Schlachtschiffe «Kreuzer», «Hyäne» und «Baden» das «vergleichsweise bescheidene 490-t-Kanonenboot Hyäne» allein unterwegs gewesen sei, die Meuterei der Dahomey-Polizeisoldaten niederzuschlagen. «Wahrlich», so schließt er, «es ist schwer, darüber keine Spottgeschichte zu schreiben!» und entlarvt sich damit nur selber.

Also, denke ich, ist es wichtig, dieses Buch. Wir dürfen unsere Geschichte nicht der Erinnerungsarbeit Ewiggestriger überlassen.

Immer noch wird der deutsche Kolonialismus als zu vernachlässigende Episode verharmlost. Gewiß, die Zeitspanne, in der das Deutsche Reich überseeische Gebiete beherrschte, war kurz, gemessen an den epochalen Eingriffen anderer europäischer Kolonialmächte. Trotzdem war der deutsche Kolonialismus keineswegs «besser» oder «humaner» als der seiner Konkurrenten. Mag sein, daß neben der faschistischen Schreckensherrschaft das koloniale Unrechtsregime sich auf den ersten Blick wie ein «kleineres Übel» ausmacht. Wir sollten genauer hinsehen; denn dort vollzog sich ein Drama ganz besonderer Art: Die deutschen Herrenmenschen erprobten in den deutschen Kolonien die meisten jener Zwangsinstrumente wie Paßmarken, Rassengesetze und «Endlösungen», die bald darauf in Europa zu blutigem Perfektionismus gedeihen sollten – und, vergessen wir nicht, auch zu dem geführt haben, was wir heute als südafrikanische Spezialität ansehen, das Apartheidsystem.

Südafrika und Namibia sind auch 1988 noch nicht frei. Noch herrscht das Apartheid-Unrechtsregime und wird brutaler, mit jedem Tag, den es noch währt. Vergessen wir nicht, was sich in der ehemaligen deutschen Kolonie Südwest ereignet hat, vergessen wir nicht unser gerütteltes Maß Schuld an der Etablierung auch dieses Systems der Unmenschlichkeit. Auch unsere koloniale Vergangenheit ist Teil jener Epoche, die Ralph Giordano die Epoche «des Verlusts der humanen Orientierung» nennt. Aber anstatt uns unserer historischen Verantwortung zu stellen und alles daran zu setzen, das Apartheidsystem zu Fall zu bringen, sind wir auf dem besten Weg, auch hier «die zweite Schuld» auf uns zu laden. Da kann einer Minister für Wirtschaftliche Zusammenarbeit werden, der sich noch 1985 als Abgeordneter vor dem Reiterstandbild, dem «Ehrenmal der deutschen Schutztruppe», in Windhuk lächelnd fotografieren ließ.

Wie gern würde ich nun sagen: zur Hölle mit ihnen, zur Hölle mit dieser Welt! Es ist nicht meine Welt. Es ist die Welt der Männer, Herren, Patriarchen. Wir Frauen, Hort des Lebens, Hüterinnen der Natur, natürliche Verbündete des Friedens und der Unterdrückten... Halt, Schwestern, halt! Wir waren da. Zu allen Zeiten. Und nicht nur – wenn auch nur zu oft – als Opfer, Beherrschte, Unterdrückte. Wir waren auch Komplicinnen, Unterdrückerinnen, *Herrinnen*. Davon ist in diesem Buch die Rede. Wir werden Fährten und Spuren verfolgen, die zeigen, *daß* und *wie* Frauen die Geschichte mitbestimmt haben, auch die Geschichte der kolonialen Epoche. Frauen haben, das lehrt diese historische Retrospektive, mitgeschwiegen und mitgemacht – und müssen deshalb heute mitverantworten.

Schwarze Frau – weiße Herrin – nur eine historische Konstellation? Die weiße Herrin, bin ich das nicht noch oder wieder, wenn ich Afrikanern, Afrikanerinnen heute gegenüberstehe? Ob ich es will oder nicht, ich komme aus einer der mächtigsten Industrienationen. Wir sind es, die die Töpfe füllen mit den Geldern, die sie brauchen, um die Folgen der Unterentwicklung – für die wir mitverantwortlich sind – zu überwinden. Und wir haben die Rezepte. Wieder sind wir es, die angeblich wissen, was gut für sie ist. Und weil wir das Geld haben, haben wir die Macht. Frauen ausgenommen?

Noch einmal Djibouti: Zwei Frauen haben sich angesagt, die UNFD zu besuchen, bekannte Feministinnen. Ich kenne und schätze ihre Veröffentlichungen. Sie kommen, nehmen sich nicht die Zeit, hinzusehen, zuzuhören, was augenblicklich das wichtigste Problem der djiboutischen Frauen ist – aus *deren* Sicht. Das ist nicht nötig, denn sie kommen mit klaren Vorstellungen, wissen, was zu tun ist: Schluß mit der Beschneidung, sagen sie. Wenn die UNFD mit einer öffentlichen Kampagne gegen Beschneidung beginnt, könnte sie dafür Geld, viel Geld bekommen... Das erinnert fatal an die Missionarspolitik der Kolonialzeit: Die Schwarzen bekommen Schulbildung, Arbeit, ja das Paradies verheißen, wenn sie sich den Regeln der Weißen unterwerfen, deren Bedingungen akzeptieren. Und wie unterscheidet sich dies von der Politik der Weltbank oder des Internationalen Währungsfonds, die Ländern ihre Bedingungen diktieren, die bis zu Hungerrevolten führen und zu Toten, so geschehen in Tunesien und im Sudan zum Beispiel...

Die Djbouterinnen haben übrigens das «großzügige Angebot» nicht angenommen. Sie gehen mit dem Problem Beschneidung um auf ihre Weise: behutsam, in kleinen Schritten, ohne Lärm, mit viel Geduld und Aufklärungsarbeit.

Wir haben also allen Grund, auch und besonders als Frauen, deutsche Frauen, uns der historischen Herausforderung zu stellen, «Erinnerungsarbeit» zu leisten. Es gibt sie nicht, die «natürliche» Unschuld des weiblichen Geschlechts – auch wenn es im Zuge patriarchaler Vorwärtsstrategie besonderer Unterdrückung ausgesetzt war – und noch ist; auch dann nicht, wenn Frauen sich die Befreiung aller Frauen auf die Fahne geschrieben haben. Dies zu begreifen, zu akzeptieren und daraus zu lernen – auch deshalb ist das Buch noch heute wichtig.

November 1988

Nicht nur ein historisches Thema

Schriften, die sich gegen Kolonialismus und Imperialismus richten, haben bislang den Eindruck erweckt, als handle es sich dabei um ein geschlechtsneutrales Problem. Ist das wirklich der Fall oder fiel auch in diesem Bereich die Frauengeschichte der Schere im Kopf der vorwiegend männlichen Theoretiker zum Opfer? War Kolonial*herr* zu sein tatsächlich ein ausschließliches Privileg der Männer? Gibt es Hinweise auf eine aktive Teilnahme von Frauen am Kolonialismus? Wenn ja, wie sah diese aus? Unterschied sie sich von männlicher Kolonialpraxis?

Diese und ähnliche Fragen drängten sich mir auf, als ich nach mehrjähriger Arbeit als Entwicklungshelferin begann, mich auch theoretisch mit Kolonialismus und Imperialismus als den wichtigsten Ursachen für die heutige Lage der Menschen in den unterentwickelt gehaltenen Ländern zu beschäftigen. Gleichzeitig bestärkten mich Erlebnisse und Erfahrungen in der «Dritten Welt» sowie mit Frauen aus der Frauenbewegung bei uns und deren theoretischen Arbeiten, weiter an dieser bisher vernachlässigten Dimension des Kolonialismus zu arbeiten.

Die andere Seite der Medaille, die Auswirkungen von Kolonialismus und Imperialismus auf die Frauen in den ehemaligen Kolonien bis heute, ist leichter zu erkennen. Bei genauerem Hinsehen stellt sich nämlich heraus, daß die Problematik der «Unterentwicklung» sich nicht nur nach Staaten, Völkern und Klassen verschieden darstellt, sondern daß eine unterschiedliche Einbindung in den Prozeß von «Unterentwicklung» (und in das, was heute unter «Entwicklung» verstanden wird) nach Geschlechtern getrennt auszumachen ist. Die Kolonialherrschaft war kein geschlechtsneutraler Gewaltakt. Männer und Frauen wurden auf verschiedene Art in diesen Umwälzungsprozeß einbezogen und tragen bis heute unterschiedlich an dessen Folgen. Dies ist ein Grund für die Aktualität und Brisanz des scheinbar rein historischen Themas.

Frauen haben die geringsten Bildungschancen: Von den rund 800 Millionen Analphabeten in der Welt sind weit über 500 Millionen Frauen. Doch auch überall dort, wo Frauen Zugang zu Bildungseinrichtungen besitzen, werden sie, verglichen mit Männern, stark benachteiligt.

Frauen bekommen die niedrigsten Löhne: In der internationalen Lohn-Hierarchie stehen Frauen aus «Entwicklungsländern» an der untersten Stelle. Neben einer Reihe anderer Standortvorteile ist dies ein wichtiger Grund für multinationale Konzerne und Unternehmen, ihre Weltmarktfabriken neuerdings in zunehmendem Umfang in diese Länder zu verlegen.

Frauen wurden und werden aus der Landwirtschaft, ihrer ureigensten Domäne, verdrängt: Jahrhundertelang hatten Frauen einen wesentlichen Anteil an der Produktion, der Verarbeitung und Vorratswirtschaft von Nahrungsmitteln. Heute sind es Männer, die zu Trägern der «modernen» Landwirtschaft gemacht werden. Die Frauen werden abgedrängt in die wenig produktiven, «rückständigen» Sektoren der Landwirtschaft oder ganz aus ihrem angestammten Bereich vertrieben.

Frauen haben keine freie Verfügung über ihre Gebärfähigkeit und Sexualität: Sie haben meist keinen freien Zugang zu modernen empfängnisverhütenden Mitteln, sind aber gleichzeitig ihren traditionellen Methoden entfremdet worden oder haben das Wissen darum im Zuge der kolonialen Herrschaft ganz verloren. In vielen Gesellschaften werden sie noch vor der Geschlechtsreife ohne ihre Einwilligung verheiratet, in anderen beschnitten. Gewalt gegen Frauen in der Familie, Vergewaltigung und Zwangssterilisation betreffen alleine die Frauen. Frauen in der «Dritten Welt» sind darüber hinaus in verstärktem Maße die «Versuchskaninchen» der internationalen Pharmakonzerne.

Frauen arbeiten mehr als Männer: Neben bezahlter Lohnarbeit oder unbezahlter Arbeit im Subsistenzsektor verrichten Frauen den allergrößten Teil von nichtbezahlter Arbeit im Haus und der Familie, die in «Entwicklungsländern» meist besonders anstrengend und zeit- und kräfteraubend ist.

Frauen in der «Dritten Welt» sind meist noch schlechter ernährt als Männer: Doppelte Arbeitsbelastung und eine hohe Zahl von Geburten zehren stärker an ihren Kräften. In einigen Ländern und Kulturkreisen kommt eine offene Vernachlässigung der Töchter von klein auf bezüglich Ernährung und Gesundheit hinzu.

Dies sind nur einige der Merkmale, die die besondere Situation von Frauen in der «Dritten Welt» charakterisieren. Sie sind keine Erfindung «westlicher» Feministinnen, sondern haben sich bereits niedergeschlagen in ungezählten Papieren einzelner Regierungen und internationaler Organisationen. Die UNO hat deshalb 1975 nicht nur das Jahr, sondern die «Dekade der Frau» ausgerufen. Die erste Zwischenbilanz, nach fünf Jahren im Juli 1980 auf der Weltfrauenkonferenz gezogen, zeichnet ein düsteres Bild: In vielen Bereichen hat sich die Lage der Frauen in der «Dritten Welt» weiter verschlechtert. Das

Motto der «Dekade der Frau», «Gleichheit, Entwicklung und Frieden», verhallt nahezu unbeachtet in den Zentren der Macht, in den Metropolen der Mächtigen, dort, wo heute noch die wichtigsten machtstrategischen und wirtschaftspolitischen Entscheidungen getroffen werden. Daß dies so sein kann, dafür wurden im Kolonialismus die Weichen gestellt, wurde von Europa aus ein Zug auf die Reise geschickt, «Entwicklung» genannt oder auch «Kultur».

Aber auch für uns als Deutsche im besonderen als deutsche Frauen ist diese Epoche von nachhaltiger Bedeutung und anhaltender Aktualität. Zwar war Deutschland weder die erste noch die wichtigste Kraft unter den rivalisierenden kolonialen Mächten. Doch darf dies kein Grund sein, uns aus der historischen Verantwortung zu stehlen. Unserem notorischen Kurzzeitgedächtnis in punkto Geschichte auf die Sprünge zu helfen, den Finger in offene, wenn auch versteckte Wunden zu legen, das zumindest möchte dieses Buch. Aber auch: anzuregen, sich endlich der kolonialen Vergangenheit Deutschlands zu stellen.

Deutsche in aller Welt

Auswandererschiff in der Mitte des letzten Jahrhunderts.

Deutsche Abenteurer, Missionare, Handwerker, Söldner, Gelehrte, Kaufleute und Fürsten nahmen teil an den Entdeckungs- und Eroberungsreisen, durch die viele überseeische Territorien unterworfen werden sollten. Martin Behaim, Schöpfer des berühmten Nürnberger «Erdapfels», des ersten uns erhaltenen Erdglobus, war verheiratet mit einer Tochter des portugiesischen Statthalters der Azoreninsel Fayal und wurde für seine Verdienste um die portugiesische Sache im Jahre 1485 zum Ritter geschlagen. Balthasar Springer und Hans Mayr segelten schon 1505/06 im Auftrag der deutschen Handelshäuser Fugger, Welser, Hochstetter, Hischvogel und Derer im Hofe nach Indien. Ulrich Schmidl kam auf Schiffen der Kaufmannsfamilien Welser und Neithart im Gefolge spanischer Konquistadoren 1534 in die «Neue Welt» nach Argentinien. Hans Staden veröffentlichte in Marburg ein Buch über seine Reiseabenteuer, die ihn bereits 1548 nach Brasilien geführt hatten.

Venezuela war nach 1528 für Jahrzehnte zur Hauskolonie des Handels- und Bankhauses Welser geworden, Karl V. hatte es ihnen verpfändet. Georg Hohermuth von Speyer, Philip von Hutten und Nikolaus Federmann wurden dort für die Welser als Agenten bei der Sklaveneinfuhr tätig. Der erste deutsche Statthalter von Venezuela, Ambrosius Ehinger, versteigerte indianische Kriegsgefangene auf öffentlichen Märkten und handelte mit Negersklaven. Das tat seiner Ehre keinen Abbruch.

Mitte des folgenden Jahrhunderts versuchte sich der deutsche Barockfürst Jakob von Kurland in den transatlantischen Dreieckshandel einzumischen. 1651 erschienen zwei Schiffe des Fürsten an der westafrikanischen Küste vor Gambia, wurden auf sein Geheiß auf der Insel St. Andreas und auf Bajona Befestigungsanlagen errichtet. Zwei Jahre später besetzten Jakobs Matrosen einen Küstenstrich der westindischen Insel Tobago. Die ehrgeizigen Pläne des Fürsten für Geschäfte im Sklavenhandel aber scheiterten bald kläglich: Skorbut, Tropenfieber und leere Kassen behinderten den Kolonisationsversuch zu sehr.

Doch träumten deutsche Fürsten und Könige auch weiterhin von überseeischen Kolonien. Graf Kasimir von Hanau wollte 1669 eine deutsche Siedlungskolonie in Guayana gründen: «Wohlandenn, dapfere Teutsche», so soll er gesagt haben, «machet, daß man in der Mapp neben Neu-Spanien, Neu-Frankreich, Neu-Engelland auch ins künftige Neu-Teutschland finde!» Der «Große Kurfürst» schließlich, Friedrich Wilhelm von Brandenburg, ließ 1683 an der afrikanischen «Goldküste» die Feste «Groß-Friedrichsburg» als Vorposten deutscher kolonialer Macht errichten und nahm rege am Sklavenhandel teil.

Auch deutsche Söldner vom gemeinen Soldaten bis zum General waren in allen Teilen der neuen Kolonien unter allen möglichen Fahnen anzutreffen. Sie eroberten und töteten im Sold von Fremdenlegionen in Brasilien, im Senegal oder in Algerien. General Schwalbach kämpfte in englischen Diensten und unter portugiesischer Fahne, in Rio de Janeiro und auf Madeira. Freiherr von Eben wechselte aus der englischen Truppe in die preußische und dann zurück in portugiesisch-britische Dienste. Er nahm schließlich sogar am Feldzug Simón Bolívars und an der Besetzung Quitos im Jahre 1822 teil. Joachim Nettelbeck, der als Seemann in niederländischen Diensten fuhr und eine dunkle Vergangenheit im Sklavenhandel hatte, gelangte unter dem Kommando des preußischen Heerführers Graf von Gneisenau in den Schlachten gegen die französische Okkupationsmacht sogar zu ungeahntem Ruhm. Das war zu Anfang des 19. Jahrhunderts.

Als im Jahre 1884 die erste deutsche Kolonie in Afrika entstand und 1899 als letztes die Südseekolonien in Besitz genommen wurden, konnte Deutschland also schon auf eine recht lange, obwohl kaum spektakuläre Kolonialtradition zurückblicken. Eine Vorgeschichte, die später jedoch nur noch selten wahrgenommen wurde.

Gewandert aber sind die Menschen Europas in der neueren Geschichte immer wieder: Auf der Suche nach Jagd- und Weidegründen, Ackerland oder Arbeitsplätzen; durch Heirat, aus Not oder in der Folge von Kriegen; auf Grund politischer, religiöser und rassischer Verfolgungen. Vom Land in die Stadt, in Gegenden des gleichen Kulturraumes und weit darüber hinaus. Allein, mit Familienangehörigen, in Gruppen.

Da wanderten Sachsen und Schwaben bereits im 14. Jahrhundert als Wehrbauern gegen die Türkengefahr in Europas Südosten, nach Siebenbürgen, Banat und Batschka. Pfälzer vor allem und Schwaben flohen zu Beginn des 18. Jahrhunderts vor französischen Soldaten nach Nordamerika. Schlesische Weber zogen nach dem Aufstand im Hungerjahr 1844 nach Brasilien und geschlagene Revolutionäre von 1848 gingen nach Nordamerika. Andere suchten Religionsfreiheit und wieder andere waren Landeskinder bankrotter, prunksüchtiger «Landesväter», die sie als Söldner in aller Welt verkauft hatten. Im 20. Jahrhundert waren es dann die politisch und rassisch Verfolgten, die vor dem deutschen Faschismus ab 1933 flüchten mußten, und schließlich jene, denen nach dem Zusammenbruch des «Tausendjährigen Reiches» zwölf Jahre später der Boden unter den Füßen zu heiß geworden war oder die, die durch die Neuaufteilung von Nachkriegseuropa in Machtblöcke vertrieben wurden.

Noch vor dem Import von Negersklaven für die Plantagen der «Neuen Welt» waren in England und auf dem europäischen Festland Menschenräuber unterwegs auf der Jagd nach ihrer begehrten Beute. Später wurde das System verfeinert: Die Auswanderungswilligen waren meist arm und konnten das Reisegeld nach Übersee nicht aufbrin-

> Tief in roher Urwaldmitte,
> Wo der Deutsche schafft und baut,
> Blühe immer deutsche Sitte,
> Sterbe nie der deutsche Laut.
>
> Gedicht eines Kolonialisten
> aus Serra Negra, Brasilien[1]

gen. Redegewandte Agenten lockten sie deshalb mit dem Angebot, die Kosten für ihre Überfahrt erst am Reiseziel abzuarbeiten. Die gutgläubigen Opfer wußten nicht, daß dieses «Abarbeiten» in Wirklichkeit jahrelange Sklaverei für sie bedeutete. Diese Art der Einwanderung nach Amerika begann um das Jahr 1725. Die Auswanderer kamen entweder als Kontraktarbeiter oder als *redemptionists*, Freizukaufende. Erstere unterschrieben vor der Ausreise dem Schiffsreeder oder dem Kapitän einen Schuldschein oder Kontrakt, in dem sie sich verpflichteten, die Reisekosten nach der Ankunft in Übersee abzuarbeiten. Die Freizukaufenden vereinbarten mit dem Reeder oder Kapitän, daß sie nach Ankunft in Amerika eine bestimmte Frist, meist einen Monat, erhalten würden, um jemanden zu finden, der ihre Schulden einlösen könnte. Fanden sie niemanden, wurden sie verkauft oder versteigert. Der größte Umschlaghafen für deutsche Freizukaufende war Philadelphia. Dort sollen die letzten Weißen im Jahre 1831 verkauft worden sein.

Weibliche Freizukaufende waren besonderen Schikanen unterworfen. Heirateten weiße Frauen in den nordamerikanischen Kolonien einen Farbigen, so wurden sie per Gesetz zu Lebzeiten ihres Ehemannes ebenfalls zu Sklavinnen. Das gleiche Schicksal ereilte ihre Kinder. Dieses Gesetz, eigentlich dazu gedacht, weiße Frauen davon abzuhalten, farbige Männer zu heiraten, wurde zum Fallstrick für freizukaufende Frauen. Um sie und ihre Kinder als lebenslange Arbeitssklaven zu bekommen, wurden viele von ihnen mit Farbigen zwangsverheiratet. Im Klima der allgemeinen Anti-Sklaverei-Bewegung fanden sich dann ab 1764 auch Deutsche und Deutschstämmige, die sich in eigenen Vereinen gegen die weiße Sklaverei organisierten.

Eine Massenerscheinung wurde die deutsche Auswandererbewegung jedenfalls in den dreißiger Jahren des vergangenen Jahrhunderts. In den vierziger Jahren verdreifachte sich die Auswanderung und wuchs auf einen Höchststand in den fünfziger Jahren. Insgesamt waren es im 19. Jahrhundert 6,3 Millionen Deutsche, die auswanderten; die meisten von ihnen aus wirtschaftlicher Not. Ihre Zielländer waren vor allem die Vereinigten Staaten von Amerika und Kanada, wohin zwischen 80 Prozent und 90 Prozent auswanderten. Die zweitwichtigste Region war die südliche «Neue Welt», Brasilien vor allem, dann Argentinien, gefolgt von Chile, Peru und Uruguay. Es gab Gegenden, wohin eine geschlossene Gruppe ausgewandert war und wo deutsches Kulturgut lange bewahrt blieb oder Familien nahe genug zueinander siedelten, um zumindest einige der mitgebrachten Traditionen weiter pflegen zu können und so gegen die fremde Umwelt zu leben. Anderswo verblaßten nationale Kulturen, tauchten wieder auf in neuem Gewand mit allerlei exotischen Accessoires oder gingen ganz verloren.

Die Mißgeburt des «Deutschen Bundes» von 1815 trug noch nicht viel bei zu einem einheitlichen Nationalgefühl. «Deutsch» wurde man so richtig erst ab 1871 und das mit preußischem Vorgeschmack. Vorher fühlten sich die Auswanderer als Schwaben, Pfälzer, Bayern oder Badenser, als Sachsen oder Hessen. Und um gerade diese heimatlichen Bande zu pflegen, schossen, wo immer Deutsche sich ansiedelten, die verschiedensten Vereine aus dem Boden. Je stärker das «Reich» zu Hause, um so «germanischer» und «deutscher» wurden die Vereine.

Deutsche Schulen wurden zu Hunderten gegründet. In Petersburg und Beirut, in Kairo, Yokohama, Sydney, Montevideo, Asunción oder Manaus, in der Türkei oder auf Samoa, um nur einige der Plätze zu nennen. Es gab überall ungezählte kleinere Schulen, auch auf dem Lande, abseits der großen Städte. Sinn und Zweck aber all dieser Schulen war der gleiche: «Die deutsche Schule im Auslande ist berufen, die heiligsten Errungenschaften unseres Volkes, die sie in der Heimat hat schaffen helfen, durch eine nationale Erziehung in der Fremde als treue Hüterin mütterlich zu bewahren. Sie führt draußen den Kampf gegen die gefährlichen Geister der Ausländerei, die dort um das deutsche Herz unserer Jugend werben. Die Pflege deutscher Art und Biederkeit hilft dem Vordringen deutscher Arbeit die Bahn ebnen und die neuen Märkte behaupten ...»[2] Ein selbstbewußtes Wort aus einer selbstbewußten Zeit Deutschlands: 1905. Bei dem lauten Geschrei um die «deutsche Art» wird ein Problem bereits erkennbar, das in den deutschen Kolonien besonders wichtig wird: die Funktion der deutschen Frauen, die als Garanten dafür galten, die deutschen Werte zu bewahren und deutsche Kinder von klein auf in deutschem Geist zu erziehen.

Bis etwa 1890 überwog die Familienwanderung, jüngere Ehepaare zumeist, mit einem oder zwei Kindern. Ab 1893 wanderten verstärkt Einzelpersonen aus und unter ihnen mit wachsendem Anteil alleinste-

Weihnachten unter dem Eukalyptusbaum.

hende Frauen. Insgesamt waren etwa zwei Fünftel der Auswanderer Frauen. Und wo immer deutsche Frauen lebten, da wurde eine deutsche Weihnacht gefeiert. Bestimmt nicht immer so pompös wie auf der uruguayischen Estancia am La Plata, von der Martha Strinz in der Zeitschrift *Die Frau* im Dezember 1902 berichtete. Dort wurde gleich an zwei verschiedenen Tagen gefeiert. Am ersten Tag erging die Einladung «an alles, was von Kindern lebt in den weit verstreuten kleinen Lehmhütten auf der Estancia». Es gibt einen Weihnachtsbaum mit vielen Kerzen, keine deutsche Tanne zwar, «aber doch ein leidlich gut gewachsener Baum». Gedichte werden gelesen und das Weihnachtsevangelium, die «alten, trauten Weihnachtslieder» gesungen und Geschenke verteilt. Deutsche und deutschstämmige Kinder sind darunter, «niedersächsische Bauernköpfe», aber auch «bräunliche Gesichter». Am nächsten Abend folgte dann die Weihnachtsfeier «für den engeren Kreis der Familienmitglieder und des Hausgesindes». Um das trügerisch friedliche Bild nicht zu beeinträchtigen, verschweigt uns Martha Strinz, daß es sich bei den «Gästen» der ersten Feier um jene Landarbeiterfamilien handelte, die als billigste Arbeitskräfte den Wohlstand jenes Herrensitzes begründeten. Weihnachten erfährt die Ausbeutung eine neue Variante: die Großgrundbesitzersfamilie besorgt sich ein gutes Gewissen – das andauert bis zum nächsten Weihnachtsfest.

Diese Weihnachtsmanie zieht sich in beliebigen Variationen wie ein roter Faden durch unzählige Veröffentlichungen über das Leben von Deutschen in Übersee. Ein Markenzeichen fast: an ihren Weihnachtsfeiern sollt ihr sie erkennen – die Deutschen ganz allgemein und dann vor allem die, die «es geschafft» hatten, die zu Besitz und Reichtum gelangt waren. Bei genauerem Hinsehen übrigens waren das meist solche, die gleich in der richtigen Größenordnung einsteigen konnten in die «Neue Heimat». Viele schafften es nicht, gingen nach Deutschland zurück oder schafften es gerade so eben, sich über Wasser zu halten oder ein bescheidenes Auskommen zu erreichen – besser oft als in der alten Heimat allerdings. Doch nicht sie machten den Zurückgebliebenen Hoffnung, anderswo ihr Glück zu suchen, sondern vor allem die Namen der wenigen, die es zu Ansehen und Reichtum gebracht hatten.

Namen, wie der des reichsten brasilianischen Kaffeeplantagenbesitzers, Franz Schmidt, machten die Runde, weckten Hoffnungen, lockten über den großen Teich. Franz Schmidt war als Sohn einer Landarbeiterfamilie aus Osthofen bei Worms 1868 nach Brasilien eingewandert. Als «Kaufmann» gelang es ihm mit Glück und Trick, sich 52 Fazenden mit mehr als 13 Millionen Kaffeebäumen auf einer Fläche von 89000 Hektar, die größte Kaffeepflanzung der Welt, zu ergaunern. Ihm und anderen hingen später vor allem in den USA das Klischee vom *selfmademan* an. Männer waren das, mit einflußreichen Familien im Rücken oder zumindest Ellbogen aus Stahl, solche, die ohne Skrupel andere für sich arbeiten lassen, sie ausbeuten, übers Ohr hauen konnten; Mitgiftjäger, eiskalte Rechner, Gauner, Spekulanten. Ihre Methoden, an Geld, Reichtum und Macht zu kommen, standen nicht zur Debatte. Die Tatsache, daß es sie gab, verführte und lockte Hunderttausende: kleine Bauern und nachgeborene Bauernsöhne aus Familien, in denen der Landbesitz nicht mehr geteilt werden konnte. Zu klein waren die Parzellen bereits, um auch nur die erstgeborenen Söhne und deren Familien richtig zu ernähren. Mißernten und Hungersnöte taten das ihrige. Auch Handwerker, Arbeiter und Dienstboten, Krankenschwestern, Arbeiterinnen und Lehrerinnen entschlossen sich, die Heimat zu verlassen. Die meisten von ihnen hatten nichts zu verlieren.

Eine deutschsprachige Frau, die österreichische Kaisertochter Leopoldine, beeinflußte die Einwanderung nach Brasilien entscheidend mit. Im Jahre 1817 heiratete sie den portugiesischen Thronfolger von Brasilien. Dom Pedro wurde der erste Kaiser des «unabhängigen» Brasilien. Er war übrigens bekannt für seine vielen Liebschaften, und seine Frau soll nicht besonders glücklich mit ihm geworden sein. Sie starb sehr früh, bereits neun Jahre nach ihrer Hochzeit, im Jahre 1826. Die Kaiserin holte vor allem deutschsprachige Wissenschaftler und Siedler ins Land. Zwar bewährten sich die ersten Siedlungen nicht, aber seit sich der dubiose Major Schäffer der Anwerbung annahm, florierte das Geschäft. Major Schäffer warb auch Soldaten, zumeist jedoch mit unsauberen Methoden als «Kolonialisten», und es gab nicht wenige, die sich erstaunt wiederfanden in einer Uniform im brasilianischen Heer in Rio.

Wir wissen kaum etwas über die deutschen Frauen in der «Neuen Heimat» und darüber, wie sie sich zur einheimischen Bevölkerung dort verhalten haben. Zu den wenigen Frauen, deren Lebensgeschichte uns bekannt ist, gehört Anna Rudolph. Sie war als Erzieherin nach Venezuela in die Dienste des dortigen deutschen Konsuls getreten. Ihre veröffentlichten Ansichten trugen wie vieles andere dazu bei, Klischees und Vorurteile in der deutschen Bevölkerung zu verbreiten und zu festigen. Besonders betrüblich ist, daß dies unkommentiert in einer Zeitschrift der deutschen Frauenbewegung geschah, in *Die Frau* vom November 1898: Die Mahlzeiten in Curaçao wurden Anna Rudolph «von einer sehr unsauberen Negerin» serviert. «Der Eingeborene» von Venezuela lebte «in einer glücklichen Bedürfnislosigkeit dahin, froh und zufrieden, wenn er täglich eine Tasse Kakao und ein Stück harten Ziegenkäse hat». Dieser Typ Mensch legte es denn auch nicht darauf an, die reichen Schätze der venezuelanischen Erde zu bergen. Das besorgte «der fleißige Europäer». Und das in einer Gegend, wo nichts «den Geist erfrischt», weder «Kunstgenuß noch Spaziergang». Die «dienende Klasse» bestand aus «Indianern und Negern». Und Anna Rudolph zitierte die «allgemeine Ansicht», die da lautete: «Je schwärzer, desto treuer.» Es dürfte sich dabei um die «allgemeine Ansicht» der wenigen Europäer im Lande gehandelt haben. Stolz berichtete sie, daß in ihrer nächsten Nähe «ein Stamm unverfälschter, reiner Indianer, von rotbrauner Farbe, in vollständiger Wildheit» lebte, «ohne jegliche Kenntnis von Religion und Gesetz». Damit meinte sie sicher, ohne Kenntnis der *christlichen* Religion und dessen, was die «zivilisierten» Deutschen unter Gesetzen verstanden. Zum Beispiel das Gesetz des privaten Eigentums, auf dem ihre Gesellschaftsordnung beruhte und das den Einheimischen entsprechend eingebleut wurde: «Von Zeit zu Zeit kommen sie in die Stadt, um ihre Kinder zu verkaufen; für eine Flasche Branntwein ist solch ein armes kleines Wesen zu haben, das zur Dienstbarkeit gekauft und erzogen wird. Meist schließen sie sich sehr innig an die Familie ihres Herrn an, der sie wohl zuerst mit der Peitsche erziehen muß, um ihnen den Begriff von ‹Mein› und ‹Dein› beizubringen.» Fünf Jahre verbrachte Anna Rudolph in Venezuela und nie war sie «stolzer darauf, eine Deutsche zu sein, als seitdem sie im Ausland gewesen». Sie ging zurück, viele blieben, andere folgten. War Anna Rudolph typisch für «die» deutschen Frauen in Übersee? Es liegt noch zu wenig erforschtes Material vor, um diese Frage endgültig beantworten zu können. Vieles allerdings deutet in diese Richtung, zumindest von den Frauen, die über ihre Erfahrungen geschrieben und sie veröffentlicht haben. Ein Artikel in der Frauenzeitschrift *Frauenkapital* von L. Faubel über ‹*Weibliches Deutschtum in Amerika*› jedenfalls bescheinigt den deutschen Frauen noch 1914 besonderen Konservatismus, Häuslichkeit, Fleiß und Enthaltsamkeit von «jeglichen öffentlichen Frauenbestrebungen»[3].

Im Jahre 1921 erschien das Buch ‹*Die Frau des Auswanderers*› von Emilie Heinrichs, das vor allem Frauen davon abhalten sollte auszuwandern. Sie war ihrem Mann zu Beginn des Jahres 1901 nach Südbrasilien gefolgt. Denn, so sagt sie, «wir Frauen haben die Pflicht, unsern Männern zu folgen. Erst sträubt man sich und bittet und fleht, von diesem Vorhaben abzulassen – was hilft es: zum Schluß wird doch ausgewandert. Das ist Frauenlos.» Sie findet es «drollig», wenn «ein Neger rheinländisch spricht». Es handelt sich dabei um den Sohn von Sklaven deutscher Kolonisten, den sie auf ihrer Anreise trifft. Lediglich einen Absatz ihres Buches widmet sie den Schwarzen, «die heute in ganz Amerika so verachtet sind. Die Neger in Südamerika sind Überreste aus der Sklavenzeit, damals als Sklaven wie ein Handelsgegenstand eingeführt. Vor einigen dreißig Jahren wurde ihnen die Freiheit geschenkt, jede Sklavenhaltung wurde verboten. Nun waren die Neger sich selbst überlassen. Männer, Frauen und Kinder standen zu Tausenden verlassen im Lande. Die angeborene Trägheit ließ sie in der Freiheit nicht mehr arbeiten, als eben nötig war, das Leben zu fristen. Dem Kinde gleich lebten sie dahin. Ist doch der Neger am besten einem Kinde zu vergleichen, das nicht leben kann, ohne daß eine starke Hand es führt. Heute werden diese Schwarzen von den Südamerikanern verachtet, gehaßt und gehetzt und nicht als Menschen angesehen. Ich habe als Frau oft Mitleid gefühlt mit diesen Armen, die so leicht zu leiten sind.» Die Ähnlichkeit ist verblüffend: der Neger, der einem Kinde gleich nicht leben kann, «ohne daß eine starke Hand ihn führt», und das «Frauenschicksal», das für Emilie Heinrichs darin besteht, daß die Frauen «die führende starke Hand des

Mannes brauchen».

Vielleicht liegt schon hier einer der Schlüssel, mit dem das Problem des Rassismus deutscher Frauen (und von Frauen überhaupt) erschlossen werden kann: Die eigene Unterordnung unter die «Führungskraft des Mannes» ist derart verinnerlicht, daß daneben akzeptiert werden kann, ja «natürlich» erscheint, wenn auch andere, ja wenn ganze Völker eben dieser Führungskraft unterstellt werden. Für die Frauen fallen dann ansehnliche Brosamen ab vom reichen Tisch des deutschen Mannes. Sie werden nämlich ebenfalls bedeutend und anerkannt – als die Trägerinnen der deutschen Kultur schlechthin. Sie können materiell von der Unterwerfung anderer Völker profitieren. Selbst die ärmste weiße Frau ist noch «jemand» gegenüber den Nicht-Weißen. Diese Verinnerlichung der eigenen Unterdrückung bei gleichzeitiger (und meist nur scheinbarer) Teilhabe an der Macht führt zu grotesken Verhältnissen: die unterdrückten Frauen verteidigen die Welt der Männer, die unterjochten Völker ihre Eroberer. «Mir deitsche Buwe müsse z'sammehalte!» sagte ein Schwarzer im Ersten Weltkrieg in Brasilien, und ein anderer, als vom «neuen», dem faschistischen Deutschland die Rede war: «Mir sein wohl schwarze Neger, aber mir ham Hitlerblut!»[4]

Die Hierarchie der Kolonistenwelt ist noch intakt in Südbrasilien zu Beginn dieses Jahrhunderts. Schwarze und andere Arbeitskräfte tauchen in den Gemeinderäten gar nicht auf. Dort haben die Männer, die weißen Männer, das Sagen. Frauen sind nur dann Mitglieder, wenn sie Witwen sind. «Für die übrigen Frauen bestimmt der Mann. Kommen Fragen vor, die nicht einstimmig von den Kolonisten gelöst werden, gibt der Pfarrer den Ausschlag.» Das sind die Deutschen in den «blühenden» Kolonien. Es gibt auch viele «im Urwald verkommene Landsleute, die ihr Leben dort elend fristen. Zum Teil mit Mulattinnen und Negerinnen verheiratet, schämen sie sich zu gestehen, daß sie einstmals Deutsche waren. Überall, wo sich der deutsche Kolonist nicht unter Deutschen ansiedelt, sondern unter Portugiesen, Italienern und Mulatten, da ziehen ihn seine Nachbarn zu sich herunter ...», so eine weitverbreitete Ansicht aus jenen Tagen.[5]

Emilie Heinrichs hatte Glück. Vor Dank kniete sie nieder, als ihr Mann ihr eröffnete, daß er zurück möchte nach Deutschland. Es war nicht die schwere Arbeit, «die macht eine gute deutsche Frau nicht bange», sondern der «Mangel an Kultur», der sie bedrückte, vor allem, wenn sie an ihre Kinder dachte. «Von hundert Frauen», sagt sie, «sind noch keine fünf, die das finden, was sie zu finden hoffen. Die übrigens 95 bilden die Opfer des Urwaldes.» Und sie tröstet die Auswanderungswilligen, wirbt um Geduld: «Deutschland wird sich wieder erholen. Unsere Kinder werden bessere Zeiten sehen. Die Zukunft im Urwald jedoch liegt fest, da gibt es keine Änderung. Ein Land in der Entwicklung wie Südbrasilien gebraucht Jahrhunderte, um Verhältnisse wie in Europa heranwachsen zu lassen...»

Europa ist das Maß aller Dinge und wird zum Verhängnis aller anderen Völker und Nationen – bis heute.

Männer machen Politik

Die afrikanischen Schutzgebiete
Deutsch-Ostafrika · Deutsch-Südwestafrika · Kamerun · Togo
Das Schutzgebiet Kiautschou in Ostasien
Die deutschen Schutzgebiete in der Südsee
Kaiser-Wilhelmsland · Der Bismarckarchipel und die Salomonen
Die Marshallinseln · Die Karolinen, Marianen und Palauinseln
Deutsch-Samoa

Unsere Kolonien

Deutschlands Griff nach den Kolonien – einiges zum Hintergrund

Im Vergleich zu den anderen europäischen Großmächten eroberte Deutschland eigene Kolonien erst in einer historisch relativ späten Phase. Dies lag nun keineswegs daran, daß die Mächtigen in diesem Lande weniger aggressiv oder gar edelmütiger gewesen wären als ihre europäischen Nachbarn. Es war ihnen vielmehr bis in die siebziger Jahre des 19. Jahrhunderts hinein nicht gelungen, im eigenen Land die Voraussetzungen zu schaffen, die ein solches «Unternehmen» wie die Inbesitznahme überseeischer Länder erforderte. Der Übermacht der englischen Konkurrenz hätten die unzähligen deutschen Kleinstaaten kaum begegnen können. Napoleons kontinentalen Handelskrieg gegen England hatten sich auch die von seinen Heerscharen okkupierten deutschen Gebiete anschließen müssen. Diese durch Krieg und Fremdherrschaft aufgezwungene Entwicklung schadete der deutschen Wirtschaft jedoch sehr und die Not der deutschen Bevölkerung wurde immer unerträglicher. Die Zeit der «Befreiungskriege» vom napoleonischen Joch bis 1813 brachte dann mit Rüstungsaufträgen vor allem für die preußischen Unternehmer einen günstigeren Gang der Geschäfte. Außerdem sorgten die hohen Summen, die für Sold und Verpflegung der fremden Heere auf Deutschlands Boden aufgewendet wurden, für volle Kassen bei den Kaufleuten, während der Großteil des Volkes unter Not und Ver-Heer-ung infolge der Kriege litt. Auf der einen Seite sammelte sich Reichtum, auf der anderen Elend an. Die Tatsache aber, daß es gelungen war, das Joch der Fremdherrschaft abzuschütteln und die nationale Unabhängigkeit zu erringen, bildete einen ersten Etappensieg. Die Gründung des «Zollvereins» im Jahre 1834 war der nächste wichtige Schritt auf dem Weg zur politischen Einigung und zur Industrialisierung, den Wegbereitern des deutschen Imperialismus.

Da sich bei einzelnen Händlern viel Geld angesammelt hatte, sank jetzt der Zinsfuß. Dies war ein wichtiger Grund, warum einige der Handelskapitalisten ihr Geld in Industriebetriebe zu stecken begannen. So zum Beispiel der Garnhändler Schmölder aus Reith, der mit 13 000 Talern im Jahre 1846 eine Spinnfabrik errichten ließ, der Kohlenhändler Stinnes, der Bohrungen finanzierte, und sein Kollege Haniél, der Kohlenbergwerksbesitzer wurde, oder Friedrich Krupp, der die erste deutsche Gußstahlfabrik einrichten ließ, finanziert mit angehäuften Handelsprofiten.

Da aber die meisten Handelskapitalisten entweder nicht über genügend große Summen verfügten, die den Aufbau von Industrieunternehmen hätten finanzieren können, noch ihre technischen Kenntnisse ausreichten, solche Betriebe zu führen, begannen sie, sich zusammenzuschließen. Es schlug die Geburtsstunde der Aktiengesellschaften. Diese boten den Kapitalisten noch weitere Vorzüge: So brauchten sie nicht ihr ganzes Kapital in einem einzigen Unternehmen zu riskieren; und außerdem lockten die Aussicht auf Kursspekulationen und die hohen Gründergewinne. Eine wichtige Rolle in dieser ersten Investitionswelle nach dem Entstehen des «Zollvereins» spielte vor allem der Eisenbahnbau. Technologische Neuerungen hatten dafür gesorgt, daß die Produktion in der Eisen- und Stahlindustrie sowohl hinsichtlich der Menge als auch der Güte erheblich verbessert werden konnte.

Entscheidenden Ausschlag in der weiteren Entwicklung gab dann vor allem die politische Einigung, die Gründung des Deutschen Reiches im Jahre 1871, und die seitdem einsetzende Hochkonjunktur der Rüstungsindustrie. Die Konsumgüterindustrie wurde dagegen vernachlässigt, und darunter litt die Versorgung des größten Teils der Bevölkerung mit dem Notwendigsten sehr. In diese Jahre fällt neben einer steigenden Zahl von Aktienbanken auch die Gründung der ersten deutschen Großbank durch die Fusion von 21 Bank- und Handelsfirmen unter dem Firmennamen «Deutsche Bank». Diese stürmische Entwicklung in den «Gründerjahren» wurde nicht zuletzt mit angeheizt durch die Entschädigungszahlungen Frankreichs an Deutschland nach dem Deutsch-Französischen Krieg von 1870/71. Doch erwies die ungehemmte Produktion der Schwerindustrie sich bald als verhängnisvoll.

Die für die Erweiterung der industriellen Produktion notwendigen Mittel wurden durch eine Zunahme des Aktienkapitals, durch die Ausgabe neuer Aktien erreicht. Die Folge davon war eine zunehmende Verschmelzung von Industrie- und Bankkapital über die Aktiengesellschaften. Der Absatz der Produktion aber stockte bereits und erreichte schon 1876/77 seinen vorläufigen Höhepunkt. Der Wunsch nach Sicherheit der Rendite ließ die Unternehmer sich erneut enger zusammenschließen. Sie bildeten Kartelle und Interessenverbände. Der Staat mußte lenkend eingreifen. Zollgesetze wurden verabschiedet, die die Preise der deutschen Produkte gegenüber ausländischen konkurrenzfähig machen sollten. Doch waren es nicht so sehr die Zollgesetze, sondern vor allem der Eisenbahnbau-Boom in Nordamerika, der der deutschen Schwerindustrie wieder auf die Beine half. Als der dann nämlich nachließ, setzte wiederum ein Rückgang der Konjunktur in der deutschen Schwerindustrie ein.

Mit der Wirtschaftskrise wurde es unter dem Gesichtspunkt, möglichst hohe Profite zu erwirtschaften, zusehends uninteressanter, weiter in die deutsche Industrie zu investieren. Nicht nur zuviel produzierte Waren, sondern auch brachliegendes Kapital sammelte sich an. Verschärft wurde diese Lage noch zusätzlich durch die Krise in der deutschen Landwirtschaft: Wegen ihres Rückstands in der Mechanisierung konnte sie nicht Schritt halten mit der russischen und amerikanischen Konkurrenz. Die Junker, die preußischen Großgrundbesitzer, hatten deshalb im Verbund mit den Industriekapitalisten für die Zollgesetze gestimmt, die auch die deutschen Landwirtschaftserzeugnisse wieder konkurrenzfähig machen sollten. Hinzu kam, daß viele der Landarbeiter und Landarbeiterinnen in die Städte abwanderten in der Hoffnung auf Arbeitsplätze und bessere Lebensbedingungen. Auch kleine und mittlere Bauernhöfe waren in ihrer Existenz bedroht, denn mit der Konzentration der Industrie war parallel eine Konzentration des Bodens einhergegangen.

Doch hatte es nicht nur auf der Seite der Industrie, Bank- und Agrarkapitalisten Zusammenschlüsse gegeben. Auch in der Arbeiterschaft war es zur Gründung von Gewerkschaften, Vereinen und politischen Parteien gekommen. Ein Teil des alten Mittelstandes (selbständige Handwerker und Bauern) war durch die zunehmende Konzentration des großen Kapitals jetzt zum Untergang verurteilt. Der neue Mittelstand (die vielen Beamten, Angestellten und Techniker, Funktionäre von Wirtschaft und Staat, Offiziere, Unteroffiziere und Intellektuelle) sah sich durch die neue Wirtschaftskrise vom «Sturz ins Proletariat» bedroht.

Dies war in groben Zügen der Hintergrund, auf dem das Deutsche Reich seine gierigen Hände ausstreckte nach überseeischen Ländern. Kolonien schienen in dieser Situation die Rettung in der Not: Absatzmärkte für die zuviel produzierten Waren, Anlageobjekte für brachliegendes Kapital, Sicherung von billigen Rohstoffen für die Industrie-, Handels-, Großagrar- und Bankkapitalisten. Kleinere Bauern und Handwerker hofften auf eine selbständige Existenz in «eigenen» Kolonien, da das klassische Auswandererland USA mittlerweile den meisten Neuankömmlingen nichts anderes mehr bieten konnte als bestenfalls Lohnarbeit. Und die nicht auswanderungswilligen «kleinen Leute» sollten wenigstens das Gefühl haben, zu einer starken Weltmacht zu gehören.

Fürst von Bismarck, der erste Kanzler des Deutschen Reiches, war kein besonderer Freund von Kolonien. Zwar sah er im Kolonialbesitz ein wichtiges außenpolitisches Machtmittel, wollte dafür aber keine größeren Summen Geldes lockermachen. Das sollten diejenigen übernehmen, die selbst auch wirtschaftliche Vorteile aus den Kolonien zögen. Die deutsche Kolonialpolitik nahm deshalb erst nach Bismarcks Entlassung im Jahre 1890 einen entscheidenden Aufschwung. Kaiser Wilhelm II., für den Kolonien durchaus zum Kalkül seiner Weltmachtbestrebungen gehörten, wurde dabei von starken vaterländischen Gruppen unterstützt, dem «Flottenverein» zum Beispiel oder dem «Alldeutschen Verband». Entgegen der Bismarckschen Haltung

> Ohne Kolonien keine Sicherheit im Bezug
> von Rohstoffen, ohne Rohstoffe keine
> Industrie, ohne Industrie kein aus-
> reichender Wohlstand. – Darum, Deutsche,
> müssen wir Kolonien haben.
>
> Paul von Hindenburg[6]

sollten die Kolonien nun auch als Wirtschafts- und Siedlungsgebiete ausgebaut werden. Diese zweite Phase der deutschen Kolonialpolitik wurde gekennzeichnet durch die großen Kriege gegen die sich zur Wehr setzenden afrikanischen Völker: in Ostafrika 1889/90, 1905 und 1906; in Südwestafrika zwischen 1904 und 1907. Nach der Niederschlagung des militärischen Widerstandes folgte in einer dritten Phase die Konsolidierung der deutschen Kolonialpolitik. Die Eroberer richteten sich ein.

Den beiden sich im Grunde widersprechenden Zielrichtungen, Kolonien als Investitions- und Unternehmensobjekte einerseits und Kolonien als Siedlungsgebiete für Landwirte, Handwerker und Beamte andererseits, entsprachen auch Strömungen in den kolonialpolitischen Organisationen. Die «Gesellschaft für deutsche Kolonisation», 1884 gegründet, forderte Siedlungskolonien, ebenso die zur Durchführung praktischer Kolonialpolitik von Carl Peters als offene Handelsgesellschaft gegründete «Deutsch-Ostafrikanische Gesellschaft». Die im Jahre 1882 gegründeten «Deutschen Kolonialvereine» überwogen in den ersten Jahren zwar zahlenmäßig die Mitglieder aus dem Mittelstand: kleinere Unternehmer, Kaufleute, Bildungsbürger; die Macht aber lag bei den Vertretern von Hochfinanz und Schwerindustrie, Handelskammern, großstädtischen Magistraten und Handelsvereinen. Land- und Bodenspekulationen der finanzkräftigen Kreise in Übersee verhinderten jedoch die Ansiedlung einer größeren Zahl von Auswanderern. Als im Jahre 1887 die «Deutsche Kolonialgesellschaft» als Zusammenschluß von «Deutschem Kolonialverein» und der «Gesellschaft für deutsche Kolonisation» entstand und die «Deutsch-Ostafrikanische Gesellschaft» in ein Syndikat umgewandelt worden war, in dem das Bankhaus von der Heydt eine führende Rolle spielte, waren damit die entscheidenden Weichen gestellt. Daran änderten auch die darauffolgenden Vereinsgründungen kolonialinteressierter Mittelständler, denen eine forcierte Siedlungspolitik vorschwebte, nicht viel. Allerdings resultierten aus diesen unterschiedlichen Kolonisationsmotiven Spannungen und Schwierigkeiten in den Kolonien unter den Vertretern der verschiedenen Richtungen.

Die Rüstungs- und Schwerindustrie war also zur mächtigsten Interessengruppe in der deutschen Gesellschaft geworden. Das Junkertum verlor mit dem Schrumpfen seiner ökonomischen Grundlage immer mehr an politischem Gewicht, es behielt jedoch seinen dominanten Einfluß auf das Militär. Diese Faktoren in Verbindung mit den besonderen Traditionen und Tendenzen in Politik, Verwaltung, Diplomatie, Heer, Erziehung und dem gesamten öffentlichen Leben, die *preußisch-bürokratisch-absolutistisch-obrigkeitsstaatlich-nationalistisch-patriarchalen* Elemente bildeten den reichen Nährboden für den deutschen Imperialismus und – später – in verhängnisvoller Weise für den deutschen Faschismus.

Deutscher Kolonialbesitz in Stichworten – eine kurze Übersicht

Gesamter Kolonialbesitz: 15 Millionen Menschen
2,5 Millionen Quadratmeter Land

Kolonie	seit	anwesende Weiße (ohne Militärs)	Wirtschaftliche und strategische Ziele	bewaffnete Aufstände/ Kriege
Südwestafrika (836 000 qkm)	1884	*1911:* 13 962, davon 8 922 Männer	Siedlungskolonie; Diamanten, Kupfer, Blei, Zinn, Guano, Felle, Rinder	Ab 1894 und 1904/07 besonders gegen Hereros und Nama
Ostafrika (995 000 qkm)	1885	*1910:* 3 756, davon 2 703 Deutsche, darunter 1 865 deutsche Männer	Kaffee, Kautschuk, Baumwolle, Sisal, Gold, Edelholz, Elfenbein, Zuckerrohr	1889 Küstenbewohner 1893/04 Wahehe und Wachagga 1905/06 Bevölkerung im Süden 1907 Wangoni
Kamerun (790 000 qkm)	1884	*1907:* 1 010, davon 860 Deutsche, darunter nur 66 verheiratet	Kautschuk, Kakao, Edelhölzer, Palmkerne, Bananen	bis 1910 Makka-Aufstand
Togo (88 000 qkm)	1884	*1907:* 288 davon 274 Deutsche	Baumwolle, Kakao, Kautschuk, Mais, Kopra, Erze	1884
Samoa (2900 qkm)	1899	*1909:* 441, darunter 328 Männer; 270 deutsche Staatsangehörige	Kopra, Ananas, Kakao, Tabak, Zuckerrohr	1904/05
Neuguinea (240 700 qkm) mit	1884	*1908:* 365 Männer; 135 Frauen, 71 Kinder	Kupfer, Erze, Pflanzungsprodukte	
Kaiser-Wilhelmsland und den		*1909:* 197, darunter 112 Männer; 163 deutsche Staatsangehörige	Kautschuk, Kopra	
Inseln des Bismarckarchipels: Neupommern, Neu-Hannover und Neu-Mecklenburg		*1909:* 474, davon 163 Deutsche	Kopra, Kautschuk, Kaffee, Muskatbäume	
Salomoninseln (39 000 qkm)	1899		Bananen, Kopra	
Mikronesien: (1830 qkm) **Karolinen** **Palauinseln** **Marshallinseln** **Marianen**	1899 1899 1885 1889	*1908:* 299 Männer, 45 Frauen	Kokospalmen, Gold, Phosphatlager	1910/11 auf Ponape
Kiautschou in China (550 qkm) **Pachtvertrag für 99 Jahre**	1898	*1908:* 1484 Weiße	Flotten- und Handelsstützpunkt; Steinkohle, Seidenraupen	

Deutsche Kolonialpioniere

Paul von Lettow-Vorbeck

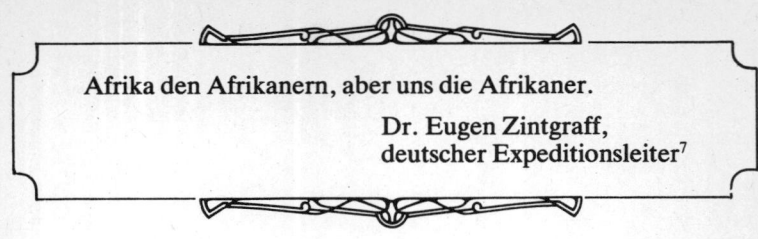

Afrika den Afrikanern, aber uns die Afrikaner.

Dr. Eugen Zintgraff,
deutscher Expeditionsleiter[7]

Jede Idee braucht, soll sie in die Tat umgesetzt werden, Menschen, die sich ihr verschreiben, die Initiativen ergreifen, tätig werden. Wer waren nun die Personen, die Pioniere und Wegbereiter des deutschen Kolonialismus in Übersee? Lassen wir einige von ihnen Revue passieren. Es handelt sich um eine illustre Runde von ehrgeizigen, brutalen, eigennützigen Männern, die am Anfang jener ruchlosen Kette standen, die die Völker in den deutschen Überseekolonien strangulierte.

Beginnen wir mit einem der sogenannten «Entdecker» des «schwarzen Kontinents», Gerhard Rohlfs. Nach dem Studium der Medizin trat Rohlfs in die österreichische Armee ein. «Als es dort keinen Krieg gab» wurde er sechs Jahre lang Militärarzt in der französischen Fremdenlegion in Algier. Er lernte Arabisch und trat zum Schein zum Islam über. Er gilt als der erste Europäer, der die Nord-Süd-Route von Tripolis nach Lagos bewältigte. 1880/81 Gesandter in Abessinien, war er dann vor allem als Generalkonsul von Sansibar eine wichtige Stütze der deutschen Ostafrikapolitik. Höhepunkt dieses Abschnitts deutscher Kolonialgeschichte war der «Kuhhandel» zwischen Großbritannien und Deutschland, bei dem beide Kolonialmächte ihre gemeinsamen Kolonialgrenzen in Afrika abstimmten. Die «Kuh» war allerdings keine Kuh, sondern die Insel Sansibar, die Deutschland 1890 im Helgoland-Sansibar-Vertrag gegen das ehemals britische Helgoland eintauschte.

Einem Kaufmann verdankte Deutschland den ersten Stützpunkt in Südwestafrika, Adolf Lüderitz. 1851 trat Lüderitz in den väterlichen Tabakgroßhandel ein. Dort hielt er ihn nicht lange. Zwei Jahre später, zwanzigjährig, bereiste er die nordamerikanischen Tabakmärkte, trat an der mexikanischen Westküste in eine Bremer Firma ein. Als diese Pleite ging, kehrte er nach Deutschland zurück, hielt nach einer reichen Braut Ausschau und fand «die richtige» in Emmy von Lingen, deren Vermögen den Grundstock für seine afrikanischen Unternehmungen bildete. Angra Pequena, seine Erwerbung in Südwestafrika, später auf seinen Namen umgetauft in «Lüderitzbucht», stellte Bismarck im April 1884 unter deutschen «Schutz».

Adolf Lüderitz träumte von einem «deutsch-burischen Südafrika» vom Atlantischen bis zum Indischen Ozean. Zum Glück für die Afrikaner wurde dieser Traum nicht Wirklichkeit. Die Herrschaft unter den Briten, später unter dem südafrikanischen Apartheid-Regime aber: holte die Träume eines Adolf Lüderitz ein.

Ein anderer hatte da mehr Glück, Gustav Nachtigal. Seine Laufbahn als Militärarzt wurde durch eine Lungenkrankheit beendet. Dies war der Beginn einer neuen Karriere. 1862 ging er nach Afrika, des Klimas wegen, wurde dort Leibarzt des Beys von Tunis, begann im Jahre 1869 eine Reise durch die Sahara, zum Tschadsee, in den Sudan und zum Nil nach Ägypten. Anlaß der Reise war ein Auftrag Wilhelm I., Kontakte aufzunehmen mit Sultan Omar von Bornu. 1882 wurde Nachtigal deutscher Generalkonsul in Tunis und begab sich zwei Jahre später als Reichskommissar im Auftrag der deutschen Regierung nach Westafrika. Dort übervorteilte er durch gerissene Verträge im Auftrag Bismarcks afrikanische Stammesführer und hißte am 5. Juli 1884 die deutsche Flagge in Togo und neun Tage später in Kamerun, zwei Tage vor der Ankunft eines englischen Kanonenboots, dessen Besatzung denselben Auftrag für England gehabt hatte. Da Nachtigal sich in «Eingeborenen-Vertragsfragen» große «Geschicklichkeit», sprich Übervorteilungskünste zugunsten des Deutschen Reiches erworben hatte, war auch er es, der andere Verträge für die Reichsregierung abschloß, zum Beispiel den über die deutschen Rechte an Angra Pequena.

Doch nicht nur gerissene, ergaunerte und ungleiche Verträge waren die Mittel deutscher Eroberer. Nackte Gewalt und militärische Expeditionen halfen da nach, wo die Völker Widerstand leisteten und nicht zur «Zusammenarbeit» willens waren. Hermann Wissmann ist einer der deutschen Militärs, die sich dabei besonders hervortaten. Ihm sei, so behaupten seine Anhänger, als erstem Europäer die Durchquerung Afrikas von Westen nach Osten gelungen. In belgischen Diensten erforschte er 1884/85 den größten Nebenfluß des Kongo. Ab 1889 stand der gelernte Offizier in deutschen Diensten. Seine größten Lorbeeren erntete er in Ostafrika. Im Widerstandskrieg der Afrikaner von 1889 unter Abushiri Bin Salim gelang Wissmann mit Hilfe von Söldnern aus dem Sudan, Mozambique und Ägypten der militärische Sieg. Die Deutschen hatten die besseren Waffen, die den Ausschlag gaben. Aus Wissmanns Truppe rekrutierte sich 1891 die «Kaiserlich Deutsche Schutztruppe für Deutsch-Ostafrika». In unzähligen Propagandaschriften wird Wissmann zum «Überwinder des Sklavenhandels» stilisiert. Ausgerechnet er, unter dessen Amtszeit als Reichskommissar für «Deutsch-Ostafrika» die einheimische afrikanische Bevölkerung zur härtesten Zwangsarbeit gezwungen wurde. Eine der durchaus üblichen Verdrehungen historischer Tatsachen durch die jeweils herrschende Geschichtsschreibung.

Eine andere schillernde Figur in diesem germanischen Totentanz ist Carl Peters. Seine Person diente später oft als Vorlage für die Kolonialliteratur, für Romane und Erzählungen, die vor allem die Jugend für die Kolonialidee begeistern sollten. Auch die Nationalsozialisten haben später Gefallen an ihm gefunden. 1940 drehten sie einen Film mit dem deutschen Kinoliebling Nummer eins jener Tage, Hans Albers, in der Titelrolle als Carl Peters. Dieser Film wurde übrigens auch dazu benutzt, Schläge auszuteilen gegen Juden und Sozialisten und das Bild der idealen selbstlosen deutschen Mutter (in der Person von Peters' Mutter) zu verbreiten. Hans Albers soll dies alles angeblich nicht durchschaut haben. So jedenfalls kommentierte ein Redakteur des *Spiegel* den Film, als er im Februar 1980 im III. Fernsehprogramm des Senders Freies Berlin gezeigt wurde. Politische Naivität wird hierzulande, unabhängig von ihren Folgen, noch allemal entschuldigt.

Großartige Berufsaussichten hatte der als achtes Kind eines evangelischen Landpfarrers zu Neuhaus an der Elbe geborene Peters nicht gerade. Dies änderte sich schlagartig, als er von seinem reichen Onkel Karl Engel nach London eingeladen wurde. Dort in der imperialistischen Metropole beschloß er, Deutschland zu einer eigenen Welt- und Kolonialmacht zu machen und sich selbst zu Ruhm und Ansehen zu verhelfen: «Ich hatte es satt, unter die Parias gerechnet zu werden und wollte einem Herrenvolke angehören.»[8] Gemeinsam mit seinen Freunden Lange und Graf Pfeil gründete er 1884 die «Gesellschaft für deutsche Kolonisation» und 1885 die «Deutsch-Ostafrikanische Gesellschaft», in deren Auftrag er zusammen mit anderen Gesinnungsfreunden Teile Ostafrikas eroberte. Eine beliebte Methode, Afrikanern «eine ernstliche Lektion zu erteilen», wenn sie sich nicht freiwillig unterwerfen wollten, war für Peters, ihre Dörfer in Brand zu stecken. In Deutschland hatte Peters sich im Laufe der Jahre jedoch eine Reihe persönlicher Feinde gemacht. Er führte zahlreiche Beleidigungsprozesse, vor allem nach seiner Absetzung als Reichskommissar in Ostafrika. Die Erschießung zweier Afrikaner, einer Frau und eines Mannes, wurde zum Anlaß genommen, ihn endgültig zu Fall zu bringen. Der Name der hingerichteten Frau war Jagodjo. Sie war Peters' persönliche Sklavin und wurde von ihm aus Eifersucht eigenhändig hingerichtet, zusammen mit dem Afrikaner, mit dem sie ihn angeblich «betrogen» haben soll. Peters selbst und seine Verteidiger dichteten Jagodjo eine Spionageaffäre an, um die Hinrichtungen dem Schein nach zu rechtfertigen.

Es gab auch andere unter den deutschen «Pionieren», solche, die sich die Taschen füllten mit Geldern aus der Staatskasse und aus den afrikanischen Ländern. Was ein kluger Kaufmann ist, der findet Mittel und Wege, überall sein «Glück» zu machen, seien die Opfer nun schwarz oder weiß. Adolf Woermann war einer von ihnen. Unter seiner Regie wurde das eingesessene Hamburger Handelshaus Woermann zu einer Weltfirma. Er gründete Handelsniederlassungen an der westafrikanischen Küste. Zusammen mit den Hamburgern Jantzen und Thormälen erwarb er Gebiete an der Kamerun-Küste, die im Jahre 1884 deutsche Kolonie wurden. Woermann roch den Braten und stellte als erster deutscher Reeder regelmäßige Dampferverbindungen mit den Küsten Afrikas her. Ohne Skrupel schloß er zum eigenen Vorteil auch Verträge mit der deutschen Kolonialverwaltung ab, die ihm später scharfe Angriffe wegen seiner «Rücksichtslosigkeit» einbrachten. Zum Beispiel transportierten seine Schiffe 15000 Mann der «Schutztruppe» mit allem Kriegsmaterial nach «Südwest» zu speziell erhöhten Beförderungstarifen. Der Hamburger brachte es zu Reichtum und einflußreichen Posten in der deutschen Wirtschaft. So war er Vorsitzender des Aufsichtsrates bei der «Afrikanischen Dampfschiffs Actiengesellschaft», bei der «Deutschen Ost-Afrikalinie» und der Werft von «Blohm & Voss». Außerdem war er Mitglied des Aufsichtsrates in folgenden Unternehmen: bei der «Hamburg-Amerika-Linie», der «Hamburg-Südamerikanischen Dampfschifffahrts-Gesellschaft», in der «Disconto Gesellschaft» und in der «Norddeutschen Bank». Darüber hinaus war er Mitglied des Zentralausschusses der Reichsbank und des Kolonialrates, einem Gremium von privaten Experten, das 1890 gegründet worden war, um das Auswärtige Amt in Kolonialfragen zu beraten.

In einem Nachruf widmete die Zeitschrift *Kolonie und Heimat* Woermann die folgenden Zeilen: «Er war Kaufmann, und zwar Hamburger Kaufmann, was besagen will, daß er alle Politik in erster Linie unter dem Gesichtswinkel betrachtete, inwieweit sie der Ausdehnung der Hamburger Handelsbeziehungen dienlich sein könnte.» Für diese Zeitschrift, ihre Leserinnen und Leser, gehörte er zu den Männern, «die dem deutschen Kaufmann im Ausland Respekt verschafft haben»[9]. Diese sauberen Methoden scheinen sich rentiert zu haben, denn noch heute existieren in Hamburg zwei Woermann-Unternehmen, das Schiffahrt-Unternehmen «Woermann-Linie» und die Import-Export-Firma «Woermann».

Einen Mann dürfen wir bei dieser Gelegenheit nicht übersehen. Man sprach nicht so gerne von ihm, hatte sich auch bald in höchsten Kreisen von ihm distanziert – nach der Erledigung seines blutigen Handwerks selbstverständlich. Ich meine den General Lothar von Trotha. Er stand in der besten Tradition einer preußischen Offiziersfamilie, als er Oberst Leutwein in «Südwest» ablöste, um das Oberkommando über die deutschen Truppen in dieser Kolonie zu übernehmen. Gegen die um Freiheit und Unabhängigkeit kämpfenden Völker Südwestafrikas führte von Trotha schon damals einen «totalen Krieg». Am 2. Oktober 1904 richtete er eine Proklamation «an das Volk der Herero»:

«Ich, der große General der deutschen Soldaten, sende diesen Brief an das Volk der Herero. Herero sind nicht mehr deutsche Untertanen. Sie haben gemordet, gestohlen, haben verwundete Soldaten Ohren und Nasen und andere Körperteile abgeschnitten, und wollen jetzt aus Feigheit nicht mehr kämpfen ... Das Volk der Herero muß jetzt das Land verlassen. Wenn das Volk dies nicht tut, so werde ich mit dem großen Rohr es dazu zwingen. Innerhalb der deutschen Grenze wird jeder Herero, mit oder ohne Gewehr, mit oder ohne Vieh, erschossen. Ich nehme keine Weiber und keine Kinder mehr auf, treibe sie zu ihrem Volk zurück oder lasse auf sie schießen. Das sind meine Worte an das Volk der Herero.

Der große General des mächtigen Kaisers: v. Trotha.»[10]

Im Jahre 1892 wurden die Herero in Südwestafrika auf circa 80000 Köpfe geschätzt. Nach der offiziellen Statistik von 1909/10 lebten noch 19962 von ihnen. 3000 hatten es geschafft, nach Betschuanaland zu fliehen. Alle anderen waren der deutschen Aggression zum Opfer gefallen

Als nächstes soll ein Mann genannt werden, der in seiner Person und mit seinen Taten in Personalunion kolonialen Terror von Deutschen gegen Afrikaner in Südwestafrika und gegen Chinesen in China sowie konterrevolutionären Terror von Deutschen gegen Deutsche im eigenen Land verkörpert: Franz Ritter von Epp. 1899 verließ von Epp, einunddreißigjährig, die Kriegsakademie. Im Sommer 1900 half er als Freiwilliger, den Aufstand der Boxer in China gegen die Einflußnahme europäischer Mächte niederzuschlagen. Dabei wurde nach dem Geschmack des Leutnants zu viel Rücksicht genommen auf die chinesische Bevölkerung und zu wenig auf die eigene Truppe. «Der Unsinn wurde in Afrika gemacht, und hier geschieht er wieder. Warum? Reichstag! Humanitätsschwindel! Der tölpische Michel mit seiner Gewissenhaftigkeit und Humanität fängt es auch hier verkehrt an. Ob das

Austreten der kolonialen Kinderschuhe immer so weh tut?» schrieb von Epp in sein Tagebuch, und ein Kolonialpropagandabuch aus der Nazizeit zitiert Jahrzehnte später diese Worte besonders genüßlich.[11]

1904 bis 1906 machte von Epp sich um die Ausrottung der einheimischen Völker in der Kolonie Deutsch-Südwestafrika verdient. Dort, so schrieb er in sein Tagebuch, wurde er zum «hartgeschmiedeten Soldaten». Auf Grund seiner «Leistungen» im Ersten Weltkrieg wurde der Sproß einer Münchner Künstlerfamilie zum «Ritter des Militär-Max-Joseph-Ordens» gekürt und erhielt 1918 den Orden «Pour le mérite». Dieser Orden wird übrigens bis heute verliehen, und erstaunt stellte ich fest, daß unter den modernen Preisträgern Persönlichkeiten wie der Schriftsteller Peter Huchel, der Theologe Karl Rahner, der Physiker Carl Friedrich Freiherr von Weizsäcker und der Maler Oskar Kokoschka zu finden sind – auch ein Ergebnis unseres notorisch kurzen Geschichtsbewußtseins?

Ein Mann mit der militärischen Karriere eines Ritters von Epp kam der bayrischen Regierung des Mehrheitssozialisten Hoffmann nach dem verlorenen Ersten Weltkrieg gerade recht, um in ihrem Auftrag im Mai 1919 in einem «Marsch auf München» die junge Räterepublik, die höhnisch als jüdisch-bolschewistischer Verschwörungsakt denunziert wurde, im Blut zu ersticken. Im April 1920, ein anderer Sozialdemokrat, Friedrich Ebert, war seit Anfang 1919 Reichspräsident, half von Epp tatkräftig mit, den Spartakusaufstand in Dortmund blutig niederzuschlagen. Ab Mai 1928 gehörte von Epp als einer der zwölf Abgeordneten der NSDAP dem Reichstag und seitdem dem «engeren Mitarbeiterkreis» Adolf Hitlers an.

Als letzter in dieser Runde sollte einer nicht vergessen werden, dessen Name bis heute mit militärischen Ehren versehen wird: General Paul von Lettow-Vorbeck. Von Lettow-Vorbeck entstammte altem pommerschem Adel, wurde im Kadettenkorps erzogen und machte bald eine glänzende militärische Karriere: Mit achtzehn Jahren war er Gardeleutnant, 1899/1900 im Generalstab, dann Freiwilliger in China, Kommandeur des 2. Seebataillons in Wilhelmshaven, 1904 bis 1907 erster Adjutant und gelehriger Schüler des Generals von Trotha. Als Kommandeur der «Schutztruppe» in der Kolonie Deutsch-Ostafrika hatte von Lettow-Vorbeck dort eine Truppe mit hauptsächlich afrikanischen Söldnern «von Sieg zu Sieg geführt», bis aus Deutschland der Befehl kam, die Waffen niederzulegen.[12] Soweit der Mythos. In Wirklichkeit gelang es von Lettow-Vorbeck jedoch lediglich, Anfang November 1914 die Landung eines britischen Expeditionskorps zu verhindern und bis 1916 die deutsche Herrschaft in Ostafrika zu sichern. Ab April 1916 geriet er mit seinen Truppen in Schwierigkeiten. Zwar konnte die «Schutztruppe» sich bis November 1917 im Südosten der Kolonie halten, mußte sich danach aber nach Mozambique und schließlich nach Nordrhodesien, heute Zimbabwe, zurückziehen. Ein Mythos aber machte Paul von Lettow-Vorbeck zum «unbesiegten Helden von Ostafrika», und als solcher zog er unter dem Jubel von Tausenden am 2. März 1919 nach seiner Rückkehr aus Afrika durch das Brandenburger Tor in Berlin, der Hauptstadt des besiegten Deutschland, zusammen mit Admiral Looff und dem vormaligen Gouverneur von Ostafrika Dr. Schnee.

Erfolgreich war von Lettow-Vorbeck auch als Divisionskommandeur der Reichswehr bei der Niederschlagung der Arbeiteraufstände in Hamburg im Juni 1919 und anschließend in Mecklenburg. Im Mai 1920 nahm er seinen Abschied als General, warb von da ab unermüdlich für den «kolonialen Gedanken», die Rückeroberung der Kolonien. Danach war er 1928 Reichstagsabgeordneter für die Deutschnationalen und 1930 Spitzenkandidat für die Volkskonservativen. Sein Leben verlief scheinbar generalstabsmäßig geplant. Seine Frau repräsentierte entsprechend der gesellschaftlichen Position der Familie. Von Lettow-Vorbeck widmete der toten Ehefrau in seinen Memoiren mehr Zeilen als der lebenden. Ausführlich aber geht er an keiner Stelle auf sie ein. Sein Leben gehörte der Jagd und dem Krieg, seine Träume den verlorenen Kolonien und dem eigenen Mythos des «unbesiegten Helden».

13. März 1964: Im Landkreis Segeberg wird von Lettow-Vorbeck beerdigt. Die Trauerrede hält der amtierende Bundesverteidigungsminister Kai-Uwe von Hassel (CDU). In der Stadt, in der von Lettow-Vorbeck einst die revoltierenden Arbeiter niederschoß und niederschießen ließ, in Hamburg, trägt eine Kaserne seinen Namen, steht auf dem Hof jener Kaserne das «Schutztruppen-Ehrenmal» – bis zum heutigen Tage.

Zwischenbemerkung

Die Geschichte der deutschen Kolonialpioniere ist eine Geschichte von Männern. Frauen waren nicht unter ihnen. Auch die folgenden Abschnitte zeigen die deutschen Frauen (noch) nicht als Aktive, Handelnde, Verantwortliche. Diese Teile sind aber notwendig, um das Ausmaß und die Qualität des deutschen Eingriffs in Übersee zu zeigen, und hier wird auch die erste Dimension der geschlechtsspezifischen Gewaltenteilung deutlich: Eroberung, Machtergreifung, Militär, diplomatisches Parkett und kolonialwirtschaftliche Arena waren die Domäne der Männer. Wie die deutschen Frauen sich zum Kolonialismus verhielten, werden wir später untersuchen. Zunächst geht es um Kolonialpolitik und -praxis deutscher Männer und die Auswirkungen auf die kolonialisierten Völker, vor allem auf deren Frauen.

Kolonialkriege und die neuen Grenzen

«Die Geschichte des Landes als einer zusammengehörigen Landschaft», schrieb Professor Dr. Karl Dove, Privatdozent der Geographie an der Universität zu Berlin, im Jahre 1909 über Togo, «beginnt im eigentlichen Sinne des Wortes erst mit der Zeit, in der die Küste durch die Flaggenhissungen von seiten Deutschlands unter den Schutz des Reiches gestellt wurde.»[13] Hinter dieser Behauptung versteckt sich, schlecht kaschiert, die überall in den imperialistischen Zentren anzutreffende Eroberungs-Rechtfertigung: die kolonialisierten Völker hätten keine eigene Geschichte gehabt. Dies ist eine bewußte Lüge, denn lange bevor sich der erste europäische Stiefel auf überseeischen Boden begab, existierten dort unterschiedliche Gesellschaften, die den Gang der Geschichte ihrer Völker selbst bestimmten. Allerdings eröffneten mit Ankunft der Kolonialpioniere Blut und Gewalt ein neues Kapitel in der Geschichte dieser Völker (und nicht zu vergessen auch in unserer eigenen, wenn auch mit anderen Konsequenzen). Die Folgen sind bis heute nicht überwunden.

Vor allem in der Anfangsphase änderten sich die Grenzen in den Überseekolonien ständig, je nach dem militärischen Stand der Eroberungen. Umkämpfte Gebiete kamen dazu oder gingen verloren, Verträge mit konkurrierenden Kolonialmächten wurden abgeschlossen. Dadurch wurden Völker auseinandergerissen und sind zum Teil bis heute getrennt geblieben. Fast immer wurden aus den alten, künstlich gezogenen Kolonialgrenzen die Grenzen der modernen Nationalstaaten nach deren staatlicher Unabhängigkeit.

Unter der Kolonialherrschaft sollte die zerstörte nationale Identität durch eine neue ersetzt werden. Die unterworfenen Völker sollten sich als deutsche (britische, belgische, französische usw.) «Untertanen» fühlen. Ein Mittel, dies zu erreichen, war es, neben der direkten ideologischen Arbeit von Lehrern und Missionaren unter anderem auch, die Männer zum Kriegsdienst in der Kolonialtruppe heranzuziehen, sie für den deutschen Kaiser neue Gebiete erobern zu lassen. Im Innern der eroberten Gebiete wurden lokale Aufstände mit Kolonialsoldaten aus anderen Regionen blutig niedergeschlagen, aufständische Stammesführer und ihre Anhänger liquidiert, Ländereien konfisziert; Stämme wurden entwaffnet und Menschen zur Zwangsarbeit verschleppt. Denn Kriege wurden in den Kolonien nicht nur geführt, um erobertes Territorium zu halten oder zu erweitern, sondern auch, um Widerstand zu unterdrücken und um Arbeitskräfte zu beschaffen, also um die politische, militärische und wirtschaftliche Macht in den Kolonien zu festigen. Erzielter Nebeneffekt für die Heimat: die heimische Rüstungsindustrie machte gute Geschäfte.

Als das politische Klima günstig war, trugen die konkurrierenden europäischen Mächte ihre unterschiedlichen Interessen am Konferenztisch statt auf dem Schlachtfeld aus. Ende 1884 berief Reichskanzler von Bismarck die «Kongokonferenz» nach Berlin ein.

Mit Ausnahme einer äthiopischen Delegation waren hier die mächtigsten europäischen Staatsmänner unter sich, um Afrika aufzuteilen. Das Resultat wurde in einer «Generalakte» am 26. Februar 1885 festgehalten. Das Tauziehen hatte sich für alle gelohnt – nur nicht für die betroffenen Menschen des afrikanischen Kontinents. Auf ihrem Rücken nämlich hatten die europäischen Mächte das politische Gleichgewicht in Europa ausbalanciert. Das Ergebnis: ein Gentleman's Agreement teilte den Kontinent Afrika mit dem Lineal, ohne auf gewachsene Entwicklungen, ethnische Strukturen und bestehende Zusammenhänge auch nur die geringste Rücksicht zu nehmen. Diese 1885 gezogenen Grenzen sind heute immer noch gültig.

Überseegeschäfte und das Argument vom aggressiven Imperialismus

Neuere Analysen haben bestätigt, was die Reichsregierung immer behauptet hatte: Die Kolonien machten sich ökonomisch nicht bezahlt. Das war keine Propagandalüge, wenn das Deutsche Reich als Ganzes betrachtet wird, und hatte gute Gründe: Der Widerstand der kolonialisierten Völker war derart stark, daß zu seiner Niederwerfung eine große Anzahl von Soldaten und Offizieren sowie teures Kriegsmaterial benötigt wurde. Außerdem kosteten der Aufbau einer gründlichen deutschen Verwaltung und die Erschließung der okkupierten Territorien zu ihrer wirtschaftlichen Nutzung große Summen Geldes.

Natürlich profitierten auch davon ganz bestimmte Kräfte. Einige von ihnen haben wir bereits kennengelernt: Rüstungsindustrielle an der Kriegsmaschinerie, Kaufleute am neubelebten Ein- und Ausfuhrhandel, Pflanzungsgesellschaften an den tropischen Plantagenprodukten, Reeder an nie gekannten Transportgeschäften, Schwerindustrielle am Bau von Eisenbahnen in den Kolonien, Elektro- und Fernmeldeunternehmen an der kommunikationstechnischen Erschließung, Baufirmen am Bau-Boom, die Diamantengesellschaften in Südwestafrika an den afrikanischen Diamanten; Krupp verdiente an Zuckerrohr-Walzwerken, Kaffeeschäl- und Poliermaschinen, Blockpressen für Rohgummi. Diese Liste ließe sich endlos verlängern. Ein kleines Beispiel soll die enormen Profitmargen illustrieren: Das Hamburger Handelshaus Godeffroy, das ab Mitte der fünfziger Jahre des letzten Jahrhunderts von Samoa aus ins Südseegeschäft einstieg, zahlte den Samoanern je Tonne Kopra nur 35 Dollar, verkaufte sie aber in Europa für 95 Dollar. Außerdem gab die Firma Waren an ihre Vertragshändler nur mit 100 Prozent Handelsprofit ab.

Dem Deutschen Reich als Verwalter von Steuergeldern rissen die vielen Ausgaben, die Pflanzer-, Kaufleute- und Unternehmeraktivitäten absichern sollten, ein tiefes Loch in die Staatskasse. Es muß also noch ein anderes Motiv gegeben haben, sich auf diese Art der Kolonialpolitik einzulassen. Dieses Motiv finden wir in dem politischen Prestige, das damit für Deutschland verbunden war. Das aber hatte sein eigenes spezifisches Gewicht. Die junge Industrienation Deutschland war mit dem Besitz eigener Kolonien auch politisch zur Weltmacht avanciert – und daraus konnte natürlich «Kapital» geschlagen werden. Und es war die Großmacht Deutschland, die mit den anderen imperialistischen Ländern im Ersten Weltkrieg um Vorherrschaft über den Reichtum, die Arbeitskraft und die Rohstoffe der Länder in Übersee sowie um neue Märkte und Einflußsphären Krieg führte.

In der Literatur zu dieser Epoche findet sich sehr oft das Argument, der deutsche Imperialismus sei deshalb so besonders aggressiv gewesen, weil es ihm erst relativ spät gelungen sei, sich an dieser Aufteilung der Welt zu beteiligen. Dies scheint mir ein gefährliches Argument zu sein: Aggressiv war der deutsche Imperialismus sicher. Aggressiv gegenüber jenen Ländern, auf die er es abgesehen hatte; aggressiv gegenüber den Menschen, die mit brutalsten Mitteln zu unterjochen ihm für kurze Zeit gelungen war; aggressiv in der Konkurrenz gegenüber den anderen, auch um die Vormachtstellung in der Welt kämpfenden Mächten und deren Industrien. Und es ist daher unsere Aufgabe als Deutsche, dieser Frage nach dem besonderen Charakter des deutschen Imperialismus besondere Aufmerksamkeit zu widmen. Doch macht der deutsche Imperialismus deshalb noch lange nicht die Greuel und brutalen Eingriffe früherer oder anderer Kolonialmächte ungeschehen.

Wie die Austragung dieser nationalen Aufrechnung von «Mißständen» in den jeweiligen Kolonien auf internationaler Ebene ablief, mit gegenseitigen Anschuldigungen und Rechtfertigungen, offenbaren besonders deutlich zwei Dokumente: Es sind dies das sogenannte ‹*Blaubuch*› der englischen Regierung vom August 1918 und die offizielle deutsche Gegendarstellung des Reichskolonialministeriums von 1919, in der versucht wird, das eigene Verschulden mit den Grausamkeiten der Briten in deren Kolonien zu entschuldigen. Es ging England nicht darum, sich um die Rechte der afrikanischen Völker zu kümmern, solches widerlegte schon die Praxis in den «eigenen» Kolo-

Vom Jubel umbraust ziehen die «unbesiegten deutsch-ostafrikanischen Helden» 1919 in Berlin ein: In der Bildmitte hier mit Südwester ihr Kommandeur General von Lettow-Vorbeck, links Major Kraut, rechts Admiral Looff, Kommandeur des Kreuzers «Königsberg».

nien. Und ebensowenig ging es dem deutschen Reichskolonialministerium um die Behandlung der einheimischen jeweils rechtmäßigen Bevölkerung durch die britische Fremdherrschaft. Es ging vielmehr um die Aufteilung der deutschen Kolonien nach dem verlorenen Weltkrieg. Mit dem ‹Blaubuch› sollte Deutschlands «Unfähigkeit» bewiesen werden, überhaupt Kolonien zu besitzen und zu «verwalten». Der Friedensvertrag von Versailles, den die Siegermächte dem Deutschen Reich diktierten, enthielt im Paragraphen 119 den Passus, daß Deutschland auf seine Rechte im Ausland und auf die Kolonien zu verzichten hätte. Dies rief im Deutschen Reich Stürme der Entrüstung hervor. Am 2. März 1919 ritten von Lettow-Vorbeck, Oberkommandierender der ehemaligen deutschen Ostafrikatruppe, der ehemalige Gouverneur von Ostafrika Dr. Schnee und der Admiral Looff als die «siegreiche Ostafrikatruppe» provokatorisch durch das Brandenburger Tor in Berlin. Am nächsten Tag stimmte der Reichstag mit 414 gegen 7 Stimmen gegen den Verlust der Kolonien nach dem Versailler Diktat. Und nicht wenige unserer bereits bekannten «Kolonialhelden» erhoben laut ihre Stimme, der «kolonialen Schuldlüge» im Ausland entgegenzutreten. Der Vertrag von Versailles trat am 10. Januar 1920 in Kraft.

Die «Arbeiterfrage»

Milde gegen die Eingeborenen ist
Grausamkeit gegen die Weißen.

Professor Dr. Karl Dove[14]

Überall in den deutschen Kolonien herrschte ein chronischer Mangel an Arbeitskräften. Dieser gründete zum einen auf der massiven Weigerung der einheimischen Bevölkerung in den besetzten Gebieten, für die neuen Herren zu arbeiten, zum anderen wirkten sich die Folgen der heftigen und blutigen Kolonialkriege aus, ebenso wie die hohe Flucht- und Todesrate unter den verschleppten, entwurzelten Zwangsarbeitern. Aber es zeigte auch der Gebärstreik* seine Wirkung, den viele der kolonialisierten Frauen als ihre ureigenste Widerstandswaffe einsetzten. Eines der wichtigsten Probleme in den deutschen Kolonien bestand also in der Rekrutierung einer ausreichenden Anzahl von Arbeitskräften.

Dabei gerieten häufig die Vertreter verschiedener Wirtschaftsinteressen aneinander: die Handelsgesellschaften brauchten Träger, Plantagen und Farmen aber Landarbeiter, und ebenso wurden für die zahlreichen Großprojekte wie Eisenbahn-, Straßen- oder Wegebau Tausende von Arbeitskräften benötigt. In der Kolonialliteratur hieß sie die «Arbeiterfrage» und zu ihrer Beantwortung ließen sich die Deutschen einige spezielle Methoden einfallen. Die Geschichte dieser Maßnahmen ist also auch zu verstehen als eine Geschichte der Bekämpfung des einheimischen Widerstandes.

In allen deutschen Kolonien war *Zwangsarbeit* für die einheimische Bevölkerung die Regel. Die deutsche Kolonialverwaltung fand vielerlei Mittel und Wege, sie durchzusetzen; oft genug auf dem «sauberen» Verwaltungsweg. So wurden zum Beispiel am 18. August 1907 im kolonialen Südwestafrika Verordnungen erlassen, die unter anderem auch die folgenden Maßnahmen beinhalteten: Von diesem Tag an galt für die afrikanische Bevölkerung das Verbot von Landerwerb und Viehhaltung, die Einführung von Paßgesetzen und einer «geregelten» Kontraktarbeit. Bei der *Kontraktarbeit* besorgt der Kontraktor oder Makler Arbeitskräfte für bestimmte Arbeiten. Die Verträge sind zeitlich begrenzt: für eine Saison oder für die Dauer des Baus einer Eisenbahnstrecke. Der Makler erhält eine Provision, jede Art von sozialer Sicherung für die Arbeitskräfte entfällt: Es gibt keinen Lohn im Krankheitsfall, keine Vorsorge für Arbeitslosigkeit oder Alter oder Invalidität, keine Hinterbliebenenrente im Todesfall. Nicht selten war Kontraktarbeit mit dem «Trucksystem» gekoppelt. Dabei bestand der Lohn für Träger oder Plantagenarbeiter in Waren statt in Geld. Natürlich setzten die Firmen die Preise für ihre Waren selbstherrlich fest, und ihr Gewinn war dabei ein doppelter: billige Arbeitskräfte und Absatz ihrer Waren zu überhöhten Preisen. Dieses System aber bedeutete nicht in jedem Fall, daß damit die notwendigen Bedürfnisse der Arbeitskräfte gedeckt gewesen wären. Manchmal er-

* Siehe 176.

hielten die Arbeitskräfte weder Lohn noch Verpflegung, sondern Rum. Allerdings war das «Trucksystem» bei den Regierungsstellen nicht sonderlich beliebt, da den Behörden mehr daran gelegen war, den Geldverkehr in den Kolonien zu verbreiten.

Kontraktarbeit beruht auf dem Abschluß eines Vertrages und setzt deshalb Arbeitswilligkeit voraus. Ist dies jedoch nicht der Fall, so schrecken die Werber oder Kontraktoren vor falschen Versprechungen, faulen Tricks und Menschenraub nicht zurück. Es erscheint deshalb durchaus glaubwürdig, wenn der Engländer Harry R. Rudin in seiner Fallstudie über die Deutschen in Kamerun schreibt, daß eine Anzahl von Arbeiteranwerbern in Kamerun umgebracht wurden von Afrikanern, die Widerstand leisteten. Es gibt keinen Grund anzunehmen, der Widerstand in anderen Kolonien hätte nicht ähnliche Formen angenommen.[15]

Die «Eingeborenenverordnungen» für Südwestafrika aus dem Jahre 1907 waren die Keimzelle der bis heute in Namibia gültigen Apartheid-Gesetzgebung. Die Afrikaner wurden in Gettos in der Nähe der Wohn- und Arbeitsstätten der Weißen angesiedelt, Paß- und Meldepflicht hoben ihre Freizügigkeit auf. Das Verbot von Landerwerb und Viehhaltung beraubte sie ihrer eigenständigen traditionellen Existenzgrundlage. Sie mußten so zu Lohnsklaven für die Weißen werden. Sehr viel später, am 28. Mai 1956, Südwestafrika war längst von der Union Südafrika besetzt, da rühmte sich der deutsche Missionar Vedder im Parlament des weißen Apartheid-Regimes von Südafrika stolz der deutschen Verdienste um die Einführung der Apartheid durch die Paßgesetze. Er sagte: «In Südwestafrika wurde die Basis der Apartheid vor 50 Jahren gelegt ... die deutsche Regierung begann hiermit ... Das Nebeneinanderwohnen von Europäern und Nichteuropäern war seit 1908 durch Gesetz verboten ... Die Europäer leben getrennt in den Städten ... Südwestafrika ist das einzige Land in der Welt, wo Apartheid in steigendem Maße seit 50 Jahren besteht.»[16]

In der deutschen Kolonie Ostafrika trieben «Arbeiteranwerber» ihr Unwesen, meist im Auftrag der Plantagenbesitzer. Siegfried Krebs, Wissenschaftler aus der DDR, wertete die einschlägigen Dokumente aus. Er schreibt: «Im Jahre 1905 schloß der ‹Verband Deutsch-Ostafrikanischer Pflanzungen› mit einem gewissen Tomaschek einen Vertrag über die Beschaffung von Arbeitskräften. Er erhielt laut Vertrag für jeden männlichen Arbeiter sechs Rupien Kopfgeld. Sollten Frauen der Afrikaner mitkommen, erhält Tomaschek kein Kopfgeld. Das verauslagte Zehrgeld sollte ihm vergütet und als Vorschuß von den Männern auf den Plantagen wieder eingezogen werden.» Und er zitiert einen Dr. Bongard, der 1907 in Begleitung des Kolonialstaatssekretärs Dernburg nach Ostafrika gefahren war. «In Tabora mußten wir erfahren, daß ... Arbeiteranwerber, um Arbeiter für die Plantagen in Usambara zu erlangen und ihre Provision zu verdienen, ganze Dörfer niedergebrannt und die Männer gefesselt zur Küste gebracht haben.»[17] Arbeiteranwerber gaben sich auch manchmal als Beamte oder Polizisten aus. Eine Variante ihrer Methoden bestand außerdem darin, von Stammesoberhäuptern Arbeiter zu erpressen – mit und ohne Bestechung.

Doch damit waren die Spielarten des Zwangssystems keineswegs erschöpft. Eine besonders ausgeklügelte Methode war das «System der Dorfschamben». Es wurde 1902 zum erstenmal im Bezirk Daressalam angewendet. Beim «Dorfschambensystem» wurde *Arbeitszwang mit Anbauzwang* bestimmter, für die Europäer wichtiger Produkte kombiniert: «Danach war in jedem Dorf ein Feld einzurichten, auf dem alle männlichen Bewohner, die nicht bei einem Europäer im Dienst standen, 24 Tage im Jahr zu arbeiten hatten. Die Deutschen versicherten sich der aktiven Unterstützung der Dorfältesten, indem sie ihnen ein Drittel des Gewinnes versprachen. Ein weiteres Drittel wurde, wenigstens formal, zur Verteilung an die Arbeiter zugestanden, der Rest ging in die Taschen der Deutschen. Das System der Dorfschamben fand im Süden der Kolonie, namentlich in den Küstenbezirken Kilwa und Lindi, Verbreitung. Kurz nach Ausbruch des Aufstandes 1905 mußte das Dorfschambensystem wieder aufgegeben werden. Man kann nicht umhin festzustellen, daß hier ein wesentlicher Grund für die Empörung der Afrikaner lag.»[18] Der Anbauzwang war damit aber nicht beseitigt; er existierte in anderer Form weiter und blieb eine ständige Quelle für Unruhen und Widerstand der Afrikaner in dieser Kolonie.

In Samoa wurde jeder landbesitzende Samoaner verpflichtet, pro Jahr 50 Kokospalmen zu pflanzen. Der Zuwachs an neuen Palmen betrug so von 1900 bis 1914 insgesamt eine Million. Auch für die Anlage, Unterhaltung und Reinigung von Wegen und Straßen wurden in allen Kolonien einheimische Arbeitskräfte ohne Entgelt herangezogen. Eine andere Form der Zwangsarbeit war das «Trägersystem», durch das Männer und Frauen gezwungen wurden, Lasten für die Weißen zu schleppen, oft Hunderte von Kilometern von ihren Familien und Wohnorten entfernt. Vor dem Ausbau von Eisenbahnstrecken wurde der gesamte Warenverkehr hauptsächlich auf diese Weise bewältigt.

Als Mitte 1905 die ersten 45 km Eisenbahn zwischen Lomé und Anecho in Togo eröffnet wurden, konnte Professor Dr. Dove erfreut feststellen, daß die geringen Herstellungskosten auf Grund der «großen Volksdichte und der dadurch ermöglichten Verwendung billiger einheimischer Arbeitskräfte» zustande kamen. Bereits 1907 folgte die Eröffnung der zweiten Bahnlinie, 122 km ins Innere von Lomé bis Palimé. Eisenbahnbau machte sich für die deutsche Kolonialwirtschaft bezahlt: «Während die Beförderung einer Tonne über 1000 km von Palimé nach Lomé mittels Trägern nach dem in Südtogo üblichen Lohnsatze sich auf etwas mehr als 200 Mk stellen würde, erfordert sie im Bahntransport, selbst als Stückgut verladen je nach dem Einzeltarif nur zwischen 25 und 90 Mk. Beförderungskosten, die sich bei ganzen Wagenladungen sogar nur zwischen 12 und 75 Mk bewegen ...» rechnete Dr. Dove seinen Lesern vor.[19] Eisenbahnbau bedeutete für die Weißen enorme militärstrategische und handelspolitische Verbesserungen, für die afrikanischen Arbeitskräfte bedeutete er eine Hölle: Sie mußten den oft wochenlangen Anmarsch zum Teil in Ketten bewältigen, für Menschen aus anderen Gegenden waren die klimatischen Bedingungen zum Teil mörderisch im wahrsten Sinne des Wortes. Bedingt durch die ungenügende Ernährungslage und die miserablen hygienischen Verhältnisse litten die meisten von ihnen an allgemeiner Entkräftung.

Fast überall waren die Arbeitsbedingungen für die kolonialisierten Menschen miserabel: schlechte Ernährung, unzureichende Gesundheits- und Krankenbetreuung, Prügelstrafen und Mißhandlungen, zwölfstündige und längere Arbeitstage, niedrigste Löhne kennzeichnen dieses Ausbeutersystem. Der Willkür einzelner Kolonialisten war kaum eine Grenze gesetzt. Dazu nur ein Beispiel: Ein Angestellter der «Ostafrikanischen Eisenbahngesellschaft» in Tanga vermißte eines Tages einige Arbeiter. Als diese auch am folgenden Tag nicht zur Arbeit erschienen, ließ er sich vom Kommando der «Schutztruppen» einige sudanesische Söldner zuteilen und stürmte mit ihnen die Hütten, in denen er die Deserteure vermutete. Dabei wurde ein Arbeiter erschossen. Der Eisenbahnangestellte wurde vom Gericht später freigesprochen.

Doch auch auf den Pflanzungen und Farmen waren die Arbeitsbedingungen katastrophal. In einem Protokoll des Vorstands des «Vereins Westafrikanischer Kaufleute» aus dem Jahre 1913 ist die folgende Aussage des Kaufmanns Vietor anläßlich seines Besuchs in Kamerun vermerkt: «... über die Sterblichkeit kann ich leider keine genauen Zahlen geben und das ist für mich ein Zeichen, wie schlimm es mit denselben auf den Kakaoplantagen heute noch aussieht. Während ich voriges Jahr in Kamerun war, wurde mir erzählt, daß auf der Tiko-Pflanzung 50 oder 75 Prozent der Arbeiter in sechs Monaten gestorben seien, was auch von den Leitern zugegeben wurde.»[20]

Die beste Strafart für die Neger ist unserer Ansicht nach die Zwangsarbeit.

Missionar H. Bohner zu den Hauptaufgaben einer Kolonialregierung[21]

Teil der Strategie, das Problem des vorherrschenden überall spürbaren Arbeitskräftemangels zu lösen, war der Einsatz von Kriegsgefangenen. Kriegsgefangene wurden Bergwerksgesellschaften, Plantagen und Farmen als Arbeitskräfte zugewiesen und außerdem für «öffentliche» Arbeiten eingesetzt. Der Anteil von Frauen und Kindern unter ihnen war hoch. Bei den Herero in Südwestafrika zum Beispiel begleiteten die Frauen mit ihren Kindern nach alter Tradition die Männer in den Kampf. Sie wurden von den Deutschen genauso gefangengenommen wie ihre Männer. Oft aber wurden gerade Frauen und Kinder gezielt geraubt, als Geiseln gehalten, um die dazugehörigen verwandten Männer entweder zusätzlich oder stellvertretend für Frauen und Kinder als Arbeitskräfte zu erpressen. Im Zusammenhang mit einer solchen Geiselnahme wurde 1907 in Kamerun ein Europäer getötet. Er dürfte nicht der einzige gewesen sein, der solche Praktiken mit dem Leben bezahlen mußte. Zu der Beute, die die deutsche Kolonialtruppe bei der Eroberung der Hauptstadt der Wahehe in Ostafrika, Kuirenga, gemacht hatte, gehörten außer 2000 Stück Rindvieh, 5000 Ziegen, 20000 bis 30000 Pfund Pulver auch 1500 Frauen und Kinder. Niemand, der in Gefangenschaft geraten war, wurde geschont.

Doch wurden Arbeitskräfte von den Deutschen nicht nur innerhalb der deutschen Kolonien verschoben, die Deutschen scheuten auch nicht davor zurück, Arbeitskräfte aus entfernten Ländern zu «importieren»: Aus Liberia nach Südwestafrika, Chinesen und Melanesier nach Samoa und Neuguinea, Malaien nach Neuguinea. Die «Einfuhr» von afrikanischen Arbeitskräften in die Südseekolonien in größerem Umfang war offensichtlich wenig erfolgversprechend. Es wurde deshalb von offiziellen und privaten Kolonialfreunden besonders eifrig über den Import chinesischer «Kulis» in diese Region diskutiert. Die damals gängigen Ansichten unter den Deutschen unterschieden sich nicht im wesentlichen von dem, was zum Beispiel Graf Pfeil, ein Freund und Vertrauter Carl Peters', in seinen ‹*Studien aus der Südsee*› im Jahre 1899 dazu schrieb: «Chinesische Kulis haben sich als Arbeiter im Archipel gut bewährt, ihre Anwerbungskosten sind nicht erheblich bedeutender als die Eingeborenen des Archipels, und es wirft sich die Frage auf, ob es nicht überhaupt wirtschaftlich vortheilhaft sei, gewisse genau zu umgrenzende Districte des Schutzgebietes chinesischer Einwanderung zu öffnen. Den nicht zu leugnenden Schattenseiten einer solchen Massregel würde der Vortheil gegenüberstehen, dass dieses fleissige, bedürfnisslose, wenn auch unsympathische Volk an Stellen, wo der Eingeborene es nicht thut und der Europäer es nicht kann, alsbald Werthe produciren und Erzeugnisse europäischer Industrie abnehmen würde.»[22]

War es wirtschaftlich vorteilhaft für die Deutschen, so wurden eben chinesische Kulis «eingeführt». Einer Volkszählung im Jahre 1909 zufolge gab es in jenem Jahr auf Samoa 441 Weiße, 270 davon waren Deutsche, außerdem 750 Kontraktarbeiter aus den melanesischen Teilen der Südseeinseln und über tausend chinesische Kulis. Auch nach Neuguinea wurden chinesische Arbeitskräfte eingeführt. Viele von ihnen scheinen als letzte Möglichkeit, dem harten Leben zu entrinnen, sich selbst getötet zu haben. Wie zynisch und menschenverachtend Deutsche mit ihnen umsprangen, soll eine kurze Kostprobe aus einem Buch von 1905 verdeutlichen: «Leider waren unsere Chinesen von einer geradezu hysterischen Feinfühligkeit. Die kleinste Kleinigkeit, fünf öffentliche Stockhiebe nur verschnupfte sie. Und ohne darauf Rücksicht zu nehmen, daß sie Valuta vernichteten und die Kompagnie schwer schädigten, brachten sie sich um auf die geringfügigste Provokation hin. Wenn ihnen das Essen nicht schmeckte, hingen sie sich auf. Wenn ihnen das Opium entzogen wurde, hingen sie sich auf. Wenn es regnete, hingen sie sich auf. Ein Chinese legt nicht viel wert aufs Leben. Aber ich hatte nie geahnt, wie gering er es faktisch einschätzt. Wenn man ihnen irgendwie zu nahe trat, sagten sie, es geschähe der Kompagnie ganz recht, wenn sie sich aufhingen – und taten es sofort.»[23]

Für alle Kolonien galt ein weiteres besonderes Zwangsinstrument, die *Einführung von Steuern*. Steuern mußten in Geld entrichtet werden. Um an Geld zu kommen, mußte die einheimische Bevölkerung entweder Verkaufsprodukte für die Europäer anbauen und sie an diese verkaufen oder sich in Lohnarbeit verdingen. Auf diese Weise wurde ein doppelter Effekt erzielt, der die wohl nachhaltigsten Folgen zeitigte: die Einführung und Durchsetzung von Lohnarbeit und Geldwirtschaft.

Eine «köstliche» Geschichte oder wie man an Arbeitskräfte kommt

Ein Papuabursche hatte sich während seiner zweijährigen Verdingung nicht nur den Koffer, sondern Tücher, Hüte, Tabak, Messer und verschiedene andere begehrenswerte Dinge erarbeitet und war damit nach seinem Heimatdorf gekommen, einen europäischen Hut auf dem Kopfe, den Koffer auf den Schultern und in einer Hand seinen stolzesten Besitz, einen weißen aufgespannten Sonnenschirm, seinen schwarzen Körper beschattend. Er hatte vergessen, daß sein Eigentum wohl im Dienste der Neuguinea-Gesellschaft, nicht aber zu Hause respektiert wird. Kaum stand er unter seinen Leuten und kramte seine Schätze aus, als ihm auch ein Gegenstand nach dem andern aus den Händen gerissen wurde. Sogar Hut und Lendentuch nahmen die Mitbürger ihm ab und stolzierten selbst damit im Dorfe herum, ohne daß er etwas dagegen thun oder sagen konnte. Nur an seinem Sonnenschirm schien man keinen Gefallen zu finden. Mit diesem Schirm über dem kraushaarigen Kopf sah der Administrator den armen, splitternackten Gesellen am nächsten Morgen wieder einsam am Meeresstrand einherspazieren. Eine Stunde später trat er in das Bureau der Gesellschaft und bat, wieder zwei Jahre für dieselbe arbeiten zu dürfen.

Ernst von Hesse-Wartegg:
‹*Samoa, Bismarckarchipel und Neuguinea. Drei deutsche Kolonien in der Südsee*›, Leipzig 1902, S. 35

Die «Eingeborenenfrage»

Wer herrschen und erziehen will, braucht Gewalt und wieder Gewalt neben der Klugheit und dem Sinn für Gerechtigkeit.

Dr. E. Th. Förster 1904[24]

Hinter dem Begriff «Eingeborenenfrage» versteckt sich ein Großteil des Elends, der Unterdrückung, aber auch des Widerstandes der einheimischen Völker in den kolonialisierten Gebieten. Verstanden die deutschen Kolonialisten unter der «Arbeiterfrage» die körperliche Unterwerfung, die Anzahl der Arbeitskräfte, die auf Grund des Widerstandes, der hohen Todesraten und des Gebärstreiks der Frauen am Arbeitskräftebedarf der Kolonialisten gemessen immer zu niedrig war, so verwies die «Eingeborenenfrage» auf das Problem der *geistigen Unterwerfung* der Kolonialvölker. Gemeint war die Kolonialisierung der Köpfe und Herzen, die Brechung nicht nur ihrer nationalen Identität, sondern auch die Zerstörung ihrer Kultur, ihre «Erziehung» zu einem «brauchbaren Arbeiterelement».

Daß es den Deutschen aber nie gelungen ist, den Widerstand der unterjochten Völker ganz zu brechen, sie ganz zu kolonialisieren, beweisen unter anderem die ungezählten Klagen, die sie über die «aufsässigen Eingeborenen» führten, die «ohne geringsten Respekt vor der Polizei» das verweigerten, was die Deutschen von ihnen verlangten: bedingungslose Unterwerfung, Disziplin, Arbeitsleistung, Anerkennung einer deutschen «Überlegenheit» und Herrschaft. Das zu erreichen aber war das Ziel und dazu war jedes Mittel gerade recht.

Da schreibt ein Farmer dem *Südwestboten* im Oktober 1912 zur «Eingeborenenfrage» folgenden Brief: «... vor allen Dingen sollten Behörde und Einwohnerschaft auf das schärfste der Vernichtung des Nachwuchses der Eingeborenen entgegentreten. Der Eingeborene, vor allem der Herero, steht nach dem Aufstand vielfach auf dem Standpunkt, er will keine Kinder zeugen. Er fühlt sich als Gefangener, was man bei jeder Arbeit, die ihm nicht paßt, zu hören bekommt, und er will seinem Unterdrücker, der ihm die goldene Faulenzerei genommen hat, keine neuen Arbeitskräfte schaffen. Wer Gelegenheit gehabt hat, gerade bei den Hereros vor dem Aufstand die überaus kinderreichen Werften zu sehen und sich dann heute auf den meisten Farmen umblickt, dem wird der Unterschied sofort auffallen... Dabei versuchen deutsche Farmer seit Jahren, diesem Mißstand abzuhelfen, indem sie für jedes auf der Farm geborene Eingeborenenkind eine Prämie, in etwa eine Mutterziege, aussetzen, aber meistens vergeblich. Ein Teil der heutigen eingeborenen Frauen hat sich zu lange der Prostitution hingegeben und ist dadurch für die Mutterschaft verdorben, während der andere Teil keine Kinder haben will und sich, wenn solche in Aussicht sind, derselben durch Abtreibung entledigt. Hier müßte die Behörde mit aller Schärfe eingreifen. Jeder derartige Fall müßte strengstens untersucht und schwer, mit Gefängnis, und wenn das nicht abschrecken würde, mit Kettenhaft bestraft werden...»

Anderswo wurde versucht, dem *Gebärstreik der Frauen* auf systematischere Art und Weise zu begegnen. So setzte zum Beispiel ein

Mitglied der Familie Woermann, die zahlreiche Handelsniederlassungen auf afrikanischem Boden betrieb, einen Preis von 6000 Mark aus für die beste Studie, deren Vorschläge dazu führen würden, die Geburtenrate in Kamerun anzuheben. Mit ihrer Entscheidung, für die Kolonialmacht keine Sklaven zu gebären, trafen die Frauen offensichtlich den zentralen Nerv der Kolonialisten, die doch händeringend «brauchbares Arbeitermaterial» suchten. Und dieses Problem bekamen die Deutschen bis zum Ende ihrer Herrschaft in den Kolonien nicht in den Griff.

Auch andere Anlässe zu Klagen und Beschwerden über die «Eingeborenen» nahmen kein Ende. *Selbstjustiz* der Deutschen war an der Tagesordnung. Sie warteten nur selten, bis die deutschen Ordnungshüter zur Stelle waren und «ordentliche» Gerichte sich damit beschäftigten. Sie nannten es ein «Erziehungsmittel», das «patriarchalische Züchtigungsrecht», wenn sie zum Folterinstrument «Schambock», einer schweren Nilpferdpeitsche, griffen. Wiederholt kamen dadurch Menschen zu Tode.

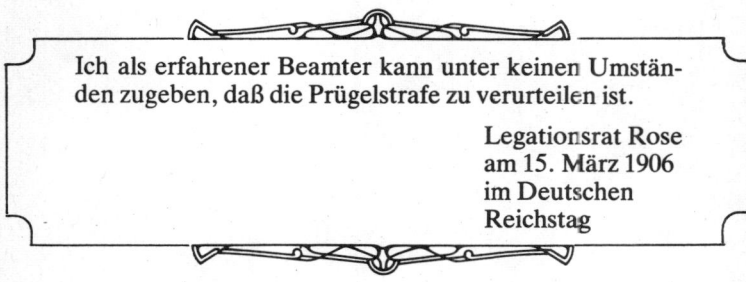

Ich als erfahrener Beamter kann unter keinen Umständen zugeben, daß die Prügelstrafe zu verurteilen ist.

Legationsrat Rose
am 15. März 1906
im Deutschen
Reichstag

Im Fall des Farmers Ludwig Cramer aus Otjisororindi in der Kolonie Südwestafrika waren hauptsächlich Frauen die Opfer seiner brutalen Mißhandlungen. Zwei von ihnen waren schwanger, die eine, Grumas mit Namen, hatte daraufhin eine Totgeburt, die andere, Konturi, hatte eine Fehlgeburt; wieder zwei andere, Maria und Auma, starben schließlich an ihren Verletzungen. Der Farmer wurde angeklagt, und sein Prozeß wirbelte viel Staub auf. Das ‹*Blaubuch*› der britischen Regierung aus dem Jahre 1918, das sich mit der «Behandlung der Afrikaner durch die Deutschen» befaßte, sowie die Heimatpresse widmeten diesem Fall sehr große Aufmerksamkeit. Das Urteil im Berufungsverfahren lautete auf vier Monate Gefängnis und 2700 Mark Geldstrafe sowie Übernahme der Hälfte der Gerichtskosten.

Daß Cramer nur einer von vielen war, beweisen Dutzende anderer Gerichtsprozesse, die alle die Mißhandlung von Afrikanerinnen und

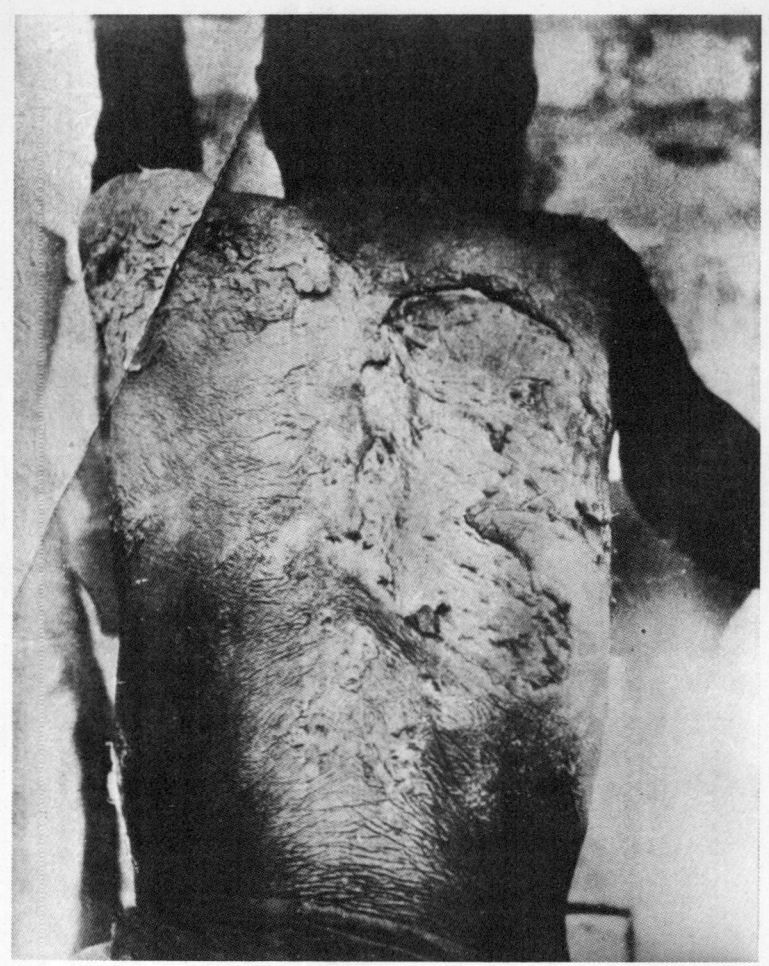

Fotografie des Rückens der vom Farmer Ludwig Cramer mißhandelten Auma, aufgenommen im Krankenhaus von Gobabis am 15. Februar 1912.

Afrikanern durch Deutsche verfolgten. Doch fielen die Urteile gegen die Weißen auffallend milde aus, verglichen mit Urteilen gegen die «Verbrechen» von Einheimischen, die schon für angebliche, nicht bewiesene Viehdiebstähle gehängt wurden. Die schwarzen Menschenleben wogen nicht viel vor den deutschen Unrechtsgerichten. Der deutsche Missionar Vedder aber schämte sich nicht zu sagen: «Viehdiebstähle werden gerecht bestraft.» So zitiert im britischen ‹*Blaubuch*› von 1918. Doch nicht alle Fälle von Mißhandlungen kamen vor Gericht, und die Sympathie der anderen Weißen lag in offener oder stillschweigender Zustimmung eindeutig auf der Seite der Peiniger. Im Prozeß Cramer* hatte der Oberrichter Bruhn den deutschen Farmern das Züchtigungsrecht als Erziehungsmittel ausdrücklich zugestanden. Er stützte sich dabei auf geltendes deutsches Recht: den § 1631, 2 BGB des väterlichen Züchtigungsrechts, das auch der Mutter und dem Vormund gegenüber den Kindern sowie dem Lehrherrn gegenüber den Lehrlingen nach § 127 der Gewerbeordnung zustand. Zweck der Züchtigung sollte die «Erziehung» sein.

Doch schwelte da noch ein deutsch-deutscher Konflikt. Denn, das Züchtigungsrecht durfte nicht «ausarten» und etwa die staatliche Strafgewalt ersetzen. Selbst hier meldete sich der preußische Obrigkeitsstaat zu Wort. Das makabre Geschäft der «Erziehung» und der Kontrolle darüber ließ er sich nicht streitig machen.

Kurzes Plädoyer für eine bessere ärztliche Versorgung in den deutschen Kolonien:

Ein kleines Rechenexempel: nehmen wir an, daß in Kamerun abgesehen von allen Kriegs- und Seuchenverlusten, jährlich 1000 Menschenleben vergeudet werden (ein niedrig gegriffener Satz!), setzen wir den Kapitalwert eines schwarzen Arbeiters auf jährlich nur 100 Mk. fest, und nehmen wir ferner an, daß die Gestorbenen durchschnittlich noch 10 Jahre länger gelebt hätten, wenn die vis maior der europäischen Kultur nicht dazwischen getreten wäre, so gibt das für unser Schutzgebiet einen Jahresverlust von 1 Million. Dafür lohnte es sich wohl, einige Ärzte mehr ins Land zu holen.

Dr. Ludwig Külz im Jahre 1910 [25]

---

* Siehe dazu Seite 154 und meinen Aufsatz «Der Fall Cramer – Ein Lehrstück in Sachen deutsches Recht und deutsche Sitte.» In: Henning Melber (Hg.), ‹*Namibia. Kolonialismus und Widerstand*›, Bonn 1981, S. 33 ff.

Nicht nur in der Kolonie Südwestafrika stand es schlimm um die «Eingeborenenfrage» und damit um die Methoden der Kolonialisten, dieser Frage «Herr» zu werden. Strick und Nilpferdpeitsche spielten dabei die Hauptrolle, in Samoa genauso wie auf den Marshallinseln, in Ostafrika, Togo oder Kamerun. «Wer nicht hören will, muß fühlen.» Widerstand auf allen Ebenen wurde bestraft, konnte er schon nicht verhindert werden. Es kam vor, daß Träger und Trägerinnen, die zwangsrekrutiert worden waren, erschossen wurden, beim Versuch zu desertieren. Hungrige, erschöpfte, kranke Träger und Trägerinnen wurden einfach liegen gelassen. Ein Vormann, der Träger Two Glaß, wurde im Sommer 1891 von dem deutschen Expeditionsleiter Dr. Zintgraff zu fünf Jahren schwerem Zuchthaus, Lohnentzug und hundert Peitschenhieben verurteilt, nur weil er sich angeblich aus Feigheit eine Wunde am Bein beigebracht hatte. Gruppenwiderstand wurde drakonisch geahndet. Die Aufständischen in Ostafrika wurden von den Deutschen ohne Rücksicht und Pardon niedergemacht, ihre Hütten verbrannt, ihre Felder zerstört. Gefangene wurden keine gemacht. Im Reichstag wurde die Zahl von 200 000 Toten gehandelt.

Für die wohl größten Verbrechen in der Kolonie Kamerun sorgte der Gouverneursbeamte Leist. Er ließ Dualla-Frauen ausprügeln, wobei deren Männer zusehen mußten. Dieser Vorfall führte zu einem Aufstand, der von den Deutschen blutig niedergeschlagen wurde. Leist holte sich nachts auch öfters Frauen aus dem Gefängnis für seine sexuellen Bedürfnisse. Als Stellvertreter des abwesenden Gouverneurs Zimmerer mietete Leist aus Dahomé ungefähr 300 Frauen und Männer für einen Zeitraum von fünf Jahren. Ein Mann kostete 320 Mark, eine Frau 280 Mark. Die Männer wurden von Leist in die Polizeitruppe gesteckt. Sie erhielten keinen Lohn. Geld verdienen konnten nur ihre Frauen – durch Prostitution. Leist bediente sich auch selber unter den Frauen, ließ sie Nackttänze veranstalten und verteilte sie an Dinergäste für einen Abend. Tagsüber mußten die Frauen im Gouvernementsgarten arbeiten. Die Leute aus Dahomé erbitterten sich derart über diese Zustände, daß sie beschlossen, Leist zu töten. Eines Tages ordnete Leist die öffentliche Auspeitschung von Dahomé-Frauen an, die sich geweigert hatten, für ihn zu arbeiten. Die Polizeisoldaten aus Dahomé zwang er zuzusehen. Noch in derselben Nacht wurde ein Weißer erschossen. Er hatte Leists üblichen Platz am Tischende eingenommen. Leist selber war nicht anwesend. Dieser Schuß aber war das Signal zu einem bewaffneten Aufstand, der von den Deutschen schließlich niedergeschlagen werden konnte.* Leist nahm die Revolte zum Anlaß, neue Kostproben seiner Grausamkeit zu geben. Viele der Männer, die nicht geflüchtet waren, wurden ge-

---

* Siehe dazu die Seiten 153 f und 171.

hängt, die Frauen zu schwerer Zwangsarbeit auf weit entfernte Plantagen deportiert. Als später der amtierende Gouverneur Zimmerer zurückkam, gab er den wenigen Leuten aus Dahomé, die es dann noch am Ort gab, Geld und erlaubte ihnen, in ihre Heimat zurückzugehen.

Im Reichstag wurde eine Untersuchung und die Verurteilung Leists verlangt sowie seine Entlassung aus dem Dienst. Leist wurde von einer speziellen Disziplinkammer in Potsdam schuldig gesprochen und von seinem Kolonialposten enthoben. Es wurde ihm aber eine andere gleichrangige Position mit lediglich niedrigerem Gehalt angeboten, um ihm die Möglichkeit zu geben, sich rehabilitieren zu können. Allerdings wurde ihm der Aufenthalt im Reich durch zahlreiche Artikel und Veröffentlichungen verleidet. Er soll daraufhin nach Chicago ausgewandert sein.

Der Reichstag debattierte, einzelne Sozialdemokraten oder Zentrumsabgeordnete prangerten «Auswüchse» in der «Eingeborenenfrage» an.* In den Kolonien änderte sich wenig, im Höchstfall wurden hier und da einige Beamte ausgewechselt, die «zu übertrieben» vorgegangen waren, die mit ihrem Übereifer das Klassenziel gefährdeten, die «Erziehung der Eingeborenen». Wie aber kamen die Deutschen dazu, andere Völker «erziehen» zu wollen? Einige der wichtigen ökonomischen und politischen Beweggründe für den deutschen Kolonialismus wurden bereits benannt. Aber: Wie setzten sich diese um in den Köpfen der deutschen Kolonialisten? Eines der gängigsten und häufigsten Rechtfertigungsargumente war: «*der* Neger» sei wie «ein Kind».

Bei Stefan von Kotze heißt es sogar: «Der Neger ist ein halbes Kind. Die andere Hälfte ist Bestie.»[26] Und entsprechend diesem Vergleich fielen die Vorschläge aus, wie mit ihnen umgegangen werden sollte. Da schrieb zum Beispiel ein «rühmlichst bekannter Dr. Richard Kandt» in der November-Ausgabe der *Deutschen Kolonien* von 1904: «Die beste Methode, den Neger zu behandeln, besteht darin, ihn menschlich zu behandeln.» Dr. Kandts «Menschlichkeit» besteht aus «einer klugen Mischung von Güte und Strenge, ohne Hochmut, aber mit Würde, vor allem aber mit Gerechtigkeit». Doch Menschlichkeit und Gerechtigkeit sind keine neutralen Begriffe, die «an sich» schon gut wären. Werden sie von den Unterdrückern definiert, so fehlt ihnen das, womit die Diskussion über Menschlichkeit und Gerechtigkeit erst beginnen kann: das Selbstbestimmungsrecht der einzelnen und der Völker.

Deutlicher als Paul Rohrbach, ehemals Kolonialbeamter in «Südwestafrika» in seinem Buch ‹*Deutsche Kolonialwirtschaft*› dazu Stel-

---

* Siehe die Seiten 205 f und 212.

lung bezieht, konnte es wohl kaum gesagt werden: «... ein Recht der Eingeborenen, welches nur um den Preis verwirklicht werden könnte, daß die Entwicklung der weißen Rasse darüber an irgendeinem Punkte verkümmern müßte, existiert nicht. Die Idee, daß die Bantus, die Sudanneger und die Hottentotten in Afrika ein Recht darauf hätten, nach ihrer eigenen Facon zu leben und zu sterben, selbst wenn darüber unzählige Existenzen bei den Kulturvölkern Europas in einem proletarischen Kümmerdasein stecken bleiben, anstatt daß sie durch eine Vollausnutzung der Produktionsfähigkeit unseres Kolonialbesitzes sowohl selbst zu einem reicheren Dasein emporsteigen, als auch den Gesamtbau der humanen und nationalen Wohlfahrt freier in die Höhe richten helfen (sei es in Afrika, sei es in Europa) – diese Idee ist absurd. Als Gegengewicht zu diesem Prinzip erfordert die ideale Durchführung dieses Standpunktes in der praktischen Kolonialpolitik neben der konsequenten Einsicht in das Wesen der historischen Gerechtigkeit im Dasein der Völker und Rassen, wie wir bereits betont haben, freilich auch ein hohes Maß von Gefühl für diejenige ethische Verantwortlichkeit, die eine höherstehende Rasse gegenüber einem minder zur Entwicklung gelangten Typus der eigenen Gattung unter allen Umständen behält.»[27]

So wird der Rassismus zur Rechtfertigungsideologie für Kolonialismus überhaupt. Die «Rassenwürde» der «Edelrasse» diktiert den kolonialisierten Völkern das Recht. Einzelne Kolonialisten, die Profite aus der Arbeitskraft der Afrikaner ziehen wollten, hatten auf Grund ihrer ökonomischen Lage ein Interesse daran, möglichst viel aus ihnen herauszuholen. Arbeitsverweigerung und Widerstand waren in ihren Augen «Faulheit». Diese Behauptung, oft genug wiederholt in unzähligen Veröffentlichungen, bildet eines der Vorurteile, die sich bis zum heutigen Tage in den Köpfen auch jener Menschen festgesetzt haben, die gar nicht direkt von der kolonialen Ausbeutung profitierten. Dies ist um so erstaunlicher, als die deutsche Öffentlichkeit von der kolonialen Frage bis zu ihrem bedrohlichen Ende 1919 nicht besonders berührt worden war. Für sie gab es damals dringendere Probleme. Doch sind die Ideen der Herrschenden eben auch die herrschenden Ideen einer Zeit. Wir werden später sehen, wenn wir uns mit den deutschen Frauen in den Kolonien beschäftigen, wie diese herrschenden Ideen auch Klassenzugehörigkeit und Geschlechterfrage überlagern.

Völkerkundler unterwegs

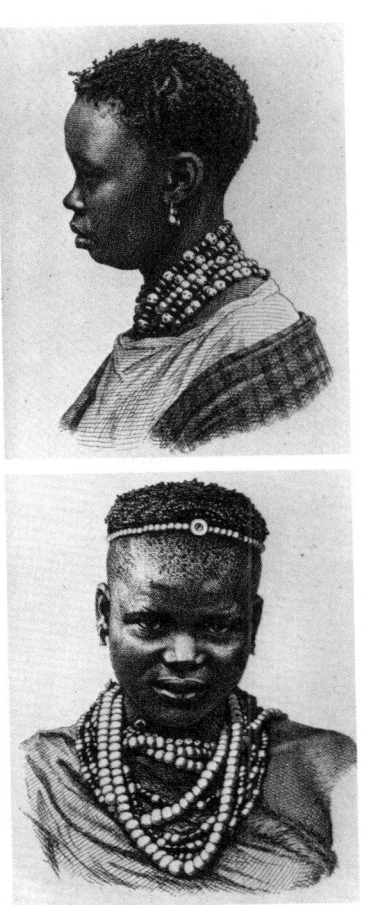

> Wenn die Ethnologen kommen, verlassen die Geister die Insel.
>
> Voodoo-Priester[28]

Es ist fast unmöglich, die Situation der kolonialisierten Völker, besonders die ihrer Frauen, zum Zeitpunkt der deutschen Inbesitznahme zu beschreiben. Natürlich, es gibt eine Flut von völkerkundlichen Studien, die sich mit den Frauen und ihrem Leben in den vorkolonialen Gesellschaften befassen. Aber: Diese Arbeiten sind von *Männern*, von *weißen* Männern verfaßt worden. Bewußt oder unbewußt dienten sie Kolonialismus und Imperialismus, halfen, den Widerstand der kolonialisierten Völker zu brechen. Diese Arbeiten sind sexistisch, arrogant, mit dem europäischen Mann als dem Maßstab aller Dinge im Kopf verfaßt worden. Die Völker, die studiert wurden, waren nur Objekte für die Theoriengebäude der Wissenschaftler aus den Metropolen, die mit ihren kalten Instrumenten kamen, um Menschen in entwürdigender Weise millimetergenau zu vermessen. Anläßlich der ersten deutschen Kolonialausstellung von 1896 in Berlin-Treptow veröffentlichte Felix von Luschan seine ‹*Beiträge zur Völkerkunde der deutschen Schutzgebiete*›. Darin katalogisierte er Hunderte von Männern und Frauen in seiner kalten sezierenden Sprache, als hätte er Schlachtvieh vor sich.

Friedrich von Fülleborn, geheimer Medizinalrat, außerordentlicher Professor an der Universität Hamburg und Oberstabsarzt der «Schutztruppe» in der Kolonie Deutsch-Südwestafrika von 1896 bis 1900, gab im Jahre 1902 seine ‹*Beiträge zur physischen Anthropologie der Nord-Nyassaländer*› heraus. Von Fülleborn erging sich seitenlang in sexistischen Sprüchen: Er begutachtete «die Form der Brüste bei den Weibern» und bescheinigt ihnen mit Kennerblick, daß «junge Weiber oft einen auch nach unseren europäischen Schönheitsbegriffen durchaus wohlgestalteten Busen» haben.[29] Schauer jagen über meinen Rücken, wenn von Fülleborn davon spricht, daß er sämtliche untersuchte Gehirne in «frischem Zustande» gewogen habe. Wie kam der Anthropologe an «frisches» menschliches Gehirn? Er verrät es nicht. Bei der Tabelle mit den Hirngewichten ist lediglich bei einem von sechs Toten die Todesursache angegeben, «eitrige Meningitis». *Woran oder wie starben die anderen?* Es folgen seitenlang Tabellen mit

Schädelmaßen, Fototafeln mit Front- und Seitenansichten, Gruppenbildern, Ganzbildern von vorn und von hinten. Zum Teil mit Bemerkungen versehen wie etwa zu einem Bild von drei Männern: «Der Ring um den Hals bei diesem und dem folgenden ist eine Fessel.» Wer hat die Fessel angebracht und warum? Fragen, die die Herren Völkerkundler nicht interessierten.

Gustav Fritsch, ein anderer dieser illustren Wissenschaftler, der 1872 in Breslau eine ethnographische und anatomische Beschreibung der Menschen Südafrikas veröffentlichte, gibt über Frauen ebenfalls sein fach*männisches* Urteil ab: «Diesem Geschlechte bei den Hottentotten vor einem europäischen Leserkreis die Bezeichnung ‹des schönen› beizulegen, dürfte fast als Ironie erscheinen und doch hat dieselbe in vielen Beziehungen in Afrika sicher ebensoviel Berechtigung als in Europa.» Er geht dann in die Einzelheiten der Brüste und der Genitalien, die «seit langen Jahren eine anatomische Berühmtheit erlangt» hätten. Die Größe der Klitoris betrachtete er «als eine Folge der außerordentlich häufigen Masturbation», in seinen Augen ein «Laster»[30] – wen wundert's?

Auch wenn Fritsch «ethnographisch» wird, sind seine Beobachtungen unbrauchbar. Da sagt er zum Beispiel zur Beziehung zwischen Mann und Frau: «Sentimentalität ist allerdings wenig im ehelichen Leben der Namaqua zu finden, vielmehr gebraucht die Frau die wunderbare Geläufigkeit ihrer Zunge und den ebenso staunenswerthen Reichthum an den schmählichsten Schimpfwörtern ohne Bedenken auch gegen den Eheherrn, der sich bei der Ungleichheit der Waffen alsdann veranlaßt sieht, schlagende Beweise gegen ihre Schmählieder in Anwendung zu bringen; gleich darauf sind sie aber wieder die besten Freunde von der Welt, und scherzen zusammen wie die zärtlichsten Liebesleute.»[31] Was kann nun daraus geschlossen werden? Daß die Frauen sich nicht viel gefallen ließen von ihren Männern? Überall wird die Geisteshaltung dieser Herren deutlich, ohne daß sie sie immer so klar aussprechen wie Fritsch: «Der Mensch ist seiner Anlage nach zur Cultur bestimmt, und es ist ein Unrecht, mit J.-J. Rousseau zu leugnen, das die Cultur den Menschen glücklicher mache, da dieselbe ihn überhaupt erst zum Menschen macht.»[32] Was «Cultur» ist bestimmt Herr Fritsch aus Deutschland. In Südafrika jedenfalls gibt es sie nicht, so der Gelehrte.

In Samoa, so meinte ein anderer, Adolf Bastian, räche es sich, daß zu wenig ethnologische Studien betrieben worden wären, und enthüllt damit auch ganz klar deren kolonialpolitischen Verwendungszweck: «Was hilft dem Tüchtigsten und Gewissenhaften ernstliches Vornehmen, das Wohl seines Amtsbezirkes zu fördern, wenn ihm die sozialen Verhältnisse desselben unverständlich sind und die Hilfsmittel mangeln, um dieselben kennen zu lernen? ... Derartige Schwierigkeiten

... machen sich am bedenklichsten auf Lokalitäten fühlbar, die durch den Gang der Ereignisse in kolonialpolitische Fragen hineingezogen werden.» Daher seine Empfehlung: «Für nüchtern verständige Geschäftserledigung wird es sich deshalb als rathsam erweisen müssen, bei einer Ausrüstung für überseeische Unternehmungen am wenigsten den wissenschaftlichen Apparat zu vergessen, da sich derselbe im Endresultat als der billigste erweisen wird, bei einer Gesammtberechnung.»[33]

Ganz im Zeichen dieser Interessengebundenheit stand auch die Einrichtung des «Museums für Völkerkunde» in Berlin, das am 18. Dezember 1886 «unter höchstem Protektorate die Männer des Staates, der Wissenschaft und Kunst» eröffneten. Aber auch «volkstümliche» Artikel und Bücher dieses Genres strotzten nur so von sexistischen und auf Europa fixierten Sprüchen. C. Arriens veröffentlichte in der *Kolonie und Heimat*, Nummer 18 aus dem Jahre 1912, eine «Völkerkundliche Plauderei», die er «Dunkle Toilettengeheimnisse» überschreibt. Es handelt sich bei diesem Artikel um ein Sammelsurium von Beobachtungen, die er lediglich beschreiben kann – und das in einem widerlich paternalistischen Ton. Aber er kann nichts erklären. Wenn er zum Beispiel sagt, «in manchen Gegenden findet man es schick, die Schneidezähne zu verstümmeln» oder daß «die meisten Afrikaner aus dem Schmuckbedürfnis heraus die Sitte des Tätowierens angenommen» hätten, verweist er lediglich auf seine Unwissenheit. Kulte und Mythen, die meist mit Pubertätsriten verbunden waren und diese Sitten und Gebräuche regulierten, blieben ihm ein verborgenes Rätsel. Ein «kleines Geheimnis» allerdings verrät er uns dann doch, wenn er nämlich erzählt, daß es zur Herstellung von in Afrika sehr begehrten Perlen «in Venedig, Böhmen und anderswo Fabriken gibt, die fast lediglich für afrikanischen Export arbeiten»; Perlen, die «oft zum Schrecken der weißen Kaufleute werden, da sie beständigen, oft plötzlich sich verändernden, niemals vorauszusehenden und durchaus nicht geschäftlich zu beeinflussenden Moden unterworfen sind».

Im Jahre 1901 veröffentlichte der renommierte Reisebücherverlag Woerl einen Band über Samoa, verfaßt von Leo Woerl. Von den 28 «Illustrationen» des Buches zeigen siebzehn Frauen mit nacktem Oberkörper, zum Teil in eindeutig einladenden Posen. Und das im Jahre 1901, in einer Zeit, in der die Frauen in Deutschland vom Kinn bis zum Knöchel verhüllt waren. In vielen deutschen Städten, aber auch im benachbarten Ausland, fanden zu jener Zeit «Völkerschafts-Ausstellungen» statt. Auch mit Menschen aus Samoa. Für Woerl war dies ein willkommener Anlaß, seine Schrift herauszugeben. Das heißt, er versprach sich davon ein gutes Geschäft. Klein gedruckt irgendwo im Text gesteht er, daß die samoanischen Frauen auf der Ausstellung in Berlin «weißgeblümte Kleider bis zu den Knien reichend, mit breiten bunten Schärpen um die Taille» trugen. «Hals, Arme und Beine waren unbedeckt.»[34] Für alle jene, die aber mehr von den samoanischen Frauen sehen wollten, war dann wohl Woerls «Reisebuch» gedacht. Dieses Buch paßte nahtlos in eine Flut von Südseeliteratur, die voll von eindeutig zweideutigen Anspielungen war. In seinen ‹Studien und Beobachtungen aus der Südsee› fragte Graf Pfeil im Jahre 1899 seine Geschlechtsgenossen augenzwinkernd und ganz unverblümt: «Wem wäre die fröhliche Vertraulichkeit der schönen Töchter Hawaiis und Samoas nicht schon als verlockender Traum erschienen...?»[35]

Zwischenbemerkung

Ich kann mir vorstellen, daß in der Rekonstruktion der Geschichte eine gemeinsame Aufgabe der heutigen Frauengenerationen aus den damaligen Kolonien und den damaligen und heutigen Metropolen bestehen könnte. Der Kolonialismus stellt eine Bruchstelle dar in der Geschichte der unterworfenen Völker und in besonders fataler Weise in der Geschichte der Frauen dieser Völker. Würden die Enkelinnen beider Lager Steinchen um Steinchen überlieferter mündlicher und geschriebener Zeugnisse zusammentragen und gemeinsam analysieren – vielleicht wäre das ein Anfang auf der Suche nach einer neuen Identität. Denn nicht nur ist die Identität der kolonialisierten Frauen (und Männer) vergewaltigt worden. Auch für uns, die Frauen in den Metropolen, muß in der Auseinandersetzung mit den heutigen Machtstrukturen diese Frage nach der eigenen Identität neu gestellt werden, wollen wir nicht die Kontinuität kolonialer und imperialistischer Frauengeschichte fortführen. Daß es eine solche Geschichte gibt, daß die Frauen auf beiden Seiten auf eine besondere Art und Weise in den Prozeß des Kolonialismus und der Kolonialisierung eingebunden waren, davon berichten die folgenden Abschnitte.

Mütter, Produzentinnen, Hüterinnen der Tradition

Die Frauen der kolonialisierten Völker bei der Ankunft der Deutschen

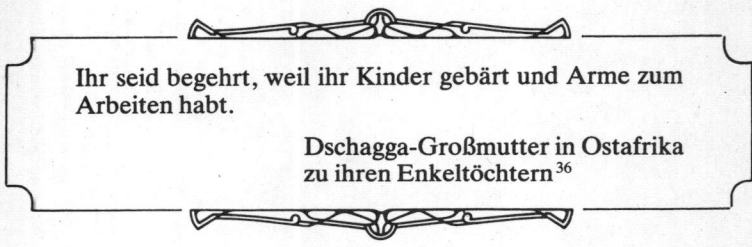

> Ihr seid begehrt, weil ihr Kinder gebärt und Arme zum Arbeiten habt.
>
> Dschagga-Großmutter in Ostafrika zu ihren Enkeltöchtern[36]

Die meisten Völker, die unter die deutsche Kolonialherrschaft gerieten, hatten seit Menschengedenken ihre eigene Geschichte, ihre Mythen und Legenden mündlich an ihre Nachkommen überliefert. Als die Deutschen kamen, existierten deshalb keine schriftlichen Quellen, auf die wir uns heute bei der Rekonstruktion der ursprünglichen Geschichte jener Völker stützten könnten. Durch die deutsche Herrschaftspolitik aber wurden die politischen, ökonomischen und sozialen Gemeinwesen in ihrem Kern zerstört oder deformiert. Wenn hier also der Versuch unternommen wird, die Frauen der kolonialisierten Völker bei Ankunft der Deutschen zu beschreiben, so sind zumeist die einzigen schriftlichen Zeugnisse ihres Lebens heute in Deutschland in den Berichten von Kolonialbeamten, Siedlerinnen und Siedlern, Missionsangehörigen und Reisenden zu finden. Deren Herkunft und Interesse aber bestimmten Blickrichtung und Fragestellung. Die Menschen der kolonialisierten Völker begegnen uns darin daher zumeist lediglich als Objekte. Es bleibt deshalb zu hoffen, daß die jahrhundertealte Tradition mündlicher Überlieferungen letztlich doch stärker blieb als die koloniale Gehirnwäsche und daß die Enkelinnen und Enkel der damals Betroffenen zusammentragen werden, was zerstreut wurde in alle Winde, und aufdecken können, was verschüttet wurde.

Zu diesen Schwierigkeiten mit den historischen Quellen gesellt sich eine weitere hinzu: Der deutsche Kolonialbesitz in Übersee umfaßte die unterschiedlichsten Völker, die sich durch Herkunft, Sprache, Kultur, Gesellschaftsorganisation, Lebens- und Wirtschaftsweise nicht nur von den Deutschen, sondern auch untereinander grundsätzlich unterschieden. Es ist also unmöglich, die Geschichte der Frauen in den von Deutschen unterworfenen Gebieten unter einen Hut zu bekommen, geschweige denn sie auf wenigen Seiten angemessen vorzustellen. Die folgende Skizze beschränkt sich deshalb auf einige zentrale Bereiche im Leben der Frauen, die sich zum einen unterschieden vom Leben deutscher Frauen damals (und heute) und die zum anderen durch die Kolonialherrschaft am stärksten beeinträchtigt wurden.

So vielfältig das Bild von den Frauen in vorkolonialer Zeit auf den ersten Blick auch ist, so weist es doch eine nicht zu leugnende Verwandtschaft bestimmter innerer Strukturen auf. Diese aufzuspüren soll hier versucht werden. Darüber hinaus soll bei aller Unvollkommenheit dieser Skizze vor allem eines deutlich werden: *die Frauen hatten ihre eigene Geschichte*, viele Frauenleben lang – bevor die ersten Europäer auftauchten.

Der Familienverband als soziale Sicherheit

Bei den Völkern, die von den Deutschen kolonialisiert wurden, handelte es sich um jeweils eigenständige durch Herkunft, Sprache, Kultur, Gesellschaftsorganisation, Lebens- und Wirtschaftsweise sehr stark voneinander unterschiedene Gesellschaften. Gemeinsam aber war ihnen, daß ihr Leben sich in einer engen Verbundenheit mit der Natur vollzog. Ihre Lebensweise beruhte auf einem direkten Stoffwechsel mit der Natur: auf Ackerbau, Sammeln von Pflanzen, Kräutern, Kleingetier, auf Jagd, Viehzucht und Fischerei. Handwerke und Handel waren von örtlich unterschiedlicher Bedeutung. Produziert wurde vor allem für den eigenen Bedarf: So konnten zwar Kriege oder Naturkatastrophen die Menschen in ihrer Existenz bedrohen, doch gab es im Regelfall keine soziale Unsicherheit.

Die Frauen dieser Völker waren eingebunden in ein kompliziertes Netz von Familien- und Verwandtschaftsbanden, denn nur die Gemeinschaft als ganze konnte überleben. Das erforderte, daß alle, Junge und Alte, Frauen und Männer zusammen helfen mußten. Die Familienmitglieder waren aufeinander angewiesen und genossen deshalb den besonderen Schutz einer solchen Gemeinschaft, zu deren Überleben sie nach Kräften beitrugen. Das war zuerst die elterliche Familie und dann die eigene, die jedoch selten den Zusammenhang mit der Kernfamilie verlor. Daher führten Ehescheidungen nicht zum Verlust des sozialen Schutzes und der ökonomischen Grundlage: Der

Mann konnte sich eine neue Frau nehmen; die Frau konnte, wollte sie sich nicht wieder verheiraten, stets in ihre elterliche Familie zurückkehren. Der harte Existenzkampf schweißte die Mitglieder der Gemeinwesen fest zusammen. Vertieft wurde diese Gemeinschaft durch soziale Regeln sowie durch religiöse und magische Vorstellungen, Vorschriften und Tabus.

Bei der zentralen Bedeutung, die der Familie als sozialer, ökonomischer und religiöser Einheit zukam, waren Verlobung und Heirat meist eine wichtige Angelegenheit. Selten entschied deshalb das betreffende Paar, wenn auch oft den Mädchen ein Mitspracherecht eingeräumt wurde. Oft wurden Ehen auch in der Absicht geschlossen, wichtige politische, wirtschaftliche oder soziale Beziehungen zu festigen. In Samoa gab es zu diesem Zweck die Institution der «Ehen auf Zeit», die lediglich bis zur Geburt eines Kindes dauerten. Danach wurde die Ehe geschieden, die neuen Verwandtschaftsbeziehungen aber galten, solange das Kind lebte. Mutter und Kind kehrten zurück in die Familie der Frau. Andere gesellschaftliche Bedingungen brachten andere gesellschaftliche Institutionen hervor. In Ostafrika zum Beispiel wurde den jungen Ehepaaren ein «Ehebeistand» an die Seite gegeben, der sie in schwierigen Fragen beraten sollte. Dahinter stand das Bemühen, der Ehe Bestand zu verleihen. Dies wird besonders verständlich auf dem Hintergrund der schwierigen, langwierigen Verhandlungen, die einer Heirat vorauszugehen pflegten und der Beigabe einer meist wertvollen Morgengabe.

Das Heiratsgut wurde bei den verschiedenen Völkern unterschiedlich gehandhabt. Keinesfalls aber bedeutete die Morgengabe etwa den Ausdruck der Käuflichkeit von Frauen als Heiratsobjekte. Der Brautpreis war vielmehr das Äquivalent für den wirtschaftlichen Wert der Arbeitskraft einer Frau, ein Ausgleich für den Verlust, den ihre Heirat für die eigene Familie mit sich brachte; gleichzeitig sicherte er die Nachkommenschaft ökonomisch ab, und in ausgeprägt patriarchalischen Gesellschaften diente er auch dazu, die Rechte des Mannes auf die Kinder zu sichern. Auf Neuguinea dagegen blieb das Heiratsgut alleiniger Besitz der Frau – wie übrigens alles weitere, was sie sich in der Ehe erwerben konnte. Die Frauen galten deshalb als vom Mann unabhängig und ließen ihn das auch des öfteren fühlen, wenn sie ihn zum Beispiel vernachlässigten und nicht für ihn kochten. Allerdings gingen die Mänenr dann oft zu ihren Müttern, um von denen verköstigt zu werden. Durch den Austausch von Geschenken zwischen zukünftig verwandten Familien, manchmal auch durch die Arbeitspflicht des neuen Schwiegersohnes auf den Feldern der Brautfamilie, wurden die Bande zwischen den Familien fester verknüpft, und die soziale Sicherheit wurde somit spürbar erhöht.

Es gab keine Kindheit

Da es entscheidend war, daß alle Familienmitglieder zur Lebenssicherung beitrugen, war eine Trennung der Kinder vom Erwachsenenleben gar nicht denkbar. Solange die Kinder klein waren und gestillt wurden, waren sie im Tragetuch oder Tragefell immer im Körperkontakt mit der Mutter. Sobald sie größer wurden und laufen konnten, wurden sie zunächst auf eine spielerische Art und Weise nach und nach in ihre Pflichten innerhalb der Gemeinschaft eingewiesen und auf ihre späteren verantwortungsvollen Aufgaben vorbereitet. Wie die Erwachsenen und die Alten, so hatten sie schon im zartesten Alter bestimmte festgelegte eigene Aufgabenbereiche. So war zum Beispiel bei den Ovambo im Norden Südwestafrikas das Verscheuchen von Vögeln auf den frisch eingesäten Feldern Kinderarbeit. In Neuguinea zogen die Knaben schon sehr früh in Gruppen durch den Wald oder ans Meer und suchten sich ihr Essen dort selbst zusammen. Lediglich die Sorge für ihre Hauptmahlzeit blieb der Mutter überlassen.

Kinder hatten keine eigene behütete Kinderwelt, sondern sie mußten im Gegenteil schon sehr früh ihren Beitrag für die Familiengemeinschaft leisten. Ihre Ausbilder und Lehrmeister waren die erwachsenen Mitglieder der Familie. Die Knaben folgten dem Vater und den männlichen Verwandten auf die Jagd oder halfen bei der Tierhaltung. Die Großväter unterwiesen die Knaben in der Fertigung von Jagdwaffen und Arbeitsgerät. Mädchen wurden in das traditionelle Arbeitsgebiet der Frauen eingewiesen. Waren sie groß und kräftig genug, so gingen sie den Frauen zur Hand beim Kräuter- oder Käfersammeln, beim Ährenlesen oder beim Wasser- und Brennholzsammeln. So verlief das Leben dieser Kinder zwar *getrennt nach Geschlechtern, aber nicht getrennt von der Arbeits- und Erwachsenenwelt*. Wie wichtig die Geschlechtszugehörigkeit und die daran geknüpften Arbeiten genommen wurden, mag an der folgenden Tradition deutlich werden: Wurde bei den Ovambo ein Kind geboren, so wurde das Neugeborene von einer älteren Frau an die Stätten seines zukünftigen Wirkens getragen. Das Mädchen zu Kornbehältern, Mörsern und Biertöpfen; der Knabe zu Viehkrälen und Milchgefäßen. Ihn ließ man übrigens auch «einen Blick in die Außenwelt tun».

Die Erziehung ist Aufgabe der Familie und der Sippe, und ich muß sagen, nachdem ich fast ein Vierteljahrhundert unter Schwarzen gelebt habe, daß sie im allgemeinen bewundernswert gelöst wird. Das heranwachsende Mädchen lebt bei der Mutter und hilft ihr, ihren Kräften entsprechend, im Haushalt. Geht die Mutter des Morgens in den Wald, Holz zu holen, so sammelt auch das Kind sein Bündelchen und trägt es wie die Mutter auf dem Kopf nach der Hütte. Mit den Jahren wird die Last immer schwerer, und die Mädchen sehen eine Ehre darin, die schwersten und größten Lasten tragen zu können. Sie werden durch tägliche Übung so gestählt, daß sie als Frauen, wenn sie ihren Haushalt zu versorgen haben, Lasten Holz tragen, die ein weißer Mann nicht heben kann. Geht die Mutter des Abends nach der Quelle, um Wasser zur Bereitung der Hauptmahlzeit zu schöpfen, so trippelt das kleine Mädchen hinterher, eine Kalabasse oder einen Krug auf dem Kopfe tragend. Oft geschieht es in der Regenzeit, wenn die Wege mit einer schlüpfrigen, grünen Masse überzogen sind, daß das Kind fällt und Topf oder Kalabasse zerbrochen am Boden liegen. *Nie habe ich gesehen, daß die Mutter das weinende Kind für die Ungeschicklichkeit geschlagen hätte, wohl aber macht sie ihr an Ort und Stelle klar, wie schwierig der Wasserkrug zu ersetzen sei, und wie sein Fehlen sich im Haushalt bemerkbar mache ...*

Missionarin Wolff im Jahre 1916[37]

Frauenwelt – Männerwelt

Mit besonderen Festlichkeiten wurde der Übergang vom Kind zum geschlechtsreifen Erwachsenen markiert. Durch verschiedene Initiationsriten wurde die Aufnahme der Jugendlichen in den Kreis der Erwachsenen vollzogen. Mädchen und Knaben erlebten die Initiation meist unter Altersgenossen des gleichen Geschlechts. Mehr als alles andere prägte die Zugehörigkeit zu dem einen oder dem anderen Geschlecht das Leben der Menschen in den auf Selbstversorgung ausgerichteten Gemeinwesen.

Kinder garantierten den Familien eine sichere Zukunft. Die Produktivkraft der Frauen, Kinder zu gebären, war deshalb besonders wichtig, und das Ansehen von Frauen hing zumeist von der Geburt von Kindern ab. Unfruchtbarkeit dagegen galt Männern meist als Scheidungsgrund und war für die betroffene Frau fast immer auch ein persönliches Unglück. Neben den Pflichten der Mutterschaft leisteten die Frauen einen Großteil der gesellschaftlich notwendigen Arbeiten. «Die Werft ist eine Sache der Frau», sagte ein Sprichwort der Bergdama in Südwestafrika. Das besagte nichts anderes, als daß es die Arbeit der Frauen war, die die Werften, also die Familiendorfgemeinschaften, zusammenhielt. Das Sammeln von «Feldkost», also allem, was im Feld ohne Pflege in und über der Erde wuchs, war in Jägergesellschaften immer wichtiger als die Jagd, weil das Jagdglück kein stetes war, die Gemeinschaften sich aber auf die kontinuierliche Sammlertätigkeit der Frauen verlassen konnten. Dazu gehörte natürlich eine gute Kenntnis der Tier- und Pflanzenwelt, die sich die Töchter von klein auf von ihren Müttern erwarben.

Wo Landwirtschaft im Hackfeldbau betrieben wurde (etwa bei den Ovambo in Südwestafrika, in Ostafrika oder bei den Jabim in Neuguinea) war meist das Roden neuer Felder und die Anlage neuer Pflanzungen Aufgabe der Männer. Die Frauen säten, jäteten, ernteten, betrieben Vorratswirtschaft. Bei den viehzüchtenden Herero waren die Männer für das Vieh zuständig. Das Melken teilten sich sowohl Männer als auch Frauen. Der Bau der Dornenzäune, das Graben von Brunnen, Jagd und Krieg waren Männersache. Die Frauen waren neben Mutterschaft und Hauswirtschaft für den Bau der Pontoks, das Gerben von Tierhäuten und die Herstellung von Kleidung aus Leder verantwortlich. Ähnlich sah die Arbeitsteilung bei den Masai von Ostafrika aus, einem ebenfalls viehzüchtenden Volk.

Mancherorts waren ganze Handwerkszweige einem Geschlecht zugeteilt, so den Männern bei ostafrikanischen Stämmen Holztechniken, Weberei und das Nähen von Hemden. Häufig richtete sich die Bestimmung, wer was herzustellen hatte, nach der Verwendungsart des Gegenstandes. Flechtarbeiten von Haushaltsgegenständen und kleineren Transportkörben besorgten meist die Frauen, große Matten zum Hausbau flochten die Männer. Wie unterschiedlich aber auch immer die Arbeiten für Frauen und Männer von Volk zu Volk aufgeteilt waren, gemeinsam war ihnen die entscheidende Tatsache, *daß innerhalb eines solchen Verbandes genau festgelegt war, wer welche Arbeiten zu übernehmen hatte.*

Die Liste der Pflichten von Frauen war meist lang. Neben den bereits genannten Arbeiten und der kontinuierlichen Versorgung der Familie mit Essen, mußten die Frauen Brennholz und Wasser heranschaffen, Hirse und Mais mahlen oder Taro, eine stärkehaltige Wasserbrotwurzel, verarbeiten; sie mußten aus Erde und Gräsern Salz gewinnen, die Vorratswirtschaft in der Regenzeit für die Trockenperiode besorgen; sie mußten Bier und Getränke brauen, Körbe und Matten flechten, Gefäße und Kochgeschirr herstellen.

Nicht überall war die Separation der Geschlechter so ausgeprägt wie in Neuguinea, wo Frauen und Männer auch getrennt aßen. Doch gab es bei verschiedenen Völkern auch nach Geschlechtern getrennte Geheimbünde. Meist wurden auch Festlichkeiten getrennt begangen. Frauen besaßen also eigenes Wissen, eigene Handwerke, eigene Lieder und Tänze und manchmal sogar eine eigene Sprache und sie gaben ihr Wissen weiter an ihre Töchter und Enkelinnen. Es gab einen Geheimbund von Doktorinnen bei den Ovambo, die Frauen der San im Norden von Südwestafrika benutzten eine Geheimsprache, «Hee-azibahe au seashu», und eine eigene Geheimsprache kannten auch die Frauen der Wa-Saramo in Ostafrika.

Ihre Arbeitsbedingungen

Da es keine ausgeprägten privaten Besitzverhältnisse gab* ist es wichtig festzuhalten, daß die Frauen ihre Arbeitsmittel nicht nur zum großen Teil selbst herstellten, daß sie Vorrats-, Koch- und Wassergefäße töpferten oder Körbe und Matten flochten, sondern daß sie diese auch besaßen. Dazu gehörte in vielen Gesellschaften auch das Haus, da ja die Frauen auch die Hauswirtschaft betrieben. Nicht überall war das allerdings so ausgeprägt wie bei den Bergdama, wo der Mann lediglich als Gast der Frau galt, sobald er die Hütte betrat. Entsprechend der Arbeitsteilung hatte dort der Mann dagegen die Verfügungsgewalt über das Vieh.

Frauen arbeiteten kaum je vereinzelt, sondern meist zusammen mit anderen Frauen. Sei es beim Wasser- oder Brennmaterialholen, beim Sammeln von Feldkosten, beim Getreidestampfen, Ernten oder Fi-

* Dr. Max Buchner, der Kamerun in den achtziger Jahren des vergangenen Jahrhunderts einen Besuch abstattete, bedauerte die Abwesenheit von Hierarchie und die eingeschränkte Befugnis von Stammesoberhäuptern, über den Besitz an Grund und Boden zu verfügen. Abfällig meinte er: «... es ist die reinste Sozialdemokratie!»[38]

schen; es gab viele Gelegenheiten, bei denen Frauen zusammenarbeiteten: in größeren oder kleineren Gruppen, mit Frauen aus der Familie oder Nachbarschaft, entweder arbeitsteilig oder gemeinsam. Frauen verbrachten so den größten Teil ihres Arbeitslebens in der Gemeinschaft von Frauen. Frauen einer Familie oder eines Dorfes halfen sich auch gegenseitig. In Neuguinea schickten sie zum Beispiel anderen weiblichen Familienmitgliedern fertig zubereitete Mahlzeiten und besondere Leckerbissen. Fast überall übernahmen Frauen die Arbeiten ihrer Geschlechtsgenossinnen, wenn diese gerade geboren hatten, krank waren oder sonstwie in Not geraten waren.

Spezielle Handwerke und Fertigkeiten von Frauen – Augenzeugen berichten

Töpfern: «Gestern haben wir einer Töpferin zugesehen, die vor unseren Augen in einer Viertelstunde einen Topf nur mit den Händen, zwei Hölzern und einem Stück Kürbisschale formte. Sie drückte den in Würste gewalzten Ton mit dem Daumen der einen Hand in der Fläche der anderen spiralförmig aneinander, so flach und glatt, daß fast keine Ränder entstanden, gab ihm dabei die richtige Topfform, bog dann einen Rand nach außen um, glättete und verzierte das fertige Gebilde mit einem Muster, indem sie ein walzenförmiges, mit Kerben versehenes Hölzchen auf der Wölbung des Topfes entlang rollte.»[39]

Färben von Kürbis-Kalebassen: «Sehen wir so einer Künstlerin zu. An einem Feuer sitzend hat sie eine Anzahl Brenneisen neben sich liegen, um sie abwechselnd zu benutzen. Mit dem glühenden Eisen brennt sie mit fester und geschickter Hand, ohne vorher eine Aufzeichnung zu machen, in geraden und gekrümmten Linien allerlei Ornamente in die Schale. Um das Gefäß zu färben, stehen ihr außer der Naturfarbe der Schale ein leuchtendes Rot und Gelb zur Verfügung. Schwarze Flächen werden mit dem flachen Brenneisen hergestellt. Aus einem grünlichen Pulver wird nun mit Wasser ein Teig angerührt, mit dem man alle Stellen, die rot gefärbt sein sollen, abdeckt, worauf das Gefäß in die heiße gelbe Farblösung getaucht wird.»[40]

Bierbrauen: «Pombe* wird meist aus Mtamahirse gebraut. Die Hirse-

* Bier, ostafrikanisches Nationalgetränk.

körner werden auf einem flachen Stein mit Hilfe eines runden Steines zu feinem Mehl verrieben. Das Mehl wird mit Wasser angesetzt und gelangt unter häufigem Umrühren binnen zwei Tagen zur Gärung. Die Gärung wird noch dadurch beschleunigt, daß man die Töpfe mit dem Mehl in die Nähe des Feuers rückt. Nach der Gärung wird die Masse abgekocht und durch ein grobes Tuch gedrückt. Der Brei wird nochmals mit Wasser vermischt, abgekocht und kalt gerührt. Das Getränk ist fertig.»[41]

Herstellen von Nähfäden: «Die Blatthalme der saftigen Onghuse-Pflanze werden zu Fäden verarbeitet, die vor allem zum Nähen gebraucht werden. Nachdem die Blätter gegen einen Klotz geschlagen wurden, um die Halme zu lockern, werden sie vorsichtig endgültig vom Blatt getrennt und zu Fäden gerollt. Sehnen, gewöhnlich aus den Hinterbeinen des Viehs gewonnen, sind wichtige Quellen für Schnüre und solide Fäden. Nachdem sie aus dem Fleisch herausgelöst worden sind, werden sie in der Sonne getrocknet. Wenn die einzelnen Sehnen voneinander getrennt sind, werden sie mit rotem Ocker eingerieben und eingelagert. Sollen die Sehnenfäden zur Aufziehung von Perlen verwendet werden, so legt die Frau die ausgewählte Sehne direkt vor dem Gebrauch noch einmal in Wasser und roten Ocker, um sie in noch feinere Fäden zerlegen zu können, entsprechend des Durchmessers der Löcher in den zusammenzufügenden Perlen. Werden Felle mit dem Sehnenfaden genäht, so ist das die Arbeit der Männer.»[42]

Salzproduktion: «Salz wurde aus Steinsalzlagern, stark salzhaltigen Quellen (durch Verdampfen) oder aus salzhaltigem Ton gewonnen. Salzton wird mit Wasser angesetzt, durch Tontöpfe oder in Trichtern aus Rohr filtriert und das Filtrat eingedampft. Auch aus Pflanzenasche wußten die Frauen Salz herzustellen. Dabei wurde das nach dem Verbrennen des Grases in der Asche enthaltene und vom Regen gelöste Pflanzensalz zusammengeschwemmt und durch Verdunstung konzentriert.»[43]

Sexualität und Gebärfreudigkeit von Frauen

Kinder als Garanten der Zukunft ließen die Fortpflanzung zu einer gesellschaftlich notwendigen Aufgabe werden «ohne Schamhaftigkeit» oder Gebrauch der Frau «als bloßem Genußobjekt». So jedenfalls schilderte Hilde Thurnwald ihre Eindrücke von «nichteuropäisierten» Männern ostafrikanischer Stämme noch in den Jahren 1930/31.[44]

Die Notwendigkeit, die zum Überleben des ganzen Gemeinwesens notwendigen Kinder zu erzeugen, hat wahrscheinlich zu der in Afrika vorgefundenen polygamen Familienform beigetragen. Sie ist gleichzeitig für die einzelnen Frauen eine Form von gesellschaftlich anerkannter Geburtenregelung gewesen. Eine Frau konnte in ausreichendem Maße immer nur ein Kind stillen. Während der langen Stillzeit durfte die Frau also nicht wieder schwanger werden, da sonst die Existenz des zuvor geborenen Kindes und des Neugeborenen gefährdet gewesen wären. Die Frau war während der Stillperiode deshalb für den Mann tabu. Dieser hielt sich an das Tabu, da er eine oder mehrere andere Frau(en) hatte. Auf diese Weise waren die einzelnen Frauen von vielen Geburten befreit, und es gab trotzdem die für das Überleben der Familie notwendigen vielen Kinder. Darüber hinaus aber kannten die Frauen auch individuelle Methoden der Empfängnisverhütung oder Abtreibung. Aus ihrem engen Kontakt mit der Natur und ihren Kenntnissen von Pflanzen, Wurzeln und Kräutern verfügten sie fast überall über eigene Medizinen. Im südlichen Afrika war es eine Mispelart mit roten Beeren, deren abtreibende Wirkung den Frauen der verschiedenen Völker bekannt war. Auf Neu-Mecklenburg im Bismarckarchipel kannten die Frauen allein acht Pflanzen zur Empfängnisverhütung. In Ostafrika gab es sogar Frauen, die die gewerbsmäßige Herstellung von empfängnisverhütenden Mitteln aus Wurzeln oder Pflanzensäften betrieben. Außerdem waren festes Schnüren und verschiedene Massagearten als Abtreibungsmethoden verbreitet. So hatten die Frauen sich also durchaus eine weitgehende Kontrolle über ihre Gebärfähigkeit erhalten können, wenn auch vielerorts manche dieser Mittel und Methoden im geheimen praktiziert werden mußten, da sie sonst mit sozialen Sanktionen eines sich durchsetzenden Patriarchats zu rechnen hatten.

Fast überall arbeiteten die schwangeren Frauen bis zur Geburt ihres Kindes. Wenn sie die Geburtswehen nicht auf dem Feld, im Wald oder sonstwo bei der Arbeit allein überraschten, so standen ihnen immer andere Frauen aus der Verwandtschaft oder der Nachbarschaft zur Seite. In Kamerun bestand «eine der ersten Pflichten» einer jungen Ehefrau im Erlernen der Geburtshilfe. Auf Neu-Mecklenburg half eine besondere Frauenärztin. In Neuguinea warfen die Frauen sich in die wilden Brandungswellen, um eine leichte Geburt zu haben und erlebten dann die Entbindung im Kreise von Freundinnen. Diese Geburtshelferinnen wurden von dem geborenen Kind «Mutter» genannt, und zwar so lange, bis es entweder selber heiratete – wenn es ein Mädchen war – oder, bei Knaben, bis sie das mütterliche Haus verließen, um mit den Männern zu leben. Ob die Frauen sich wie in manchen Gegenden in besondere Geburtshütten zurückzogen oder die Kinder in ihrem eigenen oder ihrem Elternhaus bekamen, sie konnten immer mit dem Beistand anderer Frauen rechnen. Diese nachbarschaftliche Frauenhilfe erstreckte sich auch auf die Mutterschutzzeiten, die die Mütter in vielen Völkern seit altersher nach der Geburt genossen: vier Wochen und besonders kräftige Ernährung bei den Shambala in Ostafrika oder auf Neu-Mecklenburg. Während dieser Zeiten, meist die einzigen Ruhepausen im arbeitsreichen Leben der Frauen, übernahmen die anderen Frauen der Familie oder des Dorfes die Arbeit und Pflege der jungen Mutter.

Da es sich bei allen in Frage kommenden Gesellschaften um mehr oder weniger stark ausgeprägte vaterrechtliche Gesellschaften handelte, gehörten die Kinder fast immer den Vätern. Das heißt, wollten die Männer sicher sein, daß es sich um ihre eigenen Kinder handelte, mußten die Frauen eheliche Treue üben. Dies schloß aber nicht überall aus, daß *unverheiratete* Frauen nicht auch ein Recht auf freie Liebe *vor* der Heirat gehabt hätten, wie etwa bei den Bergdama in Südwestafrika. Auch bei den Herero war es keine Schande für eine Frau, vor der Ehe Kinder zu haben, und bei den Ovambo galt eine Frau zumindest so lange als «Jungfrau», so lange sie keine Kinder hatte. Auf der Neu-Lauenberg-Inselgruppe gab es zumindest die Möglichkeit einer sozialen Reintegration für eine unverheiratete Mutter. Sie konnte der gesellschaftlichen Ächtung und Strafe entgehen, indem sie angab, «irgendein Mann habe seinen Haß auf sie geworfen, sich mit den Geistern in Verbindung gesetzt und diese haben die Schwangerschaft verursacht».

Waren die Frauen verheiratet, gab es, wenn auch unterschiedlich leicht oder schwer zu erreichen, für sie die Möglichkeit einer Scheidung und neuen Heirat. Frauen der Bergdama konnten sich gelegentlich sogar einen Liebhaber nehmen. Sie veranstalteten dazu besondere Tanzfeste. Nach Auskunft des Missionars Vedder konnten diese «jederzeit» gefeiert werden und nicht selten, so der Missionar, bildeten «sexuelle Ausschweifungen den Schluß der Unterhaltung»[45]. Einen besonderen gesellschaftlichen Schutz genossen die Frauen der Haussa im nördlichen Kamerun. Bekamen Frauen, deren Männer oft jahrelang auf Handelsreisen unterwegs und von zu Hause abwesend waren, ein Kind, so war allgemein akzeptiert, daß es sich dabei *immer* um das Kind des Ehemannes handelte. Es hatte eben ein bißchen länger gebraucht, um zur Welt zu kommen.

Den Zugang zu den Festen der Erwachsenen erhielten die Mädchen durch die Initiationsriten. Oft fielen diese zusammen mit dem Beginn der Menstruation – ein Anlaß zum Feiern also und ein Zeichen für den besonderen Platz der Frauen in ihrer Gesellschaft. Bei den Ovambo wurden diese Initiationsriten nur alle paar Jahre abgehalten. Sie waren festlich und kompliziert in ihrem Rituell. Bei den San von Epukiro war die erste Menstruation der Anlaß zu einem fünftägigen Fest, und die Bergdama und Nama von Südwestafrika feierten den Beginn der Menstruation mit einem großen Fest, ebenso wie die Frauen auf Samoa.

Bei verschiedenen Völkern waren Strafen für Vergewaltiger bekannt, das heißt also, es hat auch Vergewaltigungen gegeben. In Neuguinea wurden sie durch eine Art «fiktive Prangerstellung» geahndet. Das heißt, die Verwandten der Frau befestigten das Totemzeichen des Mannes (zum Beispiel eine Blume, ein Tier oder eine Muschel) so lange an einem Baum, bis er eine bestimmte Summe Dewarra, Fäden von Muschelgeld, bezahlt hatte. Unterblieb dies, begann die Familie der Frau Rache zu nehmen, bewarf den Vergewaltiger mit Steinen, zerstörte seine Pflanzungen, fällte seine Kokospalmen oder zündete sein Haus an. Da von dieser Art Bestrafung auch immer die ganze Großfamilie materiell betroffen war, hat dies sicher eine kontrollierende Wirkung ausgeübt. Prostitution war übrigens in keiner dieser Gesellschaften bekannt – vor der Ankunft der Europäer.

Frauen im kulturellen und politischen Leben

In Ostafrika machten Sultaninnen von sich reden, die nicht etwa aus Mangel an männlichen Nachfolgern eingesetzt, sondern als Stammesoberhäupter gewählt wurden. Auch aus Togo wurde von einer «Frauenkönigin» berichtet. Sie war nicht etwa die Frau des Häuptlings, sondern eine selbständige Herrscherin, umgeben von einer Schar königlicher Frauen. Ebenso waren in der Südsee Herrscherinnen keine Seltenheit. Bei den Bergdama in Südwestafrika, wo es überhaupt keine gesellschaftliche Hierarchie über und außerhalb der Familie gab, war der höchste Rang der eines Familienoberhauptes, und das war in der Regel ein Mann. Allerdings hatten die Frauen andere wichtige Bereiche inne: Frauen waren Zauberinnen und Klageweiber, die erste Frau war die Hüterin des heiligen Feuers, und als solche führte sie an der Spitze eines Zuges die Dorfgemeinschaft an, wenn diese sich auf die Suche nach einer neuen Siedlungsstätte begab. Außerdem hatte die erste Frau Schlichterfunktion und leitete bei Kriegen die Friedensverhandlungen ein. Nama-Frauen waren mit diplomatischen Missionen an die Deutschen beauftragt, ebenso wie die Mutter des Sultans der Wahehe, andere Häuptlingsfrauen aus Ugani in Ostafrika und ein

Königin-Mutter mit Gefolge in Kamerun.

Wute-Mädchen aus Kamerun. Taras, das Nama-Wort für die Frau, bedeutete übrigens auch «Herrin», «Herrscherin».

Besonderes Ansehen genossen Frauen bei verschiedenen Völkern als Zauberinnen und Medizinfrauen oder in speziellen Eigenschaften. In Samoa gab es die Institution der *taupou*, einer besonderen Art von Dorfjungfrau. Sie war meist eine leibliche oder adoptierte Herrschertochter, wurde hochgeehrt wie eine Herrin des Dorfes, doch war sie eher dessen Dienerin. Die *taupou* sollte «das Dorf repräsentieren und sein Ansehen mehren»[46]. Bei allen Festen hatte sie die leitende Stellung, empfing sie Besucher, bereitete Kawa, nahm Geschenke entgegen und überbrachte welche. Die Heirat einer *taupou* wurde oft dazu benutzt, wichtige Verwandtschaftsgruppen enger aneinander zu binden. Eine Bedingung zur Durchführung dieser hohen Ehepolitik war, daß sie bis zu ihrer Heirat Jungfrau bleiben mußte, anderenfalls riskierte sie, gesteinigt zu werden. Ihr Verführer aber wäre ebenfalls verfolgt, seine Familie und Verwandtschaft bekriegt worden.

Frauengestalten in Sagen und Mythen

Spuren früherer Frauenmacht, mächtige Mütter, bevölkern die reichen Schätze an Sagen und Mythen vieler Völker. Es fällt auf, daß gerade in Ursprungsmythen die Entstehung vieler Völker auf Stamm*mütter* zurückgeführt wird. So waren es bei den südwestafrikanischen Ovambos zwei Schwestern, die aus der Gegend um Grootfontein nach dem Norden gereist sind, in einer Zeit, als es noch keine Ovambos gab. «Als sie nun jenseits Namutoni angekommen waren, sagte die jüngere: ‹Komm, laß uns umkehren!› Die ältere aber sagte: ‹Kehre um, wenn du nicht weitergehen willst. Ich werde alsdann die Reise fortsetzen.› Die kleine Schwester kehrte wieder um und wurde die Mutter der kleinen Ou-khoin, die um Grootfontein wohnten. Die ältere Schwester aber wurde die Mutter der Ovambo.»[47] Auch den Ursprung des «roten» (Nama) und des «schwarzen» (Bergdama-)Volkes führen die Bergdama auf zwei Mütter zurück. «Zur Zeit als die Menschen noch nicht rot und schwarz waren, schlachteten sie eines Tages einen Ochsen. Da kam eine Frau, um sich ein Stück Fleisch auszusuchen. Zuerst nahm sie die Lunge, legte sie aber wieder hin und ergriff die Leber, ging davon und aß sie auf. Die Leber aber färbte alle Kinder, die sie gebar, so daß sie schwarz wurden. Daher ist sie die Mutter der schwarzen Bergdama geworden, die sich Nu-khoin [schwarze Menschen] nennen. Eine andere Frau aber nahm die Lunge und aß sie. Und die Lunge färbte ab auf alle ihre Kinder, die sie gebar. So wurde sie die Mutter der Nama, die Awa-khoin [rote Menschen] genannt werden.»[48]

In der Südsee rankten viele Mythen und Sagen um den Mond, seit Urzeiten Sinnbild der großen Mütter, des Weiblichen. Jedes samoanische Dorf, das etwas auf sich hielt, leitete seine Herkunft neben einem männlichen Helden auch von Frauengestalten aus der Geschichte ab. Und es war eine Frau namens Ui, die sich mit der Sonne, dem Prinzip des Mannes, vermählte und durch diese Ehe das Volk von Manua in der Südsee vor grausamen Menschenopfern rettete. Auch auf einer anderen Südseeinsel erzählten sich die Menschen eine Geschichte, die eine Zeit zum Leben erweckt, in der es Inseln gab, die nur von Frauen bewohnt waren. Eines Tages trieb ein Mann in einem Kanu von einer unerklärlich starken Strömung getrieben an die Ufer eines Landes, das nur von Frauen bewohnt war. «Dies beunruhigte ihn und um sich vor Entdeckung zu sichern, doch aber auch beobachten zu können, stieg er auf einen Baum. Plötzlich jedoch bemerkte er, dass seine Vorsicht vereitelt wurde, am Fusse des Baumes befand sich Wasser, welches sein Bild wiederspiegelte; als er aber hinabsteigen wollte, um seinen Schlupfwinkel zu verändern, erschien schon eine der Frauen, um Wasser zu schöpfen. Das Weib bewunderte die Formen der nie zuvor gesehenen Gestalt und forderte den Mann auf, herunter zu kommen, dieser jedoch misstraute dem Weibe und fürchtete, sie würde ihn ihren Genossinnen verrathen und er getödtet werden. So hiess er das Weib gehen, dieses jedoch versprach, wieder zu ihm zu kommen.

Nun pflegten die Weiber dieses Landes an bestimmten Tagen sich an den Strand zu begeben, um dort mit den dem Wasser entsteigenden Schildkröten Umgang zu hegen. Bei der nächsten Gelegenheit schützte das Weib, welches den Mann entdeckt hatte, Unlust vor und gab an, sie wolle *mono*, das heißt das Haus hüten, während alle anderen Hausbewohner es verlassen haben. Als alle ihre Gefährtinnen sich entfernt hatten, rief sie den Mann herbei, der, da Niemand ihn aufgesucht hatte, sein Misstrauen gegen das Weib verlor und sich mit ihr in das Haus begab. Hier hielt er sich erst verborgen, konnte jedoch, als die Weiber zurückkamen, nicht unentdeckt bleiben. Er kam hervor und alle bewunderten ihn und jede wollte ihn haben. Dem widersetzte sich anfangs das Weib, das ihn gefunden, allein sie wurde überstimmt und musste sich gefallen lassen, dass alle Weiber sich in den Besitz des einzigen Mannes zu Lande theilten. Er wurde von den Weibern mit Nahrung und Wohnung versehen und beschloss als einziges männliches Wesen unter vielen Weibern sein Leben.«[49]

Doch ist es in der wirklichen Geschichte nicht bei diesem einen Mann geblieben. Und es blieb nicht nur bei Männern aus der Südsee. Eines Tages zogen Europas Männer aus, nicht nur die Südsee, sondern die ganze Welt zu erobern. Wie es den Frauen dabei im besonderen ergangen ist, davon handeln die folgenden Abschnitte.

Die Heidenmission

Schwester Elisabeth Sachs mit ihrer Schulklasse in «Pommern».

> Als du hierher kamst, hatten wir das Land und du hattest die Bibel. Jetzt haben wir die Bibel und du hast das Land.
>
> Sprichwort der Afrikaner
> im gesamten südlichen Afrika[50]

Im Jahre 1805 ließen sich zwei deutsche Missionare, die Brüder Abraham und Christian Albrechts, im Gebiet der späteren deutschen Kolonie Südwestafrika nieder. Sie waren ausgesandt von der Londoner Missionsgesellschaft, genau wie der deutsche Missionar Schmelen, der ihnen 1815 folgte. Schmelen ließ sich zunächst in einem Ort nieder, den er Bethanien nannte, schloß sich dann aber dem Nama-Clan unter Jager Afrikaner an. Als dieser mit seinen Leuten nordwärts zog und sein Hauptquartier im südlichen Damaraland, in der Nähe des heutigen Windhuk, nahm, nannte er die neue Siedlung «Schmelens-Hoffnung» zu Ehren des Missionars, der sich eine Nama zur Frau genommen hatte und ein einflußreiches Mitglied des Stammes geworden war. Es waren die Berichte dieses Mannes, die nun auch deutsche Missionsgesellschaften nach Südwestafrika zogen. 1842 nahm dort die «Rheinische Missionsgesellschaft» ihre Arbeit auf.

Die Missionare mußten für sich und ihre Familien selbst sorgen. So stiegen sie ins Handelsgeschäft ein: Jede Missionsstation betrieb einen Laden, in dem sie neben Stoffen und Kleidung, verschiedenen Lebensmitteln und anderen Waren vor allem Waffen und Munition an die Afrikaner gegen Vieh verkauften. In den kriegerischen Auseinandersetzungen der Völker Südwestafrikas um die politische Oberherrschaft jener Zeit spielte das Monopol der deutschen Missionare im Waffenhandel eine wichtige Rolle. Sie versorgten in erster Linie jene Stammesführer mit Kriegswaffen und anderen Hilfsgütern, die gegen die entstehende Zentralgewalt kämpften. Die Folge davon war ein erneutes Auseinanderdriften der Stämme.

Die Missionare waren es auch, die die ersten deutschen Handwerker ins Land holten, den Wagenmacher Tamm aus Thüringen und den Schmied Halbich aus Schlesien. Und als die Missionare die Folgen ihrer Politik des «indirekten militärisch-strategischen Engagements» zu spüren bekamen in Form von Plünderungen und Überfällen auf ihre Missionsläden, riefen sie im Jahre 1869 den König von Preußen um Schutz an. Ihr Vorschlag war, zunächst eine Marinestation in Walfischbay zu errichten. Zwar zeigte der König viel Interesse, doch hielten ihn der Deutsch-Französische Krieg und die Reichsgründung zu sehr in Atem. Daher konnten zunächst die Briten Walfischbay im Jahre 1878 annektieren. Vier Jahre später erschien der Bremer Kaufmann Lüderitz auf der Szene, und seine Landerwerbungen sollten die ersten Gebiete Südwestafrikas werden, die Bismarck unter den formalen «Schutz» des Deutschen Reiches stellte. So haben die deutschen Missionare in dieser historischen Phase einen entscheidenden Beitrag zur Zersplitterung und damit Schwächung der politischen Kräfte im Lande geleistet und auf diese Weise einer Kolonialisierung die Wege geebnet. Als auf der Berliner Konferenz 1884/85 schließlich ganz Südwestafrika (ohne Walfischbay) deutsches «Schutzgebiet» wurde, erklärte dazu die Rheinische Mission: «Es freut uns von ganzem Herzen, daß das wieder geeinte und erstarkte Deutschland nun auch angefangen hat, seiner hervorragenden Machtstellung in Europa entsprechend, auch Anteil zu nehmen an der großen Weltherrschaft Europas, und daß nun gerade unsere südafrikanischen Missionsgebiete es gewesen sind, die zuallererst unter den Schutz und die Oberhoheit des Deutschen Reiches gestellt worden sind, das erfüllt uns mit einer ganz besonderen Freude. Aber solches ist nur darum möglich, weil wir guten Grund haben, von dieser Besitzergreifung auch für unsere dortige Missionsarbeit segensreiche Folgen zu erwarten, ja mehr noch, vielleicht in ihr eine Erhörung unserer Gebete erblicken.»[51]

Pionierarbeit leisteten die Missionare auch auf anderen Gebieten. Mit der «Erziehung» der Einheimischen, die sie nicht nur als Christianisierungsaufgabe verstanden, verbreiteten sie die neuen Werte, die da waren: Fleiß, Pflichterfüllung, Pünktlichkeit, Unterordnung. Durch Schulfarmen, Viehwirtschaft auf den Missionsstationen und Ausbildung von Männern in europäischen Handwerken wurde die schwierige Aufgabe in Angriff genommen, die kolonialen Völker zu «brauchbaren» Kolonialuntertanen zu machen. Überall führten die Missionare neue landwirtschaftliche Methoden ein und predigten gegen die vorherrschende «lasche Arbeitsmoral». Sie propagierten den Anbau von Produkten nicht nur zur Eigenversorgung, sondern für den Verkauf an die Europäer. Missionsschüler bestellten die Schulfarmen, Gemeindemitglieder die Missionspflanzungen. Dazu hieß es im Instruktionsbuch des Baseler Missionskomitees 1848 bis 1876: «Im besonderen erwartet das Komitee von Dir, daß Du nie vergessen und stets im Auge behalten wirst, daß die Ökonomie besonders dazu dienen soll, fleißige, einsichtsvollere und brauchbare Pflanzer aus den Eingeborenen heranzubilden. Du wirst es daher für eine Deiner Hauptaufgaben halten, nicht bloß die nötigen Tagelöhner für deinen Dienst zu halten, sondern auch eine kleine Anzahl begabter und braver Negerjünglinge in eigentliche Lehre zu nehmen und theoretisch und praktisch zu Deinen Gehülfen zu erziehen.»

Missionsfamilie bei Antritt einer Dienstreise.

Stand Bismarck selber der Missionsarbeit noch eher skeptisch gegenüber, so zeichnete sich mit der Wende in der Kolonialpolitik ab 1890 auch eine veränderte Einstellung zugunsten der Missionen ab. Die deutschen Verwaltungen in den Kolonien begrüßten im allgemeinen die Arbeit der Missionen, erhofften sie sich doch von den Missionsschulen gut ausgebildete Männer für den unteren Verwaltungsdienst. Sie unterstützten die Missionen deshalb auf verschiedenen Gebieten: teilten ihnen Land zu für Kirchenbauten, gewährten Subventionen in bar und schenkten ihnen Schulmaterial und Bücher. Die Kolonialbeamten wußten die Auswirkungen durch die Missionsschulen auf die einheimischen Kinder der deutschen Kolonien durchaus zu würdigen. Im Jahre 1905 erklärte etwa ein Bezirksamtmann nach dem Besuch einer Schule in Südwestafrika: «... mit der deutschen Sprache wird auch deutsche Art und Gewohnheit bei der heranwachsenden Jugend großgezogen, die später einmal, nachdem dadurch der jeglicher Begründung entbehrende Eigendünkel der Eingeborenen von besserer Einsicht verdrängt ist, ein brauchbares Arbeiterelement des Schutzgebietes werden kann.»[52]

Machten sich einzelne Missionare auch in einigen Fällen bei brutalen Mißhandlungen zum Anwalt der Einheimischen, so stand doch ihre grundsätzliche Loyalität zur deutschen Oberhoheit und Kolonial-

> «Im Schweiße deines Angesichts sollst du dein Brot essen», sagt die Schrift. Und dies Wort ist keineswegs so zu verstehen, wie jener Alte es auslegte, als er im Unterricht von seinem Missionar nach der Bedeutung des Wortes gefragt wurde. Er erklärte es in seiner Weise mit der Umschreibung: «Du sollst Brot essen, bis du schwitzen mußt.» Nein, die Hottentotten von heute wissen es besser. Sie haben auch allerlei neuzeitliche Bedürfnisse, und um diese zu befriedigen, dienen sie als Arbeiter bei dem weißen Manne.
>
> Missionar Heinrich Vedder
> in seinem Buch:
> ‹Der Bluträcher›, Barmen 1925, Teil 2, S. 10

verwaltung außer Zweifel. So lobte zum Beispiel auf einer Gouvernementssitzung in Windhuk im April 1908 der Präses der Rheinischen Mission die Eingeborenenverordnungen als «eine stramme Jacke, aber eine gute Jacke»[53]. Gerade in «Deutsch-Südwestafrika» aber waren die Beziehungen zwischen Missionen einerseits sowie Siedlerschaft und Kolonialverwaltung andererseits nicht ohne Schwierigkeiten. Die Farmerschaft empfand das «Gerede» von Gleichheit und Menschenwürde als eine «ständige Gefahr für die Sicherheit der in ihrer Mitte lebenden Bevölkerung»[54]. Und sie demonstrierte ihre Unzufriedenheit mit der Arbeit der Rheinischen Mission, indem sie nicht an gemeinsamen Gottesdiensten mit Schwarzen teilnahm. Eine Quelle von Mißstimmigkeiten zwischen Mission und Kolonialverwaltung in Südwestafrika entstand durch das Verbot von Mischehen zwischen Schwarzen und Weißen, das sich auch auf kirchliche Trauungen erstreckte. Nun waren die Missionare keineswegs für eine volle Gleichberechtigung der Afrikaner oder für Mischehen. Sie reagierten lediglich auf den Anspruch der staatlichen Autorität, kirchliche Dienste zu reglementieren. Dieser Streit ging hin und her. So wurde zum Beispiel gegen den Pater Krolikowski im Juli 1913 wegen «Trauung einer Mischehe» von amtlicher Seite Anzeige erstattet. Da es in dieser Frage aber nicht zum Eklat kommen sollte, stellte das Bezirksgericht Keetmanshoop das Verfahren gegen den Angeklagten ein.

Welches Selbstverständnis hatten nun die Missionare, wie verhielten sie sich im Umgang mit der einheimischen Bevölkerung, wie berichteten sie über ihre Arbeit? Befassen wir uns mit einem von ihnen näher. Der Missionar Vedder, in einer Laudatio noch 1961 zu den «bedeutendsten Afrikanisten der Gegenwart» gezählt[55], begann seine Missionsarbeit im Januar 1904 in Swakopmund, Südwestafrika. Als Verfasser von circa fünfzig Büchern über das Leben der Einheimischen, zum Teil in populärer Sprache, trug Vedder erheblich dazu bei, das Bild der Deutschen zu Hause von den Afrikanern in der Kolonie zu prägen. 1948, das Land stand bereits unter der Herrschaft des südafrikanischen Apartheid-Staates, verhalfen Vedder seine «tiefe Kenntnis und Erfahrung in den Bedürfnissen und Wünschen der farbigen Bevölkerung Südwestafrikas» zu einem Senatsposten, den er zehn Jahre lang innehatte.

Vedders Schriften stehen für ein beachtliches Phänomen, das auch bei anderen Missions- und Kolonialschriftstellern anzutreffen ist: wie jemand sich relativ intensiv mit Sprache, Kultur und Leben der Kolonialvölker beschäftigte, dabei ein durchaus differenziertes Bild der Eigenständigkeiten lokaler Kulturen und Gesellschaften zeichnete, aber trotzdem nicht begriff, was er sah und weitergab. Beschreibung und Bewertung der fremden Kultur fallen so völlig auseinander. Wie kann Vedder, der ein ganzes Buch lang den reichen Schatz an Liedern und Gedichten der Bergdama aufzeichnete, davon sprechen, «der Bergdama» sei «aus dem Grunde primitiv und nach vieler Urteil minderwertig, weil sein Geistesleben unentwickelt und primitiv ist»?[56] Das ist wahrscheinlich nur dadurch zu erklären, daß der Missionar gefangen war in einer christlich-abendländischen Wertordnung, überzeugt von seinem Missions- und Sendeauftrag, in dem christlicher Glaube und abendländische Kultur verschmolzen. Neben diesem Herrschafts- und Vorrangsanspruch hatte keine andere Kultur, Religion oder Gesellschaftsordnung mehr eine Existenzberechtigung. So beschreibt Vedder mit erstaunlicher Offenheit (das kann er, weil er sich ja im Recht fühlt) den kulturellen und politischen Untergang der Bergdama und findet kein Wort des Bedauerns, ganz im Gegenteil. Zuerst schildert er die Bergdama als Jäger- und Sammlervolk. Dann kamen die Missionare und versuchten, sie seßhaft zu machen, allerdings ohne viel Erfolg. Denn «nur unter schwerem Druck stehend, ist er [der Bergdama] für die Segnungen der Mission empfänglich». Vedder freut sich deshalb über die deutsche Herrschaft in Namibia, die der Missionsarbeit zu einem «verheißungsvollen Aufschwung» verhalf, indem die schwer zugänglichen Bergdama «aus ihren Schlupfwinkeln hervorgesucht» wurden und «arbeiten mußten». Mit Arbeit meinte er hier Zwangsarbeit für die Deutschen, denn die traditionelle Arbeit der Bergdama hatte er zuvor seitenlang geschildert. Die Bergdama waren jetzt für die Mission leichter zugänglich. Der «schwere

Druck» tat seine Wirkung: «Damit hörte das Jagdleben auf, und die Sippe löste sich auf ... das heilige Feuer erlosch ...» Das war die Stunde der Mission. Sie bot «als Ersatz für das zerschlagene Volkstum die christliche Gemeinde mit ihren festen Ordnungen, mit ihrer Sonntagsfeier, mit Gottesdienst und Schule, Tauf- und Schulunterricht und mit ihren Gemeindeältesten, die, wo es irgend möglich war, aus den Bergdama selbst gewählt wurden»[57].

Aufgehört hatten nicht nur die traditionelle Ökonomie und Gesellschaftsordnung, aufgehört hatten – bedingt durch Zersplitterung und Aufteilung zusammengehöriger Sippen auf viele Orte – auch Tanz und Lieder, das gemeinsame Kulturgut. Doch der Missionar verstand es, «dem Naturkind» ein «Ventil» für die «übermächtigen Regungen seiner Psyche» zu bieten in der Gesangsstunde der Gemeinde. Deutsche «hübsche Volkslieder» oder Lieder aus dem christlichen Gesangsbuch, das manche Bergdama «auswendig hersingen können». Diese Christengesänge sind für Vedder ein «vollwertiger Ersatz für das, was unwiederbringlich dahin ist». Denn es ist «von der Namensgebung des Säuglings durch den Vater an bis zur Bestattung des Toten in drei aneinandergenagelten Bierkisten, die einen Sarg nach europäischem Muster darstellen sollen, alles anders geworden»[58].

Anders geworden ist auch das Leben der Frauen. Während der Mann, «der frühere Jäger Arbeiter geworden» ist und dadurch «auf eine höhere Stufe gehoben wurde», ist der Frau die Lebensgrundlage ohne Ersatz entzogen worden. «Sie ist jetzt nicht einmal mehr Sammlerin. Sie ist in gewissem Sinne unter die Sammlerin gesunken. Sie ist arbeitslos und ‹verfault›.»[59] Vedder bemängelt nur, daß es anscheinend nicht gelungen ist, die Bergdama-Frauen zu christlichen Ehefrauen zurechtzustutzen. Sie reisten ihm zu viel umher, waren nicht «treu», und das Hauptübel lag nach Vedder darin, daß der Mann nicht genügend Geld verdiente und wegen seiner «primitiven Wohnung» keine «größere Häuslichkeit mit umfangreicherer Hauswirtschaft» besaß, «die dem Weibe genügende Arbeitsmöglichkeiten» geboten hätte. Doch ist gerade dieses das erklärte Ziel, worauf Bergdama-Frauen hin «erzogen» werden sollten. Dazu eignete sich am besten eine Dienstmädchenstelle in Siedler- oder Missionarsfamilien und die Unterweisung durch Missionarsfrauen und Missionarsschwestern.

Im allgemeinen zeigten sich die Bergdama-Frauen nicht besonders beeindruckt von den Missionaren. Ihre Kinder jedenfalls zogen sie groß wie eh und je: «Die Mutter trägt ihren Säugling nackt im Tragfell auf dem Rücken ... Der Säugling wird nicht regelmäßig genährt. Die Mutter legt ihn an, so oft er unruhig wird und weint ... Von Kindererziehung kann keine Rede sein ...» – Erziehung beginnt deshalb erst in der Missionsschule. All jenen, die das noch nicht begriffen haben, rief Vedder leidenschaftlich zu: «Man höre endlich auf, die Missionsschulen als überflüssig zu bezeichnen!» Doch Vedder konnte beruhigt sein, die Arbeit der Missionare wurde im großen und ganzen durchaus honoriert. Sogar der berüchtigte Carl Peters wußte die Mission und ihre Dienste zu schätzen: «Man mag über den Jesuitenorden sonst denken wie man will, soviel steht außer Frage, daß derselbe in Ostafrika eine Kulturarbeit im wahrsten Sinne des Wortes vollführt. Seine Stationen bilden sozusagen die ersten mächtigen Klammern, an denen die weiße Rasse in diesem üppigen Teil des spröden schwarzen Kontinents sich hineinzwängt.»[60] Und selbst in einer Gedenkschrift zur deutschen Kolonialpolitik aus dem Nazi-Deutschland des Jahres 1938 stand zu lesen: «Schon lange bevor Deutschland Kolonialmacht wurde, hatten deutsche Missionare in allen Teilen der Welt selbstlos und uneigennützig, aus reinstem Idealismus, an der Entwicklung und kulturellen Förderung der farbigen Naturvölker gearbeitet und damit den fremden Kolonialmächten, unter deren Obhut sie antraten, einen großen Dienst erwiesen.»[61] Sie erwiesen den gleichen Dienst natürlich auch der deutschen Kolonialmacht.

In Kamerun fand ein erbitterter Konkurrenzkampf um «Heidenseelen» statt zwischen protestantischen und katholischen Missionsgesellschaften. Die katholischen, besonders die Pallotiner und Herz-Jesu-Priester, wurden von der deutschen Kolonialverwaltung eindeutig bevorzugt, da sie die Kolonialpolitik mehr oder weniger kritiklos bejahten und unterstützten. Eine Studie zur katholischen Mission in Kamerun während der deutschen Kolonialzeit bescheinigt den Pallotinern, der maßgeblichen katholischen Missionsgesellschaft im Lande, daß sie nicht vorbereitet waren für ihre Aufgabe. Die Pallotiner hatten weder Erfahrung in der Heidenmission oder ein Konzept dafür noch eine Ahnung von ihrem «Missionsobjekt», dafür aber eine «ausgeprägte deutsch-nationale Gesinnung» und «ein rassistisches Überlegenheitsbewußtsein, das in Verbindung mit ihrem Glauben zu einem religiös-kulturellen Sendungsbewußtsein wurde»[62]. Daß eine «völkerkundliche» Ausbildung dem nicht entgegengewirkt hätte, wie in der Studie angenommen wird, beweist das Beispiel Vedder, der sich trotz seiner völkerkundlichen Arbeiten in diesem entscheidenden Punkt in nichts von den Pallotinern unterschied.

Die Missionsschulen in Kamerun waren im übrigen, wie alle anderen, nach europäischem Vorbild aufgebaut. Die Unterrichtsschwerpunkte ähnelten sich überall wie ein Ei dem anderen: Es gab handwerkliche Ausbildung für Knaben und hauswirtschaftliche für Mädchen. Mädchenerziehung wurde meist erst in einer späteren Phase in Angriff genommen, als deutlich wurde, daß die christlichen Männer entsprechende christliche Frauen brauchten, um in solcherart Familien christliche Generationen heranzubilden. Ohne die Bekehrung der Frauen eines «heidnischen» Volkes für den christlichen Glauben

Hochzeit des Bergdama Jakob Narib.

war dieses Missionsziel nicht gesichert. Den Zugang zu den Frauen aber konnten sich nur wieder Frauen verschaffen. Neben der direkten Arbeit mit Frauen und Mädchen lag das Wirkungsfeld der weiblichen Missionsangehörigen in sozialen und karitativen Einrichtungen wie Kindergärten, Waisenhäusern, Grundschulen, Krankenhäusern. Diese Aufgaben aber waren es, die den Missionen Sympathisanten und Täuflinge brachten. Die Frauen im Missionsdienst haben so entscheidend zu den Erfolgen der Mission beigetragen.

Tibet, China, Indien, Türkei, Nord- und Südamerika, Kamerun, Togo, Ostafrika, Südwestafrika... Sie waren in alle Himmelsrichtungen ausgezogen, die Frauen aus Deutschland, die sich der Mission verschrieben hatten. Als Ordens- oder Laienschwestern, Lehrerinnen oder Krankenschwestern. Sie waren die zweite Welle, die Kreuz, Handelsflagge und Kanonen folgte. Nachdem die erste Welle zerstört und Wunden geschlagen hatte, sollten sie aufbauen und helfen, Vertrauen erringen, Seelen gewinnen. Wer waren diese Frauen, was brachten sie den Frauen der Länder, in die sie gekommen waren, ohne darum gebeten worden zu sein?

Da sind zunächst die Frauen, die mit Missionaren verheiratet waren. Ihre Aufgabe war es vordringlich, eine christliche Ehe vorzuleben, in christlicher Arbeitsteilung da zu wirken, wo die Männer-Missionare keinen Zugang finden konnten, in der Frauenwelt. Viele von ihnen kannten die zukünftigen Ehemänner nicht, als sie sich entschlossen, dem «Ruf» als «Missionsbräute» zu folgen. So waren auf dem Schiff, das die zweiundzwanzigjährige Herrnhuter Schwester Maria Hartmann im Jahre 1859 nach Asien brachte, außer ihr noch vier andere «Missionsbräute», weitere zwei Herrnhuterinnen und zwei Schwestern von der Goßener Mission. Maria Hartmann war als Tochter eines Missionarsehepaars in Paramaribo/Surinam geboren. Der Mann, mit dem sie fast vierzig Jahre lang unter Tibetern missionieren sollte, hieß Wilhelm Heyde. Das Eheleben der Maria Heyde in Stichworten: bereits 1860 Geburt einer Tochter, 1862 Frühgeburt, 1863 Geburt eines Sohnes, danach noch weitere fünf Kinder, drei davon starben früh.

Wie sah sie die Tibeter? Einem angehenden Missionar, der unter Tibetern arbeiten sollte, gab Maria Heyde folgenden Ratschlag: «Lieb haben, lieb haben und noch einmal sehr lieb haben müssen sie die Leute. Das ist das einzige, was ich Ihnen sage. Es wird Ihnen dort drüben vieles sehr fremd vorkommen. Da kann nur die Liebe helfen. Und die müssen Sie sich schenken lassen. Alles andere kommt dann von selbst.»[63] Zwar sind für Maria Heyde die Tibeter «im Grunde ein gutmütiges und harmloses Volk, gastfreundlich und gefällig. Auch kommen ihnen gewisse Vorzüge einer alten Kultur zugute», doch stellen sich der christlichen Missionierung «schwere Hindernisse» in den Weg. Neben der Religion, dem Lamaismus, ist das vor allem die «Sittlichkeit im engeren Sinne». Die «Unsittlichkeit» ist nämlich das «Hauptlaster» der Tibeter. «Unbescholtenheit der Unverheirateten ist überhaupt nicht vorhanden, Ehebruch an der Tagesordnung.» Gerhard Heyde, der das Buch über seine Eltern nach den Tagebuchaufzeichnungen seiner Mutter schrieb und 1921, vier Jahre nach ihrem Tod, veröffentlichte, schildert die tibetanische Gesellschaft jener Zeit als eine, die dem deutschen Missionarsehepaar wohl sehr fremd erschienen sein mußte – gerade was Ehe und Frauen betraf. Diese standen nach Landessitte nämlich «nicht nur mit ihrem Mann, sondern zugleich auch mit dessen Brüdern in ehelichem Bunde». Dafür gab es wichtige Gründe: «Es beruht dies auf dem Bestreben, den Besitz an Grund und Boden nicht zu zersplittern und außerdem etwaiger Übervölkerung vorzubeugen.»[64] Da in einer solchen Ehe die Väter der Kinder nicht zu bestimmen sind, galten eben alle als solche. Der älteste Bruder-Mann führte den Titel «der große Vater», der zweite den des «mittleren Vaters» und der dritte den des «kleinen Vaters». Der vierte Bruder wurde ins Kloster geschickt. Gab es in einer Familie keine Söhne, suchte die älteste Tochter sich unter dem Beirat der Eltern und von Verwandten väterlicherseits einen Mann. Sie blieb im elterlichen Haus und verfügte über den Besitz. Die Schwestern heirateten außer Haus. Die Erbin konnte ihren Ehemann wegschicken, wenn sie ihn satt hatte, und sich einen anderen nehmen. Doch auch die anderen Ehen waren nicht angelegt, so lange zu halten, bis daß der

Tod sie scheide. «Ehescheidungen werden sehr urwüchsig behandelt: Der Mann schickt die Frau fort, die ihm nicht mehr paßt, oder die Frau entläuft einem ihr nicht mehr behagenden Gatten.» Alles in allem, die tibetanischen Frauen hätten eine ganze Menge zu verlieren gehabt, hätten sie sich der christlich-abendländischen Ehemoral unterworfen, die für diese Freiheiten der Frauen nur das Etikett «unsittlich» hatte.

Maria Heyde aber hatte den Frauen noch etwas anderes anzubieten. Während ihr Ehemann auf einer Musterfarm den Anbau von Roggen und Kartoffeln einführte, lehrte sie die Frauen das Stricken, eine bis dahin in Tibet unbekannte Fertigkeit. Zwar dauerte es Jahre, bis die ersten Frauen kamen, denn «alle Handarbeiten außer dem Spinnen waren ursprünglich bei den tibetanischen Frauen verpönt». Doch schließlich kamen nach und nach achtzig bis neunzig Frauen aus sechs Dörfern und strickten an zwei Abenden in der Woche Strümpfe, hundert bis hundertzwanzig Paar – nicht für sich selbst, sondern für den Verkauf «zum Besten der Mission» nach Indien. Diese Abende benutzte die Missionarin, den Frauen fromme Sprüche und Verse und das Gleichnis von den «fünf klugen und törichten Jungfrauen» zu erklären. Viele «Bekehrungen» scheint es jedoch nicht gegeben zu haben. Sohn Gerhard, der sechszehn Jahre nach der Abreise der Missionarsfamilie aus Tibet dorthin zurückkehrte, fand zwar noch Strickerinnen, die sich an manche Worte der Maria Heyde erinnerten, aber sie waren immer noch «heidnisch». Zum Glück, möchte ich hinzufügen. Und zum Glück waren die deutschen Missionare ohne deutsche Soldaten, ohne preußische Beamte und kapitalkräftige Unternehmer gekommen. Denn wo diese ein Interesse an der Einführung christlicher Moral hatten, hatten die Menschen wenig Chancen, ihr zu entrinnen. Das beste Beispiel dafür waren die Zustände in den deutschen Kolonien.

Doch auch das Wirken der beiden Heydes kam einer Kolonialmacht zugute, die auf diese Region ein Auge geworfen hatte; England. Heydes übersetzten nämlich nicht nur das Evangelium in die tibetanische Sprache, weshalb sie von der britischen Bibelgesellschaft zu Ehrenmitgliedern ernannt wurden, sondern sie verfaßten auch das erste englisch-tibetanische Wörterbuch. Sie erleichterten so dem britischen Kolonialismus den Zugang zu dieser Region auf dem wichtigsten Gebiet der Verständigung und Kommunikation. Und dann ist da noch die Geschichte mit dem Stricken. Es blieb nicht bei den Strümpfen, die für die indische Mission gestrickt wurden. Die Frauen begannen «auf eigene Hand» zu stricken und die Strumpfwaren gegen Geld an Fremde zu verkaufen. Während bis dahin in der Hauptsache Salz oder Borax aus dem Gebirge in die Ebene gebracht wurden, um dort gegen Getreide und andere Lebensmittel getauscht zu werden, wurde mit dem Verkauf von Strümpfen gegen Geld etwas völlig Neues einge-

Missionarehepaar Maria und Wilhelm Heyde
mit tibetischen Christen im Jahre 1896.

führt. Dieser Einbruch des Geldes in eine durch Produktentausch geprägte Gesellschaft oder zumindest die Sensibilisierung dafür, dies war ein Schaden, den die Missionare angerichtet haben; eines jener Dinge, mit denen sie sich gewaltig eingemischt und Veränderungen eingeleitet haben auch dort, wo sie in der «Bekehrung» nicht so erfolgreich waren.

Die Wirkung war noch um ein Vielfaches verstärkt überall dort, wo gleichzeitig oder nachfolgend andere Kräfte daran interessiert waren, der Geldwirtschaft mit all ihren Folgen zum Sieg zu verhelfen. Die Missionare arbeiteten diesen Kräften voll in die Hände. Dazu ein kleines Beispiel: Die Missionarsfrau Aenne Trey geht mit ihrem Mann und dem vier Monate alten Töchterchen in Südwestafrika auf Missionsfahrt, um die afrikanischen Arbeitskräfte auf den verschiedenen Farmen zu betreuen. Sie besucht eine Schule, und die «Schulprüfung» fällt «nicht gerade glänzend aus», berichtete sie. Warum? «Zu verwundern ist das nicht», erklärte sie, «wenn man sieht, wie Schulmeister Otto versucht, etwa sechzig Kinder mit einer kleinen Tafel und einer Fibel lesen und schreiben zu lehren. Das ist entschieden falsch angewandte Sparsamkeit. Sobald die Eltern ihren Kindern Tafeln und Fibeln gekauft haben, sollen sie eine schöne Wandtafel erhalten.

Dann werden hoffentlich die kleinen ABC-Schützen besser bestehen.»[65] Das heißt: der Anreiz kommt von der Mission – eine Wandtafel – aber nur, nachdem die Eltern der Kinder Geld ausgegeben haben für Tafeln und Fibeln. Um an Geld heranzukommen, müssen die Eltern sich bei den Weißen verdingen, Lohnarbeit annehmen. Geld wird notwendig, wenn die Kinder eine Chance haben sollen, sich nicht mehr so zu schinden, wie die Eltern es mußten. Die Schule erscheint als *das* Heilmittel, da die Weißen bessere Arbeit an Afrikaner mit Schulbildung vergeben. Doch was lernten diese Kinder in den Missionsschulen? Sie lernten nicht mehr, wie die Lieder ihrer Eltern und Großeltern klangen, dafür lernten sie vielleicht das ‹Heideröslein› oder ‹Lobe den Herren›. Sie lernten nicht mehr die Sagen und Mythen ihrer Vorfahren, sondern wer ihr neuer «Herr» ist, der deutsche Kaiser. Sie lernten nicht mehr die Namen der Gräser und Pflanzen, die früher Bestandteil ihrer Ernährung waren, deren Heilkraft sie zuvor zu nutzen verstanden; statt dessen lernten sie Aspirin und Kaffee kennen. Sie bekamen Kleider verpaßt, wurden zu den deutschen «Tugenden» Pünktlichkeit, Ordentlichkeit, Sauberkeit und Fleiß erzogen. Nachdem ihre angestammte Tradition in Stücke geschlagen war, sollten sie durch Schule und Mission wieder «jemand» werden. Die Mädchen zum Beispiel «richtige» Frauen, *Hausfrauen*.

Wie sah nun die Frauenmission aus der Nähe betrachtet aus? Uerieta, die Tochter eines Bergdama und einer Herero-Frau, die nach mutterrechtlichem Brauch den Herero zugehörig war, ging als die «schwarze Johanna» in die Missionsgeschichte der Rheinischen Mission ein. Sie ist die «Erstlingsfrucht» vom «Missionsfelde des Herero-Landes», und erzählt wird ihr Leben von dem uns mittlerweile einschlägig bekannten Missionar Vedder.

Als Zwölfjährige kam Uerieta ins Haus des Missionarsehepaars Hahn, und das kam so: Auf dem Weg zur Schule sah sie Frau Missionar Hahn fegen. Aber nicht mit einer Handvoll Reisig, wie sie es von der Mutter zu Hause kannte, sondern «mit einem richtigen Besen». «Ungehörig» obendrein, daß die weiße Frau selbst ausfegte. Uerieta bot sich an, die Arbeit zu erledigen. Und da sie sich so anstellig zeigte, beschlossen Frau und Herr Hahn, das Kind ins Haus zu nehmen «als Dienstmädchen für sie und als Kindermädchen für den vierjährigen Josaphat und den zweijährigen Hugo, zumal in wenigen Monaten ein drittes Kind zu erwarten sei». Die Eltern willigten ein, und so zog Uerieta ins Missionarshaus.

«Nun brauchte Uerieta nicht mehr frühmorgens des Vaters Kühe zu melken.» Aber keine Angst, das Mädchen wurde deshalb nicht arbeitslos. «Dafür aber hatte sie zu gleicher Zeit noch vor Aufgang der Sonne das Herdfeuer der Missionarsfrau anzuzünden – nicht mit einer vom vorigen Tage sorgfältig aufbewahrten glühenden Kohle, sondern nach der neuen Weise, wie weiße Leute Feuer anmachen. Dann wurden die Zimmer gefegt, der Staub gewischt, die Morgenandacht gehalten ... dann ging sie zur Schule ... an den Nachmittagen lernte sie die Kunst des Nähens von der Missionarsfrau. Es wurde ihr gezeigt, wie man den Tisch deckt ... am Abend war wieder Abendandacht, und wenn die Kleinen gebadet und von der Mutter zu Bett gebracht worden waren, wobei Uerieta gern half, nahm das schwarze Mädchen seine Schlafdecke, die aus einem gegerbten weichen Fell bestand, breitete sie in der Küche aus, wickelte sich bis über den Kopf hinein und schlief so gut wie in der elterlichen Hütte.»[66] Kein Wunder, sie muß ja todmüde gewesen sein, nach einem so langen Arbeitstag!

Aber noch unterschied Uerieta sich nicht von ihren Herero-Schwestern. Sie ging nach Herero-Tradition nur mit einem Ledergurt bekleidet, an dem eine Lederschürze mit langen Lederfransen befestigt war. Das wurde bald anders: Frau Hahn nähte Uerieta ein Kleidchen, «das den ganzen schwarzen Körper bedeckte und hoch unter dem Hals zugeknöpft wurde. Das war beängstigend, weil beengend. Und wer konnte nun dafür, wenn das Kleid schmutzig wurde? Da mußte Uerieta ja fast mehr auf sich als auf ihre Arbeit aufpassen. Aber mit der Zeit lernt man allerlei. Auch Uerieta lernte Kleider tragen und reinlich sein.» Später wurde Uerieta getauft und hieß von da ab Johanna. Diese Namensgebung markierte im übrigen einen gewaltigen Bruch mit der Herkunft, der Familie und Tradition. Namen hatten in den vorkolonialen Gesellschaften eine besondere Beziehung zum Leben des Kindes, seiner Familie oder der Natur. Mit der Ablegung des alten, des «heidnischen» Namens sollte auch die «heidnische» Identität ausgelöscht werden und eine neue, christliche, sollte angenommen werden mit dem christlichen Namen.

Uerieta-Johanna blieb jahrelang als unbezahltes Dienst- und Kindermädchen im Missionarshaushalt, half dem Missionar auf Grund ihrer Sprachkenntnisse in Deutsch, Englisch, Holländisch, Herero und Nama, außerdem bei seinen Übersetzungen, begleitete Hahns sogar nach Deutschland, in deren Heimatstadt Gütersloh. Doch dort fühlte sie sich nicht wohl: «Deutschland», so sagte sie, «ist ein schönes Land, aber nur für diejenigen, die dort geboren sind. Wer in Afrika geboren ist, soll besser in Afrika bleiben.»[67] Und wer in Deutschland geboren ist, wäre der nicht besser in Deutschland geblieben? Wie Johanna darüber dachte, hat uns ihr Biograph nicht verraten.

Endlich sollte Johanna aber ihre eigentliche weibliche «Bestimmung» finden. Sie heiratete den Samuel Gertze, einen Christen aus Kommagas, dessen Frau nach der Geburt des achten Kindes gestorben war. Johanna versorgte diese acht Kinder und bekam selber neun Kinder dazu: Karoline, Samuel und Michael, Eduard, Margarethe und Pinekas, Jochebeth, Franz und Sara. Zwei von ihnen, Samuel und Jochebeth, starben im zarten Kindesalter. Johanna arbeitete später als Hebamme bei schwarzen, vor allem aber bei weißen Frauen und starb im Alter von etwa 99 Jahren, eine «schwarze Diakonisse ohne Haube», deren ganzes Wesen «geadelt und geheiligt durchs Christentum» war. Der Missionar schickte ihrer Seele einen Seufzer hinterher: «Wenn wir viele Frauen vom Schlage dieser alten Johanna hätten, wäre die Frauenfrage hier im Lande gelöst.»[68]

Mit welch unglaublichen Methoden die Missionare zuweilen versuchten, die Heidenfrauen und vor allem deren anderes Sexualleben zu zähmen, erfahren wir exemplarisch bei Margarethe von Eckenbrecher, einer deutschen Siedlerin, die 22 Jahre in der Kolonie Südwestafrika lebte. Über das sonntägliche «Schönmachen» berichtete sie kommentarlos das folgende: «Das Schönmachen bestand bei den jungen Mädchen des Ortes im Anlegen einer weißen Leinenbinde um die Stirn. Diese Binde stellte das Symbol der Keuschheit dar, es war von einem Missionar eingeführt. Ließ sich eine Jungfrau etwas zuschulden kommen, was öffentliches Ärgernis erregte, dann trat der Rat der Ouderlinge (Kirchenältesten) unter Vorsitz des Missionars zusammen. Den folgenden Sonntag wurde dann dem Mädchen vor den Augen der andächtigen, sittlich entrüsteten Gemeinde die weiße Binde von der Stirn genommen. Sie mußte Schule und Kirche fernbleiben, bis sie bereute, dazu hatte sie sechs Wochen Zeit. Die weiße Binde durfte sie niemals wieder tragen.»[69]

Die «Erziehung» der Frauen zu christlichen Hausfrauen wird in unzähligen Berichten von Missionarinnen geschildert. Wichtig wie im Falle Uerietas war es am Anfang immer, ihre Nacktheit zu bekämpfen. Für Frau Missionar Wolff von der Berliner Mission war es «natürlich» in der Kolonie Ostafrika ihre «erste Sorge», die Mädchen, die zu ihr auf Arbeitssuche kamen, «zu kleiden und wenigstens den Versuch zu machen, Schamgefühl in ihnen zu wecken»[70]. Was da zertrampelt worden sein mag, können wir heute nur noch ahnen.

Eine hausfrauliche Tätigkeit, die Frauen auf deutsche Art Wäschewaschen zu lehren, taucht in unzähligen Berichten von Missionarinnen und Siedlerinnen immer wieder auf. Hier das Beispiel von Missionarin Maria Maaß, einer Kollegin der Missionarin Wolff: Wäschewaschen war bei den Konde in Ostafrika, unter denen sie lebte, offensichtlich Männersache. Und zu Anfang besorgte auch «ein Hausjunge mit Hilfe eines älteren Mannes» diese Arbeit für sie. Doch später gefiel ihr das nicht mehr. «Ich fand eine Frau, die waschen lernen wollte, und diese hat sich gut eingerichtet, sie war bis zu unserer Abreise, also fast zehn Jahre lang meine Waschfrau. Zunächst versuchte ich eine Verbesserung, indem ich in meinem kleinen mitgenommenen Waschkessel am Fluß das Wasser warm machen und die Wäsche kochen ließ.

DIE SCHWARZE JOHANNA

Da mußte ich aber dabeisein. Als ich dies nicht mehr konnte und mein schöner Kessel mit einigen recht großen Beulen nach oben kam, mußte die Waschfrau oben, zwar noch im Freien, aber doch wieder unter meiner Aufsicht waschen und das Wasser vom Fluß erst dazu heraufholen. Jetzt habe ich schon eine kleine Waschküche, die für die Regenzeit recht angenehm ist, und es wird regelrecht in einer mit Blech ausgeschlagenen Kiste, einer alten Transportkiste, nach deutschem Muster gewaschen. Am schwersten bei dieser neuen Methode ist meinem Frauchen das Stehen geworden. Solange sie auf den Steinen oder auf einer umgekehrten Kiste die Wäsche klopfte, konnte sie dabei sitzen. Das ging jetzt nicht mehr, und sie hält darum auch nur den Vormittag aus.»[71] Dieses Umerziehungsbeispiel zeigt, wie nicht nur die traditionelle Arbeitsteilung zwischen Mann und Frau aufgeweicht wurde, dadurch, daß die Missionarin eine Frau anlernt, weil «natürlich» eine Frau Wäschewaschen können muß. Darüber hinaus verschwand mit der neuen Art, Wäsche zu waschen, auch die traditionelle Arbeitsweise. Früher konnte die Wäsche im Sitzen gewaschen werden. Jetzt mußte die Wäscherin das Wasser vom Fluß heranschleppen und im Stehen waschen. Was für ein Fortschritt!

Die Missionarin Anna Rein-Wuhrmann, die in den Jahren von 1911 bis 1917 für die Baseler Mission als Lehrerin in Kamerun arbeitete, gesteht ganz offen, daß auch ihre soziale Arbeit nicht ohne Hintergedanken geleistet wurde: «Kranke Menschen sind viel empfänglicher als gesunde, und der Einfluß des Missionsarbeiters auf kranke, gebrechliche, arme oder sonst vom Unglück heimgesuchte Heiden ist ungleich größer als der Einfluß, den er auf gesunde, kräftige und wohlhabende Leute hat.»[72] Letzteres stimmt nicht ganz, denn es sind die Wohlhabenden, die ihre Kinder zuerst entbehren können, um sie zur Schule zu schicken. «Natürlich» wird zuerst eine Knabenschule eröffnet. Und die Mädchenschule beginnt mit den Töchtern des Königs Nzoja und denen seiner nächsten Verwandten. Und eine Standesschule blieb diese Mädchenschule für lange Zeit. Die Unterrichtsfächer, dies kann nicht mehr überraschen, waren «hauptsächlich Handarbeiten, biblische Geschichte und Realfächer», womit Lesen, Schreiben, Rechnen gemeint sind.

Kamerun wurde französische Kolonie. Von 1920 bis 1922 arbeitete Anna Rein-Wuhrmann auf Wunsch der Pariser Mission erneut in Kamerun, um die vom Krieg zerstörte Schule wiederaufzubauen. Der einmal eingeschlagene Erziehungsweg wurde fortgeführt: «In der Mädchenschule wird Handarbeitsunterricht mit Vorliebe getrieben, und obschon im allgemeinen Näharbeit eine Beschäftigung der Männer ist, haben doch unsere Schülerinnen Geschick, Geduld und Ausdauer entwickelt.»[73] Die ganze Widersprüchlichkeit missionarischer Arbeit wird aus ihrem Schlußwort deutlich. Für die Afrikaner nämlich, die «von der europäischen Zivilisation genippt» haben, findet sie harte Worte: sie sind «unangenehm und lächerlich», in ihrem «Nachahmungstrieb» werden sie «zur armseligen Karikatur». Die anderen, die «stillen, feinen, geistig hochstehenden Menschen» muß man anderswo suchen, dort nämlich, «wohin der Europäer noch nicht mit den Erzeugnissen seines Fleißes und seiner Wissenschaft gekommen ist, da wo noch alte Sitte herrscht...»[74] Und doch sind Frauen wie sie dazu angetreten, eben jene Sitten zu zerstören, sie durch europäische abzulösen.

Nicht weniger tragisch war die Arbeit katholischer Ordensfrauen, sowohl in den Konsequenzen für die jeweils zu christianisierenden Frauen als auch für die deutschen Ordensschwestern. Es scheint, als hätten sie besonders hohe Opfer an Menschenleben zu beklagen gehabt, so wie die St. Benediktus-Missions-Schwestern vom Schwesternkloster Tutzing am Starnberger See. Sie gründeten 1888 ihre erste Niederlassung zusammen mit zehn Benediktiner-Missionaren in Pugu, Ostafrika. Bereits wenige Monate später, am 13. Januar 1889 wurde diese Station im Freiheitskrieg zerstört und niedergebrannt. Schwester Martha Wansing aus der Diözese Münster, noch nicht fünfundzwanzigjährig, wurde ermordet. Eine Mitschwester, Lioba Ellwanger aus der Diözese Regensburg, starb kurz vorher an Tropenfieber, auch sie noch keine fünfundzwanzig Jahre alt. Es folgte im Juni 1890 eine zweite Schwesternexpedition nach Daressalam. Die Schwestern errichteten dort ein Internat für 75 Mädchen, hauptsächlich Waisen, außerdem ein Krankenhaus für Schwarze, in dem durchschnittlich 40 Patienten und Patientinnen versorgt werden konnten. Zweigniederlassungen in der Provinz wurden jetzt gegründet. Im Jahre 1905 unterrichteten die Schwestern beispielsweise in Lukuledi 240 Mädchen, bildeten dort 80 «christliche Hausmütter» heran. In dieser Region wurde 1905 eine Missionsexpedition überfallen. Die beiden anwesenden Schwestern, eben erst in Afrika angekommen, wurden ermordet; verschiedene der Missionsstationen zerstört. Schwester Walburga wurde auf der Flucht von der zerstörten Station Nyangogo überfallen und ermordet.

«Im Gefolge des Guten Hirten» war auch Emerentiana Picker als Steyler Missionsschwester nach Afrika, nach Togo, gegangen. Sie war die Tochter von «Köttersleuten», von Kleinbauern aus dem Münsterland, seit ihrem dreizehnten Lebensjahr «in Stellung» als Kinder- und Hausmädchen. Ihr Leben wurde noch im Jahre 1935 von Schwester Assumpta Volpert in einem Buch nachgezeichnet, als das «Lebensbild einer deutschen Frau, die in einer ehemaligen deutschen Kolonie den Höhepunkt ihres verborgenen Heldentums erreichte, als der Weltkrieg Togo, die blühendste unserer Kolonien, mit rasender Gewalt zerstörte und sie dem Feinde auslieferte»[75]. Schwester Emerentiana geriet in Kriegsgefangenschaft, erkrankte an Fleckfieber, kam wieder zu Kräften, wurde auf einem englischen Kriegsschiff nach Europa gebracht und starb kurz darauf an den Folgen der vorangegangenen Strapazen. Tragisch sicherlich, aber tragisch auch ihre Einstellung zum Leben der afrikanischen Menschen. Die folgende Episode mag das verdeutlichen: «Eines Tages kam Schwester Emerentiana bei einem Stadtbesuche in eine Hütte, die ihr bis dahin fremd war. Sie fand dort eine Mutter mit Zwillingsknaben, die erst sechs Monate alt waren. Das eine der Kinder, kräftig und gesund, lag in tiefem Schlafe auf dem Boden, das andere aber unruhig und fiebernd auf dem Schoße der betrübten Mutter. Teilnehmend hob Schwester Emerentiana den Kleinen auf ihre Arme und ließ sich von der Mutter seine kleine Leidensgeschichte erzählen. Dabei erfuhr sie, daß das Kind noch ungetauft war. Während die Frau nach dem Zwillingsbruder schaute, ging Schwester Emerentiana mit dem andern auf und ab. Dabei beobachtete sie das fiebernde Kind scharf und überlegte, ob seine Krankheit zum Tode führen werde. Nach ihrer Meinung konnte das Kind nicht mehr lange leben. Behutsam holte sie ein Fläschchen mit Weihwasser hervor und taufte den Kleinen, der in lautes Weinen ausbrach, als das kalte Wasser über sein Köpfchen rieselte. Eilig kam die besorgte Mutter hinzu, doch konnte Schwester Emerentiana die Spuren des Taufwassers noch schnell verwischen. Als der Kleine sich beruhigt hatte, verließ Schwester Emerentiana alsbald das Gehöft mit dem Versprechen, am folgenden Tage wiederzukommen und Medizin mitzubringen. In der Abenderholung erzählte sie glückstrahlend ihren Mitschwestern: ‹Ich habe heute auf den Namen meines lieben Vaters einen kleinen Bernhard getauft.› Doch wie erschrak sie, als sie bei näherer Nachforschung der Schwestern erfuhr, daß sie in eine protestantische Hütte geraten war. Am folgenden Tage begleitete eine ältere Schwester Schwester Emerentiana, um nach dem kleinen katholisch getauften Bernhard zu schauen. Er lebte noch. Einige Tage später war er wieder vollständig hergestellt und gedieh prächtig. Nun begann eine sorgenvolle Zeit für Schwester Emerentiana. Was sollte aus ihrem Schützling werden, wenn er heranwachsend protestantisch erzogen würde? Der kleine Bernhard wurde ein besonderer Gegenstand ihrer fürbittenden Gebete. Etwa achtzehn Monate später erkrankte der Kleine, und der liebe Gott holte ihn heim. Über diesen glücklichen Ausgang freute sich Schwester Emerentiana herzlich; denn nun war der kleine Schwarze ein Englein im Himmel.»[76] Lieber ein katholisch getauftes «Englein im Himmel» als ein gesundes protestantisches Kind auf Erden.

Auch die weltlichen Schwestern im Dienste der kolonialen Heidenmission schneiden nicht viel besser ab. Johanna Wittum, die mit dem Roten Kreuz in Kamerun und Togo tätig war und 1899 ein Buch über ihre Erfahrungen veröffentlichte, hatte mehr Verständnis und Mitgefühl mit den katholischen Ordensschwestern, von denen sie sagt, daß sie durch ihren Kleiderzwang «entsetzlich unter der Hitze litten», als mit der einheimischen Bevölkerung. Über die Afrikaner von der Küste sagt sie: «Gutmütig und fröhlich, dienstfertig und anstellig sind sie von Natur, aber auch träge und eitel, diebisch, gefräßig und trunksüchtig.»⁷⁷ Unter den Ewe fand sie Frauen, die sie «wegen ihrer Schönheit lange betrachtete» – eine der wenigen freundlichen Bemerkungen über afrikanische Frauen aus deutschem Frauenmund.

Die Krankenschwester Helene von Borke, die ab Mai 1889 im Dienst der Ostafrikanischen Missionsgesellschaft zuerst in Sansibar, dann in Bagamoyo arbeitete, wollte ursprünglich nach Italien. Aber da «jetzt deutsche Landsleute kämpfen und Hülfe dringend erwünscht ist», wird nicht vergebens an ihren Patriotismus appelliert. Sie pflegte nicht die Kranken der ansässigen Bevölkerung, sondern die Angehörigen der «Wissmann-Truppe», die den Freiheitskrieg der ostafrikanischen Völker blutig niederschlugen. Eindeutig ist ihre Haltung «dem Neger» gegenüber. «Er nimmt eine körperliche Züchtigung gar nicht so übel, wenn sie verdient ist, aber man darf ihm niemals unrecht thun, denn er besitzt sehr viel Gerechtigkeitsgefühl!»⁷⁸

Um ihre Aufgaben auszuführen, brauchten die Frauen im Dienste der Mission eine starke Motivation. Wie ihre männlichen Kollegen schöpften sie diese aus jenem tragischen Konglomerat von christlichem Missions- und abendländischem Kultur-Sendungsbewußtsein, das seit den Tagen der Konquista die Menschen überseeischer Länder heimgesucht hatte. Die Missionarinnen mußten also von der Notwendigkeit der Umerziehung von Frauen anderer Völker zu «richtigen» Frauen überzeugt sein. Das setzt Sendungsbewußtsein voraus und die Überzeugung, sowohl von der Rechtmäßigkeit der eigenen Anwesenheit im fremden Land und der Richtigkeit und Überlegenheit der eigenen Werte und Eigenschaften als auch die Überzeugung von der Erziehungsbedürftigkeit, den mangelnden oder minderen Qualitäten der «Erziehungsobjekte». Die Missionarinnen standen damit in einer Reihe mit Händlern, Farmern, Soldaten, Beamten. Nur ihre «Erziehungsmittel» waren andere.

Die meisten Vorurteile, die bis heute die Köpfe der Deutschen gegenüber den ehemaligen Kolonialvölkern vergiften, stammen aus dieser Zeit. Die Missionarinnen haben eifrig mitgeholfen, sie zu verbreiten durch ihre zahlreichen Veröffentlichungen. Missionarin Irle zum Beispiel, die in der Kolonie Südwestafrika tätig war. Nachdem sie 1909 ein Buch veröffentlichte mit dem verheißungsvoll klingenden Titel ‹*Wie ich die Herero lieben lernte*›, charakterisierte sie «unsere schwarzen Landsleute» zwei Jahre später immer noch wie folgt: «Die Bastarde haben zum Teil eine recht helle Farbe, kleiden sich auch nett, sind klug und geschickt ... die Buschleute sind schmutzig gelb und ganz besonders häßlich ... abgesehen von dem Bastard stehen alle Völkerschaften Südwestafrikas auf einer sehr niedrigen Kulturstufe ... von richtiger Arbeit halten die Nama nichts ... wie alle Neger haben die Herero wolliges Kraushaar, dicke Lippen, hervorstehende Backenknochen und breite, platte Nasen. Anfangs, als ich ins Land kam, erschienen mir alle Leute gleich häßlich, aber allmählich merkte ich doch einen Unterschied ... aber je älter, um so häßlicher wird der heidnische Neger ... von Natur sind die Herero so wenig liebenswert wie die anderen Eingeborenen Südwestafrikas, sie sind hochmütig, voll Lug und Trug, bettelhaft, schmutzig und faul ...»[79] usw. usw. Zwar gibt Hedwig Irle zu, daß die Herero auch einige gute Eigenschaften haben, «sie sind gutmütig, freundlich und sehr gastfrei, sogar gegen die Weißen. Sie teilen stets miteinander ...» und sie wußte sehr wohl, «daß kein Herero einer weißen Frau etwas tun würde, mochte er noch so wild dreinschauen». Doch die Schlußfolgerung aus der Rechtfertigung für die deutschen Verbrechen und vor allem für ihre, der missionare Arbeit, fließt leicht aus der Feder: «Sind sie nun aber zu Knechten der Deutschen gemacht, so sind sie dafür frei geworden von der früheren beständigen Angst vor den Ahnen, Gespenstern und Zauberern, denn auch die Heiden glauben kaum noch, daß diese ihnen schaden können.»[80] Welcher Zynismus angesichts der Legionen von Engeln und Teufeln, der Sünden- und Höllenqualen, die sie ihnen statt dessen brachten.

Doch auch dort, wo einige der Missionarinnen dem Leben der «Heidenfrauen» verständnisvoll begegneten, was hatten sie ihnen anzubieten? Lotti Kohls, eine evangelische Missionarin, arbeitete in China und verfaßte darüber einige Bücher und Broschüren. Anschaulich schildert sie in ihren Schriften Szenen aus dem chinesischen Alltagsleben, zeichnet die Schicksale vor allem chinesischer Frauen nach: Die blinde Alte, die der Missionarin ihre tragische Lebensgeschichte anvertraut, die «Not eines Frauenlebens»: Als junge Frau verlor sie ihren Mann und ihre drei Söhne durch die Pocken. Der neue Ehemann schlug sie, spielte und rauchte Opium, stach ihr die Augen aus. Oder die Geschichte von Yülan, die im christlichen Mädcheninternat erzogen, ohne ihre Zustimmung an einen reichen jungen Mann verheiratet wurde und von diesem gegen Spielschulden an einen Geldverleiher verpfändet wird. «Ihren Frieden» findet Yülan erst im Schoß der Kirche, als Getaufte und als Bibelfrau.

Lotti Kohls sieht im Christentum die Lösung der vielen Probleme der rechtlosen, geknechteten chinesischen Frauen. Überhaupt wird alles, was sie sieht und niederschreibt, von ihr gemessen am großen Ziel, dem christlichen Glauben Seelen zu gewinnen. Doch nicht durch aktive Veränderung der Umwelt soll ihrer Meinung nach das Leid der Welt gelindert werden, sondern durch «Trost von dem Tröster, der die ‹Mühseligen und Beladenen› zu sich ruft»[81]. Das Christentum wird von ihr also nicht verstanden als Quelle der Kraft, die Ursache des Leides und Unrecht zu beseitigen, sondern lediglich dazu, das Leid und die Ungerechtigkeiten geduldiger zu ertragen.

Hanna Rhiem, die in der indischen Frauenmission arbeitete, begründete die Notwendigkeit der Frauenmissionierung damit, daß «eine falsche Freiheit», das heißt eine Freiheit von den überkommenen Traditionen ohne gleichzeitige Unterordnung unter die Gebote des Evangeliums und der christlichen Religion der Frauen nur «auf neue Abwege» führe, da sie dafür «nicht reif» seien. Sie prangerte die Hindu-Zeremonien an, die den Frauen nichts anderes böten als den Mann als ihren Gott. «Ihm zu dienen, ihm zu gehorchen, willenlos, verständnislos, das ist ihr religiöser Kultus.» Doch fand sie einen «gewissen hoffnungsvollen Keim» in diesem «Götzendienst». Es war dies das hinduistische Ideal der «treuen Sita», der keuschen, selbstlosen Gattin, das der christlichen Missionarin «durchaus nicht unvereinbar mit dem Ideal der christlichen Frau»[82] erschien. Dieses Vorbild einer patriarchalischen Idealfrau, das die hinduistische, die «heidnische» Sita symbolisierte, könnte auch als Integrationsfigur zur Disziplinierung der indischen Frauen auf christliche Art benutzt und genutzt werden.

Trotz der grundsätzlichen Kritik an den christlichen Missionen darf nicht verschwiegen werden, daß manchmal einzelnen auch geholfen werden konnte. Gerade Indien war so ein Fall: In diesem Land, in dem Töchter unerwünscht waren und schon im zartesten Kindesalter verheiratet wurden, Mädchen im allgemeinen zugunsten ihrer Brüder auf allen Gebieten benachteiligt wurden. Witwen in der Hindu-Gesellschaft praktisch kein Lebensrecht hatten, egal wie jung sie auch waren; in diesem Land bedeutete die Aufnahme von Mädchen und Frauen in Waisen- oder Witwenheime der christlichen Missionen nicht selten ihre Lebensrettung.

Hervorragendes hat auf diesem Gebiet eine christliche indische Frau geleistet, Pandita Ramabai. Sie entstammte einer durch die Hungersnot von 1877 verarmten Brahmanen-Familie. Diese Hungersnot, der nach und nach ihre ganze Familie zum Opfer fiel, wurde zum Schlüsselerlebnis für sie. Auf ihren Wanderungen lernte sie vor allem das Elend der Hindu-Frauen und der Witwen kennen. In Kalkutta heiratete sie, wurde aber bereits nach nur neunzehnmonatiger Ehe selber Witwe. Unterstützt von christlichen Freunden ging sie mit ihrer Tochter nach England, wo sie sich taufen ließ, und später in die USA. Sie publizierte ein Buch über «die Hindu-Frau der höheren Kaste». Diese ersten Enthüllungen über das traurige Los der eingesperrten, bevormundeten, gequälten indischen Frauen erreichten eine große Öffentlichkeit in England, in Deutschland und in den USA. 1887 bildete sich in den USA sogar ein Ramabai-Verein für christliche Amerikanerinnen, der von Pandita Ramabai geplante Unternehmungen in der Frauenarbeit finanzieren helfen sollte. Zurück in ihrer Heimat, gründete sie in Puna ein Witwenheim, «Scharada Sadan», eine «Stätte der Weisheit». Jede der aufgenommenen Frauen durfte in bezug auf Kaste und Religion nach eigenem Gutdünken entscheiden. Und hierin unterschied sie sich von den ausländischen Missionarinnen fundamental, die niemals nur zu helfen versuchten, sondern immer und vor allem auf die Seelen der betreffenden Frauen aus waren. In den beiden schrecklichen Hungersjahren 1897 und 1900 verhungerten in Indien etwa zwei Millionen Menschen. Pandita Ramabai und ihre Helferin Sunderibai Powar reisten durch die Hungerregionen und brachten zweihundert Frauen und Mädchen in ihr Heim. Da in der Stadt Puna aber die Pest wütete und dort von diesen halbtoten, verwahrlosten zweihundert Menschen eine zusätzliche Seuchengefahr befürchtet wurde, mußten die beiden Frauen mit allen ihren Schützlingen die Stadt verlassen. Etwa acht Stunden von Puna entfernt in Kedgaon besaß Pandita Ramabai ein Stück Land, wohin sie sich zurückzogen. Freundliche Arbeiter des Dorfes errichteten drei Schuppen für die Frauen als Unterkünfte. Es sollte dies der Anfang der Riesenkolonie «Mukti» werden, die nach dem Prinzip der Selbstversorgung mit Werkstätten, Landwirtschaft, Schule und Krankenhaus betrieben wurde und eine echte Lebenschance für nahezu zweitausend Frauen, unter ihnen viele Kinderwitwen, bot.

Und noch im Jahre 1980 ist Ramabais Exempel unvergessen. Die feministische indische Frauenzeitschrift *Manushi* widmete ihr und den Frauen um sie eine ausführliche Würdigung: «Sie waren keineswegs motiviert durch eine selbstlose Sorge um soziale Reformen für Frauen oder durch das entsetzte Mitleid ausländischer Missionare. Sie kämpften diesen Kampf, weil das ihr Platz war und sie nirgendwo anders sein konnten.»[83]

Die neue Wirtschaftsweise und ihre katastrophalen Folgen

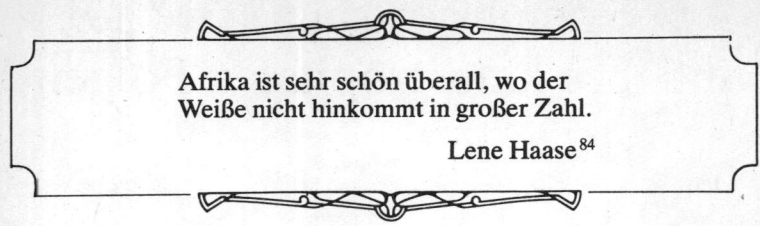

Afrika ist sehr schön überall, wo der
Weiße nicht hinkommt in großer Zahl.

Lene Haase[84]

Dr. Paul Rohrbach, ehemaliger staatlicher Kommissar für das Ansiedlungswesen und wirtschaftlicher Sachverständiger beim Gouvernement von Südwestafrika, veröffentlichte im Jahre 1909 ein Buch über die deutsche Kolonialwirtschaft. Darin schrieb er: «Nie darf die Beurteilung und die praktisch kolonisatorische Leitung aller Verhältnisse in einem Kolonialgebiet das eine beherrschende Prinzip aus dem Auge verlieren, daß die afrikanischen Kolonien nicht um ihrer selbst, nicht um der Eingeborenen willen da sind, sondern ganz und gar um der weißen Völker willen, die sie in Besitz genommen haben.»[85] Diesem einseitigen Interesse entsprach die einseitige Ausrichtung der Strukturen in den Kolonien auf die Bedürfnisse der deutschen Wirtschaft. An den Folgen dieses Eingriffs haben die Länder der ehemaligen Kolonien bis heute zu tragen.

Die wichtigsten Maßnahmen auf ökonomischem Gebiet waren vor allem die rigorose Ausbeutung von Rohstoffen und die Durchsetzung von Lohnarbeit und Geldwirtschaft. Dieser Prozeß ging von den europäischen Stützpunkten aus und leitete über das Gefälle zwischen «*Mutter*land» und Kolonie hinaus eine ungleiche regionale Entwicklung auch innerhalb der Kolonialgebiete ein. Straßen und Eisenbahnstränge durchschnitten die eroberten Territorien. Ihre Ausgangs- und Endpunkte waren die Fundorte der Rohstoffe, die Siedlungs- und Geschäftszentren der Weißen, nicht die der einheimischen Bevölkerung. Neue Städte wurden gegründet, alte Siedlungsgebiete versanken in Bedeutungslosigkeit.

Plünderer am Werk

Hatten die Deutschen in ihren Kolonien, verglichen mit anderen Kolonialmächten, auch verhältnismäßig wenig Zeit, so wußten sie doch diese in ihrem Sinne zu nutzen. An der Küste Südwestafrikas entstand schon früh eine lukrative Fisch- und Fischölindustrie, wurden Hunderttausende von Tonnen des als wertvollen Düngers begehrten Guano geraubt. Nach der Entdeckung von Diamantenvorkommen im Jahre 1908 durch einen Afrikaner, waren es deutsche Gesellschaften, die dieses Geschäft beherrschten, und Afrikaner, die in den Minen arbeiteten.

In den waldreichen Gegenden der afrikanischen Kolonien ließen die Deutschen Bäume roden und trieben lukrativen Handel mit den kostbaren Rot- und Ebenhölzern. In Kamerun führten sie den Anbau eines anderen in Europa begehrten Baumes ein, den indischen Teakbaum. Die Firma Faber, in deren Fabriken bis heute Bleistifte hergestellt werden, warb damals für ihre Bleistifte Marke «Pfadfinder» oder «Patriot» mit dem Markenprädikat «aus deutschem Zedernholz von Deutsch-Ostafrika». Wenige Jahre deutscher Anwesenheit in Kamerun hatten genügt, den Bestand an Gummibäumen in der Küstengegend zu erschöpfen, und der forcierte Raubbau des begehrten Produktes ließ zu Beginn des Jahrhunderts weitsichtigere Kolonialexperten bereits absehen, daß auch der restliche Baumbestand im Innern des Landes gefährdet war. Aber die Deutschen trugen auch dazu bei, daß ein großer Teil der afrikanischen Tierwelt in kürzester Zeit ausgerottet wurde. Tausende Tiere fielen der Jagdlust der Deutschen zum Opfer. Obwohl ein Elefantenpaar nur alle fünf Jahre Nachwuchs bekommen kann, wurden aus Kamerun allein im Jahre 1905 rund 100000 Kilogramm Elfenbein exportiert. Das entspricht einer Anzahl von etwa 12500 Elefantenzähnen.

Landraub und Plantagenwirtschaft

Erdnüsse und Ölpalmen, Sisalagaven, Baumwollpflanzen, Kautschukbäume, Kaffee und Kakao waren die wichtigsten der neuen Agrarprodukte für den Verkauf, der neuen «Handelsgewächse» oder «Cash Crops», die die Deutschen für ihre heimische Industrie benötigten. Diese waren zum größten Teil schon vorher in den Kolonien bekannt gewesen, sollten jetzt aber im großen Stil auf Plantagen angebaut werden. Dazu brauchten die Deutschen Land. Sie nahmen es sich und davon die besten und größten Stücke. Um dem ursprünglichen Landraub einen pseudo-legalen Anstrich zu geben, schlossen die Deutschen bisweilen nachträglich «Schutzverträge» mit den früheren Besitzern, oft aber mit Stammesführern, die selbst gar keine Besitz-, sondern lediglich Verfügungsrechte über das Land besaßen. Denn meist befand sich der Boden im gemeinsamen Beisitz eines Dorfes oder Familienclans. Zum Anbau von Nahrungsmitteln für die einheimische Bevölkerung blieb jetzt oft nur noch der geringste Teil des Bodens von schlechtester Qualität.

In der Kolonie Südwestafrika, wo für die extensive Farm- und Viehwirtschaft große Flächen Landes notwendig waren, beweist der Land- und Viehraub der Deutschen klar, daß sie mit der Vernichtung der traditionellen Existenz und Lebensweise den Untergang der Stammesgesellschaften kaltblütig kalkuliert hatten. Überall dort, wo große Plantagen oder Viehfarmen entstanden, wurde rücksichtslos jedes einheimische Haus oder Feld, das den Deutschen im Wege war, zerstört. Tausende von Familien wurden so obdachlos und ihrer Existenzgrundlage beraubt. Juristisch gesehen war alles durch die deutsche Verwaltung, deren Gesetze und Verordnungen abgesichert. Die enteigneten Menschen in den Kolonien aber waren so «frei» geworden von ihren traditionellen Lebensgrundlagen, «frei» vor allem, um für die Deutschen zu arbeiten.

«Cash Crops», Geld und Lohnarbeit

Die Deutschen betrieben nicht nur eigene Plantagen, sie waren darüber hinaus auch daran interessiert, zur Deckung ihres Bedarfs an agrarischen Rohstoffen eine erhöhte Produktivität der lokalen Landwirtschaft anzustreben. Das geschah auf verschiedene Art und Weise. In Ostafrika war eine der Methoden das «Dorfschambensystem», diese Mischung aus Anbauzwang und Zwangsarbeit, in die Verantwortung jeweils eines ganzen Dorfes gelegt.

Als indirektes Druckmittel, Produkte für den Verkauf an die Europäer anzubauen, wirkte sich die Einführung von *Steuern* durch die Kolonialverwaltung aus. Steuern mußten in der Regel in Geld entrichtet werden, nur in Ausnahmefällen konnten sie auch abgearbeitet werden. In den Besitz von Geld aber gelangte nur, wer den Europäern entweder Produkte oder die eigene Arbeitskraft verkaufte. Selbst die Einführung von *Geldstrafen* muß vor diesem Hintergrund gesehen werden.

Neben direkten und indirekten Mitteln der Gewalt aber lockte die bunte Warenwelt der europäischen Händler. Geld wurde nötig, um an diesen «Errungenschaften» der «Zivilisation» teilhaben zu können. Eine besondere Variante, die Geldwirtschaft in den Kolonien anzukurbeln, hing mit den Aktivitäten der Missionen zusammen. Sie traten an mit Kleiderzwang für die getauften Christen und Spendenaufrufen für den Bau einer Kirche oder um Lehrpersonal zu bezahlen.

Die verschiedenen Methoden wirkten. «Wie eine ätzende Säure» begann das Geld die traditionellen Wirtschaftsformen zu zersetzen. Die Kapitalisten rieben sich die Hände. Das Reichskolonialamt in Berlin freute sich. In seinem amtlichen Jahresbericht für das Jahr 1911/12 bemerkte es voller Anerkennung: «Die Versorgung der Schutzgebiete mit Geldumlaufmitteln gewinnt auch durch die erfreuliche Ausdehnung des Geldverkehrs unter den Eingeborenen an Bedeutung.»[86]

Ungleichzeitigkeit und Zwangsarbeit

Nicht überall jedoch verlief die Entwicklung wie gewünscht. In der größten deutschen Siedlungskolonie Südwestafrikas waren die weißen Siedler knapp bei Kasse. Sie beschäftigten deshalb ihre Arbeitskräfte gegen Verköstigung oder griffen durch Vermittlung der Kolonialverwaltung auf Zwangsarbeiter, meist Kriegs- oder Strafgefangene, zurück, die ihrem Rechtsverständnis nach sowieso keinen Anspruch auf Lohn hatten. Auch in anderen Kolonien wollten Siedler und Verwaltung Löhne sparen. Lohnkürzungen beim geringsten Anlaß zu Beanstandungen waren an der Tagesordnung. Um Geld zu sparen war der simple Grund der deutschen Autoritäten, Zwangsarbeit für sogenannte «öffentliche» Projekte zu erzwingen. Der Prozeß der Einführung von marktorientierter Produktion und Geldwirtschaft war so ein ungleichzeitiger und widersprüchlicher Prozeß zugleich. Denn hierin hatten Händler, Plantagenwirtschaft, Siedler und Verwaltung durchaus verschiedene kurz- oder langfristige Ziele.

Indirekte Herrschaft

Wo immer es möglich war, bezog die deutsche Kolonialverwaltung die traditionellen politischen Strukturen zur eigenen Herrschaftssicherung in ihr Machtgefüge ein. Widerspenstige und nicht kooperationswillige Stammesführer wurden von Anfang an bekämpft und durch den Deutschen genehmere ersetzt. Bestechung und Korruption blühten. Aus den Reihen der eigenen Leute regte sich Widerstand gegen die korrupten Praktiken von afrikanischen Stammesführern. Diese versuchten daher, auf die Kolonialherren einzuwirken, keine Arbeitskräfterekrutierungen mehr vorzunehmen. Doch ging die deutsche Kolonialverwaltung verstärkt dazu über, die Rechte und Befugnisse der Stammesführer einzuschränken, bis sie nur noch Befehlsempfänger und Gehilfen der deutschen Kolonialbürokratie waren. Die Autorität der Stammesführer wurde dadurch untergraben, viele hatten sich auch korrumpieren lassen. Ein Kameruner Wissenschaftler beschreibt diese tragischen Vorgänge für sein Heimatland: Dort wurden die Häuptlinge für alle Toten, die im Dienst der Kolonialverwaltung oder in Gefangenschaft gestorben waren, von ihren Leuten verantwortlich gemacht. Die Folge davon war: Immer häufiger holten die Häuptlinge die deutschen Kolonialtruppen zu Hilfe. Trotz allen Widerstands war das traditionelle Häuptlingssystem in Kamerun so gegen Ende der Kolonialzeit «zum Hauptstützpunkt des Kolonialsystems geworden»[87].

In anderen Gegenden sah dieser Prozeß anders aus. Bei den Bergdama in Südwestafrika hatte es eine solche gesellschaftliche Hierarchie nie gegeben. Sie kannten weder Stammesführer noch Fürsten. Das höchste gesellschaftliche Amt war das des Familienoberhauptes. Den Deutschen war dies bekannt. Trotzdem oder besser deshalb legten Regierung und Mission in Okombahe eine künstliche Siedlung für Bergdama an, wo entgegen jeder Tradition einige Hundert von ihnen zwangsangesiedelt wurden. Außerdem setzten die Deutschen einen «Häuptling» ein. Denn die Einführung von *Hierarchie* und *Autorität* war notwendig zur Durchsetzung der Wirtschaftsweise, die die deutschen Kolonialherren mitbrachten, des Kapitalismus, der ohne diese beiden Prinzipien nicht auskommen kann.

Von der Selbstversorgung in die Unterernährung

Hatte es vor der Kolonialzeit außer in Zeiten von Kriegen oder Katastrophen für jedes Mitglied eines Gemeinwesens ausreichende Versorgung mit dem Nötigsten zum Leben gegeben, so sollte sich dies mit der Ankunft der neuen Herren gründlich ändern. Plantagen und Farmen der Weißen beanspruchten den besten und größten Teil des fruchtbaren Bodens und behinderten die vorher betriebene extensive Hackanbaumethode ebenso wie die extensive oder nomadisierende Viehwirtschaft ganz erheblich. Dazu kamen Maßnahmen wie Zwangsumsiedlungen ganzer Dörfer zum Zweck einer besseren Kontrolle und eine Reservatspolitik, die die Einheimischen in enge Landgettos pferchte. Auf dem verbliebenen Land sollten nun nicht nur ausreichend Nahrungsmittel produziert werden, sondern darüber hinaus noch die von den Europäern propagierten «Cash Crops». Doch stand jetzt nicht nur weniger und schlechterer Boden zur Verfügung, auf dem zusätzlich noch nichtkonsumierbare Produkte für den Verkauf angebaut werden sollten, sondern es war auch das alte ausgeklügelte System der Arbeitskräfte völlig aus dem Gleichgewicht geraten. Durch Kolonialkriege und Zwangsarbeit wurden zuallererst Männer aus den Dörfern abgezogen. Auch Lohnarbeit in den Städten oder auf weit entfernten Plantagen wurde von den Deutschen mit Vorliebe an Männer vergeben. Für die einheimische Landwirtschaft bedeutete dies, daß die Frauen, die ja sowieso die traditionellen Kultivatorinnen des Bodens waren, zusätzlich auch noch die Arbeiten der Männer übernehmen mußten. Gleichzeitig wurden aber auch die Frauen zu Zwangsarbeiten herangezogen, so daß auf diese Weise die Versorgung mit Nahrungsmitteln nicht mehr aufrechterhalten werden konnte. In Kamerun, wo vor allem gegen Ende der deutschen Kolonialzeit fast nur noch Frauen und Kinder (auch während der Pflanz- und Erntezeiten) für Trägerdienste rekrutiert wurden, konnten so immer weniger Felder bestellt werden und verwilderten bereits bebaute Felder. Die Ernährungslage der Kameruner Bevölkerung verschlechterte sich rapide.

In Südwestafrika waren die Afrikaner durch die Eingeborenengesetze von 1907 de jure und de facto von ihrem Grund- und Viehbesitz enteignet. Diese Maßnahmen sollten neben der Zerschlagung der Stammesgesellschaften als politischem Widerstandspotential die Afrikaner dazu zwingen, sich in die Dienste der Deutschen zu begeben. Die meisten von ihnen arbeiteten auf den Farmen der Deutschen und wurden zum größten Teil mit Kost entlohnt. Einer Untersuchung aus dem Jahre 1912 zufolge lag jedoch der Nährwert dieser Kost unter der damals allgemein anerkannten «Mindestgrenze». Die Farmer betrieben in der Kolonie Deutsch-Südwestafrika so eine «systematische und teilweise bewußte Praxis der Unterernährung».[88] Durch gesammelte «Feldkost», Jagd oder Viehraub mußten die Afrikaner versuchen, dem schlimmsten Mangel abzuhelfen. (Der afrikanischen Bevölkerung der ehemaligen deutschen Kolonie Südwestafrika wird übrigens ihr rechtmäßiger Besitz an Land bis heute vorenthalten. Sie sind auf 39 Prozent der Landfläche in «Heimatgebieten» zwangsangesiedelt, während die Weißen, die nur 11 Prozent der gesamten Bevölkerung ausmachen, 47 Prozent des Landes landwirtschaftlich nutzen. Der Rest umfaßt Wildreservate, Regierungsland und Diamanten-Sperrgebiete.[89])

In einzelnen Bezirken Ostafrikas hatten Anbauzwang, Zwangsarbeit und niedrige Löhne zu Hungersnöten geführt. Die *Deutsche Zeitung* vom 20. August 1905 berichtete davon, daß sich die Leute von gerösteten Insekten und Gras ernährten. Letztendlich waren diese Mißstände auch auslösende Ursachen für den Aufstand von 1905/06.

Massenware statt Handwerksproduktion

Das riesige Angebot von Handelswaren, das die Kolonien in steigendem Umfang überschwemmte, sollte die Menschen zum Kauf und zum Konsum verlocken, um sie so zum Geldverdienen zu animieren. Aber diese Handelswaren hatten noch einen anderen folgenschweren Effekt: die einheimischen Handwerke konnten mit vielen der «modernen» Produkte nicht konkurrieren. Viele Fertigkeiten, vom Töpfern, über Jagdwerkzeugeproduktion, von der Weberei bis zur Rindenstoffherstellung stagnierten, gerieten in Vergessenheit, starben schließlich aus. Das bedruckte Baumwolltuch aus Deutschland ersetzte Handgewebtes, europäische Kochtöpfe verdrängten die einheimischen Töpfereien, Pappkoffer traten an die Stelle von handgeflochtenen Körben, Gewehre lösten die traditionellen Jagd- und Kriegswaffen ab; Seife, Regenschirme, Kerosinlampen, Nähmaschinen und europäische Betten hielten Einzug, wurden «modern», wurden begehrt, galten bald als besser als einheimische Produkte. Und da viele der traditionellen Handwerke von Frauen ausgeübt wurden, traf sie die Herabsetzung, Minderschätzung und Verdrängung aus den lokalen Handwerken ganz besonders. Den Frauen wurden in der Folgezeit auch keine neuen Arbeitsgebiete zugänglich, die mit besonderem Ansehen diesen Prestigeverlust wieder ausgeglichen hätten. Im Gegenteil.

Die neue Arbeitsteilung zwischen den Geschlechtern

Geldsystem, kapitalistische Warenproduktion und Lohnarbeit haben in ihrem Triumpfzug um die Welt nicht nur die Produzenten von ihren angestammten Produktionsmitteln «befreit» und eine besondere Klasse von Produktionsmittelbesitzern, die Kapitalisten, geschaffen. Sie haben darüber hinaus auch eine Trennung zwischen bezahlter und unbezahlter Arbeit vollzogen. Diese Trennung verläuft weltweit entlang der Geschlechterlinie: Männer sind in diesem System zuallererst dem Sektor für bezahlte Arbeit zugeordnet, Frauen dem für unbezahlte. Wo Frauen in den Lohnarbeitssektor eingegliedert werden, erhalten sie fast immer die schlechteren Jobs und schlechteren Löhne als männliche Kollegen. Männer für die Lohnarbeit, Frauen für die (nicht entlohnte) Hauswirtschaft, mit diesem Grundmuster im Kopf kamen die Deutschen in die Kolonien, nach diesem Grundschema vergaben sie Lohnarbeit.

So wurden zum Beispiel im März 1914 von den etwa 100 000 arbeitsfähigen Männern im Jaundebezirk in Kamerun 92 000 als Träger-, Bahn- und Pflanzungsarbeiter beschäftigt. In Südwestafrika standen nach der Niederschlagung der Aufstände 90 Prozent der männlichen Bevölkerung im Dienst der Europäer. Über die Beschäftigung von Frauen wurden keine Statistiken geführt. Auch das spricht für sich. Von Ostafrika wissen wir, daß die dortigen Arbeiteranwerber ihre Kopfgeldprämie von je 6 Rupien nur für männliche Arbeiter, genauer für männliche Arbeiter ohne weiblichen «Anhang» bekamen. Das heißt, Frauen hatten nicht nur keine Chance, selber angeheuert zu werden, sie durften ihre Männer zu deren Arbeitsorten noch nicht einmal begleiten.

Frauen, die dennoch eine bezahlte Arbeitsstelle fanden, wurden in den deutschen Kolonien von Anfang an schlechter bezahlt als Männer, obgleich meist auch der Lohn für männliche Arbeitskräfte kaum mehr als solcher zu bezeichnen ist. Die *Deutsch-Ostafrikanische Zeitung* vom 17. August 1907 jedenfalls bezifferte den Monatslohn für männliche Plantagenarbeiter auf einer Plantage in der Nähe Morogoros mit 4 Rupien, den für Frauen mit 3 Rupien. Eine Rupie entsprach dem Wert von zwei Pfennigen! Da waren nur noch Kinder schlechter dran. Ihre Hungerprämie belief sich auf eine ganze Rupie. Und Kinderarbeit war weit verbreitet in den deutschen Kolonien. *Lohn*arbeit für Frauen und Kinder aber waren nicht die Regel. Sie wurden hauptsächlich dazu benutzt, den Spitzenbedarf an Arbeitskräften in Erntezeiten zu decken. Die Missionen hielten da fleißig mit. Auf ihren Baumwollfeldern auf der ostafrikanischen Insel Ukerewe arbeiteten Frauen und Kinder sogar im Akkord.

Es waren also die Männer, an die Lohnarbeit vergeben wurde, besonders wenn diese weit vom heimatlichen Dorf entfernt war. Frauen konnten Lohnarbeit meist nur dann annehmen, wenn sie dringend Bargeld brauchten und ein Arbeitsplatz in ihrer näheren Umgebung zu finden war. Denn sie mußten weiterhin Kinder, alte und kranke Familienmitglieder mit ihrer landwirtschaftlichen Produktion versorgen. Die oft monatelange Abwesenheit der Männer von den heimatlichen Höfen bürdete den Frauen also auch noch den Anteil an Arbeit auf, den zuvor die Männer übernommen hatten. Dazu gehörten die beim Wanderfeldbau Ostafrikas oder Kameruns notwendigen jährlichen Rodungs- oder Vorbereitungsarbeiten. Konnten die Frauen diese zusätzliche Arbeit nicht bewältigen und bestellten sie statt dessen die alten Felder, verschlechterte sich das Ernteergebnis und damit auch die Versorgung der Familie mit Nahrungsmitteln. Kamen die Männer erschöpft oder krank nach Hause zurück, so waren es ebenfalls die Frauen, die sie mitversorgten.

Dort aber, wo der Anbau von Handelsgewächsen und Verkaufsprodukten eingeführt wurde, waren es plötzlich die Männer, an die die Deutschen sich mit Pflanzungsinstruktionen, Unterweisungen und Hinweisen wandten. Männer galten den Deutschen als die Adressaten des «Modernen». Sie ignorierten dabei völlig die jahrhundertealte Arbeitsteilung zwischen den Geschlechtern, die Erfahrungen und Kenntnisse der Frauen als den traditionellen Kultivatorinnen des Bodens. Dazu kam, daß die Frauen, die traditionell auch die Felder des Mannes mitbearbeitet hatten, früher zwar bestimmte Rechte auf die Ernte dieser Felder hatten, verkaufte der Mann jetzt aber die Ernte, so stand ihm allein der (Geld-)Erlös zu. Die Frauen gerieten so in die Rolle einer unbezahlten «Familienhilfskraft».

Selbstredend wurden auch die modernen Berufe im unteren Kolonialverwaltungsdienst sowie die moderne Handwerkerausbildung ausschließlich für Männer reserviert. Eine Variante dieser neuen Arbeitsteilung: In Samoa wandten sich «human» denkende Europäer sogar gegen die Feldarbeit der Frauen. Massenimporte von chinesischen Kulis waren wohl billiger und opportuner. So kam es, daß die Frauen bei gleichzeitig immer höherer Arbeitslast abgedrängt wurden in die gesellschaftlich immer weniger angesehenen Bereiche, in den unbezahlten Sektor der Wirtschaft. Frauen sollten Haus- und Subsistenzwirtschaft besorgen, Kinder großziehen; alte, kranke, schwache, arbeitslose Familienmitglieder betreuen und nur bei besonderem Bedarf in die Schar der entlohnten Arbeitskräfte aufgenommen werden. Das waren in der Regel Saisonarbeiten, wo Lohnkosten gespart werden sollten (Frauenarbeit war ja preisgünstiger), wo das Angebot an weiblichen Arbeitskräften die Männerlöhne drücken sollte oder wo «typisch weibliche» Eigenschaften gefragt waren, wie in Haushalten, Kindergärten oder Krankenhäusern.

Der riesige Sektor der Haus- und Subsistenzwirtschaft aber, der das eigentliche Überleben der Gesellschaften garantierte, wurde den Frauen zugewiesen. Diese Bereiche haben in den ehemaligen Kolonien bis heute kaum an Wichtigkeit, dafür aber an Ansehen und Anerkennung verloren. Denn wo Geld zählt, ist unbezahlte Arbeit nichts «wert».

Die Familie ist tot, es lebe die Familie

Es waren nicht nur die Missionen, die gegen die vorherrschende, meist polygame Familienform bei den Kolonialvölkern zu Felde zogen. Auch alle anderen Deutschen propagierten die Kleinfamilie als die ideale Familienform. Männer wurden als die anerkannten Familienoberhäupter von den Deutschen bestätigt. Ihnen wurde die Zahlung der Hütten- oder Kopfsteuer auferlegt – eine Frau blieb steuerfrei, jede weitere Ehefrau kostete einen Zuschlag –, sie bekamen als erste Bildungsmöglichkeiten und Zugang zur «modernen» Welt.

Aber die neuen Verhältnisse höhlten die alten Strukturen von innen aus. Dem Denken in gemeinschaftlichen Kategorien erwuchs die Konkurrenz des einzelnen. Söhne konnten durch Gelderwerb unabhängig werden vom Vater, von der Familie. Darunter litt die Autorität der traditionellen Familienoberhäupter. Generationskonflikte wurden so programmiert. Aber darunter litt auch der Schutz, den eine Ehefrau von der Familie (auch des Ehemannes, wenn dieser sich etwas zuschulden hatte kommen lassen) bei Ehestreitigkeiten früher erhalten hatte. Ohne die materielle Abhängigkeit konnte der Ehemann sich nun leichter über ein Familienvotum hinwegsetzen. Die Frau hatte dann zwar die Möglichkeit, sich an die neuinstallierten Zivilgerichte zu wenden, aber diese funktionierten nach dem neuen Recht der europäischen Patriarchen.

Geld wirkte auch auf andere Weise zerstörerisch. Mußte früher zum Beispiel in Ostafrika ein Mann wegen eines Ehebruchs eine Buße in Vieh entrichten, so hatte die Strafe sicher eine abschreckende Wirkung auf diese Art Vergehen, da er dadurch die gesamte Sippe, der das Vieh ja gemeinschaftlich gehörte, schädigte. Das neue Rechtssystem aber setzte nun die *Geld*strafe an ihre Stelle und diese unterlag nur noch der Verantwortlichkeit und Verfügbarkeit des Mannes, der das Geld verdiente.

Auch der Charakter der Morgengabe, des Heiratsgutes veränderte sich mit der Geldwirtschaft. Geld ersetzte die Geschenke, und für die Arbeit eines Brautbewerbers in der Familie der zukünftigen Braut blieb im kolonialen Zwangssystem keine Zeit. Oft fehlten auch bereits die Voraussetzungen: die Familie der Braut war längst von Haus und Hof vertrieben. Geld wurde wichtig, neue Waren lockten, Männer zogen auf der Suche nach Arbeit auf die Plantagen, in die Städte. In den Dörfern gab es kaum noch junge Männer. Heiratsfähige Mädchen fanden keine Männer mehr, gerieten um die wenigen im Dorf verbliebenen zueinander in Konkurrenz. «Zu alt» gewordene unverheiratete Frauen aber wurden verspottet. Ihre Zukunft war ungesichert, die Familie konnte nicht immer alle unverheirateten Frauen ausreichend versorgen. So zogen viele Frauen mit den Männern, den Trägerkolonnen, den Wanderarbeitern, den Soldaten in die Städte, in einen neuen Beruf, den es vorher nicht gab: sie zogen in die Prostitution. Und eine neue Krankheit begann sich auszubreiten: die Syphilis. In Kamerun wurde sie *memfawu* genannt, das heißt: «Wer gab es dir?»

Doch auch für die verheirateten Frauen änderten sich die Zeiten. Die lange Trennung der Eheleute durch Wanderarbeit, Zwangsarbeit oder Militärdienst brachte den Frauen nicht nur mehr Arbeit, sondern es folgten auch Verdächtigungen von beiden Seiten wegen Ehebruchs und Untreue. Ehescheidungen wurden viel häufiger als früher. Und oft genug infizierten sich die Männer im Kontakt mit Europäern vor allem in den Städten mit deren weißem Kulturbazillus. Die «altmodische» Mutter, Freundin oder Ehefrau im Dorf wurde dann geringschätzig belächelt.

Geld lockte, Waren lockten, gerissene Händler schlugen die oft Ahnungslosen übers Ohr, Geldstrafen schufen kaum lösbare Probleme. Wer da nicht zahlen konnte, der verfiel schon mal auf die Idee, die eigene Tochter zu «verheiraten». Die Morgengabe gab es jetzt ja in Geld. In Kamerun, so berichtet ein Missionar, waren früher Heiraten von Mädchen unter sechzehn Jahren die ganz große Ausnahme. Das hatte sich bis 1904 ganz gewaltig geändert. *Trade back* hieß die Methode, mit der in Kamerun die Händler in das Gummigebiet des Hinterlandes zogen, um mit ihren Waren die Kauflust der Bewohner zu wecken. Von Dorf zu Dorf zogen die Hausierer. Kassieren wollten sie auf dem Rückweg. In Kautschuk oder auch in bar. In solcherart Bedrängnis, so ein Missionar, «verkaufen viele sogar ihre fünf- bis zehnjährigen Mädchen!»[90] Hatten die jungen Männer noch keine eigenen Töchter, so vergriffen sie sich auch an jüngeren Schwestern. «So wurde Ewande von Bonaberi, Sohn des Mikuku, vom Gericht zu 50 Mark Strafe verurteilt, weil er als Zeuge nicht zur Verhandlung erschienen war. Da er kein Geld hatte, verkaufte er seine sechs- bis siebenjährige Schwester für 1700 Waren an Lobe, damit ihm dieser aus der Verlegenheit helfe.»[91] Und stand auch keine kleine Schwester zur Verfügung, so wurde sogar die eigene Frau verpfändet. In Kamerun war diese Praxis derart weit verbreitet, daß die deutsche Kolonialverwaltung die Pfandhaft von Frauen (und Mädchen) gesetzlich verbot. Allerdings blieb diese Maßnahme mehr oder weniger wirkungslos. Es wurde nämlich «nicht so öffentlich bekannt gemacht, wie es wünschenswert gewesen wäre»[92]. Warum wohl?

Auch von Streitigkeiten unter Eheleuten und Schlägen für die Ehefrau ist viel die Rede in Zeugnissen aus jenen Tagen. Die Ursache war meistens Alkoholismus und Trunkenheit der Männer – auch eine der Segnungen der «Zivilisation». Doch schlugen gelegentlich die Frauen auch zurück. Die Missionen sammelten mit Vorliebe solche Fälle, um damit ihre Kampagnen gegen die Polygamie zu führen. Doch vergaßen sie bei all der löblichen Absicht, Mißstände aufzudecken, daß diese meist in letzter Instanz auf die Anwesenheit der Weißen und deren Regime zurückzuführen waren, wenngleich dies nicht die Tatsache verschleiern kann, daß hier Gewalt sich gegen *ein Geschlecht* nur richtete, gegen die Frauen des eigenen Volkes. Und das stimmt doch doppelt nachdenklich.

Bot in dieser Situation die christliche (oder auch bürgerliche) Kleinfamilie einen Ausweg, eine echte Alternative für die Frauen? Schenkt man Missionaren und Kolonialapologeten Glauben, so war sie das. Was aber brachte sie den Frauen wirklich? Im wesentlichen waren das drei einschneidende Neuerungen. Erstens: Die Frau lebte nun allein mit dem Mann. Mitfrauen entfielen und damit auch deren Hilfe und Gesellschaft bei der Arbeit, im Haus, auf dem Feld, mit den Kindern und bei der Versorgung der Eltern. Die Folgen waren: Mehrarbeit und Isolation. Zweitens: Ohne Mitfrauen fiel die lange sexuelle Pause nach der Geburt eines Kindes weg. Welcher Mann hätte schon zwei oder drei Jahre auf das Ende der «Tabu-Zeit» mit dem Geschlechtsverkehr gewartet! Da die neue Kleinfamilie aber über die Mission vermittelt war, fiel nun statt dessen der Gebrauch kontrazeptiver und abtreibender Mittel und Methoden unter die «Tabus». Die Folge: Häufigere Schwangerschaften und Geburten für die einzelnen Frauen, Schwächung ihrer Gesundheit und mehr Arbeit, mehr Sorgen (das begann bei der Ernährungsfrage) mit zunehmender Kinderzahl, schlechterer Gesundheitszustand auch der Kinder. Erhöhte Kindersterblichkeit. Drittens: In der neuen Kleinfamilie waren, dem Prestige nach, Frau und Kinder dem Mann eindeutig nach- und untergeordnet. Der Mann als nomineller «Ernährer» der Familie (in Wirklichkeit ernährten meist die Frauen mit ihrer Landwirtschaft die Familien) wurde jetzt gesellschaftlich aufgewertet. Die Frau geriet immer mehr in Abhängigkeit zu ihrem Mann. Angelegenheiten, die mit offiziellen Einrichtungen der Kolonialwelt zusammenhingen, wurden nur über den Mann vermittelt. Auf dem Land erlebten die Frauen diese neue Form der Familie zunächst in abgeschwächter Form. Noch waren da die Jugendgefährtinnen, Mutter, Schwestern, Nachbarinnen, Freundinnen zur Stelle. Zur Falle aber wurde die monogame Ehe für jene Frauen, die mit ihren Männern in die neuen Städte zogen. Die Folgen: Entwurzelung, Vereinsamung, Abhängigkeit vom Ehemann.

Frauen unter dem preußischen Stiefel

Zeugnisse aus dem britischen ‹*Blaubuch*›

Die tiefe Heuchelei der bürgerlichen Zivilisation und die von ihr nicht zu trennende Barbarei liegen unverschleiert vor unseren Augen, sobald wir den Blick von ihrer Heimat, in der sie unter respektablen Formen auftreten, nach den Kolonien wenden, wo sie sich in ihrer ganzen Nacktheit zeigen.

Karl Marx [93]

Das ‹Blaubuch› der britischen Regierung aus dem Jahre 1918, ein «Bericht über die Eingeborenen von Südwestafrika und ihre Behandlung durch die Deutschen», wurde von den Engländern am Ende des Weltkrieges von 1914 bis 1918 dazu benutzt, die Unfähigkeit der Deutschen, Kolonien zu besitzen und zu verwalten, zu beweisen – um diese Kolonien dann selber in Besitz zu nehmen. Der dokumentarische Nutzen dieses Buches, in dem zahllose Verbrechen der Deutschen zusammengestellt wurden, bleibt demnach bestehen.

Beispiel 1
Nach dem Zeugnis von Daniel Kariko und Barmenias Zerua:

Im Frühjahr 1903 erschoß der Deutsche Dietrich in der Nähe von Omaruru die Herero-Frau Louisa Kamana, die aus einer alten Herero-Fürstenfamilie stammte und verheiratet war mit Barmenias Zerua, vierzehn Tage nach der Geburt ihres ersten Kindes. Der Grund? Unterchef Daniel Kariko gab in einer Zeugenaussage an, «weil sie sich weigerte, das Herero-Gesetz und ihren Ehemann zu verraten». Das läßt darauf schließen, daß Louisa Kamana dem Deutschen sexuelle Dienste verweigerte. Gouverneur Leutwein beschönigte die Angelegenheit, verwischte den eigentlichen Grund und sagte, Dietrich sei betrunken gewesen, habe sich verfolgt gefühlt und wild um sich geschossen. Vor Gericht wurde Dietrich freigesprochen. Vor den britischen Behörden gab der Ehemann der Ermordeten folgendes zu Protokoll: «Dieser Mord war einer der Hauptgründe, die meinen Vater Zacharias und Samuel Maherero und Michael Tjaherani (die Stammesführer von Okahandja und Omaruru) veranlaßten, die Rebellion im nächsten Jahr aufzunehmen: Sie hatten viele andere Gründe für einen Aufstand gegen die Deutschen, aber dieser Vorfall bestimmte ihre Politik.»

Beispiel 2
Zeugenaussage des Manuel Timbu:

Es war Winter und sehr kalt. Wir trafen auf zwei sehr alte Herero-Frauen. Sie hatten ein kleines Feuer gemacht und wärmten sich daran. Sie waren von dem großen Herero-Zug zurückgeblieben wegen Erschöpfung. Von Trotha und seine Leute waren anwesend. Ein deutscher Soldat stieg vom Pferd ab, ging auf die Frauen zu und erschoß beide, als sie dort lagen. Als wir weiterritten, kamen wir zu einem «Vlei», wo wir kampierten. Als wir dort waren, kam eine Herero-Frau auf uns zu aus dem Busch. Ich war der Herero-Dolmetscher. Es wurde mir gesagt, ich solle die Frau zum General bringen, um zu sehen, ob sie Informationen geben könnte, wo sich Feind aufhielt. Ich nahm sie mit zu General von Trotha; sie war eine sehr junge Frau und sah müde aus und hungrig. Von Trotha stellte ihr verschiedene Fragen, aber sie schien keine Auskünfte geben zu wollen. Sie sagte, ihre Leute seien alle nach Osten gegangen, aber da sie eine schwache Frau sei, konnte sie nicht mithalten. Von Trotha befahl dann, daß sie beiseite genommen und bajonettiert werden sollte. Ich brachte die Frau weg, und ein Soldat kam mit seinem Bajonett in seiner Hand. Er bot es mir an und sagte, es wäre besser, ich würde die Frau erstechen. Ich sagte, ich würde auch nicht im Traum daran denken, so etwas zu tun, und fragte, warum die arme Frau nicht am Leben bleiben dürfte. Der Soldat lachte und sagte: «Wenn du es nicht tun willst, zeige ich dir, was ein deutscher Soldat tun kann.» Er nahm die Frau einige Schritte beiseite und stieß das Bajonett durch ihren Körper. Dann zog er das Bajonett heraus und hielt es, bluttriefend, höhnisch unter meine Nase und sagte: «Siehst du, *ich* habe es getan.» Offiziere und Soldaten standen beobachtend herum, aber keiner griff ein, die Frau zu retten. Ihr Leichnam wurde nicht beerdigt, sondern wie alle andern, die sie getötet hatten, einfach liegen gelassen zum Verwesen, den wilden Tieren zum Fraß.

Auf unserer Rückfahrt hielten wir wieder in Hamakari. Dort, in der Nähe einer Hütte, sahen wir eine alte Herero-Frau von etwa fünfzig, sechzig Jahren, die in der Erde nach wilden Zwiebeln grub. Von Trotha und seine Leute waren anwesend. Ein Soldat mit Namen König sprang von seinem Pferd und schoß der Frau mitten durch die Stirn. Bevor er sie erschoß, sagte er: «Ich werde dich töten.» Sie schaute nur auf und sagte «danke». Jene Nacht schliefen wir in Hamakari. Am nächsten Tag zogen wir weiter und trafen auf eine andere Frau, ungefähr dreißig Jahre alt. Sie war ebenfalls damit beschäftigt, wilde Zwiebeln zu graben und nahm unsere Anwesenheit nicht zur Kenntnis. Ein Soldat namens Schilling ging auf sie zu und schoß sie in den Rücken. Ich war Augenzeuge von allem, wovon ich berichtet habe. Darüber hinaus sah ich die blutenden Körper von Hunderten von Männern, Frauen und Kindern, alten und jungen, die entlang der Straße lagen, als wir vorbeikamen. Sie waren alle von unserer Vorhut getötet worden. Ich war fast zwei Jahre bei den deutschen Truppen und immer mit General von Trotha. Ich weiß von keinem einzigen Mal, bei dem Gefangene am Leben gelassen worden wären.

Beispiel 3
Zeugenaussage des Jan Kubas:

Ich ging mit den deutschen Truppen nach Hamakari und weiter. Die Deutschen machten keine Gefangenen. Sie töteten Tausende von Frauen und Kindern entlang der Straßen. Sie bajonettierten sie und erschlugen sie mit dem Gewehrkolben. Ich kann keine Worte finden, um zu beschreiben, was passiert war; es war zu schrecklich. Erschöpfte und harmlose Menschen lagen auf den Straßen, und als die Soldaten entlangkamen, schlachteten sie sie kaltblütig ab. Mütter, die ihre Babies an der Brust hatten, kleine Jungen und Mädchen, alte Leute, die zu alt zum Kämpfen waren, und alte Großmütter, niemand wurde begnadigt; sie wurden alle getötet, alle von ihnen und liegen gelassen, um auf dem Feld zu verfaulen und von wilden Tieren aufgefressen zu werden. Sie schlachteten so lange, bis es keine Herero mehr zu töten gab. Ich sah dies jeden Tag; ich war bei ihnen. Einige wenige Herero konnten in den Busch entfliehen und zogen umher, lebten von Wurzeln und wilden Früchten. Von Trotha war der verantwortliche deutsche General.

Beispiel 4
Zeugenaussage des Hendrik Campbell:

In Katjura hatten wir einen Kampf mit den Herero und schlugen sie zurück. Nachdem der Kampf beendet war, entdeckten wir acht oder neun kranke Herero-Frauen, die zurückgelassen worden waren. Einige von ihnen waren blind. Wasser und Essen waren bei ihnen zurückgelassen worden. Die deutschen Soldaten verbrannten sie lebend in der Hütte, in der sie lagen. Die Bastard-Soldaten traten dazwischen und versuchten, es zu verhindern, aber als dies mißlang, berichtete Hendrik van Wyk mir die Angelegenheit sofort. Ich ging sofort zum deutschen Kommandanten und beschwere mich. Er sagte zu mir: «Das macht nichts, sie hätten uns sonst vielleicht mit einigen Krankheiten angesteckt.»

Beispiel 5
Zeugnis des Johannes Kruger:

Die meisten Buschmänner haben nur eine Frau. Sie lieben ihre Frauen sehr und behandeln sie gut. Die Deutschen begannen, ihre Frauen wegzunehmen und machten Konkubinen aus ihnen. Der ganze Distrikt ist voll von diesen Deutsch-Buschfrauen-Mischlingen. Dieses Benehmen der Deutschen ärgerte und störte die Buschleute mehr als irgend etwas sonst. Sie haßten es tief; ich erhielt viele Beschwerden von ihnen. Die Buschmänner verweigerten die Arbeit auf Farmen ... oft überraschten die Deutschen Buschleutefamilien und nahmen sie gefangen. Diese Leute wurden dann mit Frauen und Kindern nach Swakopmund oder Lüderitzbucht zum Arbeiten transportiert. Viele starben dort. Viele Vergehen kamen durch die intimen und unmoralischen Beziehungen mit den Frauen und Töchtern der Buschleute. Wenn ein Einheimischer Einspruch erhob und sich beschwerte, wurde er wegen Anmaßung ausgepeitscht. Das war in Friedenszeiten. In Kriegszeiten kannten die Deutschen keine Gnade für Männer, Frauen oder Kinder.

Beispiel 6
Zeugnis des Hendrik Kasubie:

Die Hauptursache der Schwierigkeiten zwischen Deutschen und Buschleuten war, daß die Deutschen ständig Buschfrauen ihren Männern wegnahmen und sie als ihre Konkubinen benutzten. Das Ergebnis war, daß die Buschmänner sich revanchierten, Vieh wegtrieben und in einigen Fällen ihre brutalen Herren erschossen.

Beispiel 7
Aus den Gerichtsakten: Verurteilungen von Afrikanern

Die Gesamtzahl von einheimischen Verurteilten in Südwestafrika vom 1. Januar 1913 bis zum 31. März 1914 betrug 4356. Davon waren 4039 Männer und 317 Frauen. Die Strafen beinhalteten unter anderem

- 841 Verurteilungen zu Gefängnis mit harter Arbeit, mit oder ohne Schläge;
- 507 Urteil zu Gefängnis in Kettenhaft mit oder ohne Schläge;
- 2787 Verurteilungen zu Schlägen (einschließlich solcher Fälle, die oben aufgeführt sind), wobei 46 719 Schläge ausgeteilt wurden. Dies ergibt einen Durchschnitt von siebzehn Schlägen pro Strafe;
- 257 Verurteilungen zu Stockschlägen, wobei 3408 Schläge ausgeführt wurden, also durchschnittlich dreizehn pro Verurteilung;

Arten der vorgeworfenen Straftaten u. a.:
- 894 für Desertation,
- 826 wegen Nachlässigkeit,
- 429 wegen Landstreicherei,
- 414 wegen Ungehorsam,
- 256 wegen Anmaßung,
- 198 wegen Vergehen gegen das Paßgesetz,
- 150 wegen Faulheit.

Beispiel 8
Aus den Gerichtsakten: Verfahren gegen Deutsche (Auszüge)

– Verhandlung vom 16. November 1915: Emil Kurz war angeklagt, im Mai 1915 in Omajette, Omaruru, eine einheimische Frau namens Kauchave erschossen zu haben. Dem Angeklagten war ein Ochse gestohlen worden. Er verfolgte die Spur mit zwei eingeborenen Dienern. Sie kamen an eine Stelle, wo Fleisch hing und Figuren sich im Busch bewegten. Der Angeklagte schoß. Er gab zu, die Frau verwundet zu haben, aber leugnete, sie getötet zu haben. Die Zeugenaussage von einheimischen Begleitern der Verstorbenen war, daß sie sofort getötet wurde. Es gab kein medizinisches Gutachten. Der Angeklagte wurde für schuldig befunden der gefährlichen Körperverletzung und zu zwölf Monaten Gefängnis mit harter Arbeit verurteilt.

– Verhandlung vom 25. bis 27. April 1916: Angeklagt war Marie von Weiher, eine deutsche Frau, die im Omaruru-Bezirk lebte. Das Gericht fand die Angeklagte schuldig des vorsätzlichen Mordes unter mildernden Umständen und verurteilte sie zu 300 Pfund Strafe oder bei Nichtbezahlung wahlweise achtzehn Monate Gefängnis.

– Verhandlung vom 10. und 11. Oktober 1916: Angeklagt war Max Willi Frenzel, am 2. April 1916 ein etwa siebenjähriges Hottentottenmädchen vergewaltigt zu haben. Der Angeklagte wurde freigesprochen. Bemerkung eines Zeugen zu diesem Fall: «Daß eine kleine Angelegenheit wie diese nicht wert sei, sich aufzuregen.»

– Verhandlungen vom 7. und 8. November 1916: Ernst Fahrig, deutscher Polizei-Unteroffizier, wurde angeklagt, eine eingeborene Frau ernsthaft geschlagen zu haben. Urteilsspruch: nicht schuldig.

– Verhandlung vom 9. und 10. November 1916: Angeklagt war der Farmer Franz Becker aus Gransab im Tsumeb-Bezirk. Er erschoß zwei Buschfrauen und vier Kinder, nachdem er zuvor zwei Buschmänner wegen Viehdiebstahls erschossen hatte. Urteilsspruch: Todesstrafe, später umgewandelt in lebenslange Haft.

– Verhandlung vom 28. Mai 1917: Angeklagt war A. F. J. Böhme, arbeitsloser Maler, 63 Jahre alt, wegen Vergehens gegen ein junges Eingeborenenmädchen am 21. März 1917 in Usakos. Das Mädchen war zwischen zwölfeinhalb und dreizehneinhalb Jahre alt, hatte noch nicht menstruiert. Urteilsspruch: Schuldig, sechs Monate harte Arbeit.

Die «Mischehenfrage»

Das erhebliche Überwiegen der weißen männlichen über die weiße weibliche Bevölkerung ist ein Mißstand, der für die Lebensverhältnisse und für die Zukunft des Landes von großer Bedeutung ist. Er hat zu einer ziemlichen Anzahl von Mischverbindungen geführt, die, abgesehen von den üblichen Folgen der Rassenvermischung, vor allem deshalb zu bedauern sind, weil in Südafrika die weiße Minderheit sich durch die Reinhaltung ihrer Rasse in ihrer Herrschaft über die Farbigen behaupten muß.

Denkschrift des Gouverneurs
Friedrich von Lindequist
vom 19. September 1906[94]

Ehen zwischen deutschen Männern und einheimischen Frauen waren vor allem in der Zeit des sogenannten «absoluten Frauenmangels» – gemeint ist der Mangel an weißen Frauen – geschlossen worden. In der Kolonie Südwestafrika hatte es sich dabei meist um Frauen der «Rehobother Bastards» gehandelt, die von manchem ausgedienten Reiter oder Unteroffizier der «Schutztruppe» nicht zuletzt wegen ihrer oft reichen Mitgift an Land und Vieh als durchaus «gute Partie» betrachtet worden waren. Im Jahre 1905 wurden in dieser Kolonie dann Ehen zwischen Europäern und Afrikanerinnen verboten, 1907 vom Obergericht in Windhuk auch vor dem Verbot geschlossene «Mischehen» für nichtig erklärt. Anfang 1908 wurden diese Bestimmungen vom Reichskolonialamt weiter verschärft, und den Betroffenen wurden die bürgerlichen Ehrenrechte einschließlich des Wahlrechts abgesprochen. Einer von ihnen, ein Farmer, schrieb daraufhin den folgenden Brief an den Gouverneur:

«Ew. Exzellenz!

beehre mich nachstehend erneut meine Bitte um Wiederverleihung meiner bürgerlichen Ehrenrechte zu unterbreiten. Ich bin überzeugt, daß Ew. Exzellenz, wenn Sie wohlwollend und gerecht über meine Ausführungen nachdenken, nicht zögern werden, meiner Bitte zu entsprechen.

Durch den § 17f der Gemeindeverordnung wird mir als Mann einer Bastardfrau das Wahlrecht entzogen. Der § 17f ist aus dem Gedanken geboren: Südwestafrika ist weißen Mannes Land: Dagegen will ich als weißer Mann nichts sagen, denn der weiße Mann hat jetzt die Macht, und die letzte Quelle des Rechts ist die Gewalt. Beim Verfolg der Preußischen Geschichte findet man aber, daß dieser Staat bei seinen vielen Annexionen im Einzelnen stets mit größter Schonung und Achtung des historisch Gewordenen verfuhr. Und er wußte warum! Ich glaube, die Anwendung dieses bewährten Prinzips wird sich auch hier empfehlen. Meine Ehe ist durch Mithilfe der sittlichen und rechtlichen Faktoren des Staates zustande gekommen, bevor der § 17f erschien.

Es ist meine feste Überzeugung: Ich kann nicht durch einen rückwirkenden § entrechtet werden.

Die Folgen des § 17f sind für mich geradezu niederschmetternd. Für meine 5 Kinder, wovon 2 in Deutschland, zahle ich jährlich 5000,– M Erziehungskosten. Ein Mann mit gleicher Kinderzahl aber rein weißer Frau, erhält von der Regierung als Beitrag zu den Erziehungskosten jährlich 1500,– M in Form von Pensionsbeihilfen. Ich habe nichts.

Will ich eine Farm, eine Baustelle oder eine Lizenz haben, so wird mir das auf Grund § 17f verweigert. Baue ich einen Damm, so tue ich das auf meine Kosten, während andere Leute Beihilfe bekommen.

Komme ich mit meiner Frau, die fast weiß ist (ein Bild meiner Familie liegt bei) und sich in sittlicher und intellektueller Beziehung getrost mit jeder weißen Frau im Schutzgebiet messen kann, so kann ich auf Unangenehmlichkeiten gefaßt sein.

Das alles geschieht mir, obwohl ich 13 000 ha Farmland musterhaft in Ordnung habe, obwohl ich die damit verbundenen Lasten trage, obwohl ich die Steuern und Abgaben, die der Haushalt von 8 Weißen und 40 Eingeborenen mit sich bringt, willig auf mich nehme. Das ist der Dank dafür, daß ich als alter Schutztruppler mit dazu beigetragen habe, dieses Land für Deutschland zu erwerben und zu sichern. Und warum geschieht mir das? Weil ich es nicht so gemacht habe wie viele (ich kann Namen nennen), die hier im Lande mit eingeborenen Weibern gelebt und Kinder in die Welt gesetzt haben. Nachher sind sie ihrer Wege gegangen und sind heute teils in Ansehen und Würde, teils Lumpen, aber alle üben unbehindert ihr Wahlrecht aus.

‹Den schlechten Mann muß man verachten, der nie bedenkt, was er vollbringt›, sagt der Dichter. Ew. Exzellenz. Ich will kein schlechter Mann sein. Ich will wissen, für wen ich arbeite. Werden meine Kinder, die alle deutsch erzogen werden, meine Erben sein, werden meine Jungens Soldat werden und später ihr Wahlrecht ausüben?

Das sind die Fragen, die ich mit ja beantwortet sehen muß, wenn mir nicht alle Lebensfreude und Lust zum Arbeiten schwinden soll. Keine Macht der Welt soll mich trotzdem zwingen, mich von meiner Frau, die mir bisher (12 Jahre) eine wahrhafte Lebensgefährtin gewesen ist, zu trennen.

Bleiben mir meine bürgerlichen Rechte versagt und wird meine Ehe nicht als rechtmäßig anerkannt, so muß damit meine Freude und das Interesse an diesem Land, dem ich jahrelang meine besten Kräfte geopfert habe, erlöschen. Darum, Ew. Exzellenz, bitte ich Sie nochmals dringend, sprechen Sie das erlösende Wort für mich. Stellen Sie bitte die eingehendsten Ermittlungen an über mich und meine Frau, ja ich beehre mich, Ew. Exzellenz einzuladen, hierherzukommen, um mit eigenen Augen zu sehen, daß meine Wirtschaft nicht rückständig ist. Sie werden auch hier sehen, daß Sie mir meine Ehre wiedergeben können, ohne jemand zu schädigen, ohne sich und der Regierung etwas zu vergeben. Sie würden damit nur eine rechtliche Handlung Ihres Herrn Vorgängers bestätigen und somit dem Recht zu seinem Recht verhelfen.

Einer gütigen Antwort entgegensehend zeichnet

Hochachtungsvoll
Becker – Farmer»[95]

Dem Brief lag ein Bild bei, das beweisen sollte, daß die Frau «fast weiß» war. In diesem speziellen Fall wurde auf dem Gnadenwege eine Ausnahme gestattet. Der Gouverneur wurde ermächtigt, weitere Ausnahmen zuzulassen, allerdings nur in den «allerdringendsten» Fällen. Bei dem Mischehenverbot ging es jedoch nicht in erster Linie um die Verhinderung einer zahlenmäßig starken Mischlingsbevölkerung überhaupt, sondern um deren politische Entmachtung. Außerdem machte das Mischehenverbot es den deutschen Männern leichter als je zuvor, sich verantwortungslos vor den Folgen ihrer sexuellen Beziehungen zu einheimischen Frauen zu drücken.

Eine Bevölkerungsstatistik der Kolonie Südwestafrika vom 1. Januar 1912 besagt, daß zu diesem Zeitpunkt von

9046 erwachsenen weißen Männern über fünfzehn Jahren
2438 verheiratet waren, davon
1970 mit im «Schutzgebiet» anwesenden weißen Frauen,
 421 mit abwesenden weißen Frauen,
  47 mit farbigen Frauen.

Kinder aus Verbindungen zwischen weißen Männern und Afrikanerinnen aber gab es wesentlich mehr. Die Zahlenangaben dazu schwanken zwar, doch können die Zahlen aus dem ‹Kolonialhandbuch› für 1912 durchaus als Richtwert betrachtet werden. Danach bestand die «Mischlingsbevölkerung» aus 117 Männern, 140 Frauen und 1647 Kindern. Wenn also der Zentrumsabgeordnete Matthias Erzberger am 8. Mai 1912 im Deutschen Reichstag sagte: «99 Prozent aller Mischlinge in den Kolonien stammen aus dem außerehelichen Geschlechtsverkehr und nur 1 Prozent stammt aus Mischehen»[96], so hatte er damit voll «ins Schwarze» getroffen. Die Diskussion um die «Mischehen» drückte sich nur um den Kern des Problems. Dieser bestand nämlich darin, daß die Frauen der Kolonialvölker vergewaltigt, als Prostituierte, in eheähnlichen Verhältnissen mit weißen Männern freiwillig oder gezwungen lebten, von denen sie meist nach kurzer Zeit verlassen wurden, ohne daß die Männer irgendeine Art von Vorsorge für die Frauen oder die gemeinsamen Kinder getroffen hatten.

So stellt sich die «Mischehenfrage» in den deutschen Kolonien in Wirklichkeit zuallererst als das Problem der Gewalt deutscher Männer gegen einheimische Frauen dar. Diese Gewalt war ein Teil des kolonialen Alltags. Die in Deutschland bekannt gewordenen «Fälle» waren keine Einzelfälle. So sah sich etwa Kolonialdirektor Dr. Stübel veranlaßt, die folgende Anordnung zu erlassen: «Es wird das Gouvernement angewiesen, dafür Sorge zu tragen, daß, falls der Brauch eingerissen sein sollte, wonach von den Beamten auf Reisen von den Eingeborenen Weiber zum geschlechtlichen Verkehr gefordert werden, den Beamten ein solches Verhalten als mit ihrer Würde unvereinbar verboten wird. Auch soll es unstatthaft sein, daß Soldaten, Dolmetscher und ähnliches farbiges Personal von Beamten beauftragt wird, die Herbeiführung von Weibern für den Geschlechtsverkehr zu vermitteln.»[97]

Einige Jahre zuvor noch hatte der vormalige interimistische Vertreter des Deutschen Reiches in Kamerun, Dr. med. Max Buchner, den deutschen Männern geradezu empfohlen, sich einheimische Frauen zuzulegen: «Was aber den freien Umgang mit den Töchtern des Landes betrifft, so ist darin mehr eine Förderung als eine Schädigung der Gesundheit zu erblicken. Das ewig Weibliche ist auch unter der dunklen Haut ein vortrefflicher Fetisch gegen die Verkümmerung des Gemütes, der man in afrikanischer Einsamkeit so leicht verfällt. Außer diesem seelischen Werte kommen aber auch in derselben Angelegenheit noch praktische Vorteile der persönlichen Sicherheit in Betracht. Eine intime schwarze Freundin zu haben, schützt vor manchen Gefahren.»[98]

Diesen Rat nahmen sich die deutschen Männer gern zu Herzen. Hoch und niedrig in der Kolonialhierarchie war in dieser Weise aktiv. Der Oberrichter Dr. Meyer und der Regierungsrat von Brauchitsch kauften sich für 650 Mark zwei junge Mädchen, die bereits mit afrikanischen Männern verlobt waren. Sie überboten mit dieser Summe jene bei weitem, die die versprochenen Männer je hätten aufbringen können. Auf die Beschwerde der beiden Verlobten erwiderten Meyer und von Brauchitsch, sie hätten diese Mädchen «als Dienstmädchen für 650 Mark bar gemietet». Der «Fall» war damit erledigt. In Kamerun wurden gar die zum Bezirksamt gehörenden beiden Ställe zu Wohnungen für «Konkubinen» ausgebaut. Die Benutzer waren Herr von Brauchitsch, Richter Diehl und Baumeister Drees.

In Ostafrika wurden neben anderen auch die zwei folgenden Fälle bekannt: Ein Bahnangestellter war nachts gewaltsam in die Häuser eines Dorfes eingedrungen, «um sich Weiber zu holen»; ein Angestellter der Plantage Moa hatte sich für 100 bis 150 Rupien ein Mädchen vom Sklavenhändler gekauft – eine weitverbreitete Sitte unter den Deutschen. Das Mädchen gefiel auch einem Afrikaner auf der Plantage. Das jedoch paßte dem Angestellten nicht. Er nahm sich den Betreffenden vor, schlug ihm zwei Rippen ein und renkte ihm einen Arm aus. Der Vorfall kam vor Gericht. Der Weiße wurde freigesprochen. Das wundert nicht. Dr. Karl Oetker, Leiter des Gesundheitsdienstes beim Bau der Bahnstrecke zwischen Daressalam und Morogoro hatte hier jahrelang gegen «Missionen, Sittlichkeits-Fanatismus und Bürokratie vom Standpunkt moderner Psychologie» aus polemisiert: «Ich kann mich sehr wohl in die Lage eines unverheirateten

Mannes denken, der sich, sei es für kürzere oder längere Zeit, ein Negermädchen kauft, um in dem zum Teil grenzenlos öden afrikanischen Dasein etwas zu haben, das ihm als Surrogat für eine geliebte Frau dient ... Es ist eigentlich ganz selbstverständlich, aber es möge hier trotzdem betont werden, daß auch jeder Europäer, der mit schwarzen Weibern Verkehr hat, dafür sorgen muß, daß ein solches Verhältnis steril bleibt, um eine Rassenmischung zu verhindern, die in größerem Umfange für unsere Kolonien von den übelsten Folgen begleitet sein würde, wie dies in West-Indien, Brasilien und Madagaskar zur Genüge bewiesen ist. Solche Verhältnisse sollen und dürfen eben nur als Surrogate der Ehe angesehen werden, denen jede staatliche Anerkennung und Schutz, wie sie den Ehen unter Weißen zuteil werden, zu versagen sind.»[99]

In der *Frankfurter Zeitung* wurde 1906 berichtet, daß die Vertreter zweier großer Handelsniederlassungen in Kamerun die Frau eines Stammesführers belästigt hatten. Die beiden waren «am hellen Tage an die Häuptlingsfrau herangetreten und haben sie unter Anwendung von Gewalt unzüchtig berührt». Daraufhin kamen «Eingeborene» der Frau zu Hilfe und befreiten sie. Über eine Bestrafung der Täter wurde nichts bekannt. In einer Ausgabe der *Leipziger Volkszeitung* von 1896 konnte man sogar lesen, daß deutsche Angestellte «zur Befriedigung ihrer Lust Sklavenfrauen in ihren Besitz bringen, die sie dann für die Zeit ihres Dortseins als ihre ‹Frauen› haben und nach ihrem Weggange in Besitz anderer ‹übergehen› lassen»[100].

Am 3. Februar 1910 referierte der sozialdemokratische Abgeordnete Ledebour im Deutschen Reichstag einen Missionsbericht aus der Kolonie Südwestafrika: «Von den Zuständen in Keetmanshoop ... wird gesagt, daß sich dort 500 Weiße aufhalten und daß sich die Weißen, während die männlichen Eingeborenen alle in Lohnarbeit sind, mit den Frauen der Eingeborenen ‹amüsieren›.»[101]

Auf Papua kauften sich die deutschen Männer Frauen. Sie erklärten die einheimischen Heiratssitten ebenfalls zu einem «Kaufakt». So konnten sie sich in Übereinstimmung mit der Landessitte fühlen und brauchten keine moralischen Bedenken zu haben. Außerdem: «Dem Reinen ist alles rein», meinte dazu ein intimer Kenner der Verhältnisse, der Reiseschriftsteller Stefan von Kotze. «Für 20 bis 30 Faden Diwarra (Muschelgeld) erhielt man», so von Kotze, «bereits sehr ansehnliche Ware, und gar nicht abgelagert, die sogar bald etwas nähen und waschen lernte.»[102] Lange scheinen solche Beziehungen aber nicht gehalten zu haben. Die Herren hatten anscheinend Appetit auf rasche Abwechslung. Denn, so weiß von Kotze zu berichten, ein Jahr später kann aus einer schönen Gefährtin schon «eine gelbe, faltige, unreinliche Schlampe» geworden sein.

Kolonie und Heimat in Afrika.

Ein Trick der Kolonialadministration war es nun, die «Mischehen» zu verbieten, um Ansprüche von derart ausgenutzten Frauen und ihren Kindern für ungesetzlich zu erklären. Die Kinder wurden einfach zu «Eingeborenen» gestempelt. Damit sollte jeder legale Anspruch auch auf «bürgerliche Rechte» von vornherein ausgeschlossen werden. Zur Begründung wurden jeweils verschiedene rassistische Pamphlete herangezogen, die die «Minderwertigkeit» von «Mischlingen» auf das «unreine Blut» zurückführten, etwa die Ausführungen «des bekannten österreichischen Rassenforschers Dr. Jörg Lang von Liebenfels». Dieser charakterisierte Menschen «reinen Blutes» als «gefestigte, charaktervolle, ruhige, heitere und doch dabei tief veranlagte Menschen». Und er warnte: «Rassenvermischung bewirkt gerade das Gegenteil. Bei Mischlingen tritt im allgemeinen die niedrige Rasse stets im Alter deutlicher hervor...»[103]

Zur formalen Entscheidungsfindung hatte der Staatssekretär des Reichskonolialamtes die Gouverneure der deutschen «Schutzgebiete» um Stellungnahme zur Frage der «Mischehen» gebeten. Daraufhin nahm der Kameruner Gouvernementsrat am 5. November 1912 eine Entschließung an, in der es hieß, daß in Kamerun «die Zahl der Mischlinge gering» sei und deshalb «zur Zeit kein dringendes Bedürfnis nach einer Regelung dieser Frage» bestehe. «Das Entstehen einer Mischrasse erachtet der Gouvernementsrat von Kamerun nicht für erwünscht.»[104]

In Samoa wurde unter Vorsitz des stellvertretenden Gouverneurs Schlettwein vom Gouvernementsrat der folgende Beschluß gefaßt: «Der Gouvernementsrat beschließt, die Regierung zu bitten, dahin zu wirken, 1. daß die in Samoa bisher zwischen Nichteingeborenen und Eingeborenen geschlossenen Ehen durch eine gesetzliche Bestimmung für gültig erklärt werden, 2. daß künftig Ehen zwischen Nichteingeborenen und Eingeborenen nicht geschlossen werden dürfen, 3. daß dem Gouverneur die Befugnis gegeben werde, im besonderen Falle einen unehelichen Mischling für seine bürgerlichen Rechtsverhältnisse den Weißen gleichzustellen, 4. daß die unehelichen Kinder aus Verbindungen zwischen Nichteingeborenen und Eingeborenen einen Alimentationsanspruch gegen ihre Erzeuger erhalten.»[105] Dieser letzte Punkt wird verständlich, wenn die hohe Zahl der deutsch-samoanischen Verbindungen berücksichtigt wird und dem Gouvernement wahrscheinlich die Versorgung solcher Kinder Probleme bereitet hatte.

Der Gouvernementsrat in Togo ersuchte das Gouvernement, darauf hinzuwirken, «daß die Eingehung von Mischehen im Schutzgebiet unter allen Umständen unmöglich gemacht wird». Und auch in «Deutsch-Ostafrika» lag das Schwergewicht der Resolution auf Maßnahmen, die Ehen zwischen Weißen und Farbigen verhindern sollten, «da nicht nur gegen Rassenmischung in illegitimer Form, sondern auch in legitimer Weise starke Bedenken bestehen».

Hinter diesen Beschlüssen stand jeweils die gesamte «ehrbare» weiße Bevölkerung in den Kolonien. In Einzelaktionen war sie auch selber aktiv geworden. Die Schulgemeinde Windhuk sprach sich 1906 gegen einen gemeinsamen Schulunterricht weißer Kinder mit «Bastardkindern» aus. Der Bezirksverein von Gibeon verabschiedete im gleichen Jahr einstimmig folgenden Antrag: «Wer gewohnheitsmäßig und offenkundig unbekümmert um das öffentliche Ärgernis mit eingeborenen Weibern geschlechtlich verkehrt, kann nicht Mitglied des Bezirksvereins werden.» – «Bravo!» lobte da die Redaktion der Zeitschrift *Die deutschen Kolonien* begeistert.[106] Sogar Krieger- und Schützenvereine in Südwestafrika nahmen Männer mit farbigen Frauen nicht als Mitglieder auf.

Auch die christlichen Kirchen waren im übrigen gegen «Mischehen» eingestellt, wenngleich sie sich gegen ein formales Verbot aussprachen, das sie entweder für «schädlich» (katholische Mission) oder für «mit der christlichen Schätzung der Ehe schwer vereinbar» (evangelische Mission) hielten. Prinzipiell aber galt: «Die Mischrassehen sind dem katholischen Missionar in keiner Weise erwünscht. Im Gegenteil, er ist der Meinung, daß alle Mittel angewandt werden müssen, sie zu verhindern.»[107]

Welche Blüten die Manie nach «Rassenreinheit» zuweilen trieb, mag der folgende Artikel aus der Nachrichtenbeilage der Zeitschrift *Kolonie und Heimat* verdeutlichen:

Ein Beitrag zur Frage der reinlichen Rassenscheidung

Ein aufsehenerregendes Urteil hat am 12. März (1913) das Kaiserliche Obergericht zu Windhoek gefällt. Der Dipl. Ingenieur Baumann war vom Bezirksgericht Swakopmund wegen Unterschlagung von Geldern aus einem ihm anvertrauten Nachlaß zu zwei Jahren Gefängnis und fünf Jahren Ehrenverlust verurteilt worden. Da Baumann Berufung gegen dieses Urteil einlegte, hatte sich das Obergericht der Kolonie mit der Angelegenheit zu beschäftigen. Bei der Verhandlung in der Berufungsinstanz äußerte einer der Beisitzer Zweifel, ob der Angeklagte als Angehöriger der weißen Rasse zu betrachten sei. Nach Prüfung der Abstammung entschied das Obergericht unter dem Vorsitz des Oberrichters Bach dahin, Baumann sei kein Weißer im Sinne des Gesetzes und müsse daher vor dem zuständigen Eingeborenenrichter, dem Bezirksamtmann, abgeurteilt werden. Baumanns Mutter stamme aus einer Ehe eines rheinischen Missionars mit einem Mischlingsmädchen. Das Obergericht vertrete den Standpunkt, derjenige sei als Eingeborener zu betrachten, dessen Abstammung von Eingeborenen nachzuweisen sei.[108]

Die Ähnlichkeit mit den Urteilen späterer Nazi-Gerichte zum sogenannten «Ariernachweis» ist frappierend.

In einem Punkt waren alle Befürworter der «Rassenreinheit» einig: Es fehlte an weißen Frauen in den Kolonien. Ernst von Hesse-Wartegg sprach aus, was viele dachten, in diesem Fall auf die Südseegebiete bezogen: «Es wäre sehr zu wünschen, wenn einmal statt eines Kriegsschiffes voll Matrosen ein Kriegsschiff voll gesunder, netter deutscher Mädchen an diesen idyllischen Küsten landen würde, damit die hiesigen weißen Junggesellen, von denen einzelne nach jahrelanger Abwesenheit von Hause den Maßstab ganz verloren haben, nach welchem die Kanakenweiber eigentlich zu messen sind, doch ‹standesgemäß› eine nette weiße, rotbackige, blondhaarige, germanische Hulda heiraten können, und damit Apia endlich einmal weiße Damengesellschaft erhält, die es sich angelegen sein läßt, ebenso blondköpfigen, pausbackigen, weißen Jungen das Leben zu schenken. Dann würde die heutige kanakische Weiberwirtschaft bald zu Ende sein.»[109]

So war die «Mischehenfrage» das eine, die «koloniale Frauenfrage» aber das andere Gesicht der janusköpfigen Sexualität deutscher Männer in den Kolonien.

Die koloniale Frauenfrage

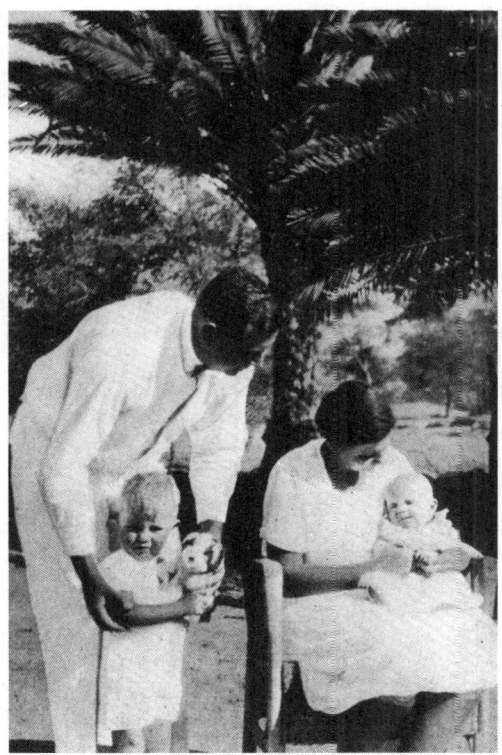

Elternglück in Südwest.

> Der Mann *gründet* das Haus, die Frau *hält* es! Der Satz gilt heute mehr wie je auch für unsere Kolonien. Könnte es doch Euch, Ihr deutschen Frauen und Mädchen, für unser junges Deutschland über See gewinnen. Was Ihr an gewohnten Annehmlichkeiten des Lebens, an Geselligkeit, Vergnügungen und Anregungen aller Art hier im Vergleich mit der alten Heimat entbehren würdet, es wird mehr als aufgewogen durch die Betätigung und Pflichterfüllung, in der Ihr Euch an der Seite eines geliebten Gatten ausleben könnt. Wahrlich, es ist ein schönes Los, in diesem Siegeszuge deutscher Kultur eine Stelle einnehmen zu dürfen!
>
> Magdalene Prince
> im Jahre 1902[110]

Mit der zunehmenden wirtschaftlichen Erschließung der Kolonien nach ihrer militärischen Befreiung stellte sich der Koloniallobby immer drängender die Frage nach einer zuverlässigen Art der Herrschaftssicherung. Wollte man die einheimischen Völker auf Dauer von der Teilhabe an Macht, Herrschaft und Reichtum ausschließen, so eignete sich nichts besser dazu, als sie auf Grund ihrer «Rasse» auszuschließen – oder anders ausgedrückt, die Macht in den Kolonien an die Zugehörigkeit zur weißen «Rasse» zu binden. Das versprach, die Herrschaftssicherung bis in alle Ewigkeiten festzuschreiben. So jedenfalls tauchte das «Problem» in der damaligen zeitgenössischen Kolonialliteratur meist auf. In Wirklichkeit aber war es nicht genug, «weiß» zu sein, sondern der entscheidende Code hieß weiß und deutsch.

Das «Problem» erhielt seine hochexplosive Brisanz durch das stetige Anwachsen einer «Mischlingsbevölkerung», die weder weiß noch schwarz war. Nach allgemein akzeptierter Rechtspraxis erhalten die ehelichen Kinder in einer patriarchalischen Gesellschaft die Staatsangehörigkeit des Vaters. Alle ehelich geborenen Kinder, die deutsche Männer mit Frauen der Kolonialvölker hatten, wären somit automatisch Deutsche geworden, hätten also auch alle staatsbürgerlichen und bürgerlichen Rechte der Deutschen besessen. Theoretisch hätte so eines Tages ein «Farbiger» die Möglichkeit gehabt, General der «Schutztruppe», Polizeipräfekt, Richter oder gar Gouverneur einer Kolonie zu werden.

Solche Vorstellungen scheinen die deutsche Koloniallobby in Angst und Schrecken versetzt zu haben. Bernhard Dernburg, Staatssekretär im Kolonialministerium, sagte nach seiner Rückkehr von einer Inspektionsreise durch die Kolonie Südwestafrika, der gegenwärtige Zustand (1909) sei «keineswegs ungefährlich», und meinte, «daß in den zahlreich heranwachsenden Halbweißen, die von der weißen Bevölkerung ausgestoßen sind und sich den Schwarzen überlegen fühlen, ein gefährliches Zwischenglied vorhanden ist und daß gegen die Unmöglichkeit, eine eigene Existenz zu gründen, ein Sicherungsventil geschaffen werden muß, wenn bei einer stärkeren Vermehrung der schwarzen Bevölkerung gefährliche Konvulsionen verhindert werden sollen.»[111]

Ein Versuch, das «Problem» zu lösen, war das «Mischehenverbot». Allen an der Diskussion Beteiligten aber war klar, dies «Problem» konnte letztlich nur durch ein ausreichendes «Angebot» an weißen (deutschen) Frauen gelöst werden. Sollte also eine «Verkafferung» der männlichen Kolonialelite verhindert werden, mußten Frauen in die Kolonien. Nicht irgendwelche natürlich, sondern deutsche Frauen, die deutsche Kinder (bevorzugt Jungen) zur Welt brachten und sie in deutschem Geist erzögen.

Die Reinhaltung der Rasse

Außer jenen Männern, die in den Kolonien mit anderen als deutschen Frauen verheiratet waren, gab es keine Stimme in der Koloniallobby, die sich nicht für die Einhaltung der «Rassenschranken» stark gemacht hätte. Das «Problem» war am größten in der Kolonie mit den meisten Männern im Land, Südwestafrika.

Siedler, Farmer, Beamte haben verschiedene Initiativen in diesem Sinne ergriffen. Als Schrittmacher aber sind an erster Stelle die Gouverneure der südwestafrikanischen Kolonie Leutwein und von Lindequist zu nennen. Beide setzten sich zur Lösung des «Problems» schon früh mit der «Deutschen Kolonialgesellschaft» in Verbindung. Und so kam es, daß mit deren Unterstützung die ersten Frauen und Mädchen vom Reich in die Kolonien «verschickt» wurden. Da waren Ehefrauen, Verlobte und Verwandte, deren Männer oder männliche Verwandte bereits in den Kolonien waren und für die in den relativ hohen Reisekosten zuvor ein Trennungsgrund bestanden hatte. Um die Junggesellen zu versorgen, machte sich die «Deutsche Kolonialgesellschaft» an die Entsendung unverheirateter Frauen, Haushälterinnen, Köchinnen, Haus- und Farmgehilfinnen vor allem, die gleichzeitig als potentielle Bräute kamen.

Solange allerdings die Befreiungskämpfe der Völker Südwestafrikas nicht militärisch gelöst waren, hielten sich die Zahlen der in die Kolonie reisenden alleinstehenden Frauen in bescheidenen Grenzen. 1907 aber, in zeitlicher Parallelität mit dem militärischen Sieg über die Aufständischen, wurde im Reich ein besonderer Verein gegründet, der «Frauenbund der Deutschen Kolonialgesellschaft». Als Gründerinnen werden Frauen um die Freifrau Adda von Liliencron genannt; einer Frau, die sich besonders mit der Betreuung der «Schutztruppler» hervorgetan hatte, also die militärische Situation aus sicheren Quellen kannte. Gleichwohl ist dieser Frauenbund, der 1908 formal Mitglied der «Deutschen Kolonialgesellschaft» wurde, nie ein eigenständiger Verein gewesen. Die Verwandtschaft mit der «Deutschen Kolonialgesellschaft» war sehr eng, so daß er in der Tat nur ein Kind dieser Organisation war, und die Nabelschnur zu ihr wurde nie durchschnitten. Der «Frauenbund der Deutschen Kolonialgesellschaft» betrieb keine eigenständige Politik, sondern kümmerte sich vielmehr um die Verbreitung der Ziele deutscher Kolonialpolitik bei den Frauen. Daneben war die Hauptsorge eine verstärkte Frauenwanderung in die Kolonien und die Betreuung der Frauen vor Ort. Der Frauenbund verstand sich auch als eine Art Schaltstelle, die die wirtschaftliche und geistige Verbindung zwischen Frauen im Reich und in den Kolonien enger gestalten wollte.

Dieser Zusammenhang wird auch dokumentiert durch den Titel des Vereinsorgans, *Kolonie und Heimat*.

Die zuständigen Kolonialbehörden in Berlin sahen zwar das «Problem», begrüßten auch die Initiativen der «Deutschen Kolonialgesellschaft» und seines Frauenbundes aufs wärmste, aber mehr als dieses verbale Lob rückten sie, die ständig knapp bei Kasse waren, anfänglich gar nicht, später nur sehr zögernd heraus. «Regierung und Erwerbsgesellschaften», so klagte 1912 noch Gertrud von Hatten, damalige Generalsekretärin des Frauenbundes, «hindern nicht gerade die Verheiratung ihrer Beamten und Angestellten in den tropischen Kolonien, sie fördern sie aber der damit verbundenen Verantwortung halber auch nicht.»[112] Das wäre wahrscheinlich zu teuer gekommen. Denn deutsche Frauen und Kinder in den Kolonien, das verlangte auch die Ausstattung der Kolonien mit Krankenhäusern, Entbindungsheimen, Kindergärten und Schulen. Die ersten Einrichtungen

Empfang der jungen Mädchen am Bahnhof in Keetmanshoop.

dieser Art im kolonialen Südwestafrika für Weiße wurden denn auch nicht von staatlichen, sondern von privaten Stellen eingerichtet, allen voran von der «Deutschen Kolonialgesellschaft» und seinem Frauenbund.

«Probesendungen» und «Weihnachtskisten»

Die ersten unverheirateten Frauen, die über das Fraueneinwanderungsprogramm der «Deutschen Kolonialgesellschaft» reisen konnten, trafen zu Beginn des Jahres 1898 in Südwestafrika ein. Bereits am 20. März 1898 konnte der Gouverneur der Kolonie, Theodor Leutwein, der «Deutschen Kolonialgesellschaft» vom glücklichen Ausgang dieses Experiments berichten: Eines der Mächen war bereits verheiratet, weitere sechs waren verlobt. Ende 1898 waren insgesamt 25 ledige Frauen und damit potentielle Bräute in Südwestafrika eingetroffen. Eine erste größere Zahl von ihnen traf im Dezember 1899 in Swakopmund ein, «gleichsam als Weichnachtsgabe des Mutterlandes für die frauenarme Kolonie». Ein Jahr später, im Dezember des Jahres 1900, erfolgte die «zweite Mädchenfuhre». «Sämtliche Mädchen aus der ersten und zweiten Weihnachtskiste, wie man sie in Südwest nannte, haben sich nach kurzer Zeit im Schutzgebiet verheiratet.»[113]

Über die Ausreise einer der ersten größeren Frauengruppen im November 1898 berichteten auch die deutschen Tageszeitungen ausführlich. So erzählte jemand in der *Magdeburger Zeitung* vom 6. November 1898: «Ich nahm Gelegenheit, diese zukünftigen Mütter der Kolonie, die in dem Mädchenheim ihr letztes Quartier auf deutschem Boden gefunden hatten, aufzusuchen und diese Trägerinnen deutscher Art für das neue Deutschland an der Westküste Afrikas mir anzusehen. Sechzehn waren es an der Zahl im Alter zwischen 19 und 28 Jahren. Alle gesund und frisch von Ansehen, bereit, den klimatischen und sonstigen Gefahren zu widerstehen. Es war ein ganz anderer Ausdruck, der auf den Gesichtern lag, als man ihn sonst bei Auswanderern zu sehen pflegt. Von Wehmuth und Sorge keine Spur. Alle mit dem Ausdruck fröhlicher Hoffnung auf dem Antlitz, als könnte es ihnen nicht fehlschlagen. Die Mädchen stammen aus allen Gegenden Deutschlands und sind alle an Arbeit gewöhnt; sie waren bisher Köchinnen, Hausmädchen oder ländliche Dienstboten. Sie zeigten mir ihren Vertrag, der auf zwei Jahre bei halbjähriger Kündigung und freier Rückfahrt ausgestellt ist, und der die Mädchen für Faktoreien und Plantagen in der Nähe von Swakopmund als Mädchen für Alles in Dienst nimmt. Sie erhalten völlig freie Station und monatlich 20 Mark von der Kolonisationsgesellschaft, in deren Dienst sie getreten sind. Ich bemerkte, daß der Lohn nicht hoch sei und daß sie dabei nicht allzuviel erübrigen würden. Die Angeredete lächelte, für sie antwortete aber eine Andere: ‹Wir wollen doch dort heirathen.› Meine Frage, ob sie denn auch wüßten, daß sie einen Mann bekämen, wurde mit siegesbewußtem Lächeln aufgenommen. An eine Rückkehr nach beendeter Dienstzeit dachte keine; sie wollen Alle drüben ihr eigenes Haus bauen. Möge ihnen das ersehnte Glück blühen zu ihrem und der Kolonie Nutzen!»

Auch die später durch Vermittlung des Frauenbundes ausgereisten Frauen wurden gerne geheiratet. Nach einer Untersuchung waren im Frühjahr 1911 von den zwischen Oktober 1907 und Mai 1910 vermittelten 158 Frauen 54 bereits verheiratet, drei von ihnen nach Kapstadt verzogen, sieben nach Deutschland zurückgekehrt. Von sechs Frauen war der Verbleib «unbekannt», die restlichen 88 waren zum Teil noch in ihrer ersten, zum Teil aber auch in neuen Stellungen in der Kolonie.

Die meisten von ihnen waren «einfache Mädchen», zwischen 20 und 35 Jahre alt, vom Frauenbund «auf das Sorgfältigste» ausgewählt. An Fertigkeiten mußten sie «kochen, waschen, plätten und einen einfachen Rock und Bluse selbst herstellen können». Am geeignetsten waren «Mädchen vom Lande», die bereits mit Hühnerzucht, Milchwirtschaft und Gartenarbeit vertraut waren. Der Frauenbund vermittelte den angenommenen Bewerberinnen einen vier- bis sechswöchentlichen Krankenpflegekurs, bezahlte Reisekostenzuschüsse zur zweiten Schiffsklasse oder gewährte freie Ausreise in der dritten Schiffsklasse; betreute die Frauen in Hamburg bis zur Ausreise, sorgte für vertrauenswürdigen «Schutz» während der Überfahrt und auf dem Weg zum Bestimmungsort und garantierte bei zweijähriger Vertragseinhaltung die Vergütung der Rückreise.

An Lohn erwartete die Dienstmädchen und «Stützen der Hausfrau», nach ursprünglich niedrigeren Löhnen, um 1910 dann ein Anfangsgehalt von monatlich etwa 50 Mark, das sich im zweiten oder dritten Jahr auf siebzig bis achtzig Mark erhöhte. Kindergärtnerinnen verdienten rund siebzig Mark, Erzieherinnen und Lehrerinnen in Privathaushalten rund hundert Mark. Alle Gehälter basierten auf freier Kost und Logis. In Hotels oder Kantinen gab es bessere Verdienstmöglichkeiten, dort waren dafür aber die Arbeitsbedingungen wesentlich härter.

Die geringe Anzahl vertragsbrüchiger Frauen oder frühzeitiger Rückkehrerinnen und die relativ hohe Zahl von Kolonialheiraten, die für sie mit einer Chance zum Sozialaufstieg verbunden waren, deuten darauf hin, daß die meisten von ihnen tatsächlich so zufrieden waren, wie dies der folgende Brief glauben machen möchte:

Brief von einer Farm in Deutsch-Südwestafrika

Nachdem ich nun ein halbes Jahr auf Farm X. weile, will ich endlich dem Frauenbund, durch dessen Mitwirken ich diese Stelle erhielt, Nachricht geben. Ich habe mich sehr gut und schnell hier eingelebt, habe eine angenehme Familie gefunden, schöne Gegend und gutes Klima. Farm X. liegt 2000 Meter hoch, daher haben wir eine herrliche kühle, aber auch dünne Luft. Sogar in den heißen Monaten wie Februar, März habe ich nicht unter Hitze gelitten. Jetzt ist die trockene kalte Zeit. Viele Leute würden es kaum glauben, wenn ich ihnen erzählte, daß ich morgens und abends tüchtig friere. Der Wind ist hier oben oft so durchdringend und dabei kalt, daß man gerne seine dicksten Wintersachen vorholt. Wir haben sogar im Eßzimmer einen Ofen, der allerdings den Nachteil hat, daß er zuweilen raucht, mittags ist es dabei köstlich warm, so daß man gerne Waschkleider anzieht; sowie aber die Sonne fort ist, wird es kalt. Jetzt säen wir im Garten und mit vieler Mühe wird gegossen. Leider schaden die Mäuse sehr.

An die schwarzen Leute habe ich mich schnell gewöhnt; manche sind sogar hübsch unter ihnen; aber schmutzig sind leider fast alle. Wir haben meist Kaffern, einige Hottentotten und Hereros; lustig und lachend sieht man sie wohl stets und wenn sie eine Arbeit mehr aufbekommen, singen sie auch dabei und sind nicht, wie oft unsere weißen Leute, mürrisch. Sie lassen sich ja allerdings Zeit und schaffen lange nicht so viel wie Weiße. Zum Windhuker Rennen, zu Pfingsten und bei der landwirtschaftlichen Ausstellung waren wir auch in Windhuk. Es ist bewundernswert, was da alles geleistet war. Jetzt ist Afrika am Diamantenfieber krank; man hört nur von Diamanten-Expeditionen und Schürffeldern. Bei Windhuk hat man ja auch Blaugrund gefunden und hofft auch dort auf die kostbaren Steine. Vielleicht finde ich bei meinen Spaziergänge oder Ritten auch noch einmal einen Diamanten. Es soll hier ja Gold geben, nur weiß man noch nicht *wo*! Einige kleine Blumen sende ich als Gruß aus Deutsch-Südwest mit. Es gibt hier viele und schöne Blumen und köstliche Gräser. Daher finden sich auch wilde Bienen.

Sonst lebt man auch in Südwestafrika eigentlich ähnlich wie in Deutschland auf dem Lande. Morgen werden wir ein Schwein schlachten und wie zu Hause Wurst und Schinken verarbeiten. Im übrigen werden viele Hammel geschlachtet, wenn nicht die Jäger die Tafel mit Wildbret versorgen. An Gemüsen haben wir bis jetzt nur Tomaten und Kürbis und wir essen daher viel Getrocknetes oder Büchsen-Gemüse. Auch Trüffeln finden sich in Südwest, und wir haben uns zur Wurst welche mitbringen lassen.

Sie sehen also, es läßt sich wirklich hier leben, und zwar sehr gut. Nun will ich aber schließen, da meine Zeit sehr in Anspruch genommen ist. Ich sehe in jeder Nummer von *Kolonie und Heimat*, wie der Frauenbund wächst und wünsche ihm auch weiter viele neue Mitglieder, damit er wie bisher segensreich für die Kolonie wirken kann.   A. S.[114]

Ganz so segensreich allerdings hatte sich die Übersiedlung in die Kolonie nicht für alle Frauen erwiesen. Im Jahre 1901 begingen zwei Frauen in der Kolonie Südwestafrika Selbstmord. Der sozialdemokratische Abgeordnete Bebel griff diese Vorfälle auf und richtete im Reichstag anläßlich der Beratungen über den Kolonialetat schwere Angriffe gegen die «Deutsche Kolonialgesellschaft» und die Reichsregierung. Daraufhin veröffentlichte die *Deutsche Kolonialzeitung* einen Brief des Gouverneurs Leutwein vom 23. Juli 1901, der zu den Selbstmorden folgende Stellungnahme abgab: «In dem einen Fall handelt es sich um ein Fräulein Schön, welche seitens der Gesellschaft auf Wunsch ihres Schwagers, des Gouvernementssekretärs Ender, mit den Mitteln zur Überfahrt versehen worden ist. Dieselbe erlag nach einem Aufenthalt von nur wenigen Tagen ... einem selbstabgegebenen Revolverschuß, von welchem es mit Sicherheit nicht hat festgestellt werden können, ob derselbe einem Unglück oder einer Absicht zuzuschreiben war. Eine äußere Veranlassung zu einem Selbstmord hatte nicht vorgelegen. Der zweite Fall betraf eine Persönlichkeit, mit welcher weder das Gouvernement noch die Kolonialgesellschaft irgend etwas zu tun gehabt hatte. Dieselbe war auf Grund einer Heiratsannonce herausgekommen, hatte anscheinend in der Ehe nicht gefunden, was sie gesucht hatte, und sich wenige Tage nach der Hochzeit mittels Gift entleibt.»[115] Vorausgesetzt die Angaben des Frauenbundes über den Verbleib der vermittelten Frauen entsprachen den Tatsachen, so waren derart krasse Fälle wie die beiden Selbstmorde die Ausnahme.

Einige der Frauen hatten sich nach Ablauf ihrer zweijährigen Dienstverpflichtung auch selbständig gemacht. Als Schneiderinnen, Caféhausbesitzerinnen, Wäscherinnen oder Weißnäherinnen. Andere stiegen in das Freizeitgeschäft für Angehörige der «Schutztruppen» ein. Die meisten von ihnen aber nahmen offensichtlich die Gelegenheit wahr, sich zu verheiraten. Und damit verband sich meist auch ein gesellschaftlicher Aufstieg für sie. Clara Brockmann, eine «alte Afrikanerin», wie die deutschen Frauen sich nach einigen Jahren Aufenthaltes in der Kolonie gerne nannten, schilderte die Entwicklung auf ihre Weise: «Das Bewußtsein, in dem damals noch recht frauenarmen Lande mit Freude begrüßt zu werden, steigerte von vornherein das Gefühl der persönlichen Wertschätzung; die Ansprüche wuchsen überraschend schnell, die Arbeitslust verringerte sich, und die Landesverhältnisse taten das übrige, um zu bewirken, daß einfache Landmädchen die Dame zu spielen versuchten, binnen kurzer Zeit mehrfache Soldatenbraut wurden und in keiner Weise ihrem ursprünglichen Zweck mehr entsprachen, nämlich eine tüchtige Arbeitskraft im Hause darzustellen. Manche heirateten auch sehr schnell und spielten dann in aufdringlicher Weise die Parvenüsgattin, andere gefielen sich als Barmädchen und in zweifelhaften Gewerben. Diese Zeiten sind jetzt vorüber.»[116] Jetzt, das ist 1910. Und Clara Brockmann hatte den «Weihnachtskisten» eines voraus, was jene auch durch Heirat nicht erreichen konnten: sie war eine «echte» Dame.

Echte Damen

Aus den «einfachen» Frauen, deren Ausreise durch die «Deutsche Kolonialgesellschaft» oder ihren Frauenbund finanziert wurde, rekrutierte sich der Großteil der weiblichen weißen Siedlerbevölkerung. Dies trifft zumindest auf die deutsche Kolonie Südwestafrika so zu. Dort waren von den am 1. Januar 1909 anwesenden 1826 erwachsenen weißen Frauen allein etwa 891 durch die «Deutsche Kolonialgesellschaft» und ihren Frauenbund finanziell unterstützt worden. Von den verbleibenden 935 Frauen waren circa 80 Prozent evangelische Missionarinnen, Missionsangestellte oder katholische Nonnen.

Tonangebend in dieser «kolonialen Frauenwelt» aber waren andere; Frauen, die aus anderen gesellschaftlichen Kreisen kamen. Sie stammten aus bessergestellten Kreisen, meist Beamten-, Kaufmanns- oder Offiziersfamilien, waren finanziell abgesichert, «gebildet». Sie konnten sich zum großen Teil auf ihren «Kolonialberuf» in einer der speziell für sie eingerichteten Schulen im Reich vorbereiten. In der «Kolonial-Haushaltungsschule» zu Carthaus bei Trier etwa, die von den Franziskanerinnen von Nonnenwerth geleitet wurde und unter höchst ehrwürdigem Protektorat stand: dem Fürsten Aloys zu Löwenstein, dem Hochwürdigen Herrn Domkapitular Hubertus Stein aus Trier, dem Reichstagsabgeordneten Erzberger und dem Präsidenten des Sankt-Raphael-Vereins, P. P. Cahensly.

In Bad Weilbach bei Wiesbaden war der wirtschaftlichen Frauenschule 1911 eine «Kolonialfrauenschule» angegliedert worden. In dieser Schule, in die «nur Töchter aus gebildeten deutschen Familien» aufgenommen wurden, umfaßte der Ausbildungsplan in eineinhalbjährigem Unterricht die Fächer: einfache Küche, Backen von Schwarz-Weißbrot und Kuchen, Zerlegen, Verwerten, Aufbewahren des Fleisches, Pökeln, Räuchern, Wurstbereitung; Konservieren von Gemüse und Obst in Gläsern und Büchsen auf verschiedene Art, Obstweinbereitung; Waschen und Plätten, Reinigen der Zimmer, Küche und Gerätschaften; Lampenputzen, Metallputzen, Ausbessern von Wäsche und Kleidern, Weißnähen, Schneidern; allerlei in den Haushaltungen der Kolonien notwendige Handfertigkeiten wie kleinere Reparaturen, Löten, Anstreichen, Polstern, Lederarbeiten, usw.; Pflege des Hühnerhofs, der Gemüse- und Obstgärten; Bienenzucht, Milchverarbeitung, Viehhaltung und sonstige landwirtschaftliche Arbeiten; Grundzüge der praktischen Buchführung, Kolonialgeographie und -geschichte, Wirtschaftslehre, koloniale Lektüre, Kranken-, Wochenbett-, Säuglings- und Kinderpflege sowie Arzneikunde.

Bereits drei Jahre früher, 1908, war der dort für Männer errichteten «Deutschen Kolonialschule» in Witzenhausen (die übrigens auch heute noch, allerdings unter neuem Namen, Experten für tropische Landwirtschaft ausbildet), eine Abteilung für Frauen angegliedert worden. Der Vorteil dieser Schule war die Nutzung der Einrichtungen der traditionsreichen Männerschule. Die Frauen lernten dort neben den Fertigkeiten, wie sie auch in Bad Weilbach vermittelt wurden, zum Beispiel auch Lymphe herzustellen, was sie berechtigte, Impfungen von Tieren vorzunehmen. Außerdem standen in Witzenhausen Tropenlandbau, Chemie, Ernährungslehre und Tierheilkunde auf ihrem Stundenplan.

Daß es jedoch nicht darauf ankam, «was die Frau kann», sondern vielmehr darauf, «was sie ist», verrät uns die Leiterin der Kolonialfrauenschule in Witzenhausen Gräfin Zech. Und um alle Mißverständnisse auszuräumen, was damit gemeint war, verdeutlichte sie: «Nicht in freiem, burschikosem Wesen soll ihre Tatkraft sich äußern, sondern in echter Weiblichkeit soll sie dem neuen Deutschland über dem Meere den Stempel ihrer Wesensart aufrücken, nicht bloß streben und arbeiten soll sie draußen, sondern sie soll sein, beseelt vom Geiste echten Christentums, die Hohepriesterin deutscher Zucht und Sitte, die Trägerin deutscher Kultur, ein Segen dem fernen Lande: Deutsche Frauen, deutsche Ehre, deutsche Treue über'm Meere!»[117]

Nervosität und Klatsch und Tratsch

«Würde man einen Landsmann vor unser Windhuk stellen, so wird er ohne weiteres sagen, daß es eine kleine deutsche Stadt ist», kennzeichnete Clara Brockmann die Hauptstadt der deutschen Kolonie Südwestafrika im Jahre 1912.[118] Die Eroberer hatten sich etabliert. Das Leben der Deutschen verlief nach eurpäischem Muster: «In den großen Verkaufsläden Windhuks kann man alles erhalten, was das Herz begehrt, und Luxus wird genug gezüchtet in dem eleganten kleinen Städtchen. Es lebt sich hier wie in Deutschland. Der Gesellschaftsverkehr steht in Blüte, Sport und Toilettenfragen spielen eine

Vergnügtes Zusammensein deutscher Frauen bei Eiskaffee und Kuchen.

Rolle...»[119] Dies galt selbstverständlich nur für die Weißen. Die afrikanische Bevölkerung war ausgesperrt in Massenquartieren und Kriegsgefangenenlagern vor den Toren der Stadt. Die deutschen Frauen aber hatten Muße genug, sich Gedanken zu machen, wie sie ihrem «schnelleren Verblühen» entgegenarbeiten konnten, wozu sie im tropischen Klima neigten.

Ähnlich «sorglos» und «behaglich» verlief das Leben der deutschen Frauen in den ostafrikanischen Küstenstädten. Dort, so eine Ostafrika-Reisende, Helene Grunicke, widmeten die deutschen Frauen ihre Zeit «hauptsächlich der Aufsicht über den Haushalt, der Kindererziehung und der Geselligkeit. Die wirkliche Arbeit wird von den verschiedenen schwarzen Dienern ausgeführt, denn das heiße, feuchte Seeklima wirkt erschlaffend auf die Europäerin.»[120]

Neue Berufschancen und Existenzmöglichkeiten boten die deutschen Kolonialstädte in «Südwest» nicht nur verheirateten, sondern auch alleinstehenden Frauen: für Lehrerinnen an den sich vergrößernden Regierungsschulen mit gutem Gehalt (4200 Mark jährlich), Heimaturlaub und Pensionsanspruch; für Gemeindekrankenschwestern und Kindergartenschwestern, für Büroangestellte in Bezirksämtern oder Rechtsanwaltsbüros, Schneiderinnen, Köchinnen in großen Hotels; für Telefonistinnen, Barfrauen und Spekulantinnen an der Diamantenbörse von Lüderitzbucht. Trotzdem war das «Klima» kein emanzipatorisches. «Nervosität», nennt Clara Brockmann als Ursache einer steigenden Flut von Beleidigungsprozessen. Nervosität, die unter dem Einfluß der afrikanischen Sonne nicht selten zu «Jähzorn und Querulantenwahnsinn» auswuchs. Klatsch und Tratsch blühten. Als eine Frau aus Deutschland ohne Trauschein mit dem Gouverneur Puttkamer in Afrika zusammen lebte, ereiferten sich gehässige, bissige Kommentare; selbst in der Heimat und noch Jahre später wurde die Frau als «Dirne» gebrandmarkt – die Frau wohlgemerkt.

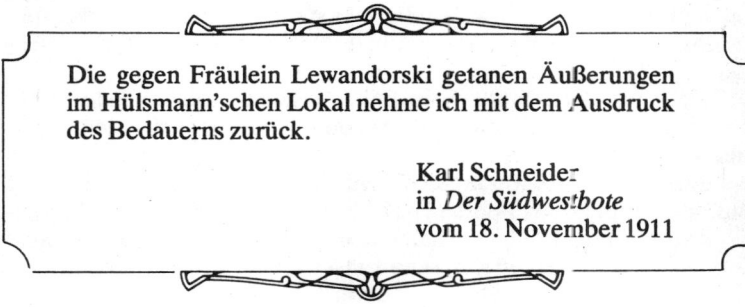

Die gegen Fräulein Lewandorski getanen Äußerungen im Hülsmann'schen Lokal nehme ich mit dem Ausdruck des Bedauerns zurück.

Karl Schneider
in *Der Südwestbote*
vom 18. November 1911

Viele Konflikte der Deutschen untereinander dürften trotz aller Prozeßwütigkeit nicht ausgetragen worden sein. In der Weihnachtsausgabe des *Südwestboten* des Jahres 1912 erschien eine Notiz über eine «Selbstmordepidemie» in Windhuk, die unter den Deutschen grassierte. Die Folge von sogenanntem «Tropenkoller» – der Preis für das zweifelhafte Privileg, zu einer Kolonialelite zu gehören?

An der Oberfläche zeigte sich die herrschende Kolonialgesellschaft gern als arbeitsam, hoffnungsvoll-optimistisch, solide-bodenständig. Bei Festen jedoch scheint es hoch hergegangen zu sein. Der Alkoholkonsum, vor allem der Sektverzehr, war enorm. «Jedes geringfügige Ereignis wurde mit Sekt gefeiert» – obwohl die Flasche zwanzig Mark kostete. Manche Leute tranken ihn «wie Sodawasser» und bald hieß er nur noch «Farmer-Weiße» bei den Weißen in Südwestafrika. Über die tatsächliche Höhe des Alkoholkonsums in den deutschen Kolonien stritten sich die Experten. In der *Deutschen Kolonialzeitung* vom 22. März 1913 wurde von einem Dr. Warnack behauptet, daß sich «bei Zugrundelegung nur der erwachsenen Männer für die weiße Bevölkerung in Deutsch-Ostafrika und Kamerun ein fast dreimal so hoher Branntweinkonsum, in Südestafrika ein um 50 Prozent höherer Bierkonsum als in Deutschland ergibt».

Daß aber auch Frauen ihren Spaß an «deftigen» Festen nach «Südwester Art» hatten, schilderte Lydia Höpker in ihrem Buch ‹*Um Scholle und Leben*› . Bei dem beschriebenen Fest handelte es sich um eine Jahrhundertfeier der «Freiheitskriege». (Gemeint waren hier die Kriege 1813 bis 1815, die der französischen Vorherrschaft in Kontinentaleuropa ein Ende bereitet hatten.) Mit dem Pfarrer, der einen Vortrag über Napoleon hielt, dem Absingen nationalistischer Lieder, einer landwirtschaftlichen Ausstellung und am Abend Ball und Festessen: «Es ging sehr lustig dabei zu; das Bier floß in Strömen und manche Gäste waren schon beim Essen sehr munter. Ein Negerjunge kam herein mit dem Nachtisch, einer schönen Torte mit Schlagsahne. Einer der wilden Farmer stand auf und stülpte ihm diese über den Kopf. Da war der Jubel groß, und auch ich lachte Tränen...»[121]

Solche Art Vergnügungen waren die gesellschaftlichen Höhepunkte der Deutschen auf dem Land. Auf dem Land waren die Siedlungen der Weißen meist weit voneinander getrennt, und es gab daher auch weniger erreichbare weiße Nachbarinnen als in den Städten. Dies traf auf alle deutschen Kolonien zu. In Neuguinea freute sich die Pflanzersgattin Emmy Müller deshalb, als mehr Frauen in die Kolonie auswanderten: «Wir haben jetzt schon unsere Teekränzchen, Tennisspiele, musikalischen Aufführungen unter Musikfreunden, hin und wieder eine Reitpartie oder Picknicks und größere Festlichkeiten als willkommene Unterbrechungen des hiesigen, sonst stillen und arbeitsreichen Daseins.»[122] Nachbarschaftshilfe und Gastfreundlichkeit unter Weißen scheinen besonders in den ersten Jahren ausgeprägt gewesen zu sein. Mit zunehmender Zahl von Einwanderern war das nicht mehr immer so angenehm: «Manchmal ist das recht störend, und oft kommen auch Individuen, die man in Hamburg stillschweigend von der Tür weisen würde...» klagte eine Farmerin in Süsserortt's illustriertem Kolonialkalender von 1913.

Das «Dienstbotenproblem»

Ob Stadt, ob Land, ob Südsee, Neuguinea oder Afrika, gemeinsam hatten die deutschen Siedlerinnen ein Problem, das viele der «Damen» schon aus der Heimat kannten, einige zumindest aus einer anderen Perspektive, das «Dienstbotenproblem». Da gab es solche wie die Pflanzersfrau Erika Busse-Lange in Ostafrika, die nur «Boys» angestellt hatte: «Man befiehlt dem Boy, ohne großartig ‹bitte› und ‹danke› zu sagen. Ihr müßtet mal so eine Tischunterhaltung hören», schreibt sie in ihren veröffentlichten Briefen, «Deutsch wäre es etwa so: ‹Essen!› – ‹Bring Tee› – ‹Gabel› – ‹anderen Teller!› usw. Das ist nur so Telegrammstil, aber der Boy springt, soweit das ein Neger überhaupt im Dienste kann.»[123] Ob sie, die selber als Erzieherin und Dienstmädchen nach Ostafrika kam und dort einen Kaffeepflanzer heiratete, in ihrer Stellung ähnlich behandelt worden ist? Wohl kaum.
– Bei den sogenannten «Boys» handelte es sich im übrigen nicht nur um tatsächliche Jungen, also Kinder, auch erwachsene Männer wurden so gerufen.

Die Gräfin Matuschka, die ihre Erinnerungen aus «Deutsch-Ostafrika» aus den Jahren 1911 bis 1919 veröffentlichte, erwähnte «ihre Boys» nur nebenbei, wie sie beim Auspacken staunten «über die vielen Sachen der weißen Frau; über einen Hut mit Kirschen garniert konnten sie sich gar nicht beruhigen...»[124] Ansonsten beschreibt sie ihre europäischen Möbel, Porzellan und Silber, die luxuriöse Überfahrt von «Greif», dem Hund mit dem guten Stammbaum, der nach einer Krankheit mit Rotwein und Ei wieder gesund gepflegt wurde, wesentlich ausführlicher.

Auch in anderen Gegenden und Kolonien wurde oft männliches Hauspersonal bevorzugt zur Bewirtschaftung von Gästen herangezogen. Das ging ungefähr so vor sich: «Draußen steht der kleine Kaffer und sieht in seinem weißen Anzug mit den schwarzen Lackschuhen die Mutter Natur ihm mitgegeben, und einem steifen Papierkragen außerordentlich schick aus, denn er hat jetzt eben noch nicht Zeit gehabt, sich schnell einmal neben der Feuerstelle auf dem Hof hinzusetzen. Er empfäng unsere Gäste als erster, um zunächst einmal die mit gelbem Staub bedeckten Schuhe abzuwischen und die Laternen abzunehmen... Nun gehen wir zu Tisch, und das Diner wird serviert. In Deutschland schreibe ich jedesmal einen Zettel mit der Reihenfolge der Gänge und Getränke und der Art des Servierens; hier ist das nicht nötig. Der schwarze Petrus behält alles, geht lautlos auf seinen bloßen Füßen, und nur die schwarze Hand beim Tellerwechsel erinnert uns daran, daß wir fern der Heimat sind.»[125]

Eine «alte Afrikanerin» erinnerte sich an «ihre» Hottentotten und

Kaffern: «Moses war an die vier Jahre bei mir. Er servierte tadellos und würdig, wie ein Oberkellner aus dem ‹Kaiserhof› in Berlin. Frech ist er immer geblieben.»[126]

Margarethe von Eckenbrecher, geborene Hopfer, trennte sich von Pauline, der Tochter des Großmanns Paul Goseb und ihr erstes «Mädchen zu ihrer persönlichen Bedienung». Pauline war aus königlichem Haus, eine jener Töchter, die in den frühen Jahren der Kolonie Südwestafrika von ihren einflußreichen Vätern als «Zeugen und Garanten der Sicherheit» und zur «Einführung in den Lebensstil der Europäer in einer Art Volontärverhältnis» an europäische Familien übergeben wurden. Aber, königliches Geblüt hin oder her, «mit meiner Pauline hielt ich es nicht lange aus», lamentierte Frau von Eckenbrecher. Es kam sie «zu teuer», auch noch die königlichen Verwandten «mit durchfüttern zu müssen». Außerdem war Paulines Arbeitsleistung «gleich Null». Offensichtlich verstanden beide Seiten unter dem «Volontariat» etwas völlig Verschiedenes. Und Frau von Eckenbrecher trennte sich «kurz entschlossen» von ihr. «Von der Zeit an», fährt sie fort, «rührt wohl meine Antipathie gegen weibliches schwarzes Dienstpersonal. Bis auf den heutigen Tag vertrage ich keine Kaffernweiber im Haushalt, sondern beschäftige nur Jungen. Diese Abneigung teile ich mit vielen weißen Frauen. Nur bei der Wäsche sind sie unentbehrlich; ich habe aber dafür gesorgt, daß Wasch- und Plättküche im Nebengebäude liegen.»[127]

Nach dieser Einleitung verwundert es nicht, daß die beiden Waschfrauen ihr nichts recht machen konnten. Trotzdem, so behauptet sie, sei eine der beiden, die Hottentottin Emma, ihr «besonders ergeben» gewesen. Emma liebte den kleinen Sohn der Hausfrau offensichtlich sehr und sang ihm selbstgedichtete Wiegenlieder vor. Auf deutsch hörte sich das etwa so an: «Du weißes Kind, von weißen Eltern geboren, bist nun ein Buschmann in Damaraland. Einsam bist du, denn deine Heimat ist ein fremdes Land, deine Familie (Verwandtschaft) ist weit weg, und deine Großeltern sehnen sich nach dir. Aber eines Tages wirst du zu ihnen gehen, und die Freude wird groß sein. Und dann bist du nicht mehr einam, du weißes Kind. Darum sei still und weine nicht.» Die Mutter aber rümpfte die Nase über den «Rassengeruch» der Dienerschaft und gestand zynisch und ohne eine Spur von Bedauern oder Entschuldigung, daß sie gelegentlich bei Abwesenheit ihres Ehemannes auch mit der Peitsche zuschlug: «In seiner Abwesenheit war ich anfangs in großer Not mit der Dienerschaft, da ich weder die Hottentotten- noch die Herero-Sprache so schnell ohne jegliche Hilfsmittel erlernen konnte. So kam es oft zu großen Mißverständnissen, die zu Unbotmäßigkeiten von seiten der Leute führen muß-

Unser Küchenmädchen, die Herero Ella.

Helene, Kathrine und Anna, Dienstmädchen in Otjosazu

Rainer mit seinem Kindermädchen

ten. Wenn mir die Geduld riß, mußte meine Reitgerte vermitteln; das war aber selten.»[128]

Auch für Clara Brockmann verdient die «Behandlung der Wäsche» besondere Aufmerksamkeit, und auch sie hat ihre liebe Not, die Afrikanerinnen zu «recht guten Wäscherinnen und Plätterinnen» heranzubilden – was nur unter «ständiger Aufsicht» möglich war, versteht sich. «Empfindliche Stoffe» durfte man ihnen «natürlich» nicht anvertrauen. Der Kampf gegen den «Grauschleier», gegen Staub und Ungeziefer, die «Erziehung der Eingeborenen zur Reinlichkeit» füllen seitenlang Artikel und Bücher der deutschen Frauen aus den Kolonien. Mit welchen Methoden sie sich an diese ihre «Kulturaufgabe» machten, verrät auch Marie Karow, die auf der Farm ihrer Schwester und des Schwagers in Okambáhe, Südwestafrika, lebte: Da «die Eingeborenen Güte für Dummheit, Nachsicht für Furcht halten, müssen sie eben ein strenges Regiment fühlen». Für sie ergibt es sich «von selbst», daß «der Weiße sich immer als Herr fühlen muß». Leute, die «verkaffern», also «für den Rassenabstand kein Gefühl haben», gehören für sie nicht in die Kolonien. Deshalb sind Heiraten zwischen Weißen und Farbigen ihrer Meinung nach «mit Fug und Recht» verboten. «Denn die Reinerhaltung der deutschen Rasse allein gewährleistet uns, daß die Kolonie deutsch bleibt in ihrem innersten Wesen.» Und die Grundlage dieses Deutschtums ist für sie die deutsche Familie: «Hier hat die deutsche Frau Gelegenheit, auf ihrem eigensten Gebiet, auf dem der Hausfrau und Mutter, mitzuarbeiten. Nirgends spielt die Hauswirtschaft eine größere Rolle als in einem solchen neuen Siedlungsland...»[129]

Das Zeug, aus dem man Heldinnen macht

Die Aufwertung, die die Haushaltsführung der deutschen Frauen in den Kolonien durchaus auch in den Augen von Männern erfuhr, beruhte in Wirklichkeit zum weitaus größten Teil auf der Arbeit der einheimischen Dienerschaft. Es ging hauptsächlich darum, deren Widerstand gegen die Arbeit bei Weißen zu brechen, sie richtig «abzurichten». So erregte beispielsweise Frau Ohlsen mit ihrer «vortrefflich dressierten Dienerschaft» den Neid einer anderen Siedlerin, der allseits respektierten Helene von Falkenhausen.[130]

Die deutschen Frauen revanchierten sich für diese mit der Heimat vergleichsweise bessere soziale Stellung mit einem glühenden Nationalismus. Ohne Nationalismus aber hätte keine Kolonie als solche Bestand haben können. Der Nationalismus wurde also wiederum zum Garanten ihrer privilegierten Situation. In den Kolonien waren die deutschen Frauen die «Herrinnen», Teilhaberinnen der Macht. Und so kam es, daß diese Frauen bereit waren, «ihre» Kolonie zu verteidigen mit Haut und Haaren. Einzelne von ihnen taten sich hervor mit besonders spektakulären Heldenstücken. Zwar hat ihnen niemand Statuen und Bücher gewidmet, aber ihr Ruf und der ihrer Heldentaten ist doch auch in die breitere Öffentlichkeit gedrungen und erreichte zumindest tagespolitische Aktualität.

Zu einer der frühen Heldinnen wurde Margarethe Leue, «ein schlichtes Mädchen im Diakonissengewande»[131] in der Kolonie Kamerun. Als dort 1893 ein Aufstand im Zusammenhang mit dem grausamen Regiment des Gouverneursbeamten Leist* ausbrach, wurde Margarethe Leue mit einigen Männern in der Apotheke eingeschlossen. «Der kleine tapfere Trupp hielt sich in dem schwach gebauten Häuschen einen ganzen Tag: die Schwester, als einzige Frau, trug unter fortwährendem Kugelregen mit umsichtiger Tapferkeit die Munition zu und übernahm die Sorge für die Verwundeten. Die schlimme Lage hinderte sie aber durchaus nicht, nach beendetem Aufstand ihre völlig verwüstete und zerschossene Station wieder zu beziehen – (und zwar allein, denn die zweite Schwester war kurz vor dem Aufstand am Fieber erkrankt und gestorben) – und späterhin, verheiratet, noch lange in der Kolonie zu leben. Solche Frauen, aufopfernd, tapfer und jeder Lage gewachsen, sind Pioniere, wie das Vaterland sie draußen brauchen kann.»[132] Bild und Geschichte der Heldin gingen durch die Reichspresse.

Südwestafrika, das im Image der Kolonialapologeten so etwas wie Deutschlands «Wilder Westen» war, wurde auch zur Heimat einiger deutscher Heldinnen, vor allem während der Freiheitskriege der südwestafrikanischen Völker von 1904 bis 1907. Da bekam die Frau des «Schutztruppen»-Wachtmeisters Weber für einen wagemutigen, halsbrecherischen Ritt von über hundert Kilometern zur Rettung flüchtender deutscher Frauen und Kinder die «bronzene Südwestafrika-Denkmünze». Emma Dorn, verwitwete Hittchen, aus Gochas im Norden der Kolonie, erlebte und beschrieb einen Überfall der Aufständischen, bei dem ihr Mann ums Leben kam, und ihre abenteuerliche Flucht. Sie wurde 1909 vom deutschen Kaiser mit einem Kriegsorden bedacht. Eine andere, Frau Struller, verheiratet mit einem Farmer, «eine resolute Bayerin», rettete ihrem Mann das Leben, indem sie sich furchtlos vor ihn stellte, ihn deckte, wohlwissend und darauf vertrauend, daß die Nama – ganz im Gegenteil zur Praxis deutscher Soldaten – Frauen und Kinder des Feindes nicht gezielt oder vorsätzlich erschossen.

Doch die Teilhabe der deutschen Frauen an Macht und Ruhm kann nicht darüber hinwegtäuschen, daß die «Heldinnen» nur Herrinnen waren gegenüber der ansässigen Bevölkerung. Nichts zu melden hatten sie dort, wo wichtige kolonialpolitische Entscheidungen getroffen wurden. Dies waren reine Männergremien – keine Besonderheit also. Im Landwirtschaftsrat waren nur jene Frauen stimmberechtigt, die «in Ermangelung des Mannes», wie der *Südwestbote* es am 4. Mai 1913 formulierte, eine Farmwirtschaft leiteten. Witwen also oder allein-

---

* Siehe die Seiten 56 und 171.

stehende Farmerinnen, auch solche gab es in «Südwest». Doch diese waren zu keiner Zeit das erwünschte Leitbild. Die anerkannte Norm der weißen Kolonialgesellschaft in den deutschen Kolonien sah die «Hüterinnen der Kultur» als Ehefrauen und Mütter – früher oder später, je früher desto besser. So war ihre gesellschaftliche Position auch an die ihres (oder überhaupt eines) Ehemannes gebunden. Wenn es sein mußte, wurde deshalb nicht nur die «neue Heimat» verteidigt, sondern eben auch der Ehemann, so geschehen zum Beispiel im «Fall Cramer». Ada Cramer, die Frau des wegen gewalttätiger Mißhandlungen von Einheimischen angeklagten Farmers aus Otjisororindi*, veröffentlichte in Berlin eine streitbare Verteidigungsschrift für ihren Mann. Darin führt sie aus: «... Der Farmer übernimmt es, dieses arbeitsscheue Volk langsam und geduldig zur Arbeit zu erziehn. Er erträgt mit Ruhe Frechheiten, die niemals ein deutscher Arbeiter sich dem Fabrikherrn gegenüber erlauben würde, er weiß, das Volk muß erst erzogen werden. Die Gewöhnung an die Arbeit ist das einzige Mittel, um das Volk langsam zu heben, damit allein geht das allmählich erwachende Empfinden für Gut und Böse Hand in Hand, nur so können wir Menschen aus diesen Schwarzen machen ...»[133] Daß an den Folgen der Mißhandlungen zwei afrikanische Frauen starben, spielte für Ada Cramer keine Rolle. Ihr Platz war an der Seite ihres Mannes, sie war eine Weiße, eine Deutsche, die Frau des Farmers Ludwig Cramer. Eine Frage nach so etwas wie «Solidarität» mit (zumindest den geschlagenen) Afrikanerinnen wäre ihr bestimmt absurd erschienen. – Und sicher nicht nur ihr.

Eine Herausforderung wird nicht angenommen

«Wohl nirgends sonst in der Welt wird uns deutschen Frauen von den Herren der Schöpfung soviel Verehrung entgegengebracht wie gerade in unseren Kolonien ...»[134] Dieses Ansehen und ihre gesellschaftliche Position verdankten sie der Lüge von der «Überlegenheit der weißen Rasse», dem Herrschaftsanspruch von Europäern auf überseeische Kolonien und der Gewalt, die ausgeübt wurde, diese Länder und Völker in Besitz zu nehmen, sie auszubeuten, zu beherrschen, zu kolonialisieren. Weiße Kinder waren die Garanten zukünftiger Herrschaftssicherung der Kolonien. Weiße Kinder aber konnten weiße Männer nur mit weißen Frauen haben. Die deutschen Frauen in den Kolonien

* Siehe Seite 55.

gehörten deshalb zu den eifrigsten Verfechterinnen des Prinzips der «Rassenreinhaltung». Nur die «Rassenreinheit» der «Herrenrasse» garantierte ihnen ihren besonderen Status.

Deutsche Männer konnten sich zwar mit farbigen Frauen vergnügen. Farbige Frauen aber konnten diesen Männern keine weißen Kinder, also keine legitimen, anerkannten Erben gebären. Die farbigen Frauen waren deshalb zwar Konkurrentinnen für die deutschen Frauen um die weißen Männer, doch konnten diese sich ihnen überlegen fühlen, da sie wußten, wie gefragt gerade der weiße Nachwuchs war, den nur sie gebären konnten. Farbige Frauen aber waren auch Konkurrentinnen um die Männer der eigenen Völker, denen die deutschen Frauen durchaus nicht mit Gleichgültigkeit begegneten. Doch war der Preis einer solchen Verbindung für eine deutsche Frau ein hoher: sie bezahlte unweigerlich mit dem Verlust von Ansehen, Ehre und Status; eine solche Frau wäre von der weißen Kolonialgesellschaft und damit von der Teilhabe an der Macht ausgestoßen worden. Sexualneid und Sexualkonkurrenz haben also sicher eine wichtige Rolle gespielt im Verhältnis weiße Frau–farbige Frau, bewußt oder unbewußt.

Farbige Frauen waren aber auch «wilde» Frauen, das heißt, sie waren nicht durch die patriarchalisch-bürgerliche Schule der Frauenunterdrückung gegangen, entsprachen daher nicht dem Ideal der gezähmten Frau, die ihre eigene Unterdrückung verinnerlicht hatte und zur Hausfrau, Gattin und Mutter geschrumpft war. Farbige Frauen stellten somit eine Herausforderung für weiße Frauen dar. Sie waren auch eine Herausforderung, weil sie auf der eigenen Entscheidung beharrten, den Kolonialherren keine Kinder als zukünftige Arbeitssklaven zu gebären: die meisten von ihnen waren in einen Gebärstreik getreten. Sie verweigerten den Kolonialherren so die Verfügung über ihre weibliche Produktivkraft, die Fähigkeit, Kinder zur Welt zu bringen. Und sie mußten die deutschen Frauen dadurch unweigerlich daran erinnern, daß diese die Verfügung über den eigenen Körper längst nicht mehr besaßen. Und während die weiße Welt zur Kenntnis nahm, daß die Frauen der Kolonialvölker zum Teil empfängnisverhütende und abtreibende Mittel und Methoden kannten und auch anwandten, gab es für die weißen deutschen Frauen in den Kolonien nur eines: möglichst viele Kinder zu gebären. Das muß ihnen bewußt geworden sein. Seltsam mutet deshalb eine Stelle in Margarethe von Eckenbrechers Buch an. Sie schreibt: «Die Kinderzahl unter den Buschmännern ist gering. Dies ist bedingt durch die harte, unverdauliche Nahrung, die sie zu sich nehmen müssen. Die Frau eines Buschmanns darf daher erst dann ein zweites Kind zur Welt bringen, wenn das erste so weit gediehen ist, daß es die grobe Nahrung genießen kann. Gebiert sie vorher ein Kind, wird das Neugeborene lebendig begraben, weil sie für zwei Kinder keine Nahrung hat.»[135] So viel Verstand, um einzusehen, daß die Kinderzahl nicht durch die «harte, unverdauliche Nahrung» beschränkt wurde, sondern durch eine Pause im Sexualverkehr während der Stillperiode oder durch die Tötung von zu früh geborenen Kindern, muß Margarethe von Eckenbrecher doch gehabt haben. Sie hat also offensichtlich die Tatsache, daß San-Frauen diese Art von Familienplanung betreiben, entweder total verdrängt oder in ihrem Buch einfach unterschlagen. Für die deutschen Siedlerinnen war jedenfalls Familienplanung oder Empfängnisverhütung keine allgemeine Praxis und schon gar kein Gegenstand öffentlicher Diskussion.

Lenore Nießen-Deiters, die sich in Wort und Tat für die Auswanderung deutscher Frauen besonders in die Kolonien stark machte, schrieb in ihrem Buch ‹*Die deutsche Frau im Auslande und in den Schutzgebieten*› zu diesem Thema die folgende «Randbemerkung»: «Eine sehr ästhetische Dame meinte nämlich zu diesem Punkte: eine intelligente, gebildete Frau sei doch zu schade, so gewissermaßen als Zuchtstute betrachtet zu werden; es ist also nicht ausgeschlossen, daß diese Ansicht auch von anderen geteilt wird.» Nießen-Deiters' Meinung dazu: «Ohne auf Mütterlichkeit an sich oder auf Vaterlandsziele einzugehen, sei doch jedenfalls bemerkt, daß es wohl vollkommen auf die Persönlichkeit ankommt, ob sie Zuchtstuten sein oder aber gerade in dem Dreiklang Mensch, Frau, Mutter das höchste Vollmenschentum erreichen will.»[136] Wie weit die deutschen Frauen tatsächlich mit ihrem «Vollmenschentum» hinter den Frauen der sogenannten «Naturvölker» herhinkten, mag das folgende kleine Beispiel aus der Südsee vielleicht veranschaulichen: «Daß europäische Frauen sieben und mehr Kinder gebären, gilt unter den Kanaken als etwas ungemein Erstaunliches, und mir ist kein Fall auch nur durch Hörensagen bekannt geworden, in welchem eine Kanakenfrau annähernd so zahlreiche Nachkommenschaft gehabt hätte.»[137]

Diese Herausforderung nahmen die deutschen Kolonialistinnen nicht an. Sie beantworteten sie statt dessen mit der Beleidigung, Verachtung, Versklavung und Mißhandlung der einheimischen Frauen, die nicht ihren Normen entsprachen. Als Legitimation mußte die pedantische Haushaltsführung der deutschen Frauen herhalten. Ihre Rolle und Funktion hatten sie verinnerlicht, die Teilhabe an der Macht hatte sie korrumpiert. Sie begriffen sich als das Maß aller Frauen: weiße, deutsche Hausfrauen. Die enge, kleinkarierte, provinzielle, reaktionäre Auffassung von dem, was Gut und Böse, ordentlich, sittlich, weiblich war, ließ sie andere Frauen demütigen, ja vernichten. Was immer sie an fanatischem, sexistischem Haß zu bieten hatten, es waren vor allem die Frauen der kolonialisierten Völker, über die sie ihn ergossen. Und es kam ihnen so nicht in den Sinn, ihre

Situation als Frauen zu überdenken, die eigene unwürdige Lage zu erkennen. Denn, keine Frage, in ihren Familien und in ihrer Gesellschaft gaben die Männer den Ton an. Indem sie sich aber mit den Zielen und Werten ihrer Herren identifizierten, verdrängten sie nicht nur ihre eigene Unterdrückung, sondern beraubten sie sich außerdem der Chance, den Aufenthalt unter fremden Völkern als Lernprozeß für sich nutzen zu können. Statt dessen brachten sie Unheil und Unrecht, machten sie sich mitschuldig. Und das alles für das bißchen Anerkennung durch weiße Männer, die sie doch hundertfach betrogen.

Wie Vorurteile entstehen

In der Realität der uns bekannten Geschichte waren und sind die Frauen in Abgrenzung zu den Männern immer das «andere Geschlecht». In ihrem Bewußtsein aber haben Frauen nur selten – und wenn doch, dann zumeist nur wenige von ihnen – die national-kulturelle Scheinwelt durchbrochen, die ihnen einen scheinbar «gleichen» Platz anweist neben (in Wirklichkeit unter) den Männern ihrer Nation. Seit dem gewaltsamen Aufeinanderprallen verschiedener Kulturen in der modernen Kolonialzeit haben die europäischen Frauen sich als «anders» im kulturhistorischen Sinn definiert, in Abgrenzung auch zu den Geschlechtsgenossinnen aus einem anderen Volk. Nicht das Geschlecht war der entscheidende Maßstab, sondern die kulturelle Herkunft.

Gerade in der Kolonialgeschichte haben wir es mit einem Begriff von «Anderssein» zu tun, den die Frauen der Eroberernationen fast immer gleichsetzten mit «Bessersein» auf sich selbst bezogen und «Minderwertigsein» auf die «anderen» Frauen bezogen. Es ist deshalb besonders wichtig, nochmals ausführlicher auf dieses Wertsystem einzugehen – zum einen, um die zerstörerischen Beleidigungen gegenüber den «anderen» Frauen festzuhalten und zu dokumentieren, aber auch, um die Herkunft und Entstehungsgeschichte solcherart Behauptungen zu beleuchten, über ihre Beweisführung nachzudenken. Diese Vorurteile sind entstanden aus einer Situation der Konkurrenz von Frauen unterschiedlicher gesellschaftlicher Systeme heraus, viele dieser Vorurteile hielten sich bis in unsere Tage, existieren weiter in unserem Feindbilderbe und haben sicher einem solidarischen Handeln von Frauen aus unterschiedlichen Kulturkreisen und Gesellschaftssystemen im Wege gestanden. Gewachsen sind sie, wie im vorigen Abschnitt aufgezeigt wurde, aus der materiellen Interessenlage der weißen Frauen heraus. Verbreitet wurden sie in zahlreichen Veröffentlichungen. Abgefaßt waren sie in verständlicher, volkstümlicher, ja oft deftiger Sprache; in anschauliche Beispiele verpackt, die den Leserinnen und Lesern das Gefühl vermittelten, «dabeigewesen» zu sein – eine der Techniken, in der auch heute noch Vorurteile am laufenden Band produziert und verstärkt werden, im Zeitalter der Massenmedien in millionenfacher Auflage und bis in die letzte Wohnstube hinein verbreitet durch Bild, Funk und Presse. Diese Behauptungen entstanden in absoluter Ignoranz der Situation der so Beleidigten. Verständnis und kompetentes Sachwissen durch «Vor-Ort-Charakter» vortäuschend, verallgemeinernd. «Vor-Ort-gewesen-zu-Sein» aber heißt noch lange nicht, verstanden zu haben.

Erste Behauptung: «Sie sind schmutzig und stinken»

Clara Brockmann:
«Meine Mädchen durften nur Kartoffeln schälen und höchstens etwas Gemüse putzen, das mehrmalige Nachwaschen besorgte ich selbst. Mein Klippkaffernmädchen Elli bereitete mir des Morgens den Tee. Zuvor aber mußte sie sich in meiner Gegenwart die Hände in warmem Wasser waschen. Andere Dienstreichungen in der Küche habe ich niemals erlaubt, nicht einmal beim Kuchenbacken durfte sie den Teig rühren. Ich habe auch niemals aus einer Tasse oder einem Glase trinken können, das ich nicht, nachdem es der Eingeborene bereits gereinigt, noch einmal unter fließendem Wasser abgespült hatte.»[138]

Christa Schmidt-Dannert:
«Meine Akna steht singend im Kinderzimmer und beendete gerade das Putzen desselben, in dem sie den Wickeltisch mit einem frischen Tuch belegt. Auf einmal hört sie mit ihrem Gesang auf und spuckt zischend in hohem Bogen auf den Fußboden! Ein gründliches Aufwaschen des ganzen Zimmers mit einer desinfizierenden Lösung zur Strafe in ihrer freien Stunde wird sie vermutlich von dieser Untugend geheilt haben. Wissen kann man es aber nicht.»[139]

Helene von Falkenhausen:
«Wir hielten stets darauf, daß für ihren Lohn die Leute zunächst Kleidung anschafften. Hemd, Hose, Rock und Hut, von jedem ein Stück, ein Paar Schuh und vielleicht noch eine Decke zum Schlafen – das mußte jeder haben. Im Grunde machten sie sich recht wenig aus Garderobe – sie fühlten sich am wohlsten in ihrem Nationalkostüm. Auch die Behandlung der Sachen ließ manches zu wünschen übrig: gewaschen wurden sie, wenigstens wenn wir die Leute nicht zur Reinlichkeit immer erneut ermahnten, überhaupt nicht. Ebenso unsauber waren sie an ihrem Körper; daher hatten wir auch eingeführt, daß jeden Sonntag und Mittwoch die Leute sich und ihre Sachen gewaschen präsentieren kommen mußten.»[140]

Helene von Falkenhausen:
«Der ganze Körper der heidnischen Hereros ist mit Fett eingeschmiert; das gibt ihrer Haut eine glänzende der Schokolade ähnelnde Färbung, verbreitet jedoch einen widerlichen ranzigen Geruch. Abgewaschen wird diese Fettschicht nie, wie denn überhaupt das Waschen auch bei den Christen als überflüssiger Luxus gilt. Frauen, die dem Fett als Parfüm noch ‹Bucko› [ein stark riechendes Pflanzenpulver] hinzufügen, verbreiten einen höchst unangenehmen Duft, der

schon lange, bevor man diese ‹Ölsardinen›, wie sie genannt werden, zu Gesicht bekommt, ihre Nähe verrät.»[141]

Lydia Höpker:
«Mein erster Eindruck waren zwei Eingeborenenweiber, die im Hof auf dem Boden saßen. Um sie herum lagen Töpfe und Geschirr, die sie in einer schauderhaften Schmutzbrühe wuschen. Sie selbst starrten vor Dreck und rochen auf ein paar Meter Entfernung.»[142]

Und wenn alle diese Beispiele noch nicht reichten, ein Verdacht war immer noch anzuführen – eine Trumpfkarte sozusagen in der Beweisführung – nämlich, «daß man bei der schwarzen Hautfarbe gar nicht einmal immer das Vorhandensein von Unsauberkeit genau feststellen kann»[143]. Für Clara Brockmann gab es deshalb keinen Ersatz für eine weiße Köchin.

Solche und ähnliche Behauptungen wurden von deutschen Frauen immer wieder und in endlosen Variationen verbreitet. In der Heimat konnte dieses Vorurteil auf fruchtbaren Boden fallen, gerade bei Frauen, weil auch die meisten deutschen Hausfrauen Wert auf Sauberkeit legten, weil eine «ordentliche» Haushaltsführung ihr ganzer Stolz war und sie daraus ihre Identität als Frau bezogen. Die Beispiele der deutschen Kolonialschriftstellerinnen konnten deshalb einleuchten, das Vorurteil konnte leicht übernommen werden. «Bei euch sieht es ja aus wie bei den Hottentotten!» war ein weitverbreiteter Spruch, der noch in meiner eigenen Schulzeit gelegentlich auftauchte.

Zweite Behauptung: «Sie sind häßlich»

Else Sonnenberg:
Else Sonnenberg beobachtete Kinder. Die Mädchen, die singend zur Wasserstelle gingen, sahen ja «ganz nett» aus, aber: «Vor den Weibern graute mir. In Okanjande hatte mein Mann mich allein gelassen am Wagen, da er einen Ansiedler besuchen wollte, da kamen ein paar so schreckenerregende Gestalten von Frauen langsam, aber eifrig mit den Armen sprechend, auf mich zu und redeten keck auf mich ein. Jeder Satz schien eine Frage zu sein und endete meist mit ‹Eh?› Ihr braunglänzender fettiger Körper war nur recht wenig von einem dünnen braunen schmierigen Leder bedeckt; an den schwachen Beinen trugen sie klotzige schwere Eisenringe. Unter dem eigentümlichen dreizackigen Hute hingen die mit Bast zu lauter dünnen Bindfäden geflochtenen Haare herab. ‹Macht, daß ihr fortkommt›, rief ich ängstlich. Sie lachten, sprachen mit unseren Jungen, riefen mir ‹morro› zu und hinkten langsam mit ihren Gefäßen davon zum Wasser.»[144]

Helene von Falkenhausen:
«Galatea war eine ältere Hottentottenfrau, für uns ein Bild der Häßlichkeit, für ihre Stammesgenossen aber mit allen von ihnen geschätzten Schönheitsmerkmalen begabt: dem unglaublichen Fettpolster, dem gelben faltenreichen Gesicht, den listigen schief geschlitzten Augen und der breiten platten Nase.»[145]

Magdalene Prince:
Magdalene Prince wunderte sich über einige kriegsgefangene Wahehe, die mit «kurzen, gedrungenen Gestalten» und «wahren Galgengesichtern» nicht in ihr gängiges Bild von Wahehe paßten, die «doch eigentlich durchweg stattliche, hübsche Leute sind». Leute aber scheinen nur Männer zu sein, denn sie fährt fort: «Ihre Weiber freilich sind fast ohne Ausnahme häßlich, so daß man sich fragen muß, wie solch häßliche Frauen meist so ansehnlichen Söhnen das Leben geben können.» Auch die dreihundert Frauen des Sultans Merere können vor ihren Augen nicht bestehen: «Übrigens stellten wir zu unserer Verwunderung fest, daß von sämtlichen jungen Frauen auch nicht eine einzige wirklich hübsch zu nennen war.»[146]

Maria Karow:
Über die Bergdamara: «Die Frauen falten sich mit Vorliebe ein buntes Kattuntuch um den Kopf. Dies kleidet sie insofern ganz gut, weil dadurch der häßliche Wollkopf verdeckt wird.»[147]

Clara Brockmann:
Über Frauen aus Lüderitzbucht: «Viele dieser Kapweiber, deren Negerblut sich seit einigen Generationen mit der weißen Rasse vermischt hat und die sich von den kurzen krausen Haaren die modernen Frisuren der Europäerinnen aufbauen und deren Kleidung tragen, fühlen sich fast wie ‹Damen›. Ich habe hier überhaupt zum erstenmal mit ziemlich gemischten Gefühlen diese schwarzen Weiber in unseren Trachten gesehen. In Windhuk schenkt man seinen farbigen Dienstboten auch zuweilen abgelegte Kleider, die sie dann, ohne sie zu raffen, durch den Straßenschmutz schleppen und binnen kurzer Zeit unglaublich zerrissen haben; aber bei ihnen bleibt das Charakteristische der eingeborenen Rasse, ohne daß es noch von dem bunten Kopftuch und den Glasperlenketten betont zu werden braucht. Hier dagegen erblickt man Damen in weißen Hemdblusen, Ledergürteln und fußfreien Leinenröcken; auf der Frisur einen nicht einmal geschmacklosen Rosenhut mit einem langen Chiffonschleier unter dem Kinn zusammengebunden – wenden sie aber den Kopf, sieht man in ein stumpfsinniges, schokoladenbraunes Gesicht mit aufgeworfenen Negerlippen.»[148]

Da, wo es nach deutschem Verständnis anscheinend besonders schwer war, den einheimischen Frauen ihre Häßlichkeit zu bescheinigen, begegnet uns eine Variante besonderer Art bei Frieda Zieschank, die ihren Mann, der Arzt war, nach Samoa begleitete und darüber in ihren Memoiren (1918) folgendes schrieb: «Sie sind ja nun wirklich eine der schönsten Menschenrassen, wenigstens in bezug auf Körperbau, und ganz besonders ist das von den männlichen Vertretern des Volkes zu sagen...» Dann preist sie die Schönheit der samoanischen Männer: «Fast alle sind groß, mindestens erreichen sie unsere Mittelgröße, wundervoll ebenmäßig gewachsen und muskulös. Ein samoanischer schlanker Jüngling, blütengeschmückt die Kava kredenzend, ist ein Modell, das die größten altgriechischen Künstler begeistert hätte...» Bei der Schilderung der Frauen sieht sie sich offensichtlich in Konkurrenz mit ihnen, obwohl sie gerade diesen Eindruck vermeiden möchte: «Ihre Schönheit ist so unendlich oft gepriesen, daß es wohl als Rivalität der Geschlechtsgenossin würde belächelt werden, wenn ich sie nur mit starken Einschränkungen gelten lassen kann...» Und dann folgen die Einschränkungen: «...Der Reisende, der von Afrika, den Inseln Neuguineas, Fidji oder gar Australien kommt, muß begeistert sein, wenn er dann die samoanischen Mädchen sieht. Von allen *farbigen* Stämmen sind sie sicherlich die schönsten Vertreterinnen. Aber meiner Ansicht nach können sie den Vergleich mit der *weißen* Frau nicht aushalten, im einzelnen sowohl wie im ganzen...»[149]

Es ist ein besonderes Kennzeichen unserer kapitalistisch-patriarchalisch geprägten Gesellschaft, Frauen auf das Attribut «schön» hin zu bewerten. Als abhängige, unselbständige Anhängsel ihrer Männer haben Frauen wenigstens schön zu sein. Frauen haben die Normen dieser Männergesellschaft verinnerlicht, sie zu ihren eigenen gemacht. Jede Frau wird so zur möglichen Konkurrentin um den Mann reduziert. In der Lage, in der die kolonialen Siedlerinnen sich befanden, aus deren Sicht unter Umständen eine existenzbedrohende Situation: Jede Frau, die auf Grund ihrer «Häßlichkeit» als Konkurrentin ausscheidet, hebt deshalb in jedem Fall das Selbstwertgefühl der Jurorin. Im Falle der kolonialen Siedlerinnen speisten diese ihre Überlegenheitsgefühle gleich aus dem vernichtenden «Urteil» über ganze Völker, zielten aber ganz besonders auf ihre potentiellen Rivalinnen ab.

Dritte Behauptung: «Sie sind dumm»

Helene von Falkenhausen:
Über eine Arbeiterin namens Katharina: «Einmal sollte eine größere Anzahl zufällig vorbeireitender Herren und Damen auf unserer Veranda mit Kaffee bewirtet werden, und die von uns neu eingekleidete, mit großer Geduld angelernte Kaffern Katharina war beauftragt, die Tassen herauszubringen. Wer beschreibt unsern Schrecken und das allgemeine Amusement, als sie erscheint, das neu geschenkte Kleid gleich einer Pelerine um die Schultern geworfen, den Kopf durch den Rockschlitz gesteckt und über unser Lachen mit weit aufgerissenem Munde staunend! Die übrige Kleidung bis auf den Schurz hatte sie vergessen anzulegen. Und doch war diese Katharina sehr gelehrig und erreichte in der Folgezeit einen für Kaffern hohen Grad der Ausbildung, freilich unter Anwendung vieler Mühe von unserer Seite.»[150]

Charlotte Deppe:
«Wie Negermädchen sich nie als Dienstboten verdingen – abgesehen von den seltenen Ausnahmen als Kindermädchen oder Ammen, so konnten Frauen unter den Schwarzen auch selten nähen, das war für sie Männerarbeit, da hierzu nach ihrer Meinung schon eine gewisse Kopfarbeit gehörte, und die lag den schwarzen Frauen noch gar nicht.»[151]

Maria Karow:
«Das Spülen, Blauen, Stärken, Aufhängen und Legen der Wäsche besorgte ich zusammen mit meiner Schwester, ebenso am darauffolgenden Tage das Plätten. Anfangs hatten wir die Herero-Frauen hierzu herangeholt, gaben aber schließlich die Hoffnung wieder auf, ihnen etwas beizubringen.»[152]

Gerda von Kries:
«Wir haben in Buhaja ausschließlich männliche Hausangestellte gehabt. Die Frauen sind durch die jahrhundertelange Unterdrückung zu wenig intelligent dazu.»[153]

Gertrud Anhuth:
«Mein lieber Wachtmeister H.... ich kann Sie heute noch nicht verstehen, wie Sie mir Sahra empfehlen konnten. Sahra, ein schlampiges Weibsbild unbestimmbarer Rasse, häßlich, faul und ungelehrig.»[154]

Bezeichnenderweise speisen diese Behauptungen sich fast ausschließlich aus Beispielen, die sich auf die Fertigkeiten der deutschen Hausfrauen beziehen. Ihr Wissen und Können wurde nicht in Frage gestellt, sondern als allgemein gültig betrachtet. Mit der Abqualifizierung der kolonialisierten Völker als Ganzes brauchte auch gar nicht mehr andersherum gefragt werden – etwa wie sich die deutschen Siedlerinnen beim Bau eines Pontoks angestellt hätten oder beim Flechten von Körben, beim Töpfern, Bierbrauen oder Herstellen von Rindenstoffen; jenen Handwerken, die afrikanische Frauen meisterinnenhaft beherrschen. In der Heimat mußten diese Geschichten einschlagen, denn es handelte sich dabei um Tätigkeiten, die zum Arbeitsalltag deutscher Frauen zählten. Beachtung sollte hier wie auch bei anderen Vorurteilen finden, daß schlechte Eigenschaften ja dem ganzen kolonialisierten Volk angeheftet, verstärkt aber auf die Frauen angewendet wurden. Sind die farbigen Völker alle dumm, so sind deren Frauen auf jeden Fall die dümmsten und faulsten.

Vierte Behauptung:
«Sie sind faul, dreist, heimtückisch, sie lügen und stehlen ...»

Clara Brockmann:
«Die Hereros sind ein schöner, großer Menschenschlag, hell- bis dunkelbraun, stolz, hochmütig, träge. Die letzte Eigenschaft findet man besonders bei den Weibern ...»[155]

Helene von Falkenhausen:
Im Zusammenhang mit dem plötzlichen Tod einer Herero-Frau:
«... man vermutete, daß sie von einer Nebenbuhlerin vergiftet worden wäre ...»[156]

Ada Cramer:
Sie verdächtigte ihre Dienstboten, ihre Familie und die Tiere der Farm zu vergiften. «... Es war eine halbe Stunde vor Sonnenuntergang, die Kälber waren im Kral. Ich stand auf und sagte zu den Weibern: ‹Ihr werdet sofort mit mir in den Kral gehen und mir die Kälber zeigen.› – 90 Kälber standen im Kral. Binnen wenigen Minuten hatten die beiden Weiber die drei Kälber gefangen, genau an den bezeichneten Stellen sah ich die frischen Stichwunden, festgetrocknetes Blut klebte an den Haaren. Ich kann gar nicht beschreiben, wie mir zumute wurde; wäre ich ein Mann gewesen, ich hätte die ganzen Weiber über den Haufen geschossen ...»[157]

Margarethe von Eckenbrecher:
«Schrecklich war mir das Kochen in der Hitze. In der Küche am dunstigen Herde war es kaum zum Aushalten. Ich mußte aber dabei sein, weil uns sonst alles halb gar gestohlen worden wäre. Selten bekam ich den Übeltäter heraus. Ich versuchte alles mögliche, verweigerte das

Essen, Kaffee und Zucker, nichts half. Mit der harmlosesten Miene logen sie sich heraus. Ich mußte entweder meine Reitpeitsche gebrauchen oder beim Herde bleiben.»[158]

Dies sind alles Behauptungen, die an den verlogenen Idealen einer Scheinmoral der Kolonialgesellschaft gemessen wurden. Denn es waren in Wirklichkeit die Deutschen, die ungefragt in fremde Länder eingedrungen, den dort lebenden Völkern Land und Vieh geraubt hatten; die gebrandschatzt und gemordet, die Menschen versklavt hatten. Mehr oder weniger versteckt gestehen die deutschen Frauen in «Südwest», daß sie ihre Dienstboten aus den Kriegsgefangenenlagern, die von den Deutschen eingerichtet worden waren, erhielten. Lagern, die den Menschen jedes Recht auf Heimat, auf Freizügigkeit genommen hatten. Die «Delikte», die hier zur Sprache kamen, sind deshalb in erster Linie als Arbeitsverweigerung und damit als Widerstandsaktionen der einheimischen Frauen zu verstehen.

**Fünfte Behauptung:
«Sie sind kokett, hinter weißen Männern her
und ruinieren diese in jeder Beziehung»**

Helene von Falkenhausen:
«Maria ist unglaublich kokett und läßt sich gern von den andern Arbeitern den Hof machen.» Und über «Herero-Anna»: «Diese hatte leider ihr Herz einem Weißen geschenkt, und als Folgen dieser Liebe nicht ausblieben, und sie sich von dem kleinen, gelben, mordshäßlichen Geschöpf nicht einmal für Augenblicke trennte, um den Tisch zu decken, mußten wir sie entlassen.»[159]

Lydia Höpker:
Anläßlich des Besuches ihres Nachbarn, Herrn Olben aus Guinas, erzählt ihr dieser von seiner Weigerung, eine Vaterschaft anzuerkennen: «Ja», sagte er, «glauben Sie mir, ich bin ganz gewiß nicht der Vater, ganz gewiß nicht, ich schwöre es Ihnen», und eine Träne perlte aus seinen blauen Augen. «Nun soll ich die Ziegen als Alimente zahlen, oh, über Lügen eines Buschweibes.»[160] Das Kind soll angeblich tatsächlich nicht von ihm gewesen sein, sondern von Olbens Geschäftspartner. Dieser aber hatte sich abgesetzt, weil er keine Alimente zahlen wollte. Die Mutter des Kindes hielt sich deshalb an einen weißen Mann, der erreichbar war, eben jenen Herrn Olben.

Clara Brockmann:
«Es ist eine alte traurige Erfahrungstatsache, daß die schwarze Frau noch niemals den geringsten Aufstieg in eine höhere Kulturstufe un-

ternommen hat, daß sich im Gegenteil der Mann vielmehr dem Niveau seiner farbigen Lebensgefährtin nähert und nicht selten ganz auf dieses herabsinkt.»[161]

Helene von Falkenhausen:
«Alle diejenigen Farmer, welche keine Häuslichkeit haben, sind zu bedauern. Welch trauriges Leben führen sie dort in der Einsamkeit, besonders, wenn sie eine Eingeborene zur Frau haben! In der Regel sind diese zu faul, um sich um den Haushalt zu kümmern, und zu dumm, um etwas zu lernen. Ihre Interessen sind so gering, etwas mit einer eingeborenen Frau beraten oder besprechen kann der Mann nicht. Der Farmer in Südwestafrika braucht eine Frau, die ihm als treue, tatkräftige Gefährtin bei der mühevollen Ansiedlerarbeit zur Seite steht, die mit ihm ringt und hofft und an Allem teil hat, was ihn bewegt. Doppelt trifft dort das Sprichwort zu: Geteilte Freude ist doppelte Freude, geteilter Schmerz ist halber Schmerz.»[162]

Bei dieser Art von Behauptungen kommt die Sexualkonkurrenz deutlich zum Ausdruck. Wo Sexualneid und Konkurrenz sich bis zum Haß steigern, soll mit der Beschreibung nur noch Abscheu erregt werden. Dazu hier eine Kostprobe: Ein weißer «Herr» trifft auf «eingeborene Weiber». Er «wich zurück vor den stinkenden Leibern, die sich noch nie gewaschen hatten und an denen die Brüste herabfielen wie schwarze Schalen einer faulen Frucht»[163]. So hätte es die Schreiberin, Margarete Kierstein, wohl gerne gehabt. Die Wirklichkeit aber sah ganz anders aus.

Doch auf diese Wirklichkeit gingen die deutschen Kolonialfrauen bei der Beschreibung derartiger Szenen sowieso nicht ein, auch nicht auf die weitverbreitete Art von Geschlechtsbeziehung zwischen weißen Männern und einheimischen Frauen, die nämlich auf Gewalt beruhte. Im Gegenteil, verlogen wurde hier das Opfer, die vergewaltigte Frau als Täterin identifiziert.

(Ein perfider Mechanismus, durchaus geläufig und angewendet bis zum heutigen Tage, wo immer Frauen vergewaltigt werden – auch in der Bundesrepublik, etwa in Gerichtsverfahren und Vergewaltigungsprozessen, aber manchmal durchaus auch als Vorurteil in der Gemeinschaft von Frauen vorgebracht.) Wenn die vorher angeführten Behauptungen «schmutzig, häßlich, dumm, faul, dreist, heimtückisch, kokett» auch nur zum Teil auf fruchtbaren Nährboden fallen, so ist derartigen Frauen sowieso alles zuzutrauen, und einsichtig wird dann, daß die weißen deutschen Frauen als alleinige Retterinnen der «Kultur» in Frage kommen können.

Ungehorsam
gegen die Herren

Niemals in seiner rund fünfunddreißigjährigen Geschichte als Kolonialmacht konnte das Deutsche Reich seiner Besitzungen auch wirklich sicher sein. Der Wille zum Widerstand der Völker, die da kolonialisiert werden sollten, ist niemals ganz gebrochen worden. Zwar ist dieser Widerstand von den Deutschen bis heute meist nur in der Form von kriegerischen Auseinandersetzungen zur Kenntnis genommen worden, doch bildete gerade der individuell geleistete, nicht organisierte Widerstand jene Stacheln, die zu bekämpfen schwerer war als eine militärische Aktion. Und gerade in dieser Form des individuellen Widerstandes haben Frauen ihre große Stärke bewiesen.

Da sich aber weder die alten Kolonialapologeten noch die «Neuen Linken» bei uns je der Mühe unterzogen haben, diese Frauengeschichte aufzuzeichnen oder zu dokumentieren, ergibt sich das übliche Problem, dem sich die Erforschung von Frauengeschichte überall gegenübersieht: Die Quellenlage ist äußerst mangelhaft. Es kann auch hier wieder nur der Versuch gemacht werden, einen ungefähren Eindruck von der Qualität des Frauenwiderstandes zu vermitteln in der Hoffnung, daß diesem Thema in zukünftiger Forschung mehr Aufmerksamkeit gewidmet werden wird.

Eines Tages werden Frauen die Geschichte ihres Widerstandes selber schreiben. Doch noch sind alle ehemals kolonialisierten Völker nicht in der Lage, frei von äußerer Bevormundung und Einmischung ihr Geschick selbst zu bestimmen. Noch müssen die Frauen dort einen doppelten Kampf führen für die Selbstbestimmung nicht nur ihrer Völker, sondern auch für ihre Selbstbestimmung als Frauen. Zusammen mit der Last des Alltags eine Riesenbürde. Doch haben Frauen nie davor zurückgeschreckt zu kämpfen. Und davon soll im folgenden die Rede sein.

An der Seite ihrer Männer

Der Widerstand der Männer war vor allem der des bewaffneten Kampfes. So unterschiedlich wie die gesellschaftliche Position, die Frauen in ihren Völkern einnahmen, so unterschiedlich war auch ihre Einbindung in die kriegerischen Aktionen der Männer ihrer Völker gegen die Deutschen.

> Die Häuptlinge und Weiber haben ihre Krieger zum Stehen gebracht. Sie haben ihr stolzes Selbstgefühl wieder, und während hinten der dumpfe Kriegssang der Weiber, das Klatschen der Hände immer stärker anschwillt, stürmen sie mit lautem Geheul auf die Kompagnie ein. Sie kommen nicht in geschlossener Linie. Einzeln und in kleinen Gruppen springen sie von einer Deckung zur anderen, während von allen Seiten, vor allem von der linken Flanke und dem Rücken ein rasendes Schnellfeuer auf die Kompagnie hereinbricht.
>
> Schröder-Stranz im Jahre 1910[164]

Als am Abend des 15. Dezember 1893 Aufständische das Feuer auf die deutsche Kolonie in Duala, Kamerun, eröffneten, waren neben 65 Männern auch 46 Frauen daran beteiligt. Es waren jene gedemütigten, erniedrigten Frauen aus Dahomé, die «Kanzler» Leist öffentlich wegen Arbeitsverweigerung in Anwesenheit ihrer Männer hatte auspeitschen lassen. Die Aufständischen waren in die Munitionskammer des Gouvernementsgebäudes eingebrochen und hatten alle Waffen und Munition einschließlich dreier Geschütze in ihre Gewalt gebracht. Dann hatten sie das Feuer auf die Beamtenhäuser und das Regierungsgebäude eröffnet. Den Deutschen gelang es erst am nächsten Morgen gegen zehn Uhr vormittags, sich auf den Kreuzer «Nachtigal», der im Hafen vor Anker lag, zu flüchten. Fast sechs Tage lang konnten die Rebellinnen und Rebellen die Stellung halten, auch noch, als Verstärkung für die Deutschen durch die Schlachtschiffe «Kreuzer», «Hyäne» und «Baden» eintraf. Am 23. Dezember 1893 um drei Uhr früh erfolgte der entscheidende Gegenschlag. Es dauerte bis acht Uhr morgens, dann hatten die Deutschen das Gouvernementsgebäude zurückerobert. Um ein Uhr mittags war das Gefecht zu Ende.* Die aufständischen Männer, deren Leist habhaft werden konnte, wurden gehängt, die Frauen zu Zwangsarbeit auf eine entfernte Plantage verurteilt.

In der Kolonie Südwestafrika erreichte der bewaffnete Widerstand

---

* Es war übrigens dieses Gefecht, in dem die deutsche Krankenschwester Margarethe Leue sich ihre Lorbeeren verdiente. Siehe dazu die Seiten 56 und 152.

gegen die weißen Besatzer einen ersten Höhepunkt im Kampf der Nama unter ihrem Stammesoberhaupt Hendrik Witbooi. Selbst Zögling deutscher Missionare, Bibelkundiger und Gemeindeältester, lehnte Witbooi sich gegen die deutsche «Schutzherrschaft» auf und gegen die Mission, als deren eifrigstem Betreiber. Auch die Drohungen der Rheinischen Missionare holten die Witboois nicht zurück in den Schoß der Kirche, sondern hatten nur die Lossagung von ihr zur Folge und die Bildung einer eigenen unabhängigen Kirche. Hendrik Witbooi, überzeugt, der Messias und Einiger der Nama-Völker zu sein, machte auch keinen Rückzieher, als die Missionare seinen Stamm mit Waffenlieferungen boykottierten und statt dessen die Herero, die alten Widersacher der Nama, mit Kriegsmaterial versorgten. Als 1893 Nama und Herero Frieden miteinander schlossen, die alte Politik der Deutschen, das «Teile und Herrsche», das Aufeinanderhetzen der verschiedenen Völker, also nicht mehr funktionierte, überfiel die deutsche «Schutztruppe» den Witbooi-Stamm in Hornkranz, ohne ihm je den Krieg erklärt zu haben. Sie eröffnete das Feuer auf eine friedliche Siedlung, auf unbewaffnete Männer, Frauen und Kinder. 1894 mußte der Witbooi-Stamm sich unterwerfen. Doch zehn Jahre später, *nach* der entscheidenden Niederlage der Herero gegen die Deutschen am Waterberg, erklärte Hendrik Witbooi den deutschen Kolonialtruppen erneut den Krieg und mit ihm, einer ausgenommen, die Kapitäne aller Nama-Stämme. Doch selbst die Vereinigung der Reste des vernichteten Herero-Volkes mit den Truppen Witboois konnte das Verhängnis nicht mehr aufhalten, der Übermacht der Deutschen nicht Einhalt gebieten. Hendrik Witbooi wurde verwundet und erlag am 3. November 1905 seinen schweren Verletzungen. Sein Tod fiel mit der Niederschlagung des Nama-Aufstandes zusammen.

In verschiedenen Phasen des Kampfes hatten die Nama-Frauen wichtige Funktionen als Unterhändlerinnen und Kuriere übernommen. «In der Kirche*, die ein Zug besetzte, befanden sich drei alte Hottentottenfrauen und einige Kinder. Sie übergaben dem Hauptmann von François einen Brief Hendrik Witboois an den Kapitän der Bastards, Hermanns van Wijk, voll bitterer Vorwürfe und Drohungen für diesen, weil er sich den Deutschen angeschlossen habe. Der Führer der Bastards antwortete sofort, und dies Schreiben wurde den Frauen zur Bestellung an ihren Häuptling übergeben.»[165]

Der Überfall von Hornkranz hatte auf der Seite der Nama fünfundsiebzig Frauen und Kindern und zehn Männern das Leben gekostet. Unter den Gefangenen, die dem Oberleutnant Schwabe vorgeführt wurden, befanden sich auch die Frau Hendrik Witboois und deren Tochter Margarete, die damals etwa achtzehn Jahre alt war. «Ohne

---

* Von Hornkranz.

eine Spur von Furcht trat sie vor uns und antwortete frei und stolz auf alle Fragen. Dann ließ sie durch den Dolmetscher ungefähr folgendes erklären. Sie habe gehört, daß wir in Schiffen über das große Wasser gekommen seien, um ihren Vater zu bekriegen. Heut sei der Sieg auf unserer Seite, aber das Glück sei veränderlich, und wenn sie uns einen Rat geben dürfe, so sei es der, in unsere Heimat zurückzukehren, denn ihr Vater werde einst wie ein Löwe über uns herfallen und Vergeltung üben.»[166] Diese stolze und selbstbewußte Haltung nötigte selbst einem hartgesottenen Offizier wie Schwabe Bewunderung ab, und er nannte Margarete «ein außerordentlich mutiges Mädchen».

Doch auch ein namenlos gebliebenes Nama-Mädchen verhielt sich stark und tapfer und mit ihr viele andere: «In derselben Zeit wurde einem schwerverletzten Mädchen ein Bein abgenommen. Bei dieser Amputation hatte ich Gelegenheit, die Nervenstärke der Eingeborenen zu bewundern. Die Kranke, eine Hottentottin von etwa fünfzehn Jahren, wurde von mir mit dem letzten Restchen Chloroform eingeschläfert, das sich in der erwähnten Flasche befand. Lange bevor die blutige Arbeit des Arztes ihr Ende erreicht hatte, fühlten wir eine zuckende Bewegung ihres Körpers, und als ich die Maske abhob, sah ich, daß das Kind völlig erwacht war. So lag dasselbe noch zwei volle Stunden, ohne daß ein Laut des Schmerzes über seine Lippen kam. In der That, ich glaube, mancher Soldat würde nicht halb so standhaft ausharren, wie wir es damals von kleinen Kindern gesehen haben.»[167]

Auch Herero-Frauen waren in der Kolonie Südwestafrika an der Seite ihrer Männer in den Krieg gegen die Deutschen gezogen, so wie sie dies getan hatten seit jeher, wenn es Krieg gab. Sie «sangen Kriegslieder und tanzten den Kriegstanz», ermunterten und ermutigten so ihre Männer, während diese Wache hielten oder sich auf den Kampf vorbereiteten. Und an der Seite ihrer Männer fanden sie den Tod oder gerieten in Kriegsgefangenschaft.

Arbeitsverweigerung, ziviler Ungehorsam, Sabotage

Der Südwestbote

Windhuk, 14. September 1913:
Eingesandt: *Herero-Frauen aus guter Familie*
Es wird gewarnt, Herero-Frauen einzustellen, weil sie als Angehörige der Häuptlingsfamilien Giftkenntnisse hätten.   L.

War das erklärte Ziel der Deutschen, die Einheimischen zu einem «brauchbaren Arbeitermaterial» zu erziehen, so richtete sich auch der Widerstand der Zwangsarbeiterinnen in gewaltigem Ausmaß gegen diese Pläne der Besatzer. Die Klagen ihrer weißen Herrinnen und Herren füllen viele Seiten: «Sie drückten sich ganz einfach», hieß es da oder: «Opuo-Kakutua und Katrina meldeten sich oft und gerne krank, obgleich sie es nicht waren.»

Eine, «Jadura, ein Kaffernweib, war nicht zu kultivieren», eine andere, die Wäscherin Zipora, erhob «unverschämte» Lohnforderungen.

Sie unterhielten ein eigenes Informations- und Kommunikationssystem und warnten andere vor den schlechtesten Arbeitsplätzen. Manche entliefen einfach, nahmen sich selbst die Freiheit. Oder sie erfanden viele Vorwände, um sich von der Arbeit zu befreien, und sei es auch nur stunden- oder tageweise. Mädchen galten den Deutschen oft als «viel schwerer erziehbar» und offenbarten so die Zähigkeit und Widerstandsbereitschaft ihres Geschlechts. Manche Frauen redeten sich Haß und Wut gegen die Besatzer auch freimütig von der Seele: «Dein Vieh soll kaputt gehn, du sollst banquerott werden!»[168]

Als im Sommer 1911 eine Dürre den Viehbestand der weißen Farmer dezimierte, hielten die Herero mit ihrer Freude nicht hinter dem Berg: «Wenn der Regen ausbleibt, werden die Weißen alle aus dem Lande gehn, das Land wird wieder unser eigen sein. Wenn die Weißen fort sind, wird der Regen wieder kommen, und wenn wir auch wenig Vieh haben, es wird bald wieder viel werden. Dieser selbe Gedanke wurde auf vielen Farmen dem Weißen gegenüber ausgesprochen. Er läßt tief blicken. Das Volk träumt noch von der Wiederkehr der Herrschaft über dies Land ...»[169]

Unsere Eingeborenenweiber!

Fast unglaublich klingt es, wenn man hört, mit welcher Frechheit die Eingeborenenweiber sich gegen ihre Dienstherrinnen benehmen; daß es aber schon so weit ist, daß sich diese erlauben, sich an ihrer weißen Herrin zu vergreifen, mit Gefäßen und Holz auf sie losschlagen und die weiße Frau im Handgemenge zu beißen, spottet doch jeder Beschreibung. Hier müßte Rat geschaffen werden und zwar bald und gründlich. Wenn man die Eingeborenenweiber zur Bestrafung zum Kommissariat schickt, so können diese höchstens eingesperrt werden, denn geschlagen darf ja solch ein Unschuldiger Engel nicht werden, da es ja eine Frau bzw. weibliches Wesen ist. Hier haben diese Weiber das schönste Leben ... Warum bekommt eine solche Bestie nicht ebenso ihre Stockhiebe 15 oder 25 wie ein Mann? ...

In Deutschland muß eine weiße Frau arbeiten, hier verdienen die eingeborenen Weiber das Geld leichter durch spazieren gehen und haben dadurch das Arbeiten nicht nötig. Man beobachte nur die vielen Weiber, die an jedem Tage zu Besuchszwecken sich in den einzelnen Werften einfinden. Jede dieser, die sich in keinem Dienstverhältnis befindet, müßte eingefangen und mindestens 8 Tage Zwangsarbeit verrichten, unser Leutemangel würde aufhören und unsere Plätze und Straßen billig in Ordnung kommen ...

Edgar Lange, Klein-Windhuk

Selbst ein Fall von Frauenstreik und männlichen Streikbrechern wird uns überliefert: «Meine Wasserträgerinnen haben heute gestreikt. Infolge ihrer Arbeitseinstellung wollte Frau Glühmann die männliche Dienerschaft veranlassen, Wasser zu holen. Aber es geht gegen das Ehrgefühl der Schwarzen, eine Weiberbeschäftigung, und als solche gilt das Wassertragen, zu verrichten. Die Schwarzen kamen zu mir, und hielten mir mit lebhaften Gesten und Mienenspiel einen Vortrag darüber, sie seien zum Stuben reinmachen, zum Fegen, Aufwarten bei Tisch, zur Küchenarbeit und zum Botengehen da, aber nicht zum Wassertragen, und thäten sie nicht. Ich lachte sie aus, was bei den

Schwarzen immer von vorzüglicher Wirkung ist, und frug, ob sie denn ebenso unverständig sein wollten, wie die Weiber. Mit jenen wollten wir uns schon auseinandersetzen, oder andere Tagelöhnerinnen mieten. Heute aber sei Wasser nötig, besonders für den Kranken, und ob sie denn wollen, daß Frau Glühmann und ich selber das Wasser aus der Cisterne holen sollten? Im übrigen würde ich jedem, der heute als Freiwilliger fleißig Wasser trüge, einige Pesa schenken. Damit waren die Schlingel zum Glück einverstanden, grinsten mich freundlich an und sagten: ‹Du hast wohl gesprochen, Bibi, wir werden thun, was Du willst.›»[170]

Die meisten dieser Widerstandsaktionen waren alle unter besonders erschwerten Bedingungen erfolgt, denn nicht selten wurde «Widerspenstigen» mit Kettenhaft oder Gefangenenlager gedroht. Trotzdem schreckten sie nicht zurück, sich zu wehren, selbst nicht vor Tätlichkeiten gegen ihre Herrinnen, wie der folgende Leserbrief eines Herrn Edgar Lange an den *Südwestboten* vom 29. August 1913 beweist (siehe Seite 175).

In Samoa aber richtete sich anderer Widerstand gegen die weißen Frauen. Hier, wo so viele von den Frauen mit weißen Männern verheiratet waren, zogen sie gegen die «Rassenreinheitspolitik» der weißen Frauen zu Felde: «Eng schlossen sich die Mischlinge zusammen und nahmen eine feindliche Stellung gegen die weißen Frauen ein. Sogar Vereine wurden gegen uns gebildet.»[171] In beinahe allen Gebieten unter deutscher Herrschaft aber kämpften die Frauen mit ihrer ureigensten Waffe: der Verweigerung, den Kolonialisten Sklaven zu gebären.

Gebärstreik

Werden alle gewichtigen Gründe berücksichtigt, die zur Erklärung für die Verringerung der Geburtenzahlen unter deutscher Herrschaft meist herangezogen wurden, wie: Schwächung der Gesundheit der Frauen durch Zwangsumsiedlungen, Unterernährung und Zwangsarbeit, Sterilität infolge eingeschleppter Geschlechtskrankheiten, so bleiben doch genügend Hinweise, die dokumentieren, daß Frauen überall auch bewußt Geburtenkontrolle betrieben haben.

Von siebenhundert im Rahmen einer Untersuchung befragten Frauen in Kamerun gaben 133 zu, abgetrieben zu haben. Bestätigt wird diese Studie von den Aufzeichnungen eines Arztes, der von «überhandnehmenden künstlichen Fruchtabtreibungen» in Kamerun sprach. Aus der Kolonie Südwestafrika wurde ähnliches berichtet, und auch in den Südseekolonien fiel der «Mangel an Nachwuchs» den Deutschen unangenehm auf. Da nützten weder Prämien noch Drohungen. Diese allein den Frauen eigene Waffe des Gebärstreiks konnte aber nur deshalb so effektiv eingesetzt werden, weil die Frauen noch im Besitz des dazu nötigen Wissens waren.

... daß eine weiße Frau sich nicht ebenblütig verbindet, ist ausgeschlossen ...

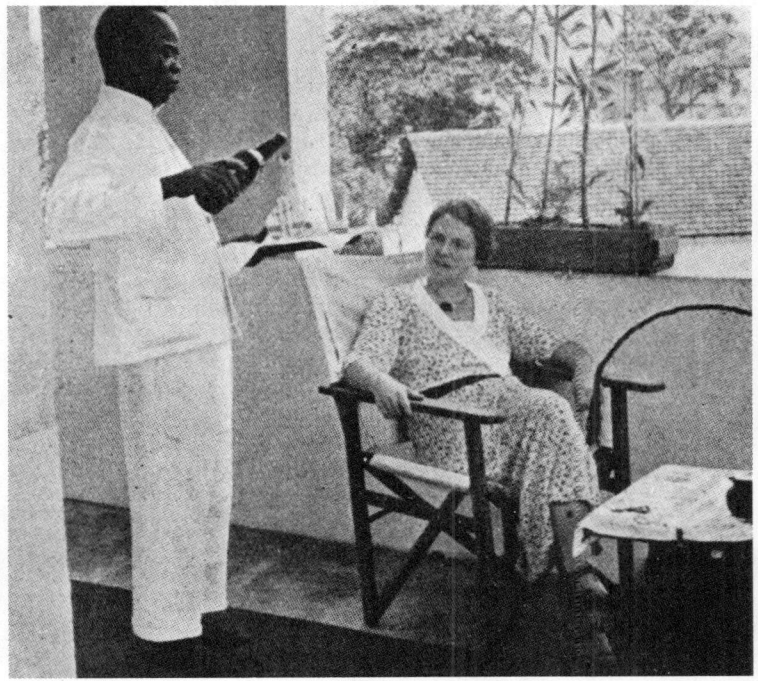

Der schwarze Hausboy in den Tropen. Weiß gekleidet, mit nackten Füßen, geht er leise durchs Haus und bringt kühlende Getränke herbei.

Deutsche Kolonialfrauen haben durch ihr rassistisches Verhalten die Frauen der kolonialisierten Völker in besonderer Weise diskriminiert. Aber: es gab auch «lobende» Worte für einzelne Frauen. Entsprechend ihrem Selbstverständnis gingen die deutschen Siedlerinnen damit äußerst sparsam um und spendeten «Lob» nur dort, wo die einheimischen Frauen den Normen ihres deutschen Verhaltenskodex entsprachen; eines Verhaltenskodex für Dienstboten, Untergebene, versteht sich. Hierin bestand unausgesprochenes Einvernehmen zwischen Missionarinnen, Farmerinnen, «Damen» und ehemaligen Dienstbotinnen gleichermaßen: «Eingeborene» Frauen taugten nur dann, wenn sie «wohlerzogen, freundlich, bescheiden, treu, nicht dreist» waren, wenn sie «wie eine deutsche Köchin» hantierten, «tadellose Manieren» vorzuweisen hatten, wenn sie «verständig» waren, alles «nett» machten, «ohne Murren» Befehle ausführten, sich «demütig» zeigten. Es waren nur einige wenige Ausnahmen dieser Auszeichnung jeweils für würdig befunden worden. Ein wichtiger Grund dafür liegt sicher darin, daß die Siedlerinnen in den einheimischen Frauen potentielle Rivalinnen sahen. Rivalinnen nicht nur um alle weißen Männer, sondern auch um die «farbigen» Männer.

Frieda Zieschank, die sich, wie wir sahen, so viel Mühe gab, die samoanischen Frauen für häßlicher zumindest als weiße zu erklären, wies «Verbindungen» solcher Art kategorisch zurück und behauptete, «daß eine weiße Frau sich nicht ebenblütig verbindet, ist ausgeschlossen»[172].

Doch gibt es Indizien und Anhaltspunkte dafür, daß dies auch zu jener Zeit nicht ausgeschlossen war, denn in den einschlägigen Kolonialblättern gab es immer wieder Diskussionsbeiträge zu diesem Thema, die überflüssig gewesen wären, hätte das Problem nicht bestanden. Einen Aufhänger für derlei Artikel bildeten gerne die rassistischen Zurschaustellungen von Menschen aus den Kolonien in Deutschland. Es erhoben sich laute Stimmen, die dagegen protestierten. Nicht gegen die Unmenschlichkeit derartiger Vorführungen an sich. Der Protest zielte vielmehr darauf ab, daß die Betreffenden «körperlich wie sittlich nur Schaden» davontrügen. So argumentierte jedenfalls die *Deutsche Kolonialzeitung* im Frühjahr 1913, als die Frage anstand, ob eine ostafrikanische Askari-Kapelle nach Deutschland reisen sollte. Weshalb das so sei, und welcher Art Gefahren dabei erwuchsen, enthüllte ein Brief an den *Südwestboten* vom 5. März 1913. Darin heißt es: «... man muß nur beobachten, wie von den weißen Frauen den schwarzen Männern nachgesehen und mit ihnen kokettiert wird ... bei normalen Frauen wird der Mann einer anderen Rasse in der Regel ein Gefühl des persönlichen und körperlichen Ekels auslösen. Wer dieses Gefühl nicht kennt, der bekundet damit, ganz abgesehen vom sittlichen Standpunkte, einen unwürdigen Mangel an Rassegefühl. Man wird gewiß sagen können, daß es sich dabei nur um den niederen Abschaum der Weiber gehandelt habe. Es ist aber festgestellt worden, daß auch Frauen der sogenannten höheren Stände sich an diesen unwürdigen Scheußlichkeiten beteiligt haben. Mögen solche Frauen noch so hoch stehen, so gehören sie doch generell dem tiefsten Pöbel an. Wir müssen dafür sorgen, daß ähnliche Dinge verhütet werden...»

Dieser Stellungnahme schloß sich der folgende Kommentar der Zeitungsmacher des *Südwestboten* an: «... Daß das Treiben schlechter weißer Frauen auch den hiesigen Eingeborenen nicht unbekannt ist, beweisen deren Auslassungen, wenn ihnen Vorhaltungen über unsittliches Betragen gemacht werden, nur zu gut. Die Auffassung der hiesigen Behörden über solches Unwesen ist aber eine von der heimischen sehr verschiedene. So würde ein Eingeborener, dem es einfallen sollte, einer weißen Frau unsittliche Vorstellungen zu machen, ausgepeitscht und sonst noch schwer bestraft werden. Die Prügelstrafe würde auch in den Fällen einsetzen, wenn ein solcher Herr der Einladung einer pflichtvergessenen weißen Frau Folge leisten würde. *Eine weiße Frau jedoch, deren Rasse- und Sittlichkeitsgefühl so weit gesunken sein sollte, sich mit einem Eingeborenen abzugeben, könnte, wenn ihr der Fehltritt bewiesen werden würde, mit Sicherheit darauf rechnen, aus dem Lande ausgewiesen zu werden...*»

Dies war eine Verfügung über die Sexualität der weißen Frauen allgemein, die der gängigen Praxis der weißen Männer im umgekehrten Fall Hohn sprach. Es war weiter die Tabuisierung der weißen Frauen für die nichtweißen Männer. Und es war eine Drohung an beide, im Falle von «Zuwiderhandlungen». War diese Drohung nötig?

Zum selben Thema war in der Nachrichtenbeilage der Zeitschrift *Kolonie und Heimat* folgende Meldung erschienen: «Das Ende einer Mischehe: Die weiße Frau des schwarzen Weltmeisterschaftsboxers Jack Johnson hat, wie die Tagespresse berichtet, in Chicago einen Selbstmordversuch begangen. Frau Johnson war die geschiedene Gattin des Millionärs Clarence Dureya. Ihre Heirat mit Johnson, die vor etwas mehr als einem Jahr erfolgte, hatte einen gewaltigen Skandal in der amerikanischen Gesellschaft hervorgerufen. Die Mischehe gestaltete sich, wie vorauszusehen war, sehr unglücklich. Frau Johnson erklärte vor dem Selbstmordversuch Bekannten gegenüber, daß sie die Schande einer Ehe mit einem Neger nicht länger ertragen könne.»[173] Eine Meldung, nur im Zusammenhang mit der allgemeinen Rassenhetze zu verstehen?

> Die durchschnittliche Länge des Penis des Schwarzafrikaners, sagt Dr. Palès, übersteigt selten hundertzwanzig Millimeter. In seinem Traité d'anatomie humaine nennt Testut dieselbe Zahl für den Europäer. Aber dies sind Fakten, die niemanden überzeugen. Für den Weißen ist der Neger ein Tier; wenn nicht die Länge des Penis, dann ist es die sexuelle Potenz, die ihn bestürzt. Und gegen diesen «Unterschied zu ihm» muß er sich zur Wehr setzen. Das heißt, den Anderen charakterisieren. Der Andere wird zum Träger seiner Gedanken und Wünsche.
>
> Frantz Fanon:
> ‹*Schwarze Haut, weiße Masken*›[174]

In Berlin jedenfalls suchte in einer Anzeige ein Schwarzer «auf diesem nicht mehr ungewöhnlichen Wege» eine weiße Frau zur Ehe, und im Schaufenster eines Fotografen in der Friedrichstraße war das Brautbild einer weißen Frau mit einem Afrikaner zu bestaunen. Im Deutschen Reichstag schließlich erinnerte sich Freiherr von Richthofen von der Nationalliberalen Partei am 7. Mai 1912 an einen «praktischen Fall», der einige Jahre zuvor passiert war: «Ein Neger aus der ostafrikanischen Kolonie ist nach Deutschland gekommen, hat hier eine Deutsche gefunden, welche bereit war, ihn zu heiraten. [Zuruf links: Nur eine?] – Wahrscheinlich waren es mehrere, er hat vielleicht die Auswahl gehabt. Ich habe nicht die Ehre, die Damen zu kennen. – Jedenfalls ist es gelungen, in Deutschland die Ehe zu schließen; er hat sich mit der Dame eingeschifft, ist in sein heimatliches Land zurückgekehrt nach Ostafrika, und was ist die Folge gewesen? Ein ungeheurer Skandal; die betreffende Frau hat sich überhaupt nicht sehen lassen können, überall folgten ihr unzählige Neger und sagten: seht einmal, das ist die deutsche Frau, die einen Neger geheiratet hat, einen von uns, und die Folge ist die gewesen – der Herr Staatssekretär wird die Geschichte bestätigen –, daß der Gouverneur veranlassen mußte, daß die betreffende Deutsche das Schutzgebiet wieder verließ. Das sind doch immer Dinge, die zu denken geben. Solche Fälle dürfen wir unter keinen Umständen zulassen...»[175]

Das Beweismaterial ist dünn, doch gibt es Hinweise darauf, daß

«Ein Flußübergang in Togo. Die Verkehrsverhältnisse in unseren Kolonien lassen in abgelegeneren Gegenden manchmal noch alles zu wünschen übrig. Man ist vielfach noch auf primitive Negerpfade angewiesen, auf denen nur ein Mann hinter dem andern gehen kann. Größere Flüsse müssen auf Eingeborenenbooten überschritten werden, denn Brücken sind selten vorhanden. Und wenn es sich um kleinere Wasserläufe handelt, so läßt man sich von ein paar stämmigen Schwarzen hinübertragen, wie dies die Dame auf unserm Bilde tut. Das gibt manchmal amüsante oder aber aufregende und nasse Situationen. Im vorliegenden Fall allerdings scheint der Ritterdienst beiden Teilen Spaß zu machen.»

schwarze Männer weißen Frauen durchaus attraktiv erschienen, auch solchen, die zu den «hundertprozentigen» Kolonialfrauen zählten. Das offizielle Verbot und die verbreiteten Berührungsängste wurden ab und an heimlich unterlaufen. Nicht nur begeisterte Frieda Zieschank sich an der Schönheit der samoanischen Männer, Paula Karsten etwa bewunderte die afrikanischen Männer in Südwestafrika, wenn sie sich auch hinter dem Ausdruck «das europäische Auge» verbarg. Die Fähigkeiten der afrikanischen Frauen, Lasten auf dem Kopf zu tragen, erstaunten sie. Frauen waren bei ihnen stärker als Männer, erklärte ihr «ein Neger». «Das europäische Auge freilich», so Paula Karsten, «blickt mit Staunen und Bewunderung auf die mächtig entwickelte Muskulatur der letzteren», der Männer also, und sie schwärmt gleich weiter: «Aufgefallen ist mir immer, daß die Männer heiterer und frohgelaunter sind, die Frauen hingegen ernster, gesetzter und zurückhaltender ...»[176]

Die Halbbrüder Kapande und Sadangemenda aus einer ostafrikanischen Sultansfamilie hatten es Magdalene Prince angetan. Bei ihnen hatte sie «wirklich nicht das Gefühl, sich mit Schwarzen zu unterhalten». Sie genoß deren Besuche in ihrem Haus: «Es ist ein Vergnügen, die beiden intelligenten Burschen zu beobachten, dabei sind es hübsche Leute, an Gesicht sowohl wie an Wuchs. Auch an Galanterie fehlt es ihnen nicht: Mgangire und seine Brüder küssen mir stets die Hand, und heute hat mir ersterer als Beweis seiner besonderen Wertschätzung einen schönen Ochsen verehrt. Kleine Geschenke erhalten die Freundschaft.»[177]

Für die Arztfrau Christa Schmidt-Dannert sind die ostafrikanischen Männer «anstelliger und williger»[178]. Sofie von Uhde schildert «nackte Neger» als «schöne, heitere Menschen»[179]. Helene von Falkenhausen und ihre Schwestern scherzten offensichtlich gerne mit Samuel Maherero, einem Herero-Fürsten, der in der Zeit vor den großen Freiheitskriegen in ihrem Elternhaus ein und aus ging.[180] In ihren Tagebuchblättern gesteht die in Kamerun ansässige Grete Ziemann, daß sie Jungen «viel lieber» mag als Mädchen, denn: «Sie sind bedeutend netter, williger, intelligenter, zutraulicher usw. Ich hörte das auch von den Missionarinnen bestätigt.»[181] Es scheint ein viel diskutiertes Thema gewesen zu sein unter den kolonialen Damen. Eine schwarze Hausangestellte wird von Grete Ziemann Knall auf Fall entlassen, weil sie «doch ein zu liebebedürftiges Herz» hatte. War da nicht vielleicht Eifersucht im Spiel oder ein gewisser Neid auf freie Liebe und Sexualität der schwarzen Frau?

Louise Diel und die Missionarin Hedwig Irle dagegen betonen den Aspekt, daß weiße Frauen keine «Belästigungen» zu fürchten hätten, in Südwestafrika genausowenig wie in Ostafrika.[182] Kursierten solche Geschichten? In welcher Form? Wird eine zumindest potentielle Attraktivität nichtweißer Männer für (deutsche) weiße Frauen vorausgesetzt, so muß es auch ein Spannungsverhältnis unterdrückter Sexualwünsche gegeben haben. Das würde bis zu einem gewissen Grade auch die Behandlung der einheimischen Frauen durch Kolonialfrauen erklären. Die Konkurrenzsituation weiße Frau kontra einheimische Frau um die weißen Männer wäre also weiter verschärft gewesen durch die Konkurrenz um einheimische Männer. Nun war aber von den weißen Männern ihr Besitzanspruch auf weiße Frauen niemals zur Diskussion gestellt worden. Es ist deshalb durchaus denkbar, daß die gesellschaftliche Ächtung derartiger Wünsche bei den Kolonialfrauen besondere Aggressionen auslöste und sie diese wiederum besonders auf die «eingeborenen» Frauen abluden, die Zugang hatten zur Sexualität der Männer ihres Volkes.

Sicher hatte auch der Widerstand, der sich den Deutschen allerorts entgegenstellte, Einfluß auf ihr Verhalten Einheimischen gegenüber. Und weiter setzte sicher das Scheitern der «Erziehungs- und Kulturaufgaben» besondere Aggressionen frei, die sich bei einigen gegen die eigene Person richteten (Stichwort: «Selbstmordepidemie in Windhuk»), bei der Mehrheit der Weißen aber gegen die zum «Erziehungsobjekt» degradierten kolonialisierten Menschen. Doch kommt dem sexuellen Spannungsverhältnis bei dem Versuch, das Verhältnis deutscher Frauen in den Kolonien zu den «eingeborenen» Frauen zu erklären, auf alle Fälle ganz besondere Bedeutung zu.

Weiß gegen Weiß

Hinter den Kulissen der kolonialen Siedlerschaft

Zusammenkunft der Siedlerschaft in Samoa 1914 zu einem Katerfrühstück und Stiftungsfest vor dem Kasino.

So sehr die Siedlerinnen in ihren Schriften auch bemüht waren, der «weißen Rasse» als ganzer den Herrschaftsanspruch über die «farbigen Rassen» zuzugestehen, das Bild, das sie von den Weißen zeichneten, war nicht ungetrübt. Und das Loblied vom «natürlichen Zusammengehörigkeitsgefühl der Weißen» erklang nicht ohne Dissonanzen. Die Schwester eines Kameruner Regierungsarztes, Grete Ziemann, die in die Kolonie kam, um dem Bruder den Haushalt zu führen, fand es «engherzig und betrübend ... daß man sich, zumal in einer jungen Kolonie, wo die weiße Rasse doch wie eine große Familie zusammenhalten sollte, noch immer nicht von der Zopfigkeit des *Klassengeistes* freimachen kann, damit nur der wahre *Menschenwert* gewürdigt würde! Ich fürchte», so schrieb sie weiter, «selbst unsere im Humanitätsgeist großwerdenden Urenkel erleben das noch nicht. – Nun, dafür sind wir in den Tropen», tröstete sie sich. «In den Kolonien anderer Nationen soll es ebenso sein. Glücklicherweise haben wir selber einen harmonischen Kreis und gestalten uns daher die Welt nach unserem Gefallen.»[183]

Da waren zunächst die unterschiedlichen Interessen der verschiedenen «Stände». Die Farmerschaft erregte sich über den «Dünkel» der Beamtenschaft und deren vielfache Privilegien. Doch auch Beamte waren nicht immer gleich Beamte. Die Beamten der «Neuguinea Kompagnie» zum Beispiel waren wie die preußischen Landtagswähler jener Zeit eingeteilt in drei Klassen. Kleinere Farmer kämpften gegen große Plantagengesellschaften, die bei der Zuteilung von Land und Arbeitskräften eindeutig bevorzugt wurden. In diese Auseinandersetzungen um die Zuteilung des knappen Angebots an Arbeitskräften war außerdem die Händler- und Beamtenschaft mit einbezogen, die ihrerseits einen Riesenbedarf vor allem an Trägerinnen und Trägern hatte. Auch zwischen Militär- und Zivilverwaltung der Kolonien gab es Querelen, besonders in Ostafrika. Die Offiziere waren nicht mehr «ausgelastet», als die «Eroberungsphase» abgeschlossen war. Außerdem beschuldigten sich beide Seiten abwechselnd, Insiderinformationen an die Presse im Reich lanciert zu haben. Und manchmal kamen sich auch «Schutz»- und Polizeitruppen ins Gehege.

Ein anderer Interessenkonflikt ergab sich aus der Arbeit der Missionen. C. Schlettwein, Mitglied einer Farmer-Deputation aus Südwestafrika, sprach vielen seiner Kollegen aus dem Herzen, als er in einem Vortrag im Kolonial-Verein zu Wismar 1905 verkündete: «Kolonisieren und die Grundsätze christlicher Nächstenliebe passen zusammen wie Feuer und Wasser – eines muß zunächst weichen!» Und es war ja klar, daß er und seinesgleichen nicht weichen wollten.[184] In den größeren Siedlungen herrschte ein «arger Kastengeist» und Klatsch und Tratsch blühten allenthalben. Ob dies mehr ein Verdienst der vielen Junggesellen oder nicht ausgelasteter Kaffeekränzchenbesucherinnen war, darüber bestand keine Einigkeit. Die Missionsangehörigen ihrerseits «schämten» sich manchmal ihrer Landsleute, denn die meisten von ihnen scheinen dem verkündeten Moralideal bei weitem nicht entsprochen zu haben und waren so der Missionierung richtiggehend hinderlich.

Obwohl gerade die Farmerinnen «unentbehrlich» für die Farmwirtschaft waren, war deren Rat und Meinung nur inoffiziell gefragt. Wie in der Heimat waren die Frauen den Männern in der Kolonialgesellschaft nicht gleichgestellt. Das äußerte sich nicht zuletzt in der Gestaltung der Sonntage: Wo möglich, nahmen die Ehepaare gemeinsam an einem Gottesdienst teil. Doch während vorher oder hinterher die Männer in landwirtschaftlichen Versammlungen berieten, blieben den Frauen nur Treffen im kolonialen Frauenbund oder im Nähverein. Gemeinsam trafen sich dann alle wieder bei «Wohltätigkeitsveranstaltungen» oder es wurden gemeinsam befreundete Ehepaare besucht.

Frauen hatten weder Sitz noch Stimme in den Verwaltungsgremien der Kolonien. Sie strebten auch nicht danach. Ihr Selbstverständnis war das einer «Gefährtin» ihrer Männer. Sie waren mit der wichtigen Aufgabe der Wahrung und Verbreitung von «Kultur» vertraut, dies wurde zu ihrem ureigensten Bereich erklärt, aus dem sie ihre Identität und Selbstbestätigung schöpften. Doch auch weiße Frau war nicht gleich weiße Frau. Als oberste Richterinnen spielten sich anscheinend jene auf, die bereits als «Damen» in die Kolonien gekommen waren. Sie mokierten sich besonders über das «Damespielen» deutscher ehemaliger Dienstmädchen. Es ist ihnen dies auch durchaus nachzufühlen, fielen diese doch dann aus, in den besseren deutschen Kolonialhaushalten zu arbeiten, und die «Damen» mußten sich dann wieder mit «Eingeborenen» herumärgern. Die «Damen» rümpften außerdem die Nasen über Barfrauen und ähnliche Gewerbetreibende.

Es gab auch eine Phase, in der die «alten Afrikanerinnen» die Einwanderung junger deutscher Mädchen in die Kolonie Südwestafrika offensichtlich als Konkurrenz für ihre Töchter betrachteten und daher sicher gern verhindert hätten. So jedenfalls schilderte auf der Hauptversammlung der «Deutschen Kolonialgesellschaft» am 5. Juni 1903 in Chemnitz ein Herr Moritz-Schanz seine Eindrücke: «Was die Siedlungsfrage anbetrifft, so möchte ich mich hier nur noch über einen Punkt aussprechen, der auch unsere Gesellschaft interessiert insofern, daß wir seinerzeit bekanntlich das Experiment gemacht haben, die Auswanderung heiratsfähiger Damen nach Deutsch-Südwestafrika zu fördern. Dieses an und für sich etwas delikate Experiment ist im großen und ganzen günstig ausgelaufen. Zur Zeit wünscht man aber in Deutsch-Südwest eine weitere Sendung von Damen nicht mehr, da aus den Kreisen unserer dortigen Kolonisten bereits heiratsfähige Töchter heranwachsen, die es als unlauteren Wettbewerb auf dem

Heiratsgebiete betrachten, wenn wir europäische Damen hinschicken würden.»[185]

Doch auch Frauen, die als Dienstboten in die Kolonien gegangen waren und sich dort entweder selbständig machten oder heirateten, fanden noch andere weiße Frauen, auf die sie herabblicken konnten, die Burenfrauen zum Beispiel, jene Nachkommen der nach dem südlichen Afrika ausgewanderten Holländer, die von deutschen Frauen durchwegs nicht als «vollwertig weiße» akzeptiert wurden – wie überhaupt weiße Frauen anderer Nationalitäten ganz «anders» waren.

Die Interessen der weißen Männer waren also durchaus unterschiedlicher Natur, je nachdem, ob sie als Siedler, Handwerker, Militärs, Polizisten, Beamte oder Händler gekommen waren. Wieder andere Interessen vertraten die Missionsangehörigen. Die deutschen Frauen waren den Männern untergeordnet, doch machten sich auch unter den deutschen Frauen Standesunterschiede stark bemerkbar. Trotzdem – es gab *eine* Übereinstimmung: Sie waren alle Deutsche, die Kolonien waren deutsch, und deutsch sollten sie auch bleiben.

Deutsche Frauen in den Kolonien:
Deutschnational – allemal!

> Die deutsche Frau hat keinen Nationalcharakter. Sie ist das Produkt einer langdauernden Gewohnheit, die durch eine plötzlich eingetretene eiserne Notwendigkeit gestört und aufgehalten wurde.
>
> Maria Wernicke 1901[186]

> ... deutsch soll unser neues Land sein, deutsch seine Bewohner, deutsch deren Sitten und Gebräuche, deutsch ihr Denken und Fühlen ...
>
> *Deutsche Kolonialzeitung* 1912[187]

Es bedurfte keineswegs der Herkunft aus altem Offiziersadel, um in den Kolonien den rechten deutschen Geist zu pflegen. Missionarinnen und Farmerinnen, Beamtengattinnen, Handwerkerfrauen und Krankenschwestern, Lehrerinnen und Hausangestellte waren sich dessen bewußt, daß sie nicht in ein x-beliebiges exotisches Land ausgereist waren, sondern in «unsere» Kolonien. «Deutschland braucht Kolonien» und «die deutschen Kolonien brauchen deutsche Frauen» – das war der allergemeinste Nenner, auf dem sie sich zusammenfanden. Die Palette des Ausdrucks dieser nationalen Gesinnung reichte vom «deutschen Schnittlauch» auf dem Butterbrot der Louise Diehl in Südwestafrika über der Diakonisse Hedwig Rohns leuchtendes Auge ob all der «deutschen Ordnung und deutschen Sauberkeit» in Lomé, Togo, bis hin zum Befürworten von Kolonialkriegen und Völkermord. Nicht nur die Soldaten und Offiziere rechtfertigten die eigenen Greueltaten. Die deutschen Frauen standen hinter ihnen, die Reihen dicht geschlossen. Befreiungskriege der Kolonialvölker deuteten sie um in ihren Ursachen, rechtfertigten die Vergewaltigung und Ausrottung der nach Freiheit strebenden Völker ebenso wie die Kasernierung und Versklavung der Überlebenden «zu unserem und ihrem eigenen Besten». Der verlorene Erste Weltkrieg, der den Verlust der Kolonien nach sich zog, wurde zum Trauma, die Revolution in Deutschland als Dolchstoß gegen die siegreichen Kolonialtruppen gesetzt, von Lettow-Vorbeck als Befehlshaber der deutschen Ostafrika-Kolonialtruppe noch Jahre später zum unbesiegbaren Helden stilisiert.

Das Ende von «Deutsch-Ostafrika» ging ihnen an die Nieren. So erlebte etwa Gräfin Matuschka die entscheidenden Tage in Daressalam: «Es war wohl am 11. oder 12. November, daß wir vom Ausbruch der Revolution, von der Abdankung des Kaisers und all den anderen schlimmen Dingen hörten, wir waren natürlich gänzlich überrascht und wollten und konnten es nicht glauben. Wir hielten es einfach für unmöglich. Wir hofften tagelang, daß es falsch und übertriebene Reuternachrichten wären. Wir glaubten, es sei eine List, um Lettow und die Truppe zur Übergabe zu bewegen. Aber alles Hoffen nützte nichts, die Nachrichten nahmen immere sichere Formen an. Schrecklich war es, diese Niederlage unter den Engländern zu erleben; man schämte sich Deutsche zu sein. Ich ging die ersten Tage nicht aus dem Hause, der Triumph und Stolz der Engländer und Belgier war schwer zu ertragen. Diese gerieten in einen unsinnigen Siegestaumel. Es war ja verständlich, der Sieg war ja nun ihrer und ohne unsere Revolution hätten sich ihre Truppen in Europa nur noch einige Wochen gehalten und die Revolution wäre bei ihnen ausgebrochen. So hatten sie aber nun auf leichte Art gewonnen und der dumme Michel hatte auf dümmste Art verloren. Herr von Lettow mußte sich ja nun mit seiner restlichen kleinen Truppe von Waffenstillstandsbedingungen fügen und seine Waffen vor den Engländern strecken.»[188]

In der Kolonie Südwestafrika löste die Mobilmachung vielerlei Geschäftigkeiten und eine seltene Einmütigkeit unter den Kolonialisten aus: «Die Gattin des Gouverneurs ging mit gutem Beispiel voran. Sie gab auch die Anregung zu Krankenkursen, in denen Ärzte und ausgebildete Schwestern Vorträge hielten und praktische Anweisungen gaben. Diese Kurse wurden von den meisten Damen besucht. Alle waren bereit zu helfen.»[189] Als dann die «fremde» Flagge über den ehemals deutschen Kolonien wehte, war es für die geknechteten Kolonialvölker die Flagge einer anderen Kolonialmacht, für die deutschen Frauen ein neues (weiteres) Aggressionsobjekt: «Das Straßenbild Windhuks war auch ein anderes geworden», schrieb Frau von Eckenbrecher. «Die weißen Menschen, die da gingen, hatten andere Gesichter, trugen andere Kleidung und Haartracht, sprachen andere Sprachen, über allen öffentlichen Gebäuden wehten andere Flaggen, fremd – fremd. Die Eingeborenen benahmen sich anders, was sie auch heute noch tun. Zur deutschen Zeit gingen sie nicht auf dem Fußweg, sondern an der Seite des Fahrweges und machten höflich Platz. Jetzt latschen sie in Gruppen nebeneinander auf dem Bürgersteig, sind oft recht albern, frech und laut. Wir müssen ihnen Platz machen. Der liebe schwarze Bruder hat Gleichberechtigung. Da balgen sich die schmutzigen Eingeborenenkinder und lümmeln sich an den Straßenecken und kreischen. Man geht um sie herum.»[190]

Doch geben sie sich so schnell nicht geschlagen, suchen jetzt nach Zeugen für die «gerechte» Zeit unter den Deutschen in den Reihen der Versklavten selbst und – fanden welche; hißten die deutsche Fahne gar bei jeder Geburt eines deutschen Kindes und ballten die deutsche Faust – zumindest in der Tasche. Und das so lange, bis sie sie streckten, frei erhoben zum neuen deutschen Gruß.

Kolonialzeit
daheim im Reich

Die Chance für deutsche Dienstmädchen: ein Arbeitsplatz in den Kolonien

Ein großer Teil der deutschen Frauen, die in die Kolonien, besonders nach Südwestafrika, auswanderten, kamen als Hausangestellte. Sie arbeiteten als Kindermädchen oder Stütze der Hausfrau, in Junggesellenhaushalten als Hausgehilfin, Köchin oder Wirtschafterin oder im Hotelgewerbe. Nicht selten heirateten sie ihren Dienstherrn, ja, vielen scheint eine Heirat in den deutschen Kolonien, wo weiße Frauen selten waren, mit ein entscheidender Anreiz gewesen zu sein, sich «in Stellung» in die Kolonialgebiete zu begeben. Ob mit nachfolgender Heirat oder nicht, alles war besser als das Los, dem sie in der Heimat entflohen waren.

Es waren hauptsächlich die Töchter von Handwerkern, Arbeitern, kleinen Landwirten, oft verwaiste, die wegen ihrer schlechten Schulbildung und der großen materiellen Not im Elternhaus in die deutschen Städte zogen, um dort eine Dienstbotenstelle anzutreten. 60000 von ihnen gab es Berufszählungen zufolge in den Jahren 1895 und 1907 allein in der Reichshauptstadt Berlin und dort natürlich hauptsächlich in den besseren Stadtteilen.

«Im Thiergartenviertel trifft man in über der Hälfte der Haushaltungen Dienstmädchen, in dem Arbeiterviertel der Louisenstadt nur in dem zwanzigsten Theile», schrieb im August 1898 die sozialdemokratische Frauenzeitung *Die Gleichheit*. Ihr Dienstverhältnis war meist ein absolutes Abhängigkeitsverhältnis von der «Herrschaft». Ihre Arbeitszeit war bis 1918 zeitlich nicht begrenzt, sie betrug rechtlich gesehen 24 Stunden täglich. Sie mußten sich also auch in «Pausen» ständig bereithalten zu arbeiten. Noch galt die Gesindeordnung, die von den Dienstboten absolute Loyalität verlangte und sie einem faktischen Züchtigungsrecht unterwarf, während der Herrschaft lediglich regelmäßige Lohnzahlungen auferlegt waren. Ihre Unterbringung war meist miserabel, entweder in engen, unbeheizbaren Hängeböden, Dach- oder Kellerkammern in der Herrschaftswohnung oder sie mußten eine Schlafstelle in einer Arbeiterfamilie bezahlen.

Die Arbeit, die sie verrichteten, entlastete die bürgerliche Hausfrau von körperlicher Arbeit. Die Hausfrau sollte allein der gesellschaftlichen Position des Ehemannes entsprechend repräsentieren und Kinder zur Welt bringen. Dienstboten waren also notwendiges Statussymbol einer patriarchalischen Familienform, in der die Ehefrau dem Hausherrn derart untergeordnet war, wie es bis dahin nie zuvor in der Geschichte der Familie in diesem geographischen Raum der Fall gewesen war. Dienstmädchen waren allerdings nicht nur der Hausfrau ausgeliefert, sondern auch den Launen und Wünschen der männlichen «Herrschaft». Diese schlossen in vielen Fällen auch sexuelle Dienste ein.

Im Jahre 1911 veröffentlichte der Hautarzt E. Meirowsky im Auftrag der «Deutschen Gesellschaft zur Bekämpfung der Geschlechtskrankheiten» eine Untersuchung zum Sexualleben von Breslauer Studenten. Auf die Frage «Mit wem wurde der erste geschlechtliche Verkehr ausgeführt?» wurden 101 brauchbare Antworten abgegeben und ausgewertet.

Von 101 Studenten haben zum erstenmal verkehrt [191]:
im Bordell
mit Prostituierten   <u>26</u> also 41 = 40,1 Prozent mit «öffentlichen» Prostituierten
mit Dienstmädchen   27
mit Geschäftsmädchen   21
mit Kellnerinnen   <u>7</u> also in 55 Fällen = 53,9 Prozent mit Vertreterinnen der «heimlichen» Prostitution
mit ihrem Verhältnis   2
mit besseren Bürgermädchen   1
mit der Wirtin   1
mit der Cousine   1

Es zählten also Dienstmädchen, Verkäuferinnen und Kellnerinnen zu den «heimlichen Prostituierten» in der besseren Gesellschaft. Die Berichte der Studenten geben freimütig Auskunft darüber, wie sie die Dienstmädchen mißbrauchten. Der eine gesteht: «Unser Dienstmädchen war gerade beim Plätten ... Erst eine Woche später gelang der erste Koitus. Das ging so bis zur Entlassung des Mädchens.» Ein anderer: «In einer Pension von vier Pennälern wurde das Dienstmädchen von allen vier Pensionären gebraucht. Das Mädchen wurde erst um den Tisch herumgejagt, und wer sie zuerst erwischte, vollzog dann in Gegenwart der andren mit Seelenruhe, was sonst Ehemänner tun ... Die Hälfte der oberen Klassen verkehrten geschlechtlich. Meistens waren es Dienstmädchen, deren Verkehr gesucht wurde.»[192]

Das *Centralblatt des Bundes Deutscher Frauenvereine* veröffentlichte am 1. Oktober 1908 eine von Anna Pappritz zusammengestellte Umfrage «zur Lage der unehelichen Mütter und Kinder». Danach stellten Dienstmädchen «das größte Kontingent zur unehelichen Mutterschaft». In Zahlen sah das so aus: in Breslau waren von 370 unehelichen Müttern genau 111 Dienstmädchen, in Berlin 601 von 1160, in Dortmund 115 von 249, in Essen 138 von 245, in Stuttgart 88 von 196, in Wiesbaden 30 von 48 usw. Die Väter, so führte die Studie aus, gehörten fast immer einer «im Verhältnis zu dem verführten Mädchen höheren sozialen Schicht» an, selten jedoch den «wirklich gebildeten Ständen». Oft kamen solche Verbindungen unter Heiratsversprechungen zustande, die dann nicht eingehalten wurden oder nicht eingehalten werden konnten, da etwa die Hälfte aller betreffenden Väter bereits verheiratet war. Uneheliche Kinder mußten am Arbeitsplatz aber meistens verschwiegen werden. Dies zwang die oft noch sehr jungen Mütter, fast ihren gesamten Lohn für eine Pflegestelle für das Kind auszugeben. Die Sterblichkeit unter diesen Kindern war besonders hoch. Da eine uneheliche Mutterschaft rechtlich und faktisch zur Entlassung führte, blieb vielen dann kein anderer Ausweg als die Prostitution. So war der Anteil von ehemaligen Dienstmädchen an den Prostituierten besonders hoch. In Berlin betrug er im Jahre 1900 rund 60 Prozent.

Ihre rechtlose Lage, das harte, isolierte Arbeitsleben, die persönliche Abhängigkeit motivierten viele Dienstmädchen, eine Veränderung ihres Berufs- und Lebensstandes anzustreben. So wechselten viele von ihnen den Arbeitsplatz im Haushalt mit dem einer ungelernten Arbeiterin in der Fabrik, oder sie erhofften, ihre Lage durch eine Heirat zu verbessern. In der Ehe allerdings mußten sie die gleichen Arbeiten verrichten, Mann und Kindern ebenfalls 24 Stunden zur Verfügung stehen, der Logik der gesellschaftlichen Verhältnisse entsprechend – diesmal ganz ohne Lohn. Die meisten von ihnen mußten darüber hinaus als «Zuverdienst» noch zusätzlich eine Lohnarbeit annehmen, meist Heim- oder Fabrikarbeit.

Als die Dienstboten anfingen, «Volksversammlungen» abzuhalten und sich zu organisieren, reagierten manche Hausfrauen darauf, indem sie begannen, zur Entlassung und Nichteinstellung von organisierten Dienstboten aufzurufen. Unter derartigen Umständen mußte jenen, die davon erfuhren, die Möglichkeit, als Dienstmädchen in die Kolonien zu gehen, als die Chance ihres Lebens erschienen sein. Nicht nur lag der Verdienst von Hausangestellten an den kolonialen Arbeitsplätzen vor allem in der späteren Phase in der Regel über dem zu Hause. Es lockten außerdem eine ganz oder teilweise bezahlte Schiffsreise in ein exotisches Land und die Aussicht, als Weiße selbst in einer untergeordneten Position zur Herrschaftsschicht zu zählen.

Dienstmädchen im Deutschland jener Tage zu sein, lief darauf hinaus, rechtlos, schamlos ausgebeutet, diskriminiert zu sein. Dienstmädchen in den Kolonien zu sein aber bot bei aller Unterordnung unter die «Herrschaft» eine bei ähnlichem Charakter der Arbeit wie zu Hause zumindest wesentlich bessere soziale Stellung. Die schmutzigsten Arbeiten im kolonialen Haushalt mußten nicht die Deutschen, sondern die Einheimischen verrichten. Und jene waren es auch, die zu Ausführenden der Befehle von Frauen wurden, die doch selber nur Befehlsempfängerinnen waren. Doch ermöglichten besonders Junggesellenhaushalte den Wirtschafterinnen von vornherein selbständigeres Arbeiten und damit auch eine größere Verfügungsgewalt über das einheimische Personal.

Am 11. März 1899 wurde im deutschen Reichstag ein Antrag auf Beihilfe zur Ansiedlung von deutschen Mädchen in den Kolonien in Höhe von 25000 Mark diskutiert – und abgelehnt. Die Vertragsbedingungen der Kolonialgesellschaft wurden damals selbst von den rechten Abgeordneten als zu unzureichend abgelehnt. Hauptkritikpunkte waren: zu niedriger Lohn, verwaschene Vertragsformulierungen, keine Rückreisegarantien, zu viele Rechte für die Dienstherren. Aber nur einer der Anwesenden, der bürgerliche Abgeordnete Dr. Müller (Sagan), nannte das Kind auch bei seinem richtigen Namen, als er von der «Verschmelzung züchterischer und erwerblicher Interessen» und von der Einführung «weißer Sklaverei» sprach.[193]

Trotzdem: Der Ansturm bei den Arbeitsplatzvermittlungsstellen für Hausangestellte der «Deutschen Kolonialgesellschaft» und des «Frauenbundes der Deutschen Kolonialgesellschaft» war groß – oft bis zu fünfzig Bewerberinnen täglich –, die Auswahl streng, die Anzahl der Vermittelten jedoch blieb relativ klein. Diese kleine Gruppe aber war wichtig. Es waren unverheiratete Frauen und damit potentielle Ehefrauen für die vielen Junggesellen in den Kolonien, und es waren weiße deutsche Frauen. Sie waren so in jedem Fall Teil der kolonialen Strategie von Herrschaftssicherung – ein Hauch von Lebensborn.

Im übrigen verbesserten sich namentlich unter der Betreuung des «Frauenbundes der Deutschen Kolonialgesellschaft» die Bedingungen für die Mädchen, was den Kolonialstellen sicher zu weiterer Popularität verhalf. Die in der deutschen Heimat weitgehend rechtlosen, diskriminierten Frauen konnten also durch eine Auswanderung in die Kolonien sozial aufsteigen. Das war jedoch nur möglich, weil es dort wiederum Massen von gedemütigten, ausgebeuteten und kolonialisierten Frauen und Männern gab.

Frauen propagieren den «kolonialen Gedanken»

Zum Abschied
für eine ins Ausland gehende Braut

Du gehst nicht fort, wie manche Freundin ging
Die sich aus Mutters Arm an den des Gatten hing;
Die tauschten ja einander nur im Haus.
Du willst gar weit mit deinem Gatten wandern,
Weit aus den Grenzen unsres Heimverbands
Und unsres engen deutschen Vaterlands.
Erst heut, da du dies Vaterland verläßt,
Steht dir sein Wert in deinem Herzen fest.
Das «Deutschland, Deutschland über alles» singt
Man ja so oft, wenn Festesfeier klingt.
Den wahren Sinn jedoch erhält dies Lied erst jetzt,
Wo du fürs Deutschtum draußen selbst dich eingesetzt
Man sagt von uns, wir spähen nicht hinaus,
Wir deutsche Frau'n säh'n nur das eigne Haus.
Mit nichten! Treue Arbeit, die die Männer ehrte,
Stets eine deutsche Frau die deutschen Söhne lehrte.
So prüf dein Tun und Lassen du genau,
Sie seh'n auf dich als auf die deutsche Frau!
Wohl, andre Sprachen haben süßern Klang;
Wie sind sie stolz im Ruhm, wie weich im Liebgesang
Und solche Sprache wirst fortan du hören.
Es ist nicht deutsch, dies Schmeicheln und Betören,
Drum sag' ich dir mein letztes Wort ganz schlicht,
So wie ich denk': Vergiß die Heimat nicht!

Gertrud Ludewig[194]

Kolonie und Heimat nannten sie ihr Sprachrohr, die Frauen des «Frauenbundes der Deutschen Kolonialgesellschaft». Gegründet wurde der Frauenbund 1908 von Adda von Liliencron und anderen «Kolonialfreundinnen». Ihre vordringlichste Aufgabe sahen die Frauen dieses Bundes darin, den Kontakt zwischen Heimat und Kolonien zu festigen mit dem erklärten Ziel, «deutschem Familiengeist und deutscher Art und Sitte eine sichere Pflanz- und Pflegestätte zu bereiten und zu erhalten»[195]. Dazu gehörten im einzelnen in den Kolonien die Sorge um und die Pflege von Wöchnerinnen, Erziehung der Jugend in Kindergärten und Freizeitheimen, die Einrichtung von Bibliotheken, einem Zeitschriften-Versand und deutschen Lesezirkeln, ferner die Unterstützung von Witwen und Waisen. In der Heimat stand die Verbreitung des «kolonialen Gedankens» im Vordergrund durch Werbevorträge, Ausstellungen, Lichtbildervorträge und Sammelaktionen zur Finanzierung des Bundes sowie die Stellenvermittlung, Beratung und Hilfe für auswanderungswillige deutsche Frauen, Bräute, Dienstmädchen, Lehrerinnen usw.

Bereits im April 1888 war ein anderer kolonialer Verein für Frauen gegründet worden, der «Deutsche Frauenverein für Krankenpflege in den Kolonien», der 1909 umgetauft wurde in «Deutscher Frauenverein vom Roten Kreuz für die Kolonien». Die darin organisierten Frauen hatten sich «die Entsendung von Schwestern zur Pflege der Verwundeten und Kranken sowie ganz allgemein die Wohlfahrts- und Gesundheitspflege in unseren Kolonien»[196] zur Aufgabe gestellt – für die weiße Bevölkerung in erster Linie, versteht sich. An der Spitze des Vereins stand zunächst seine Mitbegründerin, die Gräfin Martha Pfeil, danach die Gräfin von Monts, gefolgt von «Frau Staatssekretär» von Stephan.

Beide Vereine, der «Frauenbund der Deutschen Kolonialgesellschaft» und der «Deutsche Frauenverein vom Roten Kreuz für die Kolonien», arbeiteten einträchtig zusammen. 1912 organisierten sie im Rahmen der in den Ausstellungshallen des Zoologischen Gartens in Berlin veranstalteten Ausstellung «Die Frau in Haus und Beruf» einen eigenen Teil «Die Frau in den Kolonien». In der *Kolonie und Heimat* wurde über beider Aktivitäten berichtet und sogar zeitweilig die Verschmelzung beider Vereine diskutiert. Darüber hinaus schilderte die *Kolonie und Heimat* Heldentaten deutscher Farmersfrauen in den Kolonien, Hausfrauenalltag und Reiseerlebnisse; informierte über Ausbildungsmöglichkeiten in den kolonialen Frauenschulen Witzenhausen, Carthaus, Bad Weilbach oder der Lehrfarm von Frau von Falkenhausen in Brakwater/Südwestafrika; lobte die Aktivitäten des Frauenbundes in der Heimat, seine Veranstaltungen, Spendensammlungen oder gesellschaftlichen Ereignisse wie den «Fünf-Uhr-Tee» im Nobel-Hotel «Adlon» in Berlin; warnte «deutsche Eltern und Erzieher» vor einem Briefwechsel zwischen einheimischen und deutschen Jugendlichen, veröffentlichte Statistiken über die zahlenmäßige Entwicklung der weißen Bevölkerung in den Kolonien und warb so mit jeder Silbe für den «kolonialen Gedanken».

Die Frauen, die sich um die kolonialen Frauenvereine und für die Verbreitung von Kolonialpropaganda besonders engagierten, entstammten fast durchwegs «besseren Kreisen». In allen Teilen des Deutschen Reiches gründeten sie «Abteilungen» von Berlin bis München, von Stettin bis Saarbrücken, aber auch in kleineren Städten wie Pforzheim, Hameln, Northeim, Witten, Glogau, Naumburg oder Lübeck. Wie die Vereinsarbeit aussah, illustriert die folgende Notiz: «Am Nachmittag des 22. Januar gab die Abteilung Regensburg einen von der Vorsitzenden, Frau Oberst Wenniger, vortrefflich organisierten Empfangstee. Das 11. Infanterie-Regiment hatte dem Verein in liebenswürdigster Weise seine festlich geschmückten Kasino-Räume zur Verfügung gestellt und die Ehrenvorsitzende, Ihre K. K. Hoheit Frau Fürstin Turn und Taxis bestätigte durch ihr Erscheinen ihr reges Interesse an der Vereinsarbeit und gab durch ihre Anwesenheit der Veranstaltung ein festliches Gepräge. Die erste Stunde des Nachmittags war einem Vortrag von Fräulein Maria Karow gewidmet, der wirkungsvoll durch instruktive Lichtbilder unterstützt wurde. Die bekannte Verfasserin des Buches ‹*Wo sonst der Fuß des Kriegers trat*› schilderte in fesselnder Darstellung eigene Eindrücke und Erlebnisse aus dem südwestafrikanischen Farmerleben nach dem Kriege und die Gefahren, die dem Deutschtum in den Kolonien drohen, und hob hervor, wie dringend der Ruf an jede deutsche Frau ergehe, eingedenk ihrer nationalen Pflicht, mit dem Frauenbund der Deutschen Kolonialgesellschaft an der Gründung deutscher Heimstätten in den Kolonien zu arbeiten. Der Vortrag fand begeisterte Aufnahme. Danach reichten junge Damen Tee und Gebäck und Fräulein Karow benutzte die angeregte Stimmung, um der Abteilung 10 neue Mitglieder zu gewinnen. Von der erzielten Einnahme gedenkt die Abteilung dem Jugendheim in Lüderitzbucht eine Gabe zuzuwenden.»[197]

Die meisten der in der Kolonialbewegung führenden Frauen gehörten solchen Familien an, die ein direktes Interesse mit dem Erwerb und Erhalt von deutschen Kolonien verband: traditionsreiche Soldaten-, Unternehmer- oder Beamtenfamilien. Adda Freifrau von Liliencron, die Mitbegründerin des kolonialen Frauenbundes, war 1844 als Tochter des Generals der Infanterie Karl von Wrangel und der Freifrau Adelheid von Strantz geboren worden, heiratete 1864 den Leutnant Karl von Liliencron und wurde Soldatenmutter nicht nur für ihre eigenen Söhne, sondern «für Hunderte und Tausende deutscher Krieger, vor allem für unsere braven Schutztruppler aus dem südwestafrikanischen Kriege», wie die *Deutsche Kolonialzeitung* in einem Nachruf von ihr sagte.[198] Sie war außerdem Vorsitzende des kolonialen Frauenbundes und vor allem eine eifrige Verfasserin glühender, verherrlichender kolonialer Kriegsliteratur. Ihr Repertoire reichte von reaktionären Romanen bis zu Theaterstücken und zur Veröffentlichung ihrer Korrespondenz mit Soldaten und Offizieren der «Schutztruppe» in der Kolonie Südwestafrika. ‹Wir waren unser vier› ist die rührselige Geschichte von adeligen Offiziersfreunden und ihren «klar denkenden deutschen Mädchen», die in «Südwest» als «Freiwillige» kämpften, verbunden durch «Kameradschaft bis in den Tod». Die Heldenbraut des Kolonialschutztrupplers belehrt sie mit Worten, die nur wenige Jahre später noch Millionen von Frauen in tausend Variationen hören sollten: «Wer sich einem Helden anverlobt, der muß auch des Helden würdig sein und mit ihm Lorbeer und Grabzypressen teilen können ... der Trennungsschmerz mag wohl wie ein Schwert durch das junge Herz gehen, aber ein deutsches Mädchen muß auch unter Tränen danken können, solch einem Manne das Liebste auf der Welt gewesen zu sein ...»[199]

Adda von Liliencron appellierte an Deutschlands Frauen, für die Helden der Front im Kolonialkrieg zu stricken: Tuch, Puls- und Nasenwärmer vor allem, weil es in «Südwest» empfindlich kalt sein konnte. Sie sammelte Geld- und Sachspenden und sorgte mit ihren Briefen und Paketen für gute Moral bei der Truppe. Die ‹Reiterbriefe aus Süd-West› beinhalten viele begeisterte Dankesschreiben an ihre Adresse. Sie schildern auch, wie beispielsweise der sonntägliche Speisezettel des Unteroffiziers L. aussah: «Morgenkaffee: Kaffee mit Zucker und Butterbrot; Mittag: Schweinebraten in Dosen, Maccaroni und Preißelbeeren, dazu ein Gläschen Rotwein; Abendbrot: Tee, Butter, Brot, Eier. Dazu gab es mittags und abends je 1 Zigarre. Die Pferde bekamen 8 Pfund Hafer pro Tag.»[200] Und das in jenem Krieg, in dem das Volk der Herero ausgerottet wurde und zu Tausenden in der Wüste elend verhungerte und verdurstete. Keine Frage, daß jeder Hinweis darauf in von Liliencrons Büchern fehlte. Von den Frauen im Frauenbund aber wurde sie zur «Freifrau von Afrika» hochstilisiert und das Gedächtnis an sie durch eine «Adda-von-Liliencron-Stiftung» hochgehalten.

Einer anderen alten Soldatenfamilie entstammte Frieda von Bülow, die 1887 mit ihrem Bruder Albrecht, einem Offizier der deutschen Ostafrikatruppe, nach Ostafrika ging, um dort die ersten Pflegestationen einzurichten. Im nächsten Jahr wegen Erkrankung an Klimafieber nach Berlin zurückgekehrt, begann sie ihre schriftstellerische Tätigkeit. Sie schrieb für die Zeitung *Die Frau*, herausgegeben von Helene Lange und Gertrud Bäumer, eine Artikelserie über das Leben deutscher Hausfrauen in der Kolonie Deutsch-Ostafrika und später eine Biographie des berüchtigten Carl Peters, den sie in Ostafrika persönlich kennengelernt hatte und den sie offensichtlich sehr verehrte. Frieda von Bülow, die den «Deutschen Frauenverein für Krankenpflege in den Kolonien» mitbegründet hatte, reiste 1893

Frieda von Bülow, die zur Zeit Dr. Karl Peters' die ersten Krankenstationen in Ostafrika errichtete, bereitet sich auf die Afrikafahrt vor und nimmt Schießunterricht.

abermals ins deutschkoloniale Ostafrika und verwaltete dort den von ihrem Bruder hinterlassenen Landbesitz.

Hedwig Heyl dagegen stammte aus Unternehmerkreisen. Sie war die älteste Tochter des Direktors und Mitbegründers des «Norddeutschen Lloyd», Eduard Crüsemann. Sie heiratete standesgemäß den Fabrikbesitzer und Kommerzienrat Georg Friedrich Heyl und ließ in dessen Fabrik eine Badeanstalt, ein Jugendheim für Fabrikarbeiterkinder und eine Kantine für die Arbeiterinnen und Arbeiter errichten. Diese Aktivitäten trugen ihr den Titel einer «Philanthropin», einer Menschenfreundin, ein. Sie war auch in anderen Bereichen sehr aktiv. 1884 gründete sie im «Pestalozzi-Fröbelhaus» des «Berliner Vereins für Volkserziehung» die erste systematische Koch- und Haushaltungsschule und im Jahre 1890 die erste Gartenbauschule für Frauen. Sie übernahm auch die selbständige Leitung der väterlichen Fabrik und wurde später Vorsitzende des Aufsichtsrats der Aktiengesellschaft Gebrüder Heyl & Co., die Geschäftsverbindungen pflegte mit Argentinien, Chile, Bolivien, Uruguay, Brasilien, Honduras, Mexiko, Nordamerika, Afrika, England und Belgien. Hedwig Heyl war außerdem 1904 Vorsitzende des Lokalkomitees des «Internationalen Frauenkongresses», 1909 der «Internationalen Volkskunstausstellung» und 1912 der Ausstellung «Die Frau in Haus und Beruf». Sie war Vorstandsmitglied des «Nationalen Frauendienstes», der während des Weltkrieges von 1914 bis 1918 Frauen zu kriegswichtigen nationalen Diensten organisierte, und 1919 wurde sie Stadtverordnete von Charlottenburg als Mitglied der «Deutschnationalen Volkspartei». Für Hedwig Heyl gehörte der Vorsitz im «Frauenbund der Deutschen Kolonialgesellschaft» gewissermaßen zur Imagepflege einer internationalen Unternehmerpersönlichkeit.

Aus Weimar stammte Gräfin Anna von Zech. Mit ihrem Ehemann, einem «stellvertretenden Generaldirektor», reiste sie nach Ceylon und in die beiden deutschen Kolonien Neuguinea und Ostafrika. Nach dem Tod ihres Mannes in Ostafrika leitete sie als Vorsteherin die Deutsche Kolonialfrauenschule in Witzenhausen und schrieb öfter Artikel für die *Kolonie und Heimat*. Ada Adeline Schnee, geborene Woodhill, aus Neuseeland, wurde Deutsche erst durch ihre Heirat mit Heinrich Schnee, dem ehemaligen Gouverneur der deutschen Kolonie Ostafrika. Ada Schnee veröffentlichte 1919 ein Buch über ihre Erinnerungen an «Deutsch-Ostafrika». Sie wurde mit dem «Luisen-Orden» ausgezeichnet für ihr «hervorragendes Wirken auf dem Gebiete des Kolonial- und Auslandsdeutschtums».

Ebenfalls zu hohen Ehren brachte es Hedwig von Bredow, die sich 1919 an der Betreuung der aus englischer Kriegsgefangenschaft heimkehrenden deutschen «Schutztruppler» aus Ostafrika in der Schweiz und in Rotterdam beteiligt hatte und dafür mit Verdienstkreuz und «Denkmünze der schweizerischen Regierung für Gefangenenfürsorge» ausgezeichnet wurde. Sie war Vorsitzende des «Frauenbundes der Deutschen Kolonialgesellschaft» von 1920 bis zu ihrem Tod im Jahre 1932 in Südwestafrika. Neben den Aktivitäten, die in direktem Zusammenhang mit den Kolonien standen, erwiesen auch andere Frauen dem «kolonialen Gedanken» alle Ehre und sorgten für die Verbreitung kolonialer Ideen. Frauen waren auch an der immensen Flut von Abenteurer- und anderer trivialer Kolonialliteratur beteiligt.

Hanna Christaller, Missionarstochter aus Darmstadt, verheiratet mit dem Koloniallehrer Köbele, mit dem sie einige Jahre bis zu dessen Tod in Togo verbrachte, veröffentlichte im Jahre 1904 die melodramatische Kolonialnovelle ‹*Alfreds Frauen*›. Die Geschichte: Eine Braut auf dem Weg zum Bräutigam in den Kolonien trifft auf dem Schiff einen Professor, der sie «beschützt». Das Schiff strandet. Die Heldin Lucia entdeckt, daß Alfred, der Bräutigam, eine schwarze Geliebte und ein Kind mit ihr hat. Lucia wird krank, Alfred erschießt sich; Lucia stirbt am Fieber, der Professor fährt traurig wieder nach Deutschland zurück.

Von anderen «Herrenmenschen» und schwarz-weißen Beziehungen ist in Lene Haases Roman ‹*Raggys Fahrt nach Südwest*› von 1910 die Rede. «Schwere Zeiten» beschreibt Elise Bake in ihrem Buch ‹*Schicksale eines deutschen Mädchens in Südwestafrika*›. Bücher, die den vorher genannten in nichts nachstehen, was die Klischees über

Afrikaner, das reaktionäre Frauenbild und die besondere Mischung aus abenteuerlustigen, tapferen und treuen Kolonialheldinnen angeht. Ein über 300 Seiten starkes Sachbuch von Leonore Nießen-Deiters mit vielen Informationen, Berichten und Adressen erschien 1913 und beschäftigte sich mit deutschen Frauen im Ausland und in den deutschen Kolonien. «Ob aber die Kolonien nicht nur dem Besitz, sondern auch dem Charakter nach deutsch werden, das hängt zum großen Teil von einem bestimmten Faktor ab: vom Interesse der deutschen Frau für und von der Einwanderung deutscher weisser Frauen in die Kolonien», schrieb Nießen-Deiters und rief alle Frauen auf, «mit vollem Pflichtgefühl» die Interessen der Nation wahrzunehmen – gemäß einem Motto der Engländer, das ihr besonders imponierte: «*Right or wrong – my country.*»[201]

Dieser Ruf verhallte nicht ungehört. Auch als die Kolonien längst verloren waren, betrieben Frauen weiterhin Kolonialpropaganda. Der «Frauenbund der Deutschen Kolonialgesellschaft» arbeitete weiter, und ab 1925 erreichte die Zahl der Mitgliederinnen und Mitglieder neue Höhepunkte: im April 1932 waren es 23000 gegenüber 18791 im ersten Kriegsjahr 1914. Selbst der Machtantritt der Nationalsozialisten brachte für den kolonialen Frauenbund keine größere Veränderung. Im Gegenteil, der Übergang vollzog sich nahtlos. In seinem Jahresbericht 1933/34 stellte der Bund dazu fest: «Eine grundlegende Umstellung unserer Arbeit war nicht erforderlich.» Er konstatierte aber erfreut, daß der Bund für seine Aufgabe 1933/34 «ein viel größeres Verständnis in Deutschland gefunden [hat] als jemals zuvor». Und wie kam das? «Das verdanken wir einzig unserm Führer Adolf Hitler, der unserm Volk die Augen geöffnet hat über den Begriff der Volksgemeinschaft, die alle bewußt deutschen Menschen umfaßt, auch unsere Landsleute jenseits der Grenzen des deutschen Reiches ...»[202] Der «Frauenbund der Deutschen Kolonialgesellschaft» wurde dem nationalsozialistischen «Reichskolonialbund» angeschlossen, dessen Bundesführer war Franz Ritter von Epp*. Die Vorsitzende des kolonialen Frauenbundes, Agnes von Boemcken, arbeitete ab 1937 weiter als Herausgeberin der nun neuen kolonialen Frauenzeitschrift *Die Frau und die Kolonien*.

---

* Siehe Seite 36f.

Rassismus und Frauenverachtung im Deutschen Reichstag

Splitter aus den Kolonialdebatten bis 1918

«... Daß ein Beamter unmöglich das Recht haben kann, weibliche Gefangene, die er in seiner Gewalt hat, ganz nach Belieben, nach seinem Vergnügen für sich zu gebrauchen, das ist doch selbstverständlich. Da hörte ja alles auf, wenn es zugelassen werden sollte; da wären wir ja viel schlimmer als die Afrikaner selbst ...» [Sehr richtig! bei den Sozialdemokraten.]

August Bebel
Sozialdemokratische Partei
Drechslermeister und Politiker;
MdR* 1871–1913
Freitag, 13. März 1896

* MdR = Mitglied des Reichstags.

Diese kleine Dokumentation wurde zusammengestellt nach den Stenographischen Berichten des Deutschen Reichstags. Sie soll für sich alleine sprechen – ohne erklärendes Beiwerk. Als Anmerkung sei lediglich vorausgeschickt, daß es bis 1918 keine Frauen im Deutschen Reichstag gab und daß das (katholische) Zentrum sowie die Sozialdemokratie in der heutigen Literatur zur deutschen Kolonialgeschichte meist als «Kritiker» an «Verschwendungen und Mißbräuchen in den Kolonien» benannt werden. Ihnen gilt deshalb das besondere Augenmerk.

Wilhelm Lattmann; Deutschsoziale Wirtschaftliche Vereinigung
(später Deutschnationale Volkspartei)
Amtsrichter; MdR 1903–1912
Freitag, 23. März 1906:
«... Vor kurzem haben auf den Gymnasien in Kiel und Hamburg Kinder eines Weißen und einer Hottentottenfrau ihr Einjährigenexamen abgelegt und dienen als Unteroffiziere in der Schutztruppe und werden unter Umständen Reserveoffiziere. Daran haben sich die Farmer von dem Standpunkt der weißen Rasse aus mit vollem Recht gestoßen ...»

Donnerstag, 3. Februar 1910:
«... Zu welchen Würdelosigkeiten wir durch mangelndes Rassenbewußtsein hier in Deutschland kommen, zeigt folgende Notiz, die in diesem Herbste durch die gesamte Presse ging:

Erwachsene deutsche Mädchen aus besseren Ständen scheuen sich nicht, unter dem Vorwande des Briefsammelns mit Negern in Togo in brieflichen Verkehr zu treten. Aus den Stilproben aufgefangener Briefe ergibt sich, daß dieser Verkehr in ungesunde Schwärmerei ausartet. Sie reden die Schwarzen mit: ‹Lieber Freund› an, schicken ihre Photographien, und eine aus Sachsen macht sogar einem Schwarzen einen Heiratsantrag. Es scheint sich nach der Zahl der aufgefangenen Briefe um einen weitverbreiteten Unfug zu handeln, würdig der beschämenden Erinnerung der Kolonialausstellung von 1896, wo weiße Frauen und Mädchen den Negern nachliefen und sich ihnen anboten.

Meiner Ansicht nach mußte die ganze deutsche Presse solches rasseverräterische Benehmen brandmarken ...» [Sehr richtig! rechts.]

Dr. Carl Julius Braband; Deutsche Fortschrittliche Volkspartei
Dr. jur. Rechtsanwalt; MdR 1912–1914
Dienstag, 7. Mai 1912:
«... Meine Herren, auch wir, die wir nicht von dem Boden einer kirchlichen Ehe aus sprechen wollen, sondern nur von dem Boden einer bürgerlichen Ehe aus, müssen doch anerkennen, daß eine solche

nicht etwa nur in einer lebenslänglichen Geschlechtsgemeinschaft bestehen, sondern die volle Lebensgemeinschaft zwischen Mann und Frau bedeuten soll. In solchen Fällen nun, wo der farbige Teil die Bedeutung einer solchen ‹Lebensgemeinschaft› nach seiner ganzen Vorbildung nicht zu erfassen vermag, würde man ihn, wenn man ihm das Recht zur Eingehung einer solchen Ehe zubilligen will, nicht mit dem Europäer gleichstellen, sondern ihn anders stellen als den Europäer, indem man ihm unter leichteren Bedingungen ein solches Recht zugänglich macht. Das halte ich nicht für wünschenswert im Interesse der ganzen Entwicklung unserer Schutzgebiete ...»

Freiherr von Richthofen; Nationalliberale Partei (später: Deutsche Demokratische Partei)
Legationsrat; MdR 1912–1918
Dienstag, 7. Mai 1912:
«... Wenn wir gestatten, daß ein Deutscher oder ein Weißer eine Negerin heiraten kann in den Kolonien, so können wir billigerweise auch nicht verhindern, wenn zum Schluß einmal auch ein Neger eine Weiße heiratet. Der Herr Abgeordnete Gröber hat bereits mit Recht darauf hingewiesen, daß es für unsere deutschen Frauen ein nicht ganz leichter Entschluß sei, nach den Kolonien zu gehen. Andererseits aber brauchen wir unbedingt die deutschen Frauen dort drüben. Wenn unsere Deutschen in den Kolonien Kulturträger sein und bleiben sollen, dann brauchen wir auch unbedingt die deutschen Frauen da drüben, und für die deutschen Frauen brauchen wir dasjenige Maß von Achtung, ohne das sie als Kulturträgerinnen nicht wirken können, und dazu gehört das Verbot der Mischehen. Denn wenn der Neger einmal auf den Gedanken kommt, daß die weiße Rasse der seinen gleichgestellt sei, so schwindet der Respekt vor der deutschen Frau, wie wir es ja in den Vereinigten Staaten gesehen haben; das führt bei dieser schwarzen Rasse häufig zu Verbrechen, und das schadet in erster Linie mit dem Ansehen der deutschen Frau in den Kolonien, und es wird die Folge sein, daß die deutschen Frauen noch schwerer werden zu bewegen sein, in die deutschen Kolonien zu gehen, als es bereits jetzt der Fall ist ...»

Mittwoch, 8. Mai 1912:
«... Herr Erzberger hat dem von mir und Herrn Braband eingebrachten Antrag vorgeworfen, er bezwecke eigentlich gar nichts. Er bezweckt aber manches und zwar vor allem den Kampf gegen das Konkubinat. Wir sind der Ansicht, daß in dieser Frage das Rechtsverhältnis, wie es durch den Geschlechtsverkehr zwischen Weißen und Schwarzen sich ergeben hat, geordnet werden muß, daß gesorgt werden muß für die unehelichen Kinder, auch für die Negerfrauen während ihrer Schwangerschaft und dergleichen mehr, damit wir das Zu-

sammenleben zwischen Deutschen und Eingeborenen, überhaupt den Geschlechtsverkehr zwischen denselben, so viel als möglich erschweren. Das bezweckt der Antrag in erster Linie, und er erkennt durchaus an, daß hier Verhältnisse vorliegen, die unbedingt gebessert werden müssen.

Von diesem Gesichtspunkte aus müssen wir natürlich dahin streben, möglichst verheiratete Beamten nach den Kolonien zu senden, und ich bin der Ansicht, daß wir sämtliche Baulichkeiten, Zuschüsse usw. so einrichten müssen, daß dieselben für Verheiratete ausreichen. Aber gerade, um der deutschen Frau es zu erleichtern, ihr den Gedanken angenehmer zu machen, nach den Kolonien hinauszugehen, gerade dazu brauchen wir eine scharfe Trennung, das Moment, daß der Neger es überhaupt nicht wagt, zu der deutschen Frau mit solchen Gedanken hinzusehen, mit einem Wort, daß sie überhaupt für ihn nicht erreichbar ist...» [Oho! bei den Sozialdemokraten.]

Georg Ledebour; Sozialdemokratische Partei
(später: Unabhängige Sozialdemokratische Partei)
Politiker, 1933 Emigration; MdR 1900–1924
Freitag, 16. März 1906:
«... Mit Ausnahme weniger Fälle gehen die Europäer fast durchweg unbeweibt hinaus, und das wird selbstverständlich die Folge haben, daß diese Männer in geschlechtlichen Verkehr mit den einheimischen Frauen treten. Das wird von Ihnen als etwas Verwerfliches, als eine Gefahr anerkannt; aber es ist eine Tatsache, die Sie nicht aus der Welt schaffen können, wenn Sie diese Kolonialpolitik treiben.

Es war mir sehr interessant, vor einiger Zeit in einem hiesigen Blatt eine Skizze über Ostafrika zu lesen, wo ein gewisser Herr Karl Hoßfeld seine Anschauungen über diese Verhältnisse zum Ausdruck bringt. Er sagt von einem jungen Deutschen, der nach Ostafrika gekommen ist: Nie hätte er geglaubt, jemals mit Suahelimädchen in nähere Beziehungen zu treten. Nun hat auch er es so gemacht wie alle seine Landsleute – wie alle seine Landsleute! denen die Bibi über so manche langweilige und trübe Stunde in der afrikanischen Einsamkeit hinweghalf. Von Liebe zu solch fremdrassigem Wesen konnte ja, im Grunde genommen, keine Rede sein; wohl aber waren manche Europäer in ihrer Zuneigung zu ihrer afrikanischen Bibi glücklicher, als sie es unter Umständen mit einer weißen Frau gewesen wären.

Ich will über das Urteil, das dieser Mann über das Verhältnis zu den Suahelimädchen abgibt, meinerseits keine Entscheidung fällen. Ich kenne die Verhältnisse nicht aus eigener Anschauung. [Heiterkeit rechts.] Ich führe sie aber wiederum als einen Beweis dafür an, wie Leute, die in den Kolonien gewesen sind, über diese Verhältnisse urteilen, wie sie derartige Beziehungen als ganz natürlich hinstellen, und aus diesen Tatsachen, daß weiße Frauen dort die größte Gefahr laufen, geht hervor, daß man aus diesen Verhältnissen nicht herauskommt...»

Dr. Wilhelm Solf; Wirklicher Geheimer Rat, vormals Gouverneur von Samoa, ab 1911 Staatssekretär des Reichskolonialamtes
Donnerstag, 2. Mai 1912:
«... Meine Herren, ich bitte Sie dringend, sich in dieser Frage von Ihren Instinkten leiten zu lassen, ich bitte Sie dringend, keine sozialpolitischen und dogmatischen Momente in das Problem der Mischehen hineinzutragen. Ich bitte Sie, einfach die nackten Tatsachen auf sich wirken zu lassen. Sie senden Ihre Söhne in die Kolonien: wünschen Sie, daß sie Ihnen schwarze Schwiegertöchter ins Haus bringen? Wünschen Sie, daß sie Ihnen wollhaarige Enkel in die Wiege legen? [Heiterkeit.] Aber noch viel schlimmer: die Deutsche Kolonialgesellschaft gibt jährlich 50000 Mark dafür aus, daß weiße Mädchen nach Südwestafrika geschickt werden. Wollen Sie, daß diese weißen Mädchen mit Hereros, mit Hottentotten und Bastarden zurückkehren als Gatten? Nein, meine Herren, lassen Sie diese Tatsachen auf sich wirken, Ihre Instinkte als Deutsche, als Weiße! Die ganze deutsche Nation wird Ihnen Dank wissen...»

Matthias Erzberger; Zentrumspartei
Politiker, 1921 ermordet; MdR 1903–1921
Mittwoch, 8. Mai 1912:
«Wir wollen keine Vermehrung der Mischlinge haben. Das ist das Ziel ... Ich habe bei allen Rednern einen praktischen Vorschlag vermißt, wie man gegen das Konkubinat vorgehen soll. [Zuruf links: Machen Sie mal einen Vorschlag!] Ich will einen Vorschlag machen. Ich weise hin auf das englische Nationalgefühl, das es jedem Engländer verbietet, sich mit Schwarzen einzulassen. Ich fordere den Herrn Staatssekretär auf, in unserer Kolonialverwaltung auch so vorzugehen, wie man gegen einen englischen Beamten vorgeht, der sich mit der farbigen Bevölkerung einläßt. Das tun Sie aber nicht und ist nicht geschehen. Ein englischer Beamter, der sich mit Angehörigen einer farbigen Rasse abgibt, ist die längste Zeit Beamter im englischen Kolonialdienst gewesen. Noch in den letzten Monaten ist in Kalkutta ein Fall passiert, wo ein englischer hoch angesehener Beamter sich mit einer fein erzogenen Indierin eingelassen hat. Sowie es bekannt wurde, wurde er am anderen Tage in die rauhe Gegend des Himalayagebirges versetzt. Ein solches Verfahren ist wenigstens konsequent. Wo ist aber von unserer Kolonialverwaltung auch nur das Geringste getan worden, um dagegen einzuschreiten? Ich will nicht die dunklen Blät-

ter der früheren Kolonialpolitik wieder aufschlagen. Aber das muß man doch sagen: wenn wir in einzelnen Kolonien mehr Mischlinge als Europäer haben, dann tragen frühere Beamte der Kolonialverwaltung einen erheblichen Teil Schuld daran. Wenn man aber immer unverheiratete Beamte in die Kolonien hinausschickt und ihnen gestattet, daß sie sich offiziell schwarze Konkubinen halten – das ist geschehen in Togo, in Kamerun im Jahre 1905/06, wo feststeht, daß solche Häuser für die einzelnen unverheirateten Beamten gebaut worden sind –, und wenn dann der Reichstag hier die Hände über dem Kopf zusammenschlägt wegen der Zunahme der Mischlingsrasse – ich will den Ausdruck nicht gebrauchen, der mir auf der Zunge liegt –, dann sagen wir immer wieder: schicken Sie doch dann lieber verheiratete Beamte in die Kolonien hinaus. Immer müssen wir in den Etatsvorlagen und in den Rechnungsberichten lesen, daß Wohnräume für unverheiratete Beamte verlangt werden, dann wird noch ein kleiner Schuppen für die schwarzen Konkubinen daneben gebaut; dann klagen Sie noch über die Zunahme der Mischlinge. Greifen Sie doch dann mit rauher Hand zu und entlassen Sie einfach jene Beamte, die sich so weit vergessen, daß sie sich in den Geschlechtsverkehr mit einer Schwarzen einlassen. Das wäre viel wirksamer als das Verbot der Ehe zwischen Schwarzen und Weißen; aber das, was hier vorgeschlagen wird, läßt von vornherein jede Logik vermissen...»

Adolf Gröber; Zentrumspartei
Landgerichtsdirektor, MdR 1887–1918
Dienstag, 7. Mai 1912:
Gröber zitiert aus einer Broschüre des Hauptmanns im Großen Generalstabe Bayer, früher im Generalstabe der «Schutztruppen» in Südwestafrika, die 1905 erschienen ist: «... Es gibt eine ganze Anzahl Deutscher, die im Bastardlande leben, vor allen Dingen auch Schutztruppler, die sich dort bleibend niedergelassen haben. Deutsche Frauen sind im Lande selten. So ergab es sich von selbst, daß es hin und wieder zu Ehen zwischen Weißen und Bastardmädchen kam. Man mag über solche Ehen denken wie man will, sie für die Erhaltung der Rasse schädlich halten, darauf hinweisen, daß bei den Ehen zwischen Weißen und Eingeborenen letzterer meist nicht emporgezogen wird, sondern ersterer – der Weiße – herabsinkt, so verlangt es doch die Gerechtigkeit zu erwähnen, daß die Ehen fast immer glücklich sind. [Hört! hört! links.]

Und das ist auch noch was.

Das meine ich auch. [Heiterkeit.] Wenn man ein solches Kompliment ausspricht, was will man mehr, als daß zwei Menschenkinder, die miteinander in Ehren zusammenleben wollen, sich glücklich fühlen! [Zurufe und Heiterkeit.] In der Broschüre des Hauptmanns Bayer wird weiter gesagt: Acht Schutztruppler sind bis jetzt mit Bastardmädchen verheiratet. Im Jahre 1905!

Sechs dieser Ehen sind nur kirchlich, zwei auch standesamtlich abgeschlossen. Die der Verbindung entsprossenen Kinder werden zumeist nach Deutschland zur Erziehung geschickt. Denen, die mit Recht gegen die Ehen Deutscher mit Bastards sind, muß man aber entgegenhalten, daß die Bastards ebenso wenig früher damit einverstanden waren. Und zwar aus ganz besonderen Gründen, weil sie nämlich gemerkt haben, daß die Weißen auf diesem Wege in den Besitz ihrer Herden gekommen sind. [Sehr gut! links.] Das war für die Bastards nicht angenehm, dagegen haben sie Fürsorge treffen müssen.

Meine Herren, es kommt dann einige Seiten später das Bild eines Bastardmädchens, ‹der Typ eines hübschen Bastardmädchens›, und dazu die Bemerkung:

Sehr segensreich ist der Einfluß der Frauen bei diesen Leuten – den Bastards –, deren Stellung im Haushalt ihnen eine entscheidende Rolle im Familienleben anweist. Dazu kommt, daß die Bastardmädchen mit Recht den Ruf der Lieblichkeit genießen. [Hört! Hört! und Heiterkeit.] Es sind vielleicht nicht Schönheiten nach europäischen Begriffen und Anschauungen, aber es liegt doch auch für uns – den Hauptmann und andere Deutsche! – ein bestrickender Reiz in den rassigen Gesichtszügen, dem durch die dunkle Haut hervorgehobenen blendenden Weiß der Zähne und der Augen, wodurch die Pupillen leuchten, und der ganze Ausdruck etwas Lebhaftes und Ansprechendes erhält. [Große Heiterkeit und Zurufe.] Ja, das könnte gefährlich werden für die Junggesellen! [Heiterkeit und Zurufe.] Aber jedenfalls ist diese Erörterung doch angenehmer, als wenn wir uns hier über den Fraktionsbegriff unterhalten... [Heiterkeit.]

... Für den Mann ist auch die Unterhaltung der weißen Frau in den Schutzgebieten ganz wesentlich kostspieliger als die Unterhaltung einer farbigen Frau. Das spielt auch eine Rolle mit, das gehört auch zu den menschlichen Dingen, die mit in die Waagschale zu legen sind... Die Abbildungen will ich auf den Tisch des Hauses niederlegen. Meine Herren, wenn es möglich ist, daß ein evangelischer Pfarrer sich eine Frau aus den Eingeborenen nimmt und daß verständlicherweise hiergegen niemand etwas haben kann, wie will man denn überhaupt solche Verbote aufrechterhalten?...»

Sozialdemokraten, Sozialisten, Kommunisten und die «Wilden»

> Bei der «Kolonialpolitik» brauchen wir nicht lange zu verweilen. Kolonien, die das Ausplündern verlohnten, wie Indien, sind glücklicherweise nicht mehr zu haben, und die Kolonien, die allenfalls noch zu haben sind, bieten infolge der niederen Kulturbedürfnisse ihrer Ein- oder Anwohner so geringe Aussichten auf Absatz, daß an eine erhebliche Besserung unseres Handels und unserer Industrie durch eine mehr oder weniger abenteuerliche Kolonialpolitik nicht zu denken ist.
>
> August Bebel in einem Wahlaufruf von 1881[203]

Februar 1919. Auf einer internationalen sozialistischen Konferenz in Bern antwortete der Belgier Camille Huysmans nach seiner Ansicht bezüglich der deutschen Kolonien befragt: «Von einem Selbstbestimmungsrecht der Eingeborenen verspreche ich mir gar nichts. Das läßt sich schon schwer unter Kultivierten anwenden, geschweige denn unter Unzivilisierten.»[204] Huysmans befand sich in guter Gesellschaft, in Übereinstimmung mit führenden Mitgliedern der deutschen Sozialdemokratie.

Bereits im Jahre 1896 hatte Bernstein, einer der führenden Köpfe des «revisionistischen» Flügels der Partei, in einem Artikel in der *Neuen Zeit* der imperialistischen eine sozialistische Kolonialdoktrin entgegengehalten, die sich lediglich in der Wahl der Mittel unterscheiden sollte: «... Wir werden bestimmte Methoden der Unterwerfung von Wilden verurteilen und bekämpfen, aber nicht, daß man Wilde unterwirft und ihnen gegenüber das Recht der höheren Kultur geltend macht.»[205] Bezeichnend, daß gerade das Kulturargument hier wie bei den imperialistischen Betreibern realer Kolonialpolitik als Begründung herhalten mußte.

Auf dem sozialistischen Kongreß in Amsterdam von 1904 sprach Van Kol, unterstützt von Bernstein, eine noch deutlichere Sprache, was die Motivation zu solcher Art von Politik betraf. Man könne doch nicht die Hälfte des Erdballs der Willkür von Völkern überlassen, die sich noch in ihrem Kindheitsstadium befänden, die die enormen Bodenschätze unberührt und die fruchtbarsten Teile unseres Planeten unbebaut ließen. Die koloniale Eroberung, so Van Kol, und die Inbesitznahme fremder Länder seien die unumgängliche Folge der natürlichen, expansiven Bedürfnisse der fortgeschrittenen Industriegesellschaften.

Nicht alle auf diesem Kongreß anwesenden Sozialisten stimmten solchen Argumenten zu. Sie einigten sich vielmehr auf eine Kompromißformel. Diese lehnte die «kapitalistische» Kolonialpolitik ab und verpflichtete die sozialistischen Abgeordneten, auf Reformen zu drängen, «welche dazu angetan sind, die Lebensbedingungen der Kolonialvölker zu verbessern: Schule, Hygiene, öffentliche Arbeiten»[206].

1907 versagten Sozialdemokratie und Zentrum einem Antrag im Reichstag auf weitere Gelder für die Unterstützung der Kolonialarmee in der Kolonie Deutsch-Südwestafrika ihre Zustimmung. Reichskanzler von Bülow nahm dies zum Anlaß, den Reichstag aufzulösen und Neuwahlen anzusetzen. Für die Sozialdemokratie brachten diese Wahlen eine empfindliche Niederlage. Sie verlor 38 von 81 Sitzen. Die chauvinistischen Parolen der anderen Parteien hatten mehr Erfolg gehabt. Mit derartigen Erfahrungen belastet, weigerten sich die deutschen Sozialdemokraten später auf dem Höhepunkt der «Marokko-Krise» mit Rücksicht auf erneut bevorstehende Reichstagswahlen, gemeinsame Aktionen, Massenstreiks zum Beispiel, zusammen mit Sozialisten anderer Länder durchzuführen. «Massenstreik» war das Stichwort und um dessen Befürwortung oder Verhinderung tobten jahrelang harte Auseinandersetzungen innerhalb der deutschen Sozialdemokratie.

Im August 1914 standen im Reichstag die Kriegskredite zur Bewilligung an. In einer internen Abstimmung der SPD-Fraktion am 3. August stimmten 14 Abgeordnete gegen die Kriegskredite, 78 stimmten dafür. Der sogenannte «Fraktionszwang» aber sorgte für die rechte Parteidisziplin, und im Reichstag stimmte die sozialdemokratische Fraktion am 4. August geschlossen für die Kriegskredite. Man wollte auf keinen Fall erneut zu «vaterlandslosen Gesellen» abgestempelt werden. Einem «Verteidigungskrieg» aber hatte die Mehrheit von ihnen immer schon zugestimmt. Die Reichsregierung «verkaufte» der Sozialdemokratie deshalb den imperialistischen Krieg von 1914 als «Verteidigungskrieg» und konnte so deren Unterstützung sicher sein.

Eine revolutionäre Antwort auf die Kriegstreiberei wäre sicher eine internationale Aktion der Arbeiterschaft, ein internationaler Generalstreik gewesen. Aber gerade die deutschen Sozialdemokraten hatten derartige Vorschläge ausländischer Sozialisten immer aufs heftigste zurückgewiesen, einige wenige (unter ihnen Karl Kautsky und Rosa Luxemburg) ausgenommen. Alle aber hatten sie die akute Kriegsgefahr nicht erkannt. Daß nun die sozialdemokratische Fraktion im August 1914 den Kriegskrediten zustimmte, lag aber nicht am «Verrat» der Parteiführer an den «revolutionären» Massen, wie dies die offizielle Geschichtsschreibung der DDR oder anderer dogmatischer Schulen bis heute glauben machen möchte. Es lassen sich keine Belege für derartige Verdrehungen finden. Die sozialdemokratische Führung scheint im Gegenteil im August 1914 schon nicht mehr in der Lage gewesen zu sein, «gegen den Strom der Massen zu schwimmen»[207]. Mit anderen Worten, die Führung entsprach dem Wunsch und der Stimmung an der Basis. Es mag allerdings einzelne Sozialdemokraten gegeben haben, die nicht aus opportunistischen Gründen so abgestimmt, sondern ernsthaft an den «Verteidigungsfall» geglaubt haben. Das eine wie das andere ein Verhängnis.

Massenstreiks allein aber hätten die allgemeine Kriegssituation in eine revolutionäre Situation wenden können. Doch für Massenstreiks hatten Gewerkschaften und Sozialdemokratie nicht viel übrig. Es war im übrigen auch die Massenstreikfrage, über die es zum Bruch kam zwischen Rosa Luxemburg und August Bebel.

Rosa Luxemburg war immer gegen Krieg gewesen. «Krieg an sich», sagte sie, ist «der Greuel aller Greuel»[208]. Nie hatte sie zu dem Flügel der «Vaterlandsverteidiger» gehört. Im zweiten Kriegsjahr, sie war wieder einmal inhaftiert, schrieb sie in der Zelle 219 des Weibergefängnisses von Berlin an der Schrift ‹*Die Krise der Sozialdemokratie*›, die unter dem Pseudonym «Junius» erschien und später als «Juniusschrift» bekannt wurde. Darin charakterisierte sie die bürgerliche Gesellschaft als «geschändet, entehrt, im Blute watend, von Schmutz triefend». Und sie prangerte die Heuchelei der imperialistischen Welt an, die ungerührt dem Abschlachten der Kolonialvölker zugesehen hatte und sich erst dann gegen die Barbarei des Krieges wandte, als er sie in ihrem eigenen Zentrum traf: «Ein Schrei des Entsetzens ging durch die Welt, als Belgien, das kostbare kleine Juwel der europäischen Kultur, als die ehrwürdigsten Kulturdenkmäler in Nordfrankreich unter dem Anprall einer blinden Vernichtungskraft klirrend in Scherben fielen. Die ‹Kulturwelt›, welche gelassen zugesehen hatte, als derselbe Imperialismus Zehntausende Hereros dem grausigsten Untergang weihte und die Kalahariwüste mit dem Wahnsinnsschrei Verdurstender, mit dem Röcheln Sterbender füllte, als in Putumayo binnen zehn Jahren vierzigtausend Menschen von einer Bande europäischer Industrieritter zu Tode gemartert, der Rest eines Volkes zu Krüppeln geschlagen wurde, als in China eine uralte Kultur unter

Brand und Mord von der europäischen Soldateska allen Greueln der Vernichtung und der Anarchie preisgegeben ward, als Persien ohnmächtig in der immer enger zugezogenen Schlinge der fremden Gewaltherrschaft erstickte, als in Tripolis die Araber mit Feuer und Schwert unter das Joch des Kapitals gebeugt, ihre Kultur, ihre Wohnstätten dem Erdboden gleichgemacht wurden – diese ‹Kulturwelt› ist erst heute gewahr worden, daß der Biß der imperialistischen Bestien todbringend, daß ihr Odem Ruchlosigkeit ist. Sie hat es erst bemerkt, als die Bestien ihre reißenden Pranken in den eigenen Mutterschoß, in die bürgerliche Kultur Europas krallten.»[209] Auch die deutsche Sozialdemokratie wird von Rosa Luxemburg in der «Juniusschrift» mit harten Worten bedacht – in «schonungsloser Selbstkritik», wie sie sagte. Denn: «Nirgends ist die Organisation des Proletariats so gänzlich in den Dienst des Imperialismus gespannt...»[210]

Obwohl also Rosa Luxemburg den imperialistischen Krieg bekämpfte und den vom Kolonialismus unterworfenen Völkern ihre ganze Sympathie galt, war es auch für sie keine Frage, daß die Weltrevolution nur von den Proletariern der imperialistischen Zentren angeführt werden könnte: «Nur aus Europa, nur aus den ältesten kapitalistischen Ländern kann, wenn die Stunde reif ist, das Signal zur menschenbefreienden sozialen Revolution ausgehen. Nur die englischen, französischen, belgischen, deutschen, russischen, italienischen Arbeiter gemeinsam können die Armee der Ausgebeuteten und Geknechteten der fünf Weltteile voranführen. Nur sie können, wenn die Zeit kommt, für die jahrhundertealten Verbrechen des Kapitalismus an allen primitiven Völkern, für sein Vernichtungswerk auf dem Erdenrund Rechenschaft fordern und Vergeltung üben», schrieb Rosa Luxemburg in der «Juniusschrift»[211].

Über den Anspruch, die «wilden», «unzivilisierten», «primitiven» Völker zu führen, herrschte also Übereinstimmung in der Sozialdemokratie; er wurde allerdings sehr unterschiedlich begründet. Bei Rosa Luxemburg führen die revolutionären europäischen Arbeiter den Weg zum Weltsozialismus an. Weshalb gerade sie, ist nicht einsichtig. Denn schon Friedrich Engels hatte sich im Jahre 1882 in einem Brief an Kautsky betroffen darüber geäußert, daß die englischen Arbeiter anscheinend immer dazu neigten, «flott mit von dem Weltmarkts- und Kolonialmonopol Englands (zu zehren)»[212]. Eine Tatsache, die selbst einem berüchtigten Imperialisten wie dem Engländer Cecil Rhodes nicht verborgen blieb, wie Lenin in seiner Schrift ‹*Der Imperialismus als höchstes Stadium des Kapitalismus*› später bemerkte. Die Ausgebeuteten und Geknechteten in den Kolonien aber waren auch für Rosa Luxemburg kein «revolutionäres Subjekt». Auch hatte sie nicht die Bedeutung der nach Freiheit strebenden Völker für den Kampf gegen den Imperialismus in den Zentren erkannt, sondern nur die Bedeutung, die nichtkapitalistische Länder und Wirtschaftssektoren für das Kapital haben.

Wesentlich einfacher als Rosa Luxemburg hatten es sich da andere Sozialisten und Sozialdemokraten gemacht. Kautsky zum Beispiel ernannte sich und seinesgleichen auf dem Kongreß in Stuttgart 1907 zum «Erzieher und Ratgeber der unterentwickelten Völker». Er sprach sich im Gegensatz zu den «Revisionisten» aber gegen eine Eroberung aus, da Kolonialismus und zivilisatorische Politik nicht identisch seien, sich vielmehr gegenseitig ausschlössen. Wie die Erfahrung gezeigt habe, «sind die Wilden überall dort, wo man sich ihnen gegenüber wohlwollend zeigt, willig, die Instrumente und Hilfe einer höheren Zivilisation anzunehmen», meinte Kautsky.[213] Was sich nach diesem Redebeitrag Kautskys abspielte, schilderte der italienische Theoretiker Gianni Sofri sehr anschaulich: «Van Kol, der in seiner Antwort Kautsky lächerlich machen wollte, rief bei den Zuhörern Heiterkeit und Zustimmung hervor. Wenn man, wie Kautsky vorschlug, Maschinen nach Afrika schicke, würden die Eingeborenen Kriegstänze um sie herum veranstalten und sie möglicherweise in die Zahl ihrer Gottheiten einreihen. Van Kol malte dann aus, was geschehen würde, wenn Europäer wie beispielsweise Kautsky und er selbst nach Afrika reisten, um die Eingeborenen in der Bedienung dieser Maschinen zu unterrichten: ‹Es könnte sogar sein, daß sie uns bei lebendigem Leib die Haut abziehen oder gar, daß sie uns fressen, und dann (seinen Bauch reibend) habe ich große Angst davor, daß ich deshalb, weil ich körperlich ein bißchen besser entwickelt bin als Kautsky, von meinen schwarzen Freunden vorgezogen würde. [Heiterkeit.] Wenn wir Europäer mit unseren europäischen Maschinen nach Afrika gingen, würden wir Opfer unserer Expedition werden. Wir müssen im Gegenteil die Waffen in den Händen behalten, um uns gegebenenfalls verteidigen zu können – auch wenn Kautsky das Imperialismus nennt› [‹Sehr gut› von einigen Bänken].»[214] Über diese Szene freute sich ganz besonders das einschlägige Publikum. In der Septemberausgabe der Zeitschrift *Die deutschen Kolonien* von 1907, der früheren *Monatsschrift für die sittliche und sociale Hebung der Eingeborenen in den Schutzgebieten*, die ab 1906 dann Monatsschrift des «Deutschnationalen Kolonialvereins» wurde, freute sich ein Kommentator über diese, wie er sagte, «Stuttgarter Kopfwaschung» der deutschen Sozialdemokratie durch Van Kol. Zwar wurde Van Kols eingebrachte Resolution auf dem Kongreß mit 128 gegen 108 Stimmen bei 10 Enthaltungen verworfen, doch änderte diese Tatsache nichts daran, daß es die deutsche Sozialdemokratie außer wortradikalen Papieren und Reden nie zu einer Handlungsstrategie gegen die imperialistische Politik des eigenen Landes gebracht hat.

Und wieder Februar 1919. Es waren stürmische Tage. Das Blatt hatte sich gewendet. Die Sozialdemokratie war jetzt an der Regierung beteiligt. Zusammen mit dem Zentrum und der Deutschen Demokratischen Partei bildete sie die «Weimarer Koalition». Diejenigen in der Partei, die an die Revolution glaubten, hatten sich von ihr getrennt, sich zum Teil neu organisiert in der «Unabhängigen Sozialdemokratischen Partei Deutschlands» (USPD) oder im «Spartakusbund», aus dem im Januar 1919 die «Kommunistische Partei Deutschlands» (KPD) hervorging. Rosa Luxemburg und Karl Liebknecht waren am 15. Januar 1919, nur zwei Wochen nach der Parteigründung, von den Freikorps des Sozialdemokraten Noske ermordet worden. Zwei Opfer mehr auf dem blutigen Weg der deutschen Sozialdemokratie, den diese am 4. August 1914 durch ihre Zustimmung zu den Kriegskrediten beschritten und mit dem Kampf gegen die revolutionäre Rätebewegung fortgesetzt hatte. Noskes Freikorps zerschlugen die Berliner Räte, richteten ein Blutbad an, töteten über 1500 Menschen.

Am 6. Februar 1919 wurde die Nationalversammlung nach Weimar einberufen. Das Berliner Pflaster war den Vertretern des deutschen Volkes zu heiß geworden. In Weimar standen Freikorps, bereit, die Nationalversammlung zu schützen. In der Eröffnungsrede begrüßte der Volksbeauftragte Ebert, SPD, der sechs Tage später zum Reichspräsidenten gewählt wurde, «besonders herzlich die Frauen, die zum erstenmal gleichberechtigt im Reichsparlament» erschienen waren.[215]

Zur gleichen Zeit legte die deutsche Delegation auf dem Kongreß der Arbeiterinternationale in Bern ein «unumwundenes Bekenntnis zum Recht Deutschlands auf Kolonialbesitz» ab. Als «Teil des Nationalbesitzes der sozialdemokratischen deutschen Republik» würde die neue Regierung auch die «Interessen der betroffenen eingeborenen Bevölkerung in höherem Maße zu wahren imstande sein» als die anderen imperialistischen Mächte, die dabei waren, als die Sieger des Weltkrieges, Deutschlands Kolonien unter sich aufzuteilen.

Am 1. März 1919 äußerte sich der Reichskolonialminister Dr. Bell in der Sitzung der Nationalversammlung hocherfreut darüber, «daß über die zur Erörterung stehenden Fragen auf kolonialem Gebiet der Streit der Parteien völlig ausgeschaltet ist und daß darüber eine erfreuliche Übereinstimmung zwischen Regierung, Parlament und Volk besteht». Nach der Rede des Abgeordneten Henke, USPD, der für seine Partei der Kolonialpolitik Bells eine Abfuhr erteilte, meldete sich der Reichskolonialminister noch einmal kurz zu Wort und schränkte die zuvor geäußerte Meinung dahingehend ein, «daß alle Parteien in diesem hohen Hause, die noch Verständnis für nationale Ehre haben, in diesem Punkte einig sind»[216]. Dann sandte er den «soeben eingetroffenen Ostafrikanern» einen «Willkommensgruß der Heimat». Gemeint waren General von Lettow-Vorbeck und seine

Kolonialtruppe. Am 2. März 1919 ritten von Lettow-Vorbeck, ehemaliger Oberkommandierender der ehemaligen «deutschen Ostafrikatruppe», der ehemalige Gouverneur der Kolonie Dr. Schnee und der Admiral Looff als die «siegreiche Ostafrikatruppe» durchs Brandenburger Tor in Berlin. Parlamentspräsident Fehrenbach (Zentrum) eröffnete die Sitzung der Nationalversammlung am darauffolgenden Tag mit den Worten: *«Meine Damen und Herren!* Gestern sind unsere Ostafrikaner [die Versammlung erhebt sich] feierlich in die Reichshauptstadt eingezogen. Es ist der parlamentarischen Vertretung des deutschen Volkes nicht vergönnt gewesen, sie am Brandenburger Tor zu begrüßen. Dafür soll von hier aus der herzliche Gruß sie in der deutschen Heimat willkommen heißen. [Lebhafter Beifall.] Unerhört waren die Mühsale und Strapazen, mit denen sie lange Jahre rangen. Selbst dem hellsten Heldenliede unerreichbar waren die kriegerischen Taten, die sie gegen eine Übermacht von Feinden vollbrachten. Ihre Rückkehr in die Heimat schildert die Kultur- und Missionstätigkeit, welche deutsche Bürger in immer sich erneuernder Energie an fieberheißen Gestaden und in waldigen Wildnissen verrichtet haben. Sie schildert auch den reichen Segen, den die zivilisatorische Tätigkeit zum Besten eines hoffnungsreichen Landes verbreitet hat. Sie wird aber auch erzählen von der Dankbarkeit, welche die einheimische Bevölkerung der opferbereiten Wirksamkeit entgegenbrachte, und von der Treue, mit der die einheimische waffenfähige Mannschaft zu unseren deutschen Soldaten stand. [Beifall.] Ehre und Dank, unsterblicher Ruhm dem Führer dieser tapferen Schar, General von Lettow-Vorbeck, und jedem einzelnen unter ihnen, [erneuter Beifall] dem Gouverneur Dr. Schnee und seinen Beamten und der gesamten deutschen Ansiedlerschaft von Ostafrika! [Bravo!] In diesen Zeiten der Grausamkeiten haben auch unsere Feinde die Heldentaten unserer Ostafrikaner gewürdigt und haben in anzuerkennender Ritterlichkeit ihnen den ehrenvollen Abzug und die Rückkehr in die Heimat gestattet. Diese Gesinnung muß, wenn unser Glaube an die Menschheit nicht verlorengehen soll, sie aber auch beherrschen bei der Lösung der Schicksalsfrage von Afrika. Unserem schwer heimgesuchten Volke möge das weithin leuchtende Beispiel dieser tapferen Heldenschar beweisen, was fester Zusammenhalt und treue Brüderlichkeit auch in den schlimmsten Tagen zu leisten vermag. [Starker Beifall.] Sie haben sich zu Ehren unserer Ostafrikaner von den Plätzen erhoben. Ich stelle dies fest. Wir treten in die Tagesordnung ein...»[217]

In diesem Reichstag sind nun also zum erstenmal Frauen vertreten. Die Sozialdemokraten der Mehrheitsfraktion hatten den Frauen 19 von insgesamt 144 Mandaten zugestanden, bei der USPD waren es 3 von 17, beim Zentrum 6 von 63, bei der Deutschen Demokratischen Partei 5 von 68, bei der Deutschnationalen Volkspartei 3 von 41 und bei der Deutschen Volkspartei 1 von 24 Sitzen. Die restlichen Parteien hatten nur Männer in den Reichstag entsandt. Die KPD hatte nicht kandidiert.

Außer der Fraktion der USPD waren auch die Frauen alle aufgestanden zur Ehrung «unserer Ostafrikaner». Zwei von ihnen, die Sozialdemokratinnen Marie Juchacz und Clara Bohm-Schuch haben sich im gleichen Jahr noch ausdrücklich für deutsche Kolonien ausgesprochen. Ihre Veröffentlichungen standen ebenfalls im Zusammenhang mit der Diskussion um den drohenden Verlust der deutschen Kolonie durch den Versailler Vertrag. Marie Juchacz war früher Dienstbotin, Fabrikarbeiterin, Krankenwärterin, gelernte Schneiderin und Vorsitzende des Frauen- und Mädchenbildungsvereins in Berlin-Schöneberg. 1917 wurde sie in den Parteivorstand der SPD gewählt und 1919 in die Nationalversammlung. Ihre Dienstmädchenvergangenheit wurde ihr denn auch von politischen Gegnern hämisch vorgehalten. Von Adolf Stein etwa, der die Weimarer Nationalversammlung von Februar bis August 1919 für die Berliner *Tägliche Rundschau* glossierte: «Die Sozialdemokratin Frau Juchacz, ein ehemaliges Dienstmädchen, liest dem Grafen Posadowsky ein Kolleg über hohe Politik, sie liest es säuberlich und silbenweise ab, so daß die sonst so geplagten Stenographen behaglich nachmalen können ...»[218] Da war nicht ganz eindeutig, was schlimmer ist: ein ehemaliges Dienstmädchen, Sozialdemokratin, oder eine Frau im Reichstag zu sein. Marie Juchacz schrieb in sozialdemokratischen Tageszeitungen und war zeitweise für die Schriftleitung der Frauenzeitung *Die Gleichheit* verantwortlich. In ihrem Aufsatz *Friedensvertrag und Kolonialarbeit* stellte sie sich offen auf die Seite der Befürworter von deutschem Kolonialbesitz: «Auch in unseren Reihen rang sich der Gedanke durch, daß ein Siebzig-Millionen-Volk mit starker industrieller Entwicklung Kolonieen braucht, in denen nach den Gesetzen politischer Klugheit, menschlicher Gerechtigkeit und Humanität regiert und gewirtschaftet werde ...» Und an die Frauen gewandt, fährt sie fort: «Als Glieder des deutschen Volkes, als Mütter der kommenden deutschen Generation dürfen die deutschen Frauen nicht gleichgültig bleiben, wenn ein wesentliches Gebiet menschlicher Arbeit und menschlichen Glückes, wie es die Kolonisation darstellt, uns abgesperrt werden soll. Es handelt sich hier um Leben und Zukunft unseres Volkes, unserer Kinder.»[219] Nicht eingeschlossen in diese Überlegungen hatte Marie Juchacz offensichtlich andere Kinder, die Kinder der kolonialisierten Völker und deren Leben und Zukunft.

Clara Bohm-Schuch, eine ehemalige kaufmännische Korrespondentin, hatte sich vor allem um Gemeindefürsorge und Kinderschutz gekümmert. Als Reichstagsabgeordnete schrieb sie auch einen Artikel zum Thema ‹*Soll Deutschland vom Kolonialbesitz ausgeschlossen werden?*› Darin lehnte sie zwar Kapitalismus und Imperialismus ab, aber nur, um die Sozialisten zu auserwählten «Kulturträgern» zu ernennen. Ein sozialistischer Staat könne nicht auf Kolonialbesitz verzichten, wolle er sich nicht «vollkommen in die Abhängigkeit der kapitalistischen Staaten begeben», schrieb sie und fuhr fort: «Der Sozialismus allein ist aber auch berufen, die Kulturarbeit durchzuführen, die in fremden Erdteilen geleistet werden muß.» Und sie schloß mit der – gelinde ausgedrückt – naiven Forderung, allen Kolonialbesitz dem Völkerbund zu übergeben, «der alle Völker gleichberechtigt umfassen muß»[220]. Weitere Kolonialkriege würden ihrer Meinung nach so unmöglich gemacht.

Es wäre unter gewissen Umständen möglich gewesen, den großen imperialistischen Krieg um die Neuaufteilung der Kolonien durch international abgestimmte Massenstreikaktionen zu verhindern. Die Sozialdemokratie aber hatte nichts dergleichen unternommen. Mehr noch: sie hatte es in deutsch-preußisch-autoritätsgläubig-hierarchischer Traditionsgebundenheit nicht geschafft, die Ausgebeuteten und Unterdrückten des eigenen Volkes im «aufrechten Gang» zu bestärken, sondern ganz im Gegenteil Spontaneität und Eigeninitiative abgewürgt. Die «führende» Rolle gegenüber den Proletarier-«Massen» im eigenen Land und gegenüber den «wilden», «unzivilisierten» Völkern in Übersee wurde nicht in Frage gestellt. Der sozialistische Blickwinkel war verengt, verzerrt; er kam von oben – und er kam aus Europa.

Als dann aber die Revolution nicht dort gelang, wo sie der Theorie nach hätte stattfinden sollen, nämlich in den am weitesten fortgeschrittenen Industriestaaten, sondern in einem «rückständigen», ja in einem «halbasiatischen» Land, in Rußland, einem Vielvölkerstaat dazu, und als in China die Völker damit begannen, sich zu erheben, war es an der Zeit, auch «die Völker Asiens» aufzurufen, jetzt eine «aktive» Rolle zu übernehmen. In der Auseinandersetzung mit der politischen Situation im eigenen Land mußten die Führer der russischen Kommunisten, auf die sich jetzt das Augenmerk der internationalen Sozialdemokratie richtete, zwangsläufig auf diesen wunden Punkt stoßen. Gianni Sofri sagt von Lenin in diesem Zusammenhang: «Er wies die Auffassung zurück, daß jegliche Initiative der unterdrückten Völker illusionär sei und das Heil einzig und allein vom europäischen Proletariat zu erwarten sei. Sicher blieb Lenin immer davon überzeugt, daß die Arbeiterklasse der fortgeschrittensten Länder die Avantgarde der Revolution bildet. Aber in der antiimperialistischen Globalstrategie haben auch die Befreiungsbewegungen der asiatischen Länder ihren Raum. Der Kampf in den Kolonien, von Bauern und entstehender Bourgeoisie für die Befreiung vom europäischen Eroberer geführt, durfte nicht getrennt verlaufen vom Kampf des europäischen Proletariats für die Weltrevolution.»[221] Am Avantgarde- und Führungsanspruch an sich (in der Hierarchie: Arbeiterführer – Proletariermassen und revolutionäre europäische Proletariermassen – unterdrückte Völker der Kolonien und Halbkolonien) aber wurde nicht gerüttelt. Dies war einer der Gründe dafür, warum später geschehen konnte, was geschah, daß Lenins Nachfolger Josef Stalin, als Kommissar für die Nationalitätenfrage «Spezialist» auf diesem Gebiet, die sogenannten «rückständigen» Völker Asiens zwangsweise eingliedern konnte in den Staatenbund der «Sozialistischen Sowjetrepubliken».

Frauenbewegung im Kaiserreich

Natürlich gab es sie nicht, *die* Frauenbewegung als eine einheitliche Bewegung in Zielen, Strategien oder Handlungen. Was es gab im Deutschen Reich zwischen 1871 und 1919, das waren unterschiedliche Gruppen, geschart um einzelne Frauen, um politische Parteien, die Kirchen oder kulturelle Organisationen; Vereinigungen von Frauen gleichen Interesses, in Zusammenarbeit mit Männern oder ohne. Es gab die verschiedensten Zirkel, Vereine, Hilfsvereine, es gab eine Flut von Frauenzeitungen, die erschienen und wieder verschwanden, alles Teile einer Frauenbewegung, die nur auf den einen allergemeinsten Nenner gebracht werden können: das Ziel, die Lage der Frauen in Deutschland zu verbessern. Wie, wodurch und wie weit dies geschehen sollte, darüber herrschte Uneinigkeit, die zum Teil erbittert ausgetragen wurde. Die Frauen polemisierten gegeneinander, oft und heftig: «Radikale» gegen «Gemäßigte», «Christliche» gegen «Nihilistische», «Konservative» gegen «Emanzipierte», «Proletarische» gegen «Bürgerliche».

Ein großer Bruch verlief zwischen der «bürgerlichen» und der «proletarischen» Frauenbewegung, zwischen Frauen, die in der Sozialdemokratie organisiert waren, und unabhängigen Frauen. Die gesamte Frauenbewegung hat durch diese Trennung eine entscheidende Schwächung erfahren. Neben den Frauen, die diesen Bruch herbeigeführt und gewollt haben, gab es auf beiden Seiten auch Frauen, die diese Trennung nicht akzeptierten, auf eine Vereinigung hinarbeiteten oder doch zumindest gemeinsame Aktionen befürworteten. Doch gelang es ihnen nicht, dem starken Ausgrenzungssog beider Lager entgegenzuwirken. Das führte am Ende dazu, daß die «proletarische» Frauenbewegung, die sich ohnehin hauptsächlich an die Ehefrauen der bereits agitierten sozialdemokratischen Arbeiter wandte, sich an der Politik der Männer orientierte und mit dieser stand und fiel, die «bürgerliche» Frauenbewegung immer mehr ins rechte Fahrwasser abdriftete und die «radikalen» Frauen isoliert wurden. Eine besondere Rolle kam bei dieser Entwicklung dem autoritären Staat zu, dessen trauriges Verdienst es war, radikalere Ansätze von Frauenpolitik im Keim erstickt zu haben.

Fraktionen, Brüche und Gemeinsamkeiten

Die ersten Vereinigungen, die sich um die Belange lohnarbeitender Frauen kümmerten, gingen in Deutschland von «bürgerlichen» Frauen aus. Begonnen hatte es im revolutionären achtundvierziger Jahr mit Louise Otto Peters als einer der kühnen Frauen, die für alle Frauen, auch für Arbeiterinnen, Freiheit in Bildung, Beruf und Politik forderte. Doch der Obrigkeitsstaat hatte schnell reagiert: die preußischen Vereinsgesetze von 1850 aus der Zeit der gescheiterten Revolution schlossen «Frauen, Kinder und Lehrlinge» von der Teilnahme an politischen Veranstaltungen aus. Wieder zwei Jahre später fiel auch die *Deutsche Frauenzeitung*, herausgegeben von Louise Otto Peters, der preußischen Zensur zum Opfer, und den Frauen wurde Redaktionsarbeit gesetzlich verboten. Dabei waren Louise Otto Peters' Kampfrufe «gemäßigt», verglichen mit denen einer Handvoll «Emanzipierter», die sich «zigarrenrauchend» und «in Männerkleidern» zu «freier Liebe», «Sozialismus» und «Atheismus» bekannten. Von ihnen hatte Louise Otto Peters sich ausdrücklich distanziert.

1863 forderte die Schriftstellerin Fanny Lewald in Berlin für die arbeitenden «Töchter der Armen» Lehre und Fortbildung, Speisehäuser und Herbergen, Kranken- und Altersversorgungskassen. Es dauerte aber noch einige Jahre, bis sich die ersten Vereine bildeten, die für solche und ähnliche Forderungen kämpften. Die erste «Gesellschaft für arbeitende Frauen» formierte sich 1869 im Anschluß an eine öffentliche Rede der Louise Otto Peters in Berlin. Erste Präsidentin der Gesellschaft war eine Frau Bischof. 1871 wurde sie abgelöst von Lina Morgenstern, und von 1873 bis zum Ende ihres Bestehens lag die Leitung der Gesellschaft in den Händen eines männlichen Philanthropen, Dr. Ascherson. Einige Frauen hatten sich von dieser zaghaften Gesellschaft aber schon vorher getrennt und einen eigenen Verein gegründet, den «Berliner Frauen- und Mädchenverein» mit der Vorsitzenden Pauline Staegemann. Diese Vereinigung war der Polizei zu politisch, sie verbot sie deshalb im Jahre 1877.

Eine weitere größere Initiative ging von der Gräfin Gertrud Guillaume-Schack aus und dem von ihr 1885 initiierten «Verein zur Wahrung der Interessen der Arbeiterinnen». Aus diesem Verband lösten sich die Näharbeiterinnen, gründeten eine eigene Interessensvertretung, organisierten Streiks und wurden deshalb 1887 von der Polizei verboten. Eine andere aus dem Umfeld des Schackschen Vereins entstandene Vereinigung war bereits 1886 von der Polizei aufgelöst worden. Durch die preußisch-polizeiliche Auflösung dieser Arbeiterinnen-Vereinigungen, die sowohl Ziele der Frauenbewegung als auch der Sozialdemokratie in ihr Programm aufgenommen hatten, wurde mit den eigenständigen Organisierungsansätzen auch das Prinzip der Selbsthilfe der Arbeiterinnen zerschlagen, noch bevor es eine ausreichende Chance gehabt hätte, sich zu bewähren.

Und so bildete der preußische Obrigkeitsstaat in seiner Reaktion auf die gescheiterte Revolution von 1848 und in der Folgezeit bis 1919 eine besondere Variante jener Mauern, die es einzureißen galt auf dem Weg zur Frauenbefreiung in Deutschland. Doch erwiesen sich diese Mauern nicht nur als ein äußeres Mittel, die politischen Aktivitäten von Frauen einzuschränken; viele Frauen hatten diesen preußischen Staat verinnerlicht, disziplinierten sich selbst, waren um Wohlwollen «höhernorts» bemüht. Die Forderung nach politischem Stimmrecht für Frauen, die sie in die unmittelbare Konfrontation mit eben jenem Staat getrieben hätte, tauchte deshalb erst sehr spät im Programm der organisierten bürgerlichen Frauenbewegung auf, und ohne die radikalen Frauen hätte es sehr wahrscheinlich noch sehr viel länger gedauert. Außerdem erklärte der «Bund Deutscher Frauenvereine» noch in seinem Gründungsjahr 1894 den Ausschluß «offenkundig sozialdemokratischer Vereine». Der Polizei zuliebe und um ihres lieben Friedens willen wurden die Arbeiterinnenvereine mit «sozialdemokratischer Grundlage» geopfert. Ihre Aufnahme in den Bund hätte die polizeiliche Duldung des Bundes aufs Spiel gesetzt.

Den Arbeiterinnen blieben, wollten sie in diesen repressiven Zeiten nicht alleine weiterkämpfen, nur zwei Möglichkeiten: sich entweder der christlich-sozialen Bewegung des sich anbiedernden monarchistischen Hofpredigers Adolf Stöcker zuzuwenden, der sich übrigens später als Vater einer ausgesprochen antisemitischen Ideologie entpuppen sollte, oder sich der Sozialdemokratie anzuschließen. Dort war es vor allem Clara Zetkin, die ab 1890/91 die «klassenbewußte Ära» der Arbeiterinnenbewegung eingeleitet hatte und für die es keinen Geschlechterkampf gab, sondern nur Klassenkampf.

Zwar waren auch die sozialdemokratischen Frauen keine homogene Gruppe: Festzuhalten aber bleibt die offizielle Politik der Abgrenzung gegenüber der bürgerlichen Frauenbewegung, die sich unter dem Einfluß Clara Zetkins durchsetzen konnte, auch gegen Kritikerinnen in den eigenen Reihen, von denen sich Lily Braun als die für Zetkin wohl gefährlichste Gegnerin entwickelte. Lily Brauns Scheitern, eine Zusammenarbeit zwischen sozialdemokratischen und bürgerlichen Frauen zu bewerkstelligen, hing nicht zuletzt mit ihrer Position innerhalb der sozialdemokratischen Partei zusammen. Als Anhängerin des «revisionistischen» Flügels der Sozialdemokraten um Bernstein, gehörte Lily Braun auch auf diesem Feld einem anderen Lager an als Clara Zetkin und außerdem einer zu der Zeit noch wenig einflußreichen Gruppe in der SPD. Auslösender Faktor für die Ausschaltung Lily Brauns aus der Redaktion der sozialdemokratischen Frauenzeitung *Die Gleichheit* im Sommer 1901 war letztendlich dann das Erscheinen ihres Buches ‹*Die Frauenfrage*› und der darin enthaltenen, analytischen Interpretation der proletarischen Frauenbewegung, die Clara Zetkin, im Gegensatz zu der bürgerlichen Guillaume-Schack, eine ausgesprochen kleine Rolle in deren Entwicklungsgang zuwies. Trotzdem soll hier nicht eine Geschichte der «großen Frauen» geschrieben werden und allein Clara Zetkin für die ablehnende Haltung sozialdemokratischer Frauen gegen bürgerliche Frauen verantwortlich gemacht werden – ebensowenig war Lily Braun die einzige Sozialdemokratin, die zur Zusammenarbeit mit den bürgerlichen Frauen bereit war. Außerdem gab es auch eine Zeit, in der selbst Lily Braun sich von den bürgerlichen Frauen abgrenzte.*

Aber auch in der bürgerlichen Frauenbewegung nahmen seit dem Ende der achtziger Jahre die Auseinandersetzungen und Reibereien zwischen den konservativen und den radikalen Frauen ständig zu. Die radikalen Frauen forderten nicht nur das allgemeine Wahlrecht, Bildungs- und Berufschancen, sie unterstützten auch eine Sexualrechtsreform, attackierten die herrschende Doppelmoral, forderten freie Liebe, freie Verteilung empfängnisverhütender Mittel, die Legalisierung der Abtreibung durch ersatzlose Streichung des bereits damals bestehenden Paragraphen 218 des Strafgesetzbuches und die gesetzliche Anerkennung außerehelicher Kinder und unverheirateter Mütter. Im «Verband fortschrittlicher Frauenvereine» schlossen sich acht der radikalen Frauenvereine zusammen. Dieser Verband lehnte «jede Trennung der bürgerlichen Frau von der Arbeiterin entschieden ab»! Als besonders radikal galten von diesen radikalen Frauenvereinen des Verbandes der «Deutsche Zweig der Internationalen Abolitionistischen Föderation», der «Deutsche Verband für Frauenstimmrecht» und der «Bund für Mutterschutz». Besonders aktiv waren in diesen radikalen Verbänden Frauen wie Anita Augspurg, Lida Gustava Heymann, Marie Raschke, Minna Cauer und Helene Stöcker. Auf seiner 4. Generalversammlung im September 1907 in Frankfurt am Main beschloß der «Verband fortschrittlicher Frauenvereine» den Beitritt zum «Bund Deutscher Frauenvereine». Anita Augspurg und Lida Gustava Heymann hatten vergeblich protestiert; Minna Cauer legte aus Protest den Vorsitz nieder. Danach, so Lida G. Heymann, «hörte man in der Öffentlichkeit nichts mehr vom Verbande»[222], wohl aber von den genannten Aktivistinnen. Gleichwohl bahnte sich mit diesem Vorfall eine Verschiebung des Gewichtes in der bürgerlichen Frauenbewegung an, das sich ab etwa 1908 mit der Übernahme des

---

* Siehe Seite 237.

Vorsitzes im «Bund Deutscher Frauenvereine» durch Gertrud Bäumer eindeutig auf die konservative bis nationalistisch-vaterländische Seite verlagerte.

Die Kernfrage, an der die Widersprüche in der Frauenbewegung immer wieder aufbrachen, zielte auf das Verständnis von Frauenbefreiung überhaupt: Für die einen waren politische, soziale und wirtschaftliche Gleichberechtigung das Ziel, für die anderen lediglich die unentbehrliche Voraussetzung dafür, eine menschlichere Gesellschaft zu schaffen oder wie eine der Radikalen, Lida Gustava Heymann, es in ihren Erinnerungen formulierte, «nur eine Etappe, nur ein Mittel und Weg... zur Einreihung der schöpferischen Frauenkraft in das formale und unfruchtbare System des Männerstaates, um endlich eine lebenswürdige und glückliche Menschengemeinschaft erstehen zu lassen»[223].

Letztendlich war dieses Idealbild einer Gesellschaft nicht sehr verschieden von dem, das einige sozialistische und sozialdemokratische Frauen hegten, wenn sie auch verschiedene Vorstellungen hatten über den Weg dahin. Es hat deshalb auch immer wieder Kontakte gegeben zwischen sozialdemokratischen Frauen und auch Männern, die der Frauenfrage aufgeschlossen gegenüberstanden, und den radikalen bürgerlichen Frauen. Die Sozialistin Toni Pfülf aus München, Volksschullehrerin in Oberammergau und Lechhausen, Armenpflegerin und Waisenrätin, Mitglied des Landesarbeiterrats von Bayern, 1919 für die SPD in den Reichstag gewählt, arbeitete beispielsweise mit den radikalen Frauen der Frauenbewegung im deutschen Zweig der «Internationalen Frauenliga für Frieden und Freiheit» zusammen. Sozialdemokratische Männer wollten dies des öfteren durch Parteidiktat verbieten. Daß es ihnen nicht gelang, lag nach Lida G. Heymann daran, daß Toni Pfülf «ihren Genossen klarmachte, wie lächerlich sie sich dadurch machen würden». Toni Pfülf, damals eine der konsequenten und mutigen Frauen in der deutschen Sozialdemokratie, starb am 8. Juni 1933 durch Selbsttötung. Sie konnte die Machtübernahme der Nazis nicht verkraften.

Auch während der kurzen Blüte der Münchner Räterepublik gelang den linken und den radikalen Frauen ein aktiver Zusammenschluß im «Bund sozialistischer Frauen». Doch schossen die tödlichen Kugeln des von Eppschen Freikorps, eingesetzt mit Einverständnis des damals formal noch amtierenden Ministerpräsidenten und Mehrheitssozialdemokraten Hoffmann auch diese hoffnungsvolle Einheit entzwei. So haben an den für das Schicksal der deutschen Frauen entscheidenden Punkten Polizisten und Soldaten mit Gewalt die fortschrittlichsten und hoffnungsvollsten Ansätze der Frauenbefreiungsbewegung zerschlagen: 1850 bis 1952, 1877, 1886/87 und 1919/20. Daß zwei dieser Daten mit dem Scheitern einer revolutionären Bewegung zusammenhängen, ist, so glaube ich, kein Zufall. Als die Frauen Deutschlands 1919 durch die Rätebewegung das Wahlrecht erhielten, wählten sie Frauen und Männer für ein bürgerliches Parlament, das sich über den blutigen Trümmern einer abermals gescheiterten deutschen Hoffnung erhob. Ein solches Parlament aber lag den meisten Frauen und Männern des deutschen Volkes zu jenem Zeitpunkt näher als der Traum von einer revolutionären Räterepublik. Anstatt aber wenigstens über eine gemeinsame Frauenliste politisches Gewicht zu erhalten, splitterten sich die Frauen auf, verteilten sich auf die Männerparteien, in denen sie sich nicht durchsetzen konnten und waren so im Parlament mehr oder weniger zur Bedeutungslosigkeit verurteilt. Zwischen 1919 und 1933 hat daher der Prozentsatz weiblicher Abgeordneter im Deutschen Reichstag nie die kümmerliche Marke von 4,8 Prozent überschritten.

Vaterländische und Friedensfrauen

Auf dem ersten Weltfriedenskongreß, der gleichzeitig mit der Weltausstellung in Paris im Jahre 1889 stattfand, glänzten die Deutschen durch Abwesenheit. Das politische Klima im Lande war einer Diskussion um den Frieden nicht gerade förderlich. Dies sollte sich durch die Veröffentlichung eines Buches ändern. ‹Die Waffen nieder›, ein Anti-Kriegs-Roman der österreichischen Offizierstochter Bertha von Suttner, in 27 Sprachen übersetzt, gewann der internationalen Friedensbewegung auch in Deutschland Freundinnen und Freunde. Von Suttners Worte über den Zusammenhang von Rüstung und Krieg sind übrigens heute noch genauso aktuell und zutreffend wie ehedem: «... Ein ewiges Vorbereiten auf das, was durch die Vorbereitung vermieden werden soll, zugleich ein Vermeiden dessen, was durch die Vermeidung vorbereitet wird...»[224]

1891 gründete Bertha von Suttner die «österreichische Friedensgesellschaft» und 1892 zusammen mit Alfred H. Fried die «Deutsche Friedensgesellschaft». Diese blieb wenig einflußreich, vielleicht auch deshalb, weil sie lediglich eine «konzessionsdurchlöcherte», also keine konsequente Friedenspolitik betrieb. 1899 war in Den Haag auf Anregung des russischen Zaren die erste internationale Friedenskonferenz zur Rüstungsbegrenzung angesetzt. Da ergriff eine andere Frau die Initiative: Maria Lenore Selenka aus München richtete einen Appell an die Frauen der Welt, sich für den Frieden einzusetzen. «Auf ihre Veranlassung hielten Frauen in drei Weltteilen: Europa, Amerika und Asien, in neunzehn Ländern zwischen dem 13. und 16. Mai 1899

565 öffentliche Versammlungen ab. Resolutionen wurden gefaßt, in denen erklärt wurde, daß bei Streitigkeiten zwischen den Völkern die Anwendung der Gewalt der Anwendung des Rechtes weichen müsse. M. L. Selenka überreichte mit Bertha von Suttner dem Präsidenten der ersten internationalen Friedenskonferenz im Haag, Herrn von Staal, am 22. Mai 1899 die Forderungen der Frauen.»[225]

Dies geschah am Vorabend des britischen Krieges gegen die Buren in Südafrika und kurz vor der Niederschlagung des Boxeraufstandes in China. Vor der Entsendung der deutschen Truppen nach China hielt Wilhelm II. die folgende Rede: «Wer Euch in die Hände fällt, sei Euch verfallen! Wie vor tausend Jahren die Hunnen unter ihrem König Etzel sich einen Namen gemacht, der sie noch jetzt in Überlieferungen und Märchen gewaltig erscheinen läßt, so möge der Name ‹Deutscher› in China auf tausend Jahre durch Euch in einer Weise bestätigt werden, daß niemals ein Chinese es wagt, einen Deutschen auch nur scheel anzusehen.»[226]

Der «Bund Deutscher Frauenvereine» aber hatte seit seiner Unterstützung des ehrgeizigen wilhelminischen Flottenbauprogramms 1899/1900 den Weg in Richtung «Gott–Kaiser–Vaterland» eingeschlagen. Diese Entwicklung kam nicht aus heiterem Himmel. Auch vaterländische Frauenvereine hatten in Deutschland eine eigene Tradition. Bereits 1817 waren in Weimar ein «Patriotisches Institut der Frauenvereine» und in Württemberg eine «Zentralleitung für Wohltätigkeit» entstanden. Danach erfolgten 1866 die Gründung des «Vaterländischen Frauenvereins» in Preußen, 1867 des «Alice-Frauenvereins» in Hessen und des «Albert-Vereins» in Sachsen sowie 1869 des «Bayerischen Frauenvereins vom Roten Kreuz». 1871, nach der bestandenen «Feuerprobe» im Deutsch-Französischen Krieg, schlossen sich die vaterländischen Frauen im «Verband der deutschen vaterländischen Frauenvereine» zusammen. Im Frieden wollten die vaterländischen Frauen vor allem «für die Förderung und Hebung der Krankenpflege Sorge tragen» und in Kriegszeiten Lazarettdienste übernehmen.[227] Der «Vaterländische Frauenverein» war «straff organisiert und gehorsam ausgerichtet» auf den Dienst am Vaterland, also in keiner Weise ein emanzipativer Bestandteil der deutschen Frauenwelt. Für eine Friedensdiskussion waren diese Frauen nicht zu haben.

Auch *Die Frau*, Monatszeitschrift des «Bundes Deutscher Frauenvereine», beteiligte sich nicht an der Friedensdiskussion. Obwohl internationale Friedensarbeit Teil des Programms des Bundes seit 1898 war, veröffentlichte die Zeitschrift bis 1914 lediglich einen einzigen Artikel zu diesem Thema. Auch der ein Jahr zuvor erfolgte Beitritt zum «Internationalen Frauenbund», der sich die Verbreitung und Förderung der Idee des Friedens als wichtigste Aufgabe stellte, hatte keine Impulse in dieser Richtung ausgelöst.

Die Friedensdiskussion der deutschen Frauen wurde also in den Zeitungen der radikalen Frauen geführt. In der von Minna Cauer herausgegebenen Zeitschrift *Die Frauenbewegung* oder der von Helene Stöcker redigierten *Neuen Generation*. Auch das *Neue Frauenblatt* beteiligte sich intensiv daran. In der Nummer 14 vom März 1897 wurde gar die Hoffnung geäußert, mit dem neuen Jahrhundert in eine neue Ära einzutreten, «in die Aera der Friedensliebe». Mit Rosa Luxemburg, Clara Zetkin und Luise Zietz an der Spitze erhielt die deutsche Frauen-Friedensfront auch durch die Sozialdemokratinnen Verstärkung. Doch die Zustimmung der sozialdemokratischen Fraktion zu den Kriegskrediten und die geforderte innerparteiliche Loyalität zum Parteivorstand machten diese Haltung zunehmend schwerer. Während Clara Zetkin und Rosa Luxemburg sich der parteiinternen oppositionellen Gruppe anschlossen, organisierten andere Sozialdemokratinnen (Luise Zietz etwa trotz besserer eigener Einsicht in dieser Frage lange Zeit loyal) bereits ähnlich wie die bürgerlichen Frauen einen vaterländischen, sozialen Hilfsdienst.

Der Weltkrieg brach 1914 aus. Die Friedenswilligen hatten ihn nicht verhindern können. Die zum Teil jubelnde Kriegsbegeisterung des Jahres 1914 traf auch im «Bund Deutscher Frauenvereine» auf bereite Seelen. Er segelte voll auf vaterländischem Kurs. Der Bund, der zu jener Zeit circa 500 000 Mitgliederinnen hatte, rief unter Mitarbeit von Gertrud Bäumer, Anna Pappritz und Alice Salomon den «Nationalen Dienst» ins Leben. In ihm wurden Tausende Frauen, darunter viele arbeitslose Arbeiterinnen, im Dienst für die «Verteidigung des Vaterlandes» organisiert. Dafür zollte man den Frauen lauten Beifall: «Daß die deutschen Frauen helfen und geben würden, wo sie helfen und geben könnten, das war vielleicht selbstverständlich, aber daß sich alle Kräfte, bürgerliche und sozialistische, konfessionelle und weltliche zu gemeinsam vorbedachtem Handeln finden würden, sich sofort alle einer ad hoc geschaffenen neuen Kriegsorganisation, dem ‹Nationalen Frauendienst› einordnen würden, das konnte sogar den Kenner überraschen.»[228]

In der Frauenbewegung wurden Stimmen laut, die in der Kriegssituation eine gute Gelegenheit sahen, den Frauen «die wirtschaftliche Selbständigkeit und geistige Unabhängigkeit der Frauenwelt» zu bringen. Adele Schreiber begründete diese ihre Meinung so: «Wenn eine Großmacht heute Krieg führt, fällt den Frauen des Landes die bedeutsame Aufgabe zu, nicht nur jenen Teil der Kriegshilfe zu leisten, der schon längst Frauengebiet ist, die Pflege von Verwundeten und Kranken, Hilfe bei Verpflegung und Einquartierung zu übernehmen, sondern überall dort, wo Männerkräfte ihrer gewohnten Tätigkeit entzogen sind, in die Bresche zu springen.»[229] Adele Schreiber, die an der Londoner «School of Economics» und in Berlin Nationalökonomie studiert hatte, war übrigens eine der aktiven «internationalen» Frauen, Vizepräsidentin des 42 Länder umfassenden «Weltbundes für Frauenstimmrecht und staatsbürgerliche Frauenarbeit», Begründerin des deutschen Zweiges der «Internationalen Kinderhilfe» und Rednerin auf vielen internationalen Tagungen und Kongressen. Fünf Jahre lang leitete sie die Redaktion der *Staatsbürgerin* und setzte sich besonders für die rechtlich-gesellschaftliche Anerkennung unehelicher Kinder und lediger Mütter ein. Sie gehörte auch dem Deutschen Reichstag an, von 1920 bis 1924 und ab 1928 als Mitglied der SPD. Während des Krieges 1914 bis 1918 war sie Referentin beim deutschen Verwaltungschef für Flandern gewesen, mit anderen Worten: aktive Besatzerin.

Unter Berufung auf die «nationale Verpflichtung der deutschen Frauenbewegung» lehnte der «Bund Deutscher Frauenvereine» eine Teilnahme am «Internationalen Frauen-Friedens-Kongreß» 1915 in Den Haag ab, der sich gegen den Krieg und für die Beendigung des Blutvergießens aussprach und von Sympathiekundgebungen des «Internationalen Kongresses sozialistischer Frauen» in Bern unterstützt wurde, ebenso von einzelnen international bekannten Frauen wie den Schriftstellerinnen Selma Lagerlöf, Olive Schreiner und Emily Hobhouse. Als Anita Augspurg im Jahre 1918 Mitbegründerin der «Internationalen Frauenliga für Frieden und Freiheit» wurde, griff die Vorsitzende des «Bundes Deutscher Frauenvereine», Gertrud Bäumer, sie wegen «vaterlandsloser Gesinnung» scharf an. Nicht nur eine Bäumersche Marotte, sondern (leider) Ausdruck eines schon keimenden «Volksempfindens».

Ein Sonderangebot:
Kolonien für die deutsche Hausfrau

Vom Oktober 1918 bis Oktober 1920 gab der «Bund Deutscher Frauenvereine» eine den Notzeiten angepaßte Zeitung heraus, *Deutsche Frau in schwerer Zeit*. Darin beschäftigte sich ein nicht namentlich gekennzeichneter Artikel am 13. März 1919 mit der Frage: «Verdient Deutschland Kolonien?» Die Antwort war klar und die Frage wurde ohne Einschränkung bejaht. Zum Beweis dafür, daß dies so sei, wurden eine Vielzahl ausländischer Stimmen zitiert, die die «sorgfältige

Kolonisationsarbeit», die «gerechte Behandlung der Eingeborenen», die «musterhafte Ordnung der Ortschaften» unter deutscher Kolonialherrschaft lautstark lobten. Mit dem englischen ‹Blaubuch›*, das solche Behauptungen Lügen strafte, machten die Frauen es sich einfach. Sie setzten dem ‹Blaubuch› ohne auch nur auf einen einzigen darin aufgeführten Fall einzugehen, einfach das deutsche ‹Weißbuch› über die Grausamkeiten der Briten mit den deutschen Rechtfertigungen entgegen: «Wie es mit den im englischen ‹*Blaubuch*› angeführten Rechtsfällen in Wirklichkeit bestellt war, wie vor allem England selbst oft in grausiger Weise gegen die Eingeborenen seiner Kolonien vorgegangen ist – das zeigt das deutsche ‹*Weißbuch*›, dem wir weiteste Verbreitung, auch in Frauenkreisen wünschen möchten.»

Dieser Artikel war die Fortsetzung einer Kolonialdiskussion, die wenige Wochen zuvor die Frage beantwortet hatte: «Warum brauchen wir Kolonien?» Ganz im Sinne hausfraulicher Tugenden wurde da argumentiert: «... die Hausfrau weiß, wieviel billiger der Krautkopf aus dem eigenen Garten ist als der vom Gemüsehändler ... Besitzen wir keine eigenen Kolonien, so hängt es ganz von dem guten Willen anderer Völker, insbesondere der Engländer und Amerikaner ab, ob sie uns diejenigen Erzeugnisse, die wir ... dringend brauchen, überhaupt und zu erträglichen Preisen liefern wollen. Wir brauchen Kolonien, und wir haben ein Recht darauf. Die Erde ist groß genug, um bei gerechter Verteilung alle ihre Bewohner zu nähren, zu kleiden und ihnen Stoff zur Arbeit zu geben ...»[230] Es folgt der Aufruf, diesem Anspruch Nachdruck zu verleihen durch Kundgebungen und Unterschriften. Dem Motto «Wir fordern Kolonialbesitz» hatten sich zu diesem Zeitpunkt bereits angeschlossen die Vorsitzenden des «Bundes Deutscher Frauenvereine, des Frauenbundes der Deutschen Kolonialgesellschaft, der Deutschen Frauenvereine vom Roten Kreuz für die Kolonien, des Deutsch-Evangelischen Frauenbundes und des Zentral-Vorstandes des Katholischen Frauenbundes». Übrigens war der konservative «Deutsch-Evangelische Frauenbund» zeitweise Mitglied im «Bund Deutscher Frauenvereine» und ist später in der nationalsozialistischen Ära nicht verboten worden, der «Katholische Frauenbund» aber hatte sich nie dem «Bund Deutscher Frauenvereine» angeschlossen.

---

* Siehe Seite 119f.

Internationalismus 1: Treffpunkt London 1899

Internationalismus in der Frauenbewegung, das waren vor allem internationale Frauenkongresse in Rom, London, Brüssel, Paris, Chicago oder Toronto.

In einer siebenbändigen Dokumentation sind uns die Reden, Beiträge, Diskussionen der Frauen überliefert, die 1899 am Internationalen Frauenkongreß in London teilgenommen haben.[231] Als Vertreterinnen Deutschlands nahmen Marie Stritt für den «Deutschen Verband für Frauenstimmrecht», Frau Bieber-Böhm, eine Fürsprecherin staatlich reglementierter Prostitution, und Anna Simson für den «Bund Deutscher Frauenvereine», teil. Unter den Kongreßbesucherinnen fielen einige Frauen auf, die aus unbekannteren überseeischen Ländern kamen: Madame Shen aus China, verheiratet mit dem chinesischen Botschafter in London, einem Sohn des Vizekönigs von Nanking, erschien im traditionellen Kleid einer Chinesin von hohem Rang, begleitet von ihrem Ehemann und ihrem Dolmetscher Mr. Yen. Ihr Anliegen auf dem Kongreß war es, das gängige europäische Vorurteil zu widerlegen, daß Frauen in China nichts zählten. Sie führte als «ein Beispiel von Tausenden» eine Frau aus ihrer Familie an, ihre Schwiegermutter, die durch ihr mutiges Eingreifen während der Taiping-Rebellion ihrem abwesenden Ehemann den Mandarinstuhl gerettet hatte. Aus Argentinien war Cecilia Grierson angereist. Sie bekannte sich stolz zu ihren britischen Vorfahren und schilderte Argentinien als «ein Land der Freiheit», ein Land, «in dem es keine Vorurteile gibt». Frauen, so führte sie weiter aus, hätten einen aktiven Anteil an all den Arbeiten, an denen sie teilzunehmen wünschten: «Entsprechend ihrer sozialen Position verrichteten sie verschiedene Klassen von Arbeit. Auf dem Land haben unsere eingeborenen Typen, oder halb-indianischen Frauen, wie die Männer wenig Wünsche wegen des schönen Klimas und arbeiten nicht, außer um ihre materiellen Bedürfnisse zu befriedigen...»[232]

Woher nahm die argentinische Abgesandte nur diese Gewißheit? Ob die Indio-Bevölkerung Argentinien ebenfalls als «ein Land der Freiheit» ansah? – Aber kritische Fragen wurden auf dem Kongreß nicht gestellt. Zumindest sind sie nicht in der offiziellen Kongreß-Dokumentation festgehalten. Doch selbst für die Frauen spanischer Herkunft war Argentinien alles andere als ein «Land der Freiheit». Frau Grierson selber berichtete davon, wie sie eingesperrt und in ihren Häusern verstecktgehalten wurden; selbst in armen Familien, in denen viele von ihnen nicht einmal die Erlaubnis ihrer Familienpatriarchen erhielten, eine Arbeit außer Haus anzunehmen. Kein «Land der Freiheit» war Argentinien auch für die vielen Hausangestellten, kein

«Land der Freiheit» auch für die wenigen Hebammen, die ihre Ausbildung an der Universität erhielten und von denen Cecilia Grierson, die erste moderne Ärztin Argentiniens mit heimischem Universitätsabschluß, auf dem Londoner Kongreß ohne nähere Begründung behauptete, sie hätten «keinen guten moralischen Charakter».

Auch indische Frauen waren auf dem Kongreß in London dabei, unter ihnen Marie Bhor, von der nur berichtet wird, daß sie in Oxford studierte. Rednerin für die indischen Frauen und ihre «Repräsentantin» aber war Flora Annie Steel, eine Engländerin. Sie fühlte sich legitimiert dazu durch «Liebe, Bewunderung und Mitgefühl» und verstand sich als «Mittlerin» zwischen den Frauen der aufgehenden und der untergehenden Sonne und diese Geste als Beitrag zur «Festigung des riesigen Indischen Reiches», von welchem sie behauptete, daß «jeder englische Mann und jede englische Frau hofft und betet, es möge bestehen bleiben und hofft und betet, die große Sonne der Rechtschaffenheit und Wahrheit und Gnade möge niemals untergehen»[233]. Die tatsächlichen Zustände des riesigen «Indischen Reiches», das ja britische Kolonie war, wurden so zu einer niedlichen Banalität. Die Hoffnungen und Gebete vieler Engländerinnen und Engländer galten also wohl mehr dem Fortbestand Indiens als britischer Kolonie. Einzig konkreter Hinweis auf die Lebenslage der indischen Frauen in dieser britischen Kolonie war die Bemerkung, die Entsendung von Rechtsanwältinnen nach Indien voranzutreiben, da die Inderinnen kein Recht hätten, vor Gericht auszusagen und nur Frauen-Anwältinnen sie zu Hause aufsuchen könnten, um ihre Angelegenheiten später vor Gericht zu vertreten.

Auch die persischen Frauen wurden auf dem Kongreß von 1899 von einer Engländerin «vertreten», Mrs. Neilson Hamilton, die lediglich sagte, «sie würde ihr bestes tun, den Frauen Persiens vom Kongreß zu erzählen». Wie glücklich konnten sich da die Frauen Palästinas preisen, von einer redegewandten, wahrhaft «patriotischen Internationalistin», Madame von Finkelstein Mountford aus Jerusalem, «repräsentiert» zu werden. Diese «Weltbürgerin» hatte «russisches Blut» in ihren Adern, war «Türkin von Geburt», geboren in einem «mohammedanischen Land», mit einer «mohammedanischen Araberin» als Amme, Amerikanerin durch «Adoption» und Engländerin durch ihre Heirat. In einer Diskussion über Frauen in der Politik zitierte Madame Mountford auf dem Kongreß Verse aus der «Heiligen Schrift», um zu zeigen, «daß einige Passagen mißverstanden würden, daß sogar die Frauen des Alten Testaments gewisse politische Rechte genossen hatten». Nach ihrer Ansicht war es allein den orientalischen Frauen zuzuschreiben, daß solche Überlegungen jetzt für sie keine Anwendung mehr fanden, und nur weil die englischen Frauen «gebildet» seien, würden sie auch versuchen, «die gegenwärtigen unfairen

Bedingungen für Frauen zu beseitigen». – Ein kolossaler Irrtum, wer glaubt, die Kosmopolitin hätte deshalb «Bildung» für alle «orientalischen» Frauen gefordert.

Ein weiterer Tiefpunkt dieses internationalen Frauenkongresses waren die Reden der beiden Frauen aus Südafrika. Mrs. Nixon aus Kapstadt begann ihre Rede mit dem Hinweis darauf, «wie extrem schwierig» es sei, wegen der «großen Seltenheit von effizientem Hauspersonal» außerhäusliche Angelegenheiten oder Arbeiten auszuführen. Und sie beklagt die Pflicht «nahezu jeder Frau in Südafrika», einer großen Küche vorzustehen, ihr eigenes «Ober-Dienstmädchen» und ihre eigene «Oberkrankenschwester» sein zu müssen. Trotzdem konnte sie stolz von 22 Aktivitäten aus Kapstadt berichten. Und bei dieser Lage der Dinge ist es eigentlich nur logisch, daß viele dieser Aktivitäten darin bestanden, schwarze «Waisenmädchen» und «verirrte» Frauen zu guten Hausmädchen zu erziehen, damit die weißen Ladies weniger Ärger mit dem Personal und statt dessen mehr Zeit hätten, sich der Frauenbewegung zu widmen. Die zweite weiße Südafrikanerin auf dem Kongreß, eine Mrs. Stewart, sorgte sich nicht nur um die Fertigkeiten der Dienstbotinnen, sondern vor allem auch um deren «moralische Gesundheit» und um deren «Charakter». Sie war deshalb strikt dagegen, daß die zumeist jungen afrikanischen Hausmädchen nach getaner Arbeit in ihre «Eingeborenensiedlungen» zurückgehen könnten, weil sie so «gänzlich ohne Führung oder Kontrolle» während dieses Zeitraumes wären. Mrs. Stewart versuchte deshalb, die weißen Ladies zu gewinnen, auf keinen Fall Afrikanerinnen zu beschäftigen, die nicht bereit seien, an ihrem Arbeitsplatz auch zu übernachten.

In einem siebenseitigen Bericht in *Die Frau* vom August 1899 über ihre Teilnahme als eine der drei offiziellen Delegiertinnen Deutschlands am Frauenkongreß in London, ignorierte Marie Stritt diesen Problemkreis völlig. Die nichteuropäischen Frauen tauchten nur einmal in Verbindung mit dem «originellen Begrüßungsmeeting» auf, das sich nach ihrer Aussage zu einer Art Parade gestaltete, bei der die fremden Delegationen dem Kongreßpublikum in aller Form und Feierlichkeit von der Präsidentin des International Council, Lady Aberdeen, vorgestellt wurden ... «Sie wurden alle aufs herzlichste begrüßt – aber für den dekorativen Sinn des englischen Publikums waren die gänzlich unbekannten Trägerinnen der bunten orientalischen Kostüme, die Delegierten von Indien, Palästina, China usw. mindestens ebenso interessant. Die kleine Chinesin besonders, die nur notdürftig Englisch verstand, und zu den ernstesten Verhandlungen fortwährend stillvergnügt lächelte, wurde, wenn sie an der Hand ihres ebenfalls lächelnden Bruders auf der Plattform herumtrippelte, von Komitee und Publikum immer mit ganz besonderer Aufmerksamkeit behandelt.» Ein internationaler Frauenkongreß – eine Manifestation internationaler Ignoranz und chauvinistischer Überheblichkeit im Gewand von internationaler Frauensolidarität. Auch in Berlin hatten solche Kongresse stattgefunden. Zum erstenmal vom 19. bis 26. September 1896.

Internationalismus 2: Treffpunkt Berlin 1896

Die Frauenzeitschrift *Courage* erwähnt den Berliner Kongreß von 1896 in ihrem «Kaleidoskop zur Frauengeschichte» als einen Kongreß, «auf dem hauptsächlich das Problem diskutiert wurde, auf welchen Gebieten zwischen ‹sozialistischer› und ‹bürgerlicher› Frauenbewegung gemeinsame Arbeitsmöglichkeiten beständen.»[234].
Nachdem die Sozialdemokratinnen in der Nr. 2 der *Gleichheit* von 1896 angekündigt hatten, daß «Deutschlands klassenbewußte Proletarierinnen» auf diesem Kongreß durch Beauftragte «nicht vertreten sein» würden, Clara Zetkin und Lily Braun jedoch sehr wohl erschienen und heftige Redeschlachten provoziert hatten, liest sich die Bilanz aus der Perspektive der Sozialdemokratinnen in der *Gleichheit* Nr. 21 von 1896 keinesfalls wie ein Diskussionsangebot an die bürgerliche Frauenbewegung. «Genossin Braun», heißt es in dem Kommentar, «wendete sich in eindrucksvoller Weise dagegen, daß man unter Berufung auf England und die Schweiz mit ihrer so anderen geschichtlichen Entwicklung für Deutschland das Arm-in-Arm-marschiren der bürgerlichen proletarischen Frauen anempfehle.» Trotz aller Kritik aber bescheinigten die Sozialdemokratinnen diesem Kongreß «einen namhaften Fortschritt gegenüber allen bürgerlichen Frauentagen, welche bisher in Deutschland stattfanden». Sie kennzeichneten ihn als «einen ersten, wenn auch schüchternen und vielfach naiv-unbeholfenen Versuch, den sozialen Problemen unserer Zeit tiefer ins Auge zu blicken». Insgesamt aber hielten sie nicht viel von diesen Bemühungen, denn «das Klasseninteresse, der Klassenegoismus der breiten bürgerlichen Frauenmasse wird sich als granitner Felsen erweisen, an dem der gute Wille und die klare Einsicht des einzelnen machtlos abprallt». Außerdem schimpfen sie ihn einen «Kongreß der höheren Töchter», da keine der in Englisch oder Französisch gehaltenen Reden ins Deutsche übersetzt wurde. Ohne Zweifel konnten Clara Zetkin und Lily Braun aber ebenfalls ohne Übersetzungen auskommen.
Auf dem Programm des Kongresses standen auch «gesellige Veranstaltungen». Am Sonntag, dem 20. September um 5 Uhr nachmittags beispielsweise ein Besuch auf der gleichzeitig in Berlin abgehaltenen

Berlin, 20. September 1896. V. Jahrgang. Nr. 38.

Berliner Illustrirte Zeitung

Erscheint jeden Sonntag.

Abonnement in Berlin:
vierteljährlich 3 M. 30 Pf., monatlich 45 Pf.
durch alle Zeitungs-Spediteure und die Expedition
frei in's Haus.

Redaktion und Expedition:
Berlin S.W., Charlottenstraße 9.

Abonnement Außerhalb:
bei den Postanstalten für 3 M. 30 Pf. pro Quartal
(Postzeitungsliste 932) sowie bei allen Buchhandlungen.
Anzeigen: 60 Pfg. die Nonpareille-Zeile.

→ Zum internationalen Frauenkongreß in Berlin. ←

Henriette Goldschmidt.   Gräfin Viktorine Butler.   Lina Morgenstern.   Anna Schepeler-Lette.

Helene Lange.   Minna Cauer.   Lily Braun-Gizycki.   Dr. jur. Emilie Kempin.

Marie Stritt.   Hanna Bieber-Böhm.   Jeannette Schwerin.   Anita Augspurg.

Die Vorkämpferinnen der deutschen Frauenbewegung.
(Text Seite 3.)

«Gewerbeausstellung» und am Sonnabend, dem 26. September um 6 Uhr abends ein Festessen im Hauptrestaurant der Gewerbeausstellung. Ein großer Teil dieser Berliner Gewerbeausstellung aber war einer gesonderten «Kolonialausstellung» gewidmet. Dort konnten neben Produkten aus den Kolonien auch Menschen von dort bestaunt werden. Dieser Teil der Ausstellung übte, so die *Berliner Illustrirte Zeitung*, «die stärkste Anziehungskraft auf die breiten Massen aus». Und sie erklärt, weshalb das so war: «Wir haben ja freilich in Berlin seit Jahren im zoologischen Garten, im Ausstellungspark zu Moabit, im Passage-Panoptikum größere und kleinere Trupps der verschiedensten exotischen Völkerschaften kennen gelernt. Aber es waren doch lediglich nur Schauobjekte, die von irgend einem findigen ‹Manager› von Stadt zu Stadt geschleppt und gleichsam in Freiheit dressirt vorgeführt wurden. Der Rahmen, in welchem sie sich uns zeigten, war, je nach Lokalität, mehr oder minder Coulisse. Das Negerdorf in der Kolonial-Ausstellung ist aber etwas ganz anderes. Mit geschickter Ausnutzung der vorhandenen Oertlichkeit, an den idyllischen Ufern des Karpfenteiches, sind hier unseren schwarzen ‹Landsleuten› die heimatlichen Hütten wiedererstanden, so daß sie sich, abgesehen vom Klima, wie ‹zu Hause› fühlen ... ein ethnographisches Kulturbild, dem nichts Einstudirtes anhaftet ...»[235]

Diese Gewerbeausstellung stand also gleich zweimal auf dem gesellingen Programm des Internationalen Frauenkongresses. Es ist mir nicht gelungen, auch nur eine einzige Zeile des Protestes oder eine kritische Anmerkung von den Kongreßfrauen gegen die Zurschaustellungen von Menschen zu finden. Solch ein Besuch von Völkerschaustellungen anläßlich internationaler Frauenkongresse war übrigens keine einmalige Angelegenheit. In der Ausgabe Nr. 35 vom 21. August 1897 brachte das *Neue Frauenblatt* einen Bericht über ein ‹*Intermezzo vom Brüsseler Kongreß*›, verfaßt von der «Spezialkorrespondentin Fräulein Marie Heller». Da heißt es zunächst: «Nach der heißen Arbeit des ersten Tages, an dem unsere deutschen Frauen sich durch Schärfe der Darstellung und Genauigkeit der Ausführung vor allen anderen Rednerinnen ausgezeichnet hatten, wurde der folgende Tag der Erholung gewidmet.» Die Erholung bestand im Besuch der «Kongoausstellung» des belgischen Königs. Weil das Klima am Kongo für Weiße zu ungesund sei, so die Berichterstatterin, «hat man schon seit Jahren versucht, den eingeborenen Neger zu bilden und zu erziehen, um ihn als Kolonisator zu benutzen». Alle aber sind sie dazu nicht zu gebrauchen, denn «die südlich vom Flusse wohnenden sind leider durch den Alkoholismus und andere Laster verdorben und wenig brauchbar». Marie Heller lobte sodann die Geschicklichkeit der «Neger» beim Töpfern und Schnitzen und bewunderte das «tamtam», das sogar «den elektro-magnetischen Telegraphen» ersetzt.

No. 104. Martha Kamatoto, ♀, um 30 Jahre, Herero aus Otyiseva; (vergl. die obenstehende Abbildung). Frau von No. 102, seit 13 Jahren verheiratet, hat 6 Jungen, von denen einer kürzlich gestorben. Gross, schlank, kräftig, gut genährt. Haut dunkel rötlich-braun, Gesicht wesentlich heller. Lippen rötlich, besonders die untere. Iris sehr dunkel, Sklera weiss, Conjunctiva farblos. Augen mandelförmig, gerade, gross. Haar grauschwarz, sehr dicht, lang, kraus, hart, dick. Wimperhaare kurz, gerade.

Kopf gross, lang, breit, anscheinend sehr hoch (wozu freilich das mächtige Haar viel beiträgt). Hinterhaupt stark vortretend. Gesicht schmal, lang, spitz elliptisch, mässig prognath. Stirn hoch, gerade, breit, etwas kielförmig, gewölbt. Wangenbeine nicht ganz angelegt. Nasenwurzel schmal, hoch; Rücken ganz wenig konkav; Septum kurz, nach aussen sehr breit; Flügel dünn; Löcher rundlich, gross. Lippen voll, Zähne intakt, gut gepflegt. Ohren klein, regelmässig; Läppchen klein, frei, durchbohrt. Der Rand der rechten Ohrmuschel an drei Stellen eingekerbt: Narben vom Scarifizieren, »wie beim Rind«, wegen Fieber! Hände und Finger sehr lang, schlank; Finger hyperextendiert. Nägel mässig lang, weiss, gewölbt, mit Lunula, gut gepflegt.

(Siehe die hierzu gehörige umstehende Tabelle.)

Hauptanziehungspunkt der Ausstellung aber war für sie die «Kongofrau». Darunter fand sie «schön gebaute Gestalten», war dann aber doch etwas pikiert, als ihr Ausstellungsführer, ein Herr Lemaire, so «ungalant» war zu behaupten, «daß man sich an die braune Hautfarbe so gewöhne, daß man sie der weißen mit der Zeit vorziehe, weil sie keine Unregelmäßigkeiten zeige». Diese Bemerkung rief «ein leises Gemurmel des Widerspruches» unter der zu neun Zehntel weiblichen Zuhörerschaft hervor. Marie Heller aber konnte sich «nicht enthalten, über die wirklich herrlich geformten Arme einer dieser Bronzegestalten liebkosend die Hand gleiten zu lassen, was der Besitzerin derselben ein Grinsen der Zufriedenheit entlockte». Die Besucherinnen besichtigten noch «eine sehr niedliche kleine Menschenrace», die Pygmäen, begrüßten noch den «schon sehr civilisierten und sogar etwas Englisch sprechenden Häuptling der ganzen Niederlassung» und verabschiedeten sich dann von ihren «schwarzen Freunden».

Internationalismus 3: Exotik frei Haus

Internationalismus in der Frauenbewegung jener Tage, das waren neben den Kongressen auch Artikel und Notizen in den Frauenzeitschriften. Verbunden fühlten sich die deutschen Frauenrechtlerinnen aller Richtungen vor allem mit den Frauen aus anderen «Kulturländern». Als solche galten laut ‹Handbuch der Frauenbewegung› von 1901 Österreich, Schweiz, Holland, England, Dänemark, Norwegen, Schweden, Finnland, Rußland, Polen, Frankreich, Belgien, Griechenland, Italien, Portugal und «Amerika» (gemeint waren die USA).[236]

Ganz besonders eng waren ihre Beziehungen zu den englischen und amerikanischen Frauen, deren kämpferischen Geist sie bewunderten, deren Ziele die eigenen geprägt hatten und deren Erfolge oder Mißerfolge mehr oder weniger interessiert verfolgt, diskutiert und auch ein bißchen beneidet wurden. Nachrichten von und über Frauen aus anderen als diesen Ländern tauchten in den verschiedenen Frauenzeitschriften im wesentlichen nur als exotisches Beiwerk auf, wobei es sich in erster Linie um die Erfolge einzelner Frauen oder um spektakuläre Aktionen drehte. Eigene Stellungnahmen oder Meinungen dazu fehlten meist völlig. So veröffentlichte etwa das *Centralblatt des Bundes Deutscher Frauenvereine* unter der Rubrik «Aus fremden Ländern» am 1. Februar 1910 folgende zwei kurze Nachrichten aus nichteuropäischen Ländern: «Brasilien: In dem Municipium Sacramento im brasilianischen Staate Minas wollen die Frauen nicht dulden, daß ihre Söhne, Brüder, Ehemänner und Verlobten zur Dienstleistung in der Armee herangezogen werden. Als jüngst die Aushebungskommission im Rathaus tagte, drangen zweihundert Frauen in den Sitzungssaal, zerrissen die Papiere und Akten der Kommission und drangen auch in einen Nebensaal, wo sie die Urliste für die Geschworenen vernichteten. Die städtische Polizei wagte nicht einzuschreiten und hielt sich in respektvoller Entfernung. Es sind daher auswärtige Polizeikräfte nach Sacramento beordert worden, um das Aushebungsgeschäft zu ermöglichen.»

Bei der Hasenfüßigkeit des «Bundes Deutscher Frauenvereine» wäre eine ähnliche Aktion hierzulande völlig undenkbar gewesen. Trotzdem oder vielleicht gerade deshalb wurde keine eigene Meinung dazu abgedruckt. Die zweite Nachricht stammte aus der Türkei: «Eine Anzahl türkischer Frauen hat sich kürzlich im jungtürkischen Hauptquartier eingefunden, um Anteil an den Parlamentsverhandlungen zu verlangen. In erster Linie forderten sie Zutritt zum Parlamente, das heißt dieselben Rechte, die sie haben würden, wenn sie Christenfrauen wären. Es soll ihnen eine vergitterte Galerie im Parlamente eingeräumt werden.»

Ähnliche Beispiele für die Behandlung der internationalen außereuropäischen Frauenfrage können auch für andere deutsche Frauenzeitungen angeführt werden. Zur Probe hier die Zeitung der radikalen Frauen *Die Frauenbewegung*, herausgegeben von Minna Cauer: Am 1. März 1895 brachte sie die Nachricht über das schottische Fräulein L. Hamilton, das in Brüssel ihr Doktorexamen gemacht und in Kalkutta praktiziert hatte und «den alten Emir von Afghanistan während seiner letzten Krankheiten behandelte». Am 1. August 1896 informierte *Die Frauenbewegung* über die Erstzulassung der Rechtsanwältin Maria Sandogal in Mexiko.

Die Zeitschrift *Die Frau*, von Helene Lange ab 1893/94 herausgegeben, die übrigens ohne Unterbrechung auch im faschistischen Deutschland bis 1944 erschien, brachte als eine der Ausnahmen zwischen 1894 und 1903 wenigstens ganze vier Artikel, die sich mit den Kolonien, allerdings nur mit den deutschen Frauen und ihrem schweren Kolonialhausfrauenlos dort beschäftigten. Verfaßt waren sie alle von Frieda von Bülow.*

Die sozialdemokratische Frauenzeitschrift *Die Gleichheit* unterschied sich in diesem Punkt nicht von den bürgerlichen Frauenblättern. Zum Beispiel berichtete sie am 11. November 1896 von der Gründung einer «frauenrechtlerischen Zeitung» in der Türkei, die unter dem Titel ‹*Khamlarah Makhsans*› von Abdul Haki Hamid Bey und fünfzehn Frauen in einer Auflage von 3500 Exemplaren erschien.

---

* Siehe Seite 201 f.

Am 19. Januar 1898 brachte sie folgende Notiz: «Als Leibärztin der Frauen des Negus von Abessinien soll Fräulein Zurcher angestellt werden. Die Dame hat kürzlich ihr medizinisches Doktorexamen in Bern glänzend bestanden und ist bereits nach Abessinien an den Hof des Negus abgereist.» Wenig später, am 16. Februar 1898, verrät *Die Gleichheit* ihren Leserinnen, daß auch der Emir von Afghanistan eine Frau als Hausärztin beschäftige, und diese Dame, eine Miss Hamilton, wir kennen sie bereits aus der Notiz in *Die Frauenbewegung* vom März 1895, habe in Afghanistan Zwangsimpfungen eingeführt. Am 28. September 1898 erfahren die deutschen Arbeiterinnen – *Die Gleichheit* verstand sich als «Zeitschrift für die Interessen der Arbeiterinnen» – von den «guten Fortschritten» der Frauenbewegung in Brasilien: «In Rio de Janeiro praktizieren sechs weibliche Ärzte, die sämtlich ihr Doktorexamen an der medizinischen Fakultät der Hauptstadt des Landes bestanden haben. Eine der Damen, Senora Anna Machado, hat außerdem noch den Doktorhut an der Universität zu Philadelphia erworben. Zahlreiche talentvolle Frauen haben sich der Rechtswissenschaft gewidmet. Am bekanntesten davon sind Dr. Maria Coelho, welche Leiterin eines wissenschaftlichen Instituts ist, Dr. Delmira Cosla und Dr. Maria Fragosa da Silva, letztere beide gesuchte Rechtsanwälte. An der Universität St. Paul und der medizinischen und juristischen Fakultät von Rio de Janeiro studieren je zehn Damen. Die gleiche Zahl von Studentinnen weist die Apothekerschule zu Ouro Preto im Staate Minas auf. Auf literarischem Gebiet sind zahlreiche Frauen mit Erfolg tätig. Die Dichterinnen Zalma Rolino, Revocata de Mello und Procelia d'Almeida erfreun sich großer Beliebtheit, ebenso die Romanschriftstellerinnen Julia d'Almeida und Josephina d'Azevedo. Zwei von Frauen gegründete Zeitschriften kämpfen für die Rechte des weiblichen Geschlechts, die eine *A Familia* verfolgt sehr gemäßigte Tendenzen, die andere *A Mensaglira* fordert dagegen die volle soziale Gleichberechtigung der Frauen.»

Dabei wäre es durchaus möglich gewesen, bei aller Verschiedenheit, andere Gemeinsamkeiten und Zusammenhänge herzustellen zu den Leserinnen der *Gleichheit*, den Arbeiterinnen in Deutschland. An Hand auch nur eines Kolonialproduktes hätte sich eigentlich ein Vergleich aufdrängen müssen; ein Vergleich, der verblüffende Ähnlichkeiten zutage gefördert hätte: Zum Beispiel an Hand von Kaffee zwischen den Kaffeepflückerinnen auf deutschen ostafrikanischen Plantagen und den Kaffeeverleserinnen der hanseatischen Heimarbeitsindustrie. Beider Lage war jeweils gekennzeichnet durch Rechtlosigkeit, Hungerlöhne und deshalb notwendige Mitarbeit ihrer Kinder; miserable Wohnungen, unzureichende Gesundheitsvorsorge, Lohnarbeit bei gleichzeitiger Versorgung von Mann und Kindern; durch schier unbegrenzte Arbeitstage, durch niedrige Lebenserwartung und extreme Ausbeutung. Doch nichts dergleichen. Und bis heute hat die organisierte Arbeiterschaft der Ex-«Kulturländer», der heutigen «Industriestaaten», im Grunde keine wirklich solidarische internationalistische Praxis entwickelt mit der Arbeiterschaft in den ehemaligen Kolonien, die heute scheinbar neutral als «Entwicklungsländer» bezeichnet werden.

Im August des Kriegsjahres 1915 prangerte Luise Zietz, eine der führenden Sozialdemokratinnen und Mitglied des SPD-Parteivorstandes, öffentlich die schlechte Versorgung der Bevölkerung mit Nahrungsmitteln an. Sie verstieß damit gegen den «Burgfrieden», den die sozialdemokratischen Führer für die Zeit des Krieges mit den Herrschenden eingegangen waren. Die Behörden belegten Luise Zietz mit einem Redeverbot. Partei- und Gewerkschaftsspitze, denen *Die Gleichheit* unter der Federführung von Clara Zetkin und Luise Zietz schon lange zu radikal und ein Dorn im Auge war, reagierten ebenfalls. Im Juli 1915 kündigten die Gewerkschaften ihr Massenabonnement der *Gleichheit* und begannen ab 1916 eine eigene *Gewerkschaftliche Frauenzeitung* herauszugeben. Parteivorstand und Gewerkschaften boten den sozialdemokratischen Frauen auf Veranstaltungen an, ihre Abonnements der *Gleichheit* auf die neue Zeitung umzuschreiben. Ende 1916 wurde Luise Zietz aus dem Parteivorstand und Anfang 1917 zusammen mit anderen Oppositionellen aus der Partei ausgeschlossen. Luise Zietz trat der von der innerparteilichen Opposition neugegründeten Unabhängigen Sozialdemokratischen Partei Deutschlands – USPD – bei.

Entsprechend der Intention ihrer Begründer war die *Gewerkschaftliche Frauenzeitung*, die unter der verantwortlichen Redaktion von Gertrud Hanna erschien, denn auch alles andere als ein Blatt mit progressiven Inhalten. Zum Thema Frauen in überseeischen Ländern brachte sie nur wenige Artikel. Von zweifelhaftem Informationsgehalt, waren sie in keiner Weise dazu geeignet, anderes als exotische Neugierde zu befriedigen. Im 1. Jahrgang 1916 plauderte in der Nummer 8 eine namentlich nicht genannte deutsche Frau über ihren «Besuch im Harem», bestätigte den türkischen Frauen die «echten Evastöchter», weil diese soviel Interesse an ihrer Garderobe zeigten, bescheinigte ihnen «Kindlichkeit ihres Wesens» und bemerkte gönnerhaft, daß ihre Gastgeberin «auch niemals vor dem Denken zurückgeschreckt war».

Der zweite Artikel im 1. Jahrgang in der Nummer 15 beschäftigte sich unter der Überschrift ‹*Aus dem Reiche der Negerfrau*› mit den Haushalts- und Familienpflichten afrikanischer Frauen. Die Einleitung klingt vielversprechend: «Wer die Sitten und Bräuche anderer Völker gerecht und vorurteilsfrei beurteilen will, darf vor allem sie nicht mit dem Maßstabe der eigenen Kultur messen.» Diese Prämisse

*Die Bücher kosten nur noch
ein Fünftel ihres früheren Preises...*

...schrieb der Bischof von Aleria 1467 an Papst Paul II. Das war Gutenberg zu verdanken.

Heute, 500 Jahre später, kosten Taschenbücher nur etwa ein Fünftel bis ein Zehntel des Preises, der für gebundene Ausgaben zu zahlen ist. Das ist der Rotationsmaschine zu verdanken und zu einem Teil auch – der Werbung: Der Werbung für das Taschenbuch und der Werbung im Taschenbuch, wie zum Beispiel dieser Anzeige, die Ihre Aufmerksamkeit auf eine vorteilhafte Sparform lenken möchte.

Pfandbrief und Kommunalobligation

Meistgekaufte deutsche Wertpapiere - hoher Zinsertrag - bei allen Banken und Sparkassen

Verbriefte Sicherheit

hält die Schreiberin jedoch nicht davon ab, einige Zeilen weiter festzustellen, daß es «im Reich der Negerfrau nach europäischen Begriffen natürlich recht primitiv aussieht». Sogar vom Kolonialismus ist in diesem Artikel die Rede. Es heißt da: «Die europäische Kolonisation» hätte «die Eingeborenen vielfach zur geregelten Arbeit herangezogen». Dies scheint nicht weiter schlimm gewesen zu sein, denn, so kann man weiter erfahren, «im Negerheim nimmt man das Leben nicht allzuschwer; man liebt die Leichtlebigkeit, Lachen und Fröhlichsein...»

1917 erschienen in der *Gewerkschaftlichen Frauenzeitung* überhaupt keine Artikel zu diesem Thema, im letzten Kriegsjahr dann wieder einige, alle den beiden oben charakterisierten zum Verwechseln ähnlich. Da gab es in der Nr. 1/1918 von Elfriede Schäfer ‹*Das chinesische Frauenideal*›, in Nr. 5/1918 von L.L. ‹*Wie es in einem Negerhaushalt ausschaut*›, in Nr. 6/1918 ebenfalls von L.L. ‹*Die Schönheitsmittelchen der Negerfrau*›, in Nr. 17/1918 von Johanna Weiskirch ‹*Sommerfreuden am Goldenen Horn*› und in der Nr. 21/1918 ‹*Türkisches Badeleben*› ohne Angabe der Verfasserin. 1919 bezog sich die Rubrik «Internationales» wiederum nur auf die «Kulturländer».

Internationalismus 4:
Vom Internationalismus der Bourgeoisiefrauen

Die Bourgeoisie aber hatte auch damals schon der Arbeiter- und Arbeiterinnenbewegung viel an Internationalität voraus. Und es gab Frauen, die mehr damit zu tun hatten, als bloße Nutznießerinnen des Reichtums ihrer Väter oder Männer zu sein. Dazu nur zwei Beispiele: Lucia Sommerguth-Loeser war die alleinige Inhaberin der Zigarrenfabrik Loeser & Wolf GmbH in Berlin mit Zweigfabriken in Braunsberg, Marienburg, Preußisch Stargard und Dinglingen, Baden. Jährlich wurden in diesen Fabriken circa 170 bis 180 Millionen Zigarren hergestellt. Die Inhaberin kaufte Tabakernten aus tropischen Ländern auf; Arbeitsprodukte von Menschen, die unter erbärmlichsten Verhältnissen auf den Plantagen von Europäern lebten und schufteten. Die Weiterverarbeitung erfolgte in Deutschland ebenfalls unter sehr harten Bedingungen. Erhebungen aus dem Jahre 1874/75 berichteten von den «ungünstigen Gesundheitsverhältnissen» der Arbeitsplätze in der Tabakindustrie, «da die Ausdünstung des Tabaks in Verbindung mit der Beschaffenheit der Arbeitsräume, in denen meist eine unverhältnismäßig große Anzahl von Personen beschäftigt sind, auf Lunge und Augen nachteilig einwirken». Da ein Großteil der Zigarren in Heimarbeit hergestellt wurden, litten vor allem auch die kleinen Kinder der Heimarbeiterinnen unter den gesundheitsschädigenden Folgen von Tabakstaub und Nikotin.

Obwohl sich die Zigarrenmacher, die übrigens Weihnachten 1865 in Leipzig die erste zentral organisierte Gewerkschaft Deutschlands gegründet hatten, neben den Schneidern besonders lebhaft damit hervortaten, das Verbot gewerblicher Frauenarbeit zu fordern, wurden in diesem Industriezweig immer mehr Frauen beschäftigt. Eine Untersuchung nennt noch im Jahre 1936 ihren Anteil bei 75 Prozent. Das Geheimnis dieser Entwicklung zu lüften ist nicht schwer: die Frauenlöhne lagen erheblich unter denen ihrer männlichen Kollegen – eine über Jahre hinweg konstante Entwicklung. Einer Studie zufolge war in der badischen Zigarrenindustrie der durchschnittliche Lohn für Männer im Jahre 1911 um 23 Prozent höher als 1887, der durchschnittliche Lohn für Frauen jedoch nur um 13,3 Prozent.

Eine seltsame Dreieckskonstellation von Ausbeuterin und ausgebeuteten Frauen international: die Fabrikantin in Berlin, die Tabakpflückerinnen in Übersee, die Zigarrenarbeiterinnen im Deutschen Reich. Das gemeinsame Interesse der Arbeiterinnen in den verschiedenen Kontinenten war auseinandergerissen, das Bindeglied zwischen beiden – die Fabrikantin – ohne Interesse daran, daß sie sich zusammenfinden, die Gewerkschaftsbewegung auf das «Reich» fixiert und auch da nicht auf die Zigarrenarbeiterinnen.

Katharina von Kardorff-Oheimb entstammte einer alten rheinischen Patrizierfamilie, die ihren Reichtum durch Weberei und Blumengroßzüchterei begründet hatte. Nach ihrer Scheidung von dem Industriellen Daelen heiratete sie den Inhaber der Chemischen Werke in Biebrich am Rhein, der bald darauf tödlich verunglückte. Ihre neue Ehe mit dem Rittergutsbesitzer von Oheimb wurde 1921 geschieden. Die Chemie-Fabriken ihres zweiten Mannes hatten sich zum Zeitpunkt seines Todes im Jahre 1911 in einer schwierigen Lage befunden. Es gelang Katharina von Kardorff-Oheimb nicht nur, die zehn Millionen Mark Verpflichtungen aus dieser Zeit zu begleichen, sondern auch das Unternehmen wieder «flottzumachen». Sie war Mitglied der «Deutschen Volkspartei», die sie mit erheblichen finanziellen Mitteln unterstützte, und gehörte sieben Jahre lang dem Deutschen Reichstag an. Diese «emanzipierte» Frau und Vertreterin ihrer Klasse engagierte sich nicht nur als Mitbegründerin und Vorsitzende des «Deutschen Damen-Automobil-Klubs» und des «Deutschen-Damen-Klubs», sondern auch in der internationalen Frauenbewegung. 1929 war sie es, die die gesellschaftliche Kommission des Frauenweltkongresses leitete, zu dem Frauen aus etwa 41 Nationen nach Berlin kamen.

Diese Frau hatte einst zusammen mit der Sexualreformerin Helene Stöcker den «Bund für Mutterschutz» gegründet, was sie übrigens nicht davon abhielt, mißbrauchten Dienstmädchen vorzuwerfen, sie hätten ja auch die Möglichkeit, «nein» zu sagen. Katharina von Kardorff-Oheimb beschrieb in ihren Memoiren auch die Reisen, die sie mit ihrem Ehemann in überseeische Länder gemacht hatte: «Ernst und ich haben herrliche Reisen gemacht. Wir fuhren nach Indien, mit allem erdenklichen Luxus. Wir hatten einen Diener und eine Jungfer mit auf die Reise genommen, die für unsere Bequemlichkeiten sorgten und uns alles Lästige abnahmen. Dennoch, als ich später von der Masern-Erkrankung meiner Kinder hörte, brach ich die Reise ab und kehrte heim. Wir haben gemeinsam Ceylon besucht, wir fuhren nach Japan, das mein Mann gar nicht mochte, dann ging es nach China, wo mich eine fausse couche niederwarf. Mehrmals in meinem Leben bin ich in Afrika gewesen, damals, 1908, zum ersten Male mit Ernst, einundzwanzig Jahre später, 1929, zum letzten Male, an der Seite Siegfried von Kardorffs. Afrika ist mir eine Offenbarung gewesen. Es hat seine unwiderstehliche Anziehungskraft für mich behalten bis zum heutigen Tage, fast wie eine Heimaterde. Hier war das Land, wo die Welt erst geboren wurde – so etwa empfand ich diesen Kontinent. Damals gab es dort nur Kamele und Esel, die buntgekleideten Einheimischen, und als Fremdenführer die Dragomänner...»[237]

Soviel zu ihrem «Internationalismus». Ihr Nationalismus war auch nicht von Pappe. So schreibt sie über die Zeit vor dem Ersten Weltkrieg: «Überall war Deutschland in Führung. Jeder Deutsche hatte ein erhebendes Gefühl von sich selber und seiner Nation: ob es die Männergesangvereine waren, die in großem Wettstreit unter dem Protektorat des Kaisers sangen, oder ob man nach wie vor Bismarckheringe aß, ob man in Konstantinopel beim deutschen Botschafter von Wangenheim eine dem Fliegen ergebene deutsche Sängerin das zum Schlager gewordene Lied: Ach, wenn ich doch Flügel hätte, singen hörte, während unsere Militärs dort die türkischen Soldaten ausbildeten, und unsere Ingenieure die Bagdadbahn bauten. Grund genug für den deutschen Bürger, stolz zu sein auf unsere enormen Leistungen in aller Welt.»[238] Die Tagung des «Weltbundes für Frauenstimmrecht» 1929 in Berlin war für Katharina von Kardorff-Oheimb vor allem ein «gesellschaftliches Ereignis» und eine Gelegenheit, «um den Besucherinnen aus allen Ländern der Welt den Berliner Aufenthalt innerlich erlebnisreich, geistig anregend, gesellschaftlich unterhaltend, angenehm und abwechslungsreich zu gestalten und sie bei alledem das wirkliche Kulturfluidum des neuen Deutschlands spüren zu lassen»[239].

Weiße Sklaverei oder:
Variationen zum Thema Internationalismus

Es gab jedoch ein internationales Frauenproblem, das immer wieder und in fast allen Frauen-Zeitschriften auftauchte: der schwunghafte internationale Handel mit Frauen. In Hamburg wurde 1898/99 ein Zweigverein der «Internationalen Abolitionistischen Föderation» gegründet. Dieser Verein, als dessen Initiatorin die Engländerin Josephine E. Butler gilt, erklärte das Sexualleben zur Privatangelegenheit der Beteiligten, forderte Aufklärung der heranwachsenden Jugend und die Beseitigung der Prostitution durch wirtschaftliche Maßnahmen. Ihre besondere Kampfansage galt dem internationalen Handel mit Frauen. Zweigvereine in anderen Städten folgten. Die Bewegung wurde unterstützt von Frauen wie Anita Augspurg, Katharina Scheven, Anna Pappritz, Lida G. Heymann, der Gräfin Guillaume-Schack und Männern wie dem Arzt Blaschko, dem Professor Flesch oder dem Pfarrer Hoffet. Die Devise der Bewegung war: «Es gibt nur eine Moral, sie gilt für Mann und Frau.»

Wie viele Initiativen waren auch die Abolitionisten eine Stellvertreterbewegung für Prostituierte, keine Bewegung von Prostituierten. Der zweite Schwerpunkt ihres Programms, der Protest gegen die herrschende Doppelmoral aber war der Protest von Betroffenen. Er ist bis heute aktuell geblieben. Es waren vor allem Frauen aus dem Umkreis der abolitionistischen Bewegung, die aus den sonst so «exotischen» Ländern anderes berichteten als übliches Reisegeplauder oder unverbindliche Notizen, nämlich vom Elend der Prostituierten in aller Welt. So findet sich in der Nummer 5 des *Abolitionist* aus dem Jahre 1904 ein namentlich nicht gezeichneter Artikel, verfaßt von einer Frau, die das Bordellviertel von Kairo gesehen hatte und «den dort empfangenen Eindruck schwerlich vergessen» konnte: «... Ein Gäßchen am anderen, äußerlich den eben durchfahrenen gleich, die Häuser mit überhängenden Stockwerken. Nur im Erdgeschoß keine Läden, statt ihrer eine Art große Schaufenster, hinter dessen Gitter sich je drei bis vier Weiber, auf dem Fußboden liegend, feilboten, resp. feilgeboten wurden! Denn im Türeingang standen die Besitzerinnen oder Inhaberinnen des betreffenden Hauses, dicke alte Jüdinnen oder auch schmierige Negerinnen, die mit Wort und Geste ihre Ware anpriesen ... Lebendes Menschenfleisch zur gefälligen Bedienung. Die armen Dirnen, hauptsächlich Farbige in den verschiedensten Nüancen, waren grell und ärmlich aufgeputzt ...» Sie traf auch auf eine französisch sprechende hellblonde Europäerin: «... wie ihr Dasein endet, bewies ein krasses Beispiel. Im angrenzenden Lokal stand neben der lebenden Ware ein Sarg, nach örtlichem Brauch ohne

Deckel. Eine Tote lag darin... so grenzenlos traurig und eine erschütternde Anklage gegen männliche Willkür und menschliche Einrichtungen. Vielleicht war's für die Tote besser, daß sie jetzt starb, ehe sie, als nicht mehr brauchbar, wie Kehrricht auf die Straße geworfen wurde...»

Selbst das *Centralblatt des Bundes Deutscher Frauenvereine* und das vaterländische *Frauenkapital*, vor allem aber die *Neue Generation* und der *Abolitionist* berichteten über das soziale Elend im Gefolge von internationalem Frauenhandel und Prostitution. In der *Neuen Generation* Nummer 6/1911, herausgegeben von Helene Stöcker, berichtet die ehemalige Polizeiassistentin Henriette Arendt, von einigen Fällen von Kinderprostitution: «... ein achtjähriges Mädchen israelitischer Herkunft, dessen Mutter von dem eigenen Ehemann im Jahre 1908 an ein Bordell nach Argentinien verkauft worden war, sollte von der Großmutter, der Mutter der verkauften Frau, ebenfalls an ein Bordell verkauft werden. Die Polizei schöpfte jedoch Verdacht, die Großmutter wurde verhaftet und ihr das Kind abgenommen... Eine Kellnerin aus Köln berichtete mir, daß ein in Berlin, Hamburg, Köln, Straßburg und Wien mehrfach vorbestrafter Zuhälter wiederholt Mädchen ‹aus Gefälligkeit› Adoptiveltern für ihre Kinder besorgt habe, desgleichen habe er den Mädchen selbst Stellungen als ‹Kellnerin› und ‹Buffetdame› nach Südamerika verschafft. Vor mehreren Jahren sei er selbst nach Amerika gegangen, um dort ein Bordell aufzumachen. Was er mit den Kindern angefangen habe, wisse sie nicht...»

Doris Wittner, die Algier, Constantine und Tunis bereiste, beschrieb im *Frauenkapital* arabische Frauengassen: «... Mit einförmiger Stimme erzählte der arabische Führer, der für die Sicherheit der Fremden im gefährlichsten Viertel der Afrikanerstadt bürgte, daß am Abend zuvor ein Offizier aus Biserta in diesem Gäßchen seine eigene Schwester entdeckt habe. Der Offizier, ein Mann des jähen Impulses und der raschen Tat, hatte kurzen Prozeß gemacht und hatte der Tochter seiner Mutter, seines Blutes Geschwister, mit scharfem Messer die Kehle durchschnitten. Dann war er weitergegangen und hatte sich nicht mehr umgewandt. Die Leiche des fahrenden Fräuleins aber hatte man gen Morgen unauffällig in die Grube geworfen.» In Algier traf sie auch auf eine Europäerin, eine Deutsche: «Dort, wo das abschüssige Gäßchen sich zu den finstersten Löchern senkte, saß regungslos auf der Schwelle zu ihrem Gewahrsam, die häßlichste, verwahrloseste, gedunsenste aller Frauen. Sie saß und stierte stumpfsinnig vor sich hin. Als diese Frau von dem Touristenschwarm angesprochen ward, antwortete sie hart und höhnend, aber – in deutscher Sprache. Darob um ihre Herkunft befragt, lachte sie böse, mißtönig, grell: Berlin!» Doch ist für Doris Wittner auch das luxuriöse Leben orientalischer «Haremsfrauen», die keinerlei Freiheit genießen, ebenso verwerflich. Sie schrieb dazu: «... die Frauengassen der Araberviertel Nordafrikas sind der stärkste Vorwurf, der gegen den Mann erhoben werden kann. Es gibt nur noch einen, der ihm gleichkommt, und der heißt: die Haremsherrlichkeit seiner Sultansschlösser.»[240]

Bertha Pappenheim, Vorsitzende des «Deutschen Jüdischen Frauenbundes», die 1911 und 1912 in den Orient reiste, «um den Bestrebungen des Frauen-, Mädchen- und Kinderschutzes zu dienen», gestand in einem Referat auf dem «Jüdischen Internationalen Kongreß zur Bekämpfung des Mädchenhandels» in London im Jahre 1910 die Beteiligung von Juden und Frauen an diesem Geschäft: «Wie bekannt, sind die Händler und Agenten vielfach Frauen, kapitalkräftige Kaufleute, die oft unter dem Deckmantel größter Ehrbarkeit ihr Geschäft betreiben. In einer großen österreichischen Stadt wurden mir jüdische Frauen genannt, Besitzerinnen von Mietshäusern, die ihr Vermögen notorisch durch Mädchenhandel gesammelt hatten. Von der einen wußte man, daß sie zur Zeit auf dem Wege nach Indien war und daß sie bestimmte Beziehungen zu ihrer Heimat erhalte ...»[241]

Unter den Gruppen, die sich der «weißen Sklaverei» annahmen, gab es nicht wenige, die den Frauenhandel und die Verwicklung von Juden darin zum Vorwand nahmen, antisemitische Hetzschriften zu verbreiten. Wieder andere richteten ihr «rassepolitisches» Interesse auch auf die deutschen Kolonien und befürworteten eine verstärkte Einwanderung deutscher Frauen dorthin. Dies vielfach mit der Begründung, daß ein «dauernder Verkehr Weißer mit schwarzen Frauen» moralische Schäden verursache und letztlich sogar den Bestand der Kolonien gefährde, denn der «ethisch hochstehende Kaukasier» würde durch eine Mischehe oder ein «dauerndes eheähnliches Verhältnis allmählich auf ein niedriger stehendes sittliches Niveau» herabgedrückt.[242]

So schillernd die Berichterstattung zum Thema Handel mit Frauen auch gewesen ist, eines wurde deutlich: Frauen waren die Opfer dieses modernen Sklavengeschäftes, Frauen arbeiteten und kämpften gegen dieses Verbrechen, Frauen waren aber auch auf der Seite der Ausbeuter zu finden – alles drei ebenfalls Variationen internationalistischer Praxis von Frauen.

Eine winzige Hoffnung

Auf der Suche nach einer möglichen solidarischen Verbindung von deutchen Frauen mit Frauen der Völker in den deutschen Kolonien und nach Aktionen von Frauen gegen den imperialistischen Krieg bin ich auf folgende Ereignisse gestoßen:

In seiner Studie über die Kolonie Deutsch-Südwestafrika erwähnt Helmut Bley einen Brief des «Deutschen Frauenvereins vom Roten Kreuz für die Kolonien» vom 6. April 1910. Die Frauen dieses Vereins hatten Kenntnis erhalten von den medizinischen Zwangsuntersuchungen aller afrikanischen Frauen in Sammel- und Gefangenenlagern, die mit der Begründung durchgeführt wurden, die grassierende Syphilis dadurch unter Kontrolle zu bekommen. In ihrem Brief drohten die deutschen Frauen, «durch Veröffentlichung einen Skandal zu entfesseln, und setzten durch, daß die entehrende Prozedur auf Dirnen beschränkt wurde»[243].

Der «Fall» wurde trotzdem öffentlich. In der Zeitung des «Bundes für Mutterschutz», der *Neuen Generation* vom Juni 1910, griff ein Dr. James Broh die Vorschläge des Kolonialrates von «Deutsch-Südwestafrika» zur Reduzierung der Zahl von Mischlingskindern und zur Eindämmung der Syphilis heftig an. Es handelte sich um die folgenden Empfehlungen:

«1. Bordelle mit ‹unverbesserlichen› schwarzen Weibern auf den Truppenplätzen zu eröffnen, zugleich mit einem Avis an die Missionen, hiergegen zu wirken.

2. Die betreffenden Weißen (das heißt nicht diejenigen, die Bordelle aufsuchen, sondern die, die schwarze Konkubinen haben) gesellschaftlich zu boykottieren, ja sie direkt schlecht zu behandeln.

3. Die Bastardkinder den Müttern wegzunehmen und sie in Australien zu erziehen.»

Katharina Scheven nahm diesen Artikel zum Anlaß, im *Centralblatt des Bundes Deutscher Frauenvereine* vom 16. August 1910 ebenfalls darüber zu schreiben. Ihre Argumente sind durchaus vielschichtiger Natur: «... Man findet schwer Worte, um seiner Empörung Ausdruck zu geben, wenn man mit kaltem Blute die Einrichtung von ‹Bordellen mit unverbesserlichen schwarzen Weibern auf den Truppenplätzen› empfehlen hört ... Schon in den zivilisierten Ländern ist der Verkehr in Bordellen die demoralisierendste und entwürdigendste Art des illegitimen Geschlechtsverkehrs für beide Geschlechter. In kolonialen Ländern wird er auf die denkbar tiefste Stufe der Bestialität herabgedrückt durch die in der Rassenverschiedenheit begründete, nie ganz zu besiegende Aversion des Weißen gegenüber den niedriger stehenden Farbigen, die wohl durch die geschlechtliche Gier für Momente unterdrückt wird, sich aber um so mehr in rohester Behandlung des unglücklichen Opfers äußert. Aus der Tatsache, daß es früher unter den schwarzen Frauen für eine Schande galt, sich mit Weißen einzulassen, während jetzt dieser Verkehr zunimmt, geht zwar hervor, daß der gesunde Rasseninstinkt im Abnehmen ist und daß durch die Berührung mit der Kultur auch das europäische Laster um sich greift; unverbesserlich brauchen aber jene Weiber deshalb durchaus nicht zu sein...»

Da liegen Rassismus, Moralität, Kulturhochmut und Mitgefühl mit den afrikanischen Frauen dicht beieinander. Das Grundübel sieht Katharina Scheven nicht darin, daß *überhaupt* deutsche Soldaten ein afrikanisches Land besetzt hielten, sondern darin, daß «für die höheren Pflichten und Aufgaben eines kolonisierenden Volkes» nur wenig Verständnis an den Tag gelegt wird, «daß alle ‹auftauchenden Probleme› unter dem Gesichtspunkt des nackten wirtschaftlichen Egoismus ins Auge gefaßt werden».

Der Artikel zog weitere Kreise, und am 1. Februar 1911 druckte das *Centralblatt* eine Entgegnung auf Schevens Artikel, verfaßt von der Vorsitzenden des «Frauenbundes der Deutchen Kolonialgesellschaft», Hedwig Heyl. Diese versuchte, das Problem zu verharmlosen, indem sie behauptete, die zitierten Vorschläge seien lediglich innerhalb eines «Meinungsaustausches» gefallen, und es sei nicht zu derartigen Beschlüssen in Südwestafrika gekommen. Im übrigen bestritt sie die Kompetenz der Autorin Scheven, über derartige Vorgänge zu berichten. Das «wohl berufene Organ für die Frauenfragen in den Kolonien» sei der «Frauenbund der Deutschen Kolonialgesellschaft». Daraufhin erfolgte am 16. Februar 1911 noch einmal eine kurze Stellungnahme von Katharina Scheven im *Centralblatt*. Darin schiebt sie ihre Informationslücke auf das Reichskolonialamt, das ihr die erbetene Aufklärung über die Vorfälle wochenlang vorenthalten habe. Und nun nahm sie ihrem ersten Artikel auch noch die letzte Bedeutsamkeit, indem sie schrieb: «Hätte das Reichskolonialamt, wie es Frau Heyl gegenüber getan hat, auch meine Anfrage sachlich beantwortet, so wäre mein Artikel vielleicht gar nicht, vielleicht ganz anders geschrieben worden...»

1893/94 rüstete das «Deutsche Kamerun-Komitee» mit Unterstützung der «Deutchen Kolonialgesellschaft» und des Auswärtigen Amtes eine Expedition im Wettlauf mit der Zeit gegen die konkurrierende Kolonialmacht Frankreich aus zur Erforschung des Hinterlandes von Kamerun. In dem Expeditionsbericht des teilnehmenden Arztes Dr. Passarge fand ich den folgenden Absatz: «Es ist einfach lächerlich, wenn in Deutschland über die nützlichen Nilpferdpeitschen solches Geschrei gemacht wird. Und nun gar die entrüsteten Frauenvereine, die sich mit ihren schwarzen Schwestern solidarisch erklären.»

Dem folgte der hämische Zusatz: «Allah! Ich wollte, sie lernten sie kennen!»[244]

Nun habe ich trotz intensiver Suche keine weiteren Hinweise auf diese von Passarge angedeutete Solidarisierung gefunden. Das liegt wahrscheinlich daran, daß die Quellen aus dieser Zeit verstreut sind und nicht vollständig zur Verfügung stehen. Es darf aber angenommen werden, daß Dr. Passarge diese Solidaritätsbekundungen deutscher Frauen im Reich mit Frauen der Kolonialvölker gegen die Prügelstrafe nicht erwähnt hätte, hätte er sich nicht darüber geärgert. Also muß es solche Aktionen gegeben haben, denn es ist äußerst unwahrscheinlich, daß Passarge diese Geschichte erfunden hatte, nur um sich darüber ärgern zu können oder – um vielleicht den Frauen, die in der Öffentlichkeit zu solchen Themen Stellung nahmen, eins auswischen zu können, obwohl letzteres schon eher denkbar wäre.

In den Memoiren einer der radikalen Frauen, Lida G. Heymann, wird das Politikverständnis der Frauen, die im «Verband fortschrittlicher Frauenvereine» zusammengeschlossen waren, ausgeführt. Es beschränkte sich demnach keineswegs auf frauenspezifische oder deutsche Themen: «Zu allen politischen Tagesfragen wurde in breiter Öffentlichkeit Stellung genommen, mochte es sich nun um Gesetzgebung, um Erhöhung von Kornzöllen, um Verteuerung anderer Lebensmittel wie durch Zuckerprämien, um Fleischeinfuhrverbot handeln oder 1901 beim Chinakonflikt um gewaltsame Schändung und sexuelle Mißhandlung wehrloser Chinesinnen durch europäische Soldaten; oder um Elsaß-Lothringen, um Kolonial-, Finanz-, Steuerfragen und Fragen der inneren und äußeren Politik.»[245] Die europäische Einmischung in China nannten die radikalen Frauen in aller Öffentlichkeit einen «kulturwidrigen Beutezug» und eine «europäische Schmach».

Im Frühjahr 1915, dem zweiten Kriegsjahr, beriefen die Sozialistinnen eine «Internationale Friedenskonferenz sozialistischer Frauen» nach Bern ein. Die Frauen sprachen nicht als Delegierte ihrer Parteien – diese hatten sich ja in verschiedenen Ländern auf die kriegführende Seite geschlagen –, sondern in persönlicher Verantwortlichkeit. Sie richteten sich mit ihren Antikriegsaufrufen vor allem an die Arbeiterfrauen und Arbeiterinnen und riefen sie auf zur Einigkeit und Festigkeit im Willen zum Frieden. Von diesem Aufruf wurden bis Ende Juli 1915 rund 300000 Flugblätter in über 100 verschiedenen Orten des Deutschen Reiches verteilt.[246]

Im gleichen Jahr trafen sich unabhängige Frauen aus der Frauenbewegung aus neutralen und kriegführenden Ländern in Den Haag, protestierten dort gegen «den Wahnsinn und die Greuel des Krieges» und forderten den sofortigen Stopp aller Kriegshandlungen. Die Frauen protestierten auch «auf das entschiedenste gegen das furchtbare Unrecht, dem Frauen in Kriegszeiten ausgesetzt sind und besonders gegen die entsetzlichen Vergewaltigungen von Frauen, welche die Begleiterscheinung jedes Krieges sind»[247]. Außerdem forderten die Frauen auch die Anerkennung des Rechtes auf Selbstbestimmung der Völker, eine allgemeine Abrüstung und die gleichen Rechte und Verantwortungen für Frauen wie Männer.

Frauen beteiligten sich vielerorts im Deutschen Reich an Anti-Kriegsdemonstrationen, Krawallen und Lebensmittelrevolten. Pazifistische Feministinnen verweigerten Hilfsdienste für den Krieg, schrieben Artikel, hielten Reden, organisierten nationale und internationale Anti-Kriegskomitees und Kongresse. Sozialdemokratische Frauen richteten sich, zumeist in vehementer Opposition zu der von den Partei- und Apparatmännern festgelegten politischen Linie, gegen den imperialistischen Krieg. Freilich liefen diese Aktionen neben- und nicht miteinander. Trotzdem fürchtete die Reichsregierung eine Unterminierung des Verteidigungswillens im Volk und reagierte mit polizeistaatlichen Maßnahmen: Hausdurchsuchungen, Redeverboten, Briefzensur, Verhaftungen.

Eine breite Mobilisierung von Frauen war allerdings nicht zur Verhinderung, sondern erst während des Krieges gelungen. Die progressiven Frauen waren nicht nur zu zersplittert und zahlenmäßig zu schwach, sie waren wie die Männer auch vom Zeitpunkt des Kriegsausbruches überrascht und – sie waren weit entfernt von den Hebeln der Macht. Zu einem eigenen Machtfaktor aber hätten sie nur durch gemeinsame Verweigerung werden können.

Muß, um der historischen Wahrheit gerecht zu werden, auch die große Anzahl der Befürworterinnen des Krieges und stummen Mitläuferinnen bedacht werden, so bleibt doch angesichts der rechtlosen, benachteiligten und schwierigen Lage der Frauen im Deutschen Kaiserreich eines ohne Zweifel: Es waren Frauen, und Frauen zuerst, die in der historischen Konstellation zu Beginn des 20. Jahrhunderts den Frieden gefordert haben und für seine Durchsetzung eingetreten sind. Männer waren für diesen Krieg verantwortlich, und bei allem Respekt vor denjenigen unter ihnen, die den Krieg ebenfalls nicht wollten und ihm ihre Unterstützung versagten, sie haben keine vergleichbare Praxis des zivilen Ungehorsams und Kampfes für den Frieden entwickelt.

So liegt neben all den zuvor dokumentierten Schwächen der deutchen Frauengeschichte im Kaiserreich zu Fragen des Kolonialismus, konkreter Solidarität mit Frauen der Kolonialvölker und in ihrem begrenzten Verständnis von Internationalismus, aber in der Frauen-Friedens-Tradition doch eine winzige Hoffnung, an die wir heute anknüpfen können.

Kolonialismus, Rassismus, Faschismus

Fragen nach einer
deutschen Kontinuität

«Suum Cuique» – «Jedem das Seine», Wahlspruch in Windhuk und Motto über einer Zufahrtstraße, auf der jeden Tag die schwarzen Arbeitsemigranten zwischen dem Vorort Katutura und ihrem Arbeitsplatz in der Stadt hin- und hergekarrt werden.

Es kann im Rahmen dieses Buches nicht die Aufgabe sein, eine vollständige Analyse des deutschen Faschismus vorzulegen. Der Sinn dieses Abschnittes soll es vielmehr sein, den Blick auf solche Augenfälligkeiten zu lenken, die – zumindest auf den ersten Blick – eine erschreckende Ähnlichkeit aufweisen zwischen Vorgängen in den deutschen Kolonien und im deutschen Faschismus und durch die Zusammenhänge zwischen beiden deutlich werden. Die Gegenwart im Kopf, bleibt es nicht aus, daß sich bei einem Blick auf diese Phasen unserer Geschichte bange Fragen aufdrängen nach einem inneren Zusammenhang, einer Art Weiterentwicklung des kolonialen «Modells», einer deutschen Tradition gar oder Kontinuität, die sich an manchen Punkten verlängern läßt bis in unsere Tage.

Man kann die *äußeren* Bedingungen benennen, die den deutschen Faschismus mitverursacht, ihn in den Sattel gehievt und an der Macht gehalten haben. Dabei trifft man auf Kräfte, die auch am Kolonialismus kräftig mitgedreht und mitgekurbelt hatten, Deutschland zu seinem Platz unter den imperialistischen Mächten zu verhelfen. An erster Stelle muß dabei ein Teil des Monopolkapitals, allen voran Schwer- und Rüstungsindustrie, genannt werden, dem der faschistische Staat in schlechten Zeiten als Gesundungs- und Stabilisierungsstrategie optimale Ausbeutungsbedingungen garantierte. Es ging um den Fortbestand der kapitalistischen Gesellschaft mit terroristischen Mitteln und Methoden: Die deutsche Arbeiterbewegung wurde zerschlagen, aus osteuropäischen Gebieten wurden Zwangsarbeiterinnen und Zwangsarbeiter herbeigeschafft, Arbeitssklaven für die deutsche Industrie wurden in Gettos und Konzentrationslagern bereitgehalten.

Aber: Wenn politische Prozesse als von Menschen gemachte Geschichte verstanden werden, dann müssen Menschen auch als Träger von Ideen und als Handelnde, auch als Verantwortliche, ausgemacht werden können; solche also, die den deutschen Faschismus vorbereitet, ermöglicht, herbeigeführt, verherrlicht oder bekämpft haben. Wir müssen im Zusammenhang mit der hier eingegrenzten Fragestellung also unser Augenmerk auf jene Nahtstellen richten, wo Menschen allein oder mit anderen in Situationen ausgemacht werden können, die auf eine Kontinuität, einen Zusammenhang von Kolonialismus, Rassismus und Faschismus hindeuten. Und es muß gefragt werden: Welches sind die *inneren* Bedingungen? Was erzeugt in Menschen die Bereitschaft, sich solchen Ideologien zu verschreiben? Welches sind die Faktoren, die ein Klima entstehen lassen, in dem Gewalt und Reaktion anwachsen zu bedrohlichen Giganten? *Wie werden Menschen zu Faschisten?*

Faschismus, sagt Wilhelm Reich, ist eine Ausgeburt des Rassismus, nicht umgekehrt. Das Ende des Faschismus bringt daher nicht automatisch auch das Ende von Rassismus. Ja selbst die Annahme, mit der

«Jedem das Seine», Motto am Eingangstor zum Konzentrationslager Buchenwald, war eines der Schlagworte des Nationalsozialismus. Es sollte den Faschismus abgrenzen vom Kapitalismus («Alles gehört einem») und vom Sozialismus («Alles gehört allen»).

Zerschlagung des deutschen faschistischen Staates sei bereits der Faschismus beseitigt worden, kann bezweifelt werden, wenn Faschismus nicht gleichgesetzt wird entweder mit einer seelenlosen, verselbständigten oder anonymen ökonomischen Struktur oder mit der Person Hitlers und seiner Henkersgenossen. Wenn die Massenbewegung im Faschismus gelebt hat, die faschistischen Ideen von deutschen Frauen und Männern angenommen worden sind, dann hatten mit dem Weiterleben dieser Menschen auch ihre Gedanken Fortbestand. – Und wenn heute bei uns Rassismus in vielen Variationen noch existiert, heißt das, es kann wieder Faschismus geben? Oder, mit Hanna Lévy-Hass gefragt, die das KZ Bergen-Belsen überlebte: Vielleicht war das alles erst der Anfang?

Aber es gibt noch andere Zusammenhänge, denen es nachzuspüren gilt: Welchen Anteil am deutschen Schicksal haben Obrigkeitsstaat und Angst vor Freiheit? Soldatentum, Militarismus, Männerideale? Verfügung über Frauen? Verinnerlichte Unterdrückung? Ideologen, Wissenschaftler, Intellektuelle? Keine dieser Fragen wird hier endgültig beantwortet werden können. Doch geht es hier zunächst darum, die richtigen Fragen richtig zu stellen.

Momentaufnahmen aus der Ideengeschichte des Rassismus

Die augenfälligen Unterschiede zwischen Menschen verschiedener Ethnien oder Kulturen haben nicht immer zum Entstehen von Theorien geführt, die die unangefochtene Überlegenheit einer «Rasse» zum Inhalt gehabt hätten. Erst als im Zeitalter der «Aufklärung» Wissenschaftler auf der Suche nach der Stellung des Menschen in der Natur sich der wiederentdeckten antiken griechischen und römischen Ästhetik verschrieben, begann die Geschichte der Rassenideologie. Nicht immer waren die «Theorien» derer, die sich mehr oder weniger wissenschaftlich mit dem Phänomen der menschlichen Unterschiede beschäftigten, gleichzeitig auch Handlungsanweisungen für rassistische Machthaber oder Strategien. Sie dienten Rassisten der Praxis jedoch als Rechtfertigung und «wissenschaftlicher» Beweis. Der Glaube an die Einheit von Körper und Geist jedenfalls führte die Männer der Aufklärung zu der verhängnisvollen Überzeugung, man könne den Menschen durch seine äußere Erscheinung entschlüsseln.

Galt noch gar nicht allzu lange davor «der edle Wilde» bei einigen Philosophen als «ursprünglich, tugendsam, sanft und moralisch», so tauchte bald die Idee von abendländischer Überlegenheit und Europas geistiger Vorherrschaft auf. Im Zeitalter des Sklavenhandels, des Kolonialismus und Imperialismus wurden die «Eingeborenen» bestenfalls zu «Kindern» degradiert, die es zu «erziehen» und zu «führen» galt. Raub, Plünderung und Gewalt in den überseeischen Ländern bedurften der Legitimation. Gegen Ende des 18. Jahrhunderts tauchten in Europa außerdem Mythen und Symbole auf, die sich um das «Vaterland» rankten: Fahne, heilige Flamme, Nationalhymne. Die gefühlvolle pietistische Bewegung spielt hierbei den Geburtshelfer, was die «rationalen» Denker aber nicht hinderte, diese Symbolik ebenfalls zu übernehmen. Von einem Verschmelzen dieser beiden Elemente, des Rassismus mit dem Nationalismus, kann in Europa ab etwa der Mitte des vergangenen Jahrhunderts gesprochen werden.

Es waren vor allem deutsche und französische Gelehrte, die zum Entstehen des arischen Mythos beitrugen. Nach einer von Friedrich Schlegel auf sprachwissenschaftlicher Basis erstellten Theorie hatten die deutsche, griechische und lateinische Sprache in Sanskrit eine gemeinsame Wurzel. Daraufhin entstand ein Boom von Sanskrit-Gelehrten und Sanskrit-Studien. Bald aber wurde das dunkelhäutige indische Volk als «minderwertig» abgestempelt und fallengelassen. Die Höhenflüge der Arier-Mythologen bewegten sich nun auf der Suche nach der arischen Wiege gen Norden, wo die hellhäutigen indischen Arier hin ausgewandert sein sollten.

Ein Name taucht im Zusammenhang mit europäischer Rassenideologie immer wieder auf, der Comte de Gobineau. Für ihn gab es drei «Grundrassen», die zum Schlüssel der Weltgeschichte werden: Davon ist die gelbe «Rasse» materialistisch, pedantisch und unkreativ, die schwarze «Rasse» wenig intelligent und von einer überentwickelten Sinnlichkeit, und beide «Rassen» sind nur dazu da, in der «Rassenvermischung» die eine edle «Rasse», die weiße, durch Degeneration zu zerstören. Nach Gobineau ist nicht der Tod die traurige Erkenntnis, sondern die Gewißheit, daß wir degeneriert sterben. Übersetzt in die Welt der Kultur und sozialen Struktur waren nach Gobineau die gelbe «Rasse» gleich Bourgeoisie, die dem Adel ans Leder wollte, die schwarze «Rasse» gleich Mob und Massen und die weiße «Rasse» gleich Adel und adelige Tugenden wie Liebe zu Freiheit, Ehre, Geistigkeit. Gobineau war zwar Rassist, aber kein Antisemit. Erst Richard Wagner und der «Bayreuther Kreis», das geistige Zentrum des Rassismus im Deutschland jener Tage, mit dem Gobineau enge Freundschaft pflegte, wandten Gobineaus Verdammung der schwarzen und gelben «Rassen» ideologisch gegen das Judentum. Der Dreh- und Angelpunkt in beiden Richtungen des Rassismus aber war und blieb die unangefochtene Überlegenheit der weißen arischen «Rasse».

Wenn George L. Mosse in seinem Buch ‹*Rassismus, ein Krankheitssymptom in der europäischen Geschichte des 19. und 20. Jahrhunderts*› den Schluß zieht, in Deutschland hätte sich der späte Erwerb von Kolonien nicht auf die Entwicklung des Rassismus ausgewirkt, so irrt er hierin gründlich. Rassistische Praxis der Deutschen in den Kolonien war es ja gerade, was bisher dokumentiert wurde und nach dessen Folgen für das Reich hier gefragt werden soll. Richtig ist dagegen, daß die gesamte rassistische Wucht, deren ein Volk fähig sein kann, in unserem Fall die Juden zu spüren bekamen. Doch war dies keine Zwangsläufigkeit, sondern schlicht in der Tatsache begründet, daß Juden als Objekt des Rassismus seit langem in Deutschland lebten, also anwesend waren. Der organisierte deutsche Rassismus machte die Juden auf Grund dieser historischen Konstellation zu seinem Opfer. Andere Konstellationen benötigen andere Opfer. In England etwa, wo der Kontakt zu Hause wie im Empire enger mit Schwarzen war, richtete sich der Rassismus damals wie heute hauptsächlich gegen diese. Und in der Bundesrepublik unserer Tage, nur um ein weiteres Beispiel herauszugreifen, bekommen in erster Linie die jetzt bei uns lebenden Ausländer aus Italien, Jugoslawien und besonders der Türkei die Wucht von Hochmut, rassistischem Dünkel und «gesundem Volksempfinden» zu spüren.

Das Gedankengebäude von einer «natürlichen Auslese» und vom «Überleben des Tüchtigsten», das Mitte des letzten Jahrhunderts von dem englischen Privatforscher Charles Darwin zur Debatte gestellt wurde, wurde von den Rassetheoretikern seiner Zeit gierig aufgenommen. Rassisten vereinnahmten seine Lehre und begründeten die «Rassenerbpflege», die Eugenik. Samoaner und Deutsche mußten für die Untersuchungen des deutschen Anthropologen Eugen Fischer und des Zoologen August Weismann herhalten, um die Unveränderlichkeit der Fortpflanzungszellen zu «beweisen». Als wichtigster Theoretiker dieser Richtung wurde übrigens der Engländer Sir Francis Galton angesehen. Den Eugenikern galten die von der neuen bürgerlichen Mittelklasse als überlegen gepriesenen Eigenschaften wie Fleiß, Mut, harte Arbeit, «Charakter» als Kategorien ihrer Standards, nach denen sie die Menschen klassifizierten. Die Geburtenrate der «Minderwertigen» sollte unter Kontrolle bleiben, die der «Hochwertigen» durch frühe Heirat gefördert werden.

Erinnern wir uns, wie oft bei der Beschreibung des kolonialen Alltags durch Schriftsteller und Schriftstellerinnen vom «Gestank der Neger» die Rede war. Sie befanden sich damit in bester «wissenschaftlicher» Gesellschaft. Gegen Ende des 19. Jahrhunderts nämlich bastelten manche aus der Verknüpfung von «Rasse» und Geruch eine eigene Ideologie, so auch Gustav Jäger, deutscher Biologe und Gründer des Wiener Zoos. Im Jahre 1881 verband Jäger den «Ursprung der Seele» mit den «alles Leben und Denken bestimmenden, in chemischen Prozessen erzeugten Gerüchen»[248]. Den «jüdischen Geruch» hielt Jäger für «besonders unangenehm». Der Sexualforscher und Medizinhistoriker Iwan Bloch nannte 1900 das «Negerproblem» eine «Geruchsfrage». Sauberkeit und Geruchsfreiheit aber kamen aus dem bürgerlichen Mittelstand, der sich im blühenden Kapitalismus elegante sanitäre Anlagen, duftende Körperpflege und oft zu wechselnde Kleidung leisten konnte. Das geheime Volk konnte dies zumeist kaum, die «minderwertigen Rassen» jedenfalls wurden «von Natur aus» schmutzig und stanken.

Rassetheorien halfen auch, die bürgerliche Herrschaft im Innern zu stabilisieren. So bastelte ein Italiener, Cesare Lambroso, aus rassistischen Elementen eine «Kriminalwissenschaft». Kriminelle waren für ihn degeneriert und zeigten auch äußere Anzeichen von Degeneration wie «riesige Kiefern, hohe Backenknochen und Henkelohren». Nebenbei gesagt, gerade dies Stereotyp von den «Verbrecherohren» habe ich selbst als Kind in meiner Umgebung oft genug gehört. Auch die «Träumer» Molière oder Beethoven waren für Lambroso übrigens «degeneriert». Es mangelte ihnen offensichtlich an den «richtigen» Charaktereigenschaften jener Mittelstandsmoral, die der «gute Bürger» zu schützen wußte: Ordnungssinn und Charakterfestigkeit.

Auch der Mann als Patriarch der bürgerlichen Familie und deren absoluter Herrscher fand seine Verherrlichung im Gewande rassentheoretischer Mystifizierung. Ab 1903 machte das Buch des österreichischen Juden Otto Weininger ‹Geschlecht und Charakter› Furore. Bis zum Jahre 1919 hatte es bereits achtzehn Auflagen erreicht. Weiningers rassistische Sexualanalyse erhob den arischen *Mann* über alle Menschen, bescheinigte ihm «Klarheit des Denkens, Entschiedenheit, Fähigkeit, sich zu metaphysischen Höhen des Glaubens aufzuschwingen»[249]. Die Frauen *aller* «Rassen» seien dagegen unfähig, logisch zu denken, ja, es fehle ihnen überhaupt an jeglicher Klarheit. Lediglich die *arische* Frau hatte bei ihm wenigstens eine gute Eigenschaft: *sie war fähig, an den Mann oder an ihr Kind zu glauben.* Aber weder Frauen noch Juden könnten echte Persönlichkeit erwerben, es fehle ihnen das Nationalgefühl. Weininger beging kurz nach der Veröffentlichung seines Buches, dreiundzwanzigjährig, Selbstmord. Er scheiterte, meint George L. Mosse, an dem Versuch, das eigene «Jüdisch-Sein» zu überwinden.

Die Auseinandersetzung Wissenschaft kontra Mythos wurde in Deutschland zugunsten des Mythos entschieden. An Hand einer Untersuchung von 6,7 Millionen deutscher Schulkinder versuchte der liberale, vielseitig begabte Wissenschaftler Rudolf Virchow zu belegen, daß es keine reinen «Rassen» gäbe, und bewies in der Tat, daß zwischen christlichen und jüdischen Kindern keinerlei unterschiedliche Merkmale festzustellen waren. Offensichtlich aber klingen im Rassismus Saiten der menschlichen Psyche an, die nicht mit rationalen Argumenten bekämpfbar sind. Der Rassenideologie war durch Virchows Untersuchung jedenfalls nicht Einhalt geboten worden und schon gar nicht dem Rassismus. Der deutsche Antisemitismus marschierte bereits, formierte sich seit 1885 in Otto Böckels Bauernbund von Hessen, der durch Zeitungs- und Redekampagnen in den Dörfern für «judenfreie Viehmärkte» agitierte; aus Stöckers antisemitischer protestantischer sozialer Bewegung gingen 1881 die «Deutsche Studentenvereinigung» und 1895 die «Vereinigung der kaufmännischen Angestellten» hervor. Es gab eine antisemitische Jugendbewegung und andere Vereine dieser Richtung. Trotzdem: erst im Trauma von verlorenem Krieg und Revolution erstarkte eine rechte Bewegung in Deutschland, der Beginn dessen, was einmal faschistische Massenbewegung werden sollte. Daß sich diese Bewegung neben Juden und «Zigeunern» auch «Rote», Homosexuelle, «entartete» Künstler zur Zielscheibe erwählte, macht deutlich, daß die Denkstruktur, die dem Rassismus zu eigen ist, sich Feindbilder auch auf anderen Gebieten suchen kann, als nur auf ausgesprochen «rasse»-theoretischen. Mit anderen Worten: *Jede und jeder, der aus irgendeinem Grund «anders» erscheint, kann zum Objekt von Verachtung, Haß und Vernichtung werden – vorausgesetzt, eine Gruppe erklärt sich selbst zum Ideal und läßt daneben nichts und niemand gelten.*

Blutspuren

> Das Blut der Gefallenen ist der Kitt, welcher die Kolonie für alle Zeiten fest mit dem deutschen Vaterlande verbindet.
>
> Generalmajor Deimling [250]

Nachforschungen nach den Spuren der Deutschen in ihren Kolonien fördern ein Bild zutage, das wie der Mikrokosmos einer zur Wirklichkeit gewordenen Vision vorwegnahm und ankündigte, was wenige Jahrzehnte später den europäischen Kontinent blutig und in grauenvollen Dimensionen erschüttern sollte. «Blut ist der Wein der starken Völker; Blut ist das Öl, dessen die Räder jener Maschine bedürfen, die aus der Vergangenheit in die Zukunft fliegt», so der italienische Faschist Giovanni Papini. [251]

Blut ist geflossen, reichlich, bevor die Faschisten ihr Tausendjähriges Reich errichteten, um diese Maschinerie des Grauens und Verbrechens in Gang zu setzen. An Ströme von Blut sollten die Menschen gewöhnt sein, bevor die Todesmaschinerie rollen konnte über Blinde und Taube und sich verzweifelt zur Wehr Setzende. Abgestumpft, brutalisiert sollten die Massen sein und Tote, deren Zahl in die Zigtausende ging, nichts Ungewöhnliches für sie. Der Weltkrieg 1914 bis 1918 gehört dazu, eine Orgie der modernen Kriegführung in Tod und Verwüstung, und der türkische Versuch der Jahre 1915 und 1916, das Volk der Armenier einer Endlösung zuzuführen. Die Zahl der ermordeten Armenier überschritt bei weitem die Millionengrenze. Dies Massaker ist fast schon entschwunden aus dem «europäischen Gewissen», ebenso die Greuel europäischer Soldateska in China 1900/01, und welches deutsche Gewissen plagt noch die Vernichtung des Volkes der Herero im ehemaligen «Deutsch-Südwest»? – Grausiger Auftakt im großen Totentanz der Völkermorde dieses 20. Jahrhunderts, von einem deutschen General, deutschen Offizieren und Soldaten auf afrikanischem Boden eröffnet. Die Proteste im Vaterland waren schwach, hielten nicht lange vor und verhinderten nicht zukünftige Verbrechen. Man arrangierte sich. Es gab «wichtigere» Probleme. Der große Krieg ließ sich nicht lange bitten. Vergessen waren da die fernen Toten, die Erschossenen, Verhungerten, Verschmachteten, die in der Kalahari Verdursteten. Die Blutspur aus dem südlichen Afrika verlor sich in einem neuen Meer von Blut. Blut, das auch die Köpfe, Hirne und Herzen von Millionen tränkte. Verherrlicht wurde da der Krieg, der Heldentod, die Männerkumpanei im blutigen Handwerk. Einige, die Blut geleckt, richteten die Gewehre auf Meuterer und Deserteure und viele von denen, die für ein besseres Deutschland zu kämpfen begonnen hatten. Die Freikorps und die Fememörder kamen, und unter ihnen waren schon die Ingenieure jener Maschinerie, die, frisch geölt, dem tausendjährigen Entsetzen entgegenflog.

Die verwaltete Barbarei:
Paßmarke und Judenstern,
Reservate, Gettos, Konzentrationslager

Wenn es überhaupt noch möglich ist, daß über den Tod von Millionen Opfern des faschistischen Terrors hinaus etwas erschreckt, so ist es die geplante, verwaltete Form, in der sich das Verbrechen vollzog: Auf dem Amtsweg, durch Erlasse, Verordnungen, Befehle. Von oben nach unten. *Teile und herrsche*. Spalte die Opfer in Männer und Frauen; in Lagerälteste, Kapos und Häftlinge; in Kriminelle, Asoziale, Schwule, Politische, Juden Zigeuner, Polen Russen ... in Herero, Basters, Ovambos, Nama, San ... hetze sie aufeinander: «Erhängungen sind durch einen Schutzhäftling durchzuführen ... Der Schutzhäftling erhält für den Vollzug drei Zigaretten.» *Schutz*häftling, *Schutz*haft, *Schutz*gebiete, *Schutz*truppe, *Schutz*staffel, letztere bekannter unter dem Kürzel *SS*.

Vom achten Lebensjahr an mußten alle Afrikaner in der Kolonie Deutsch-Südwestafrika eine Paßmarke tragen, die auf Verlangen jedem Weißen vorgezeigt werden mußte. Ohne Paßmarke gab es für die Afrikaner weder Arbeit noch Unterkunft. Ohne Paßmarke konnten sie jederzeit von jedem Weißen verhaftet werden.

«Polizeiverordnung
über die Kennzeichnung der Juden:

§ 1 1. Juden, die das sechste Lebensjahr vollendet haben, ist es verboten, sich in der Öffentlichkeit ohne einen Judenstern zu zeigen.
2. Der Judenstern besteht aus einem handtellergroßen schwarz ausgezogenen Sechsstern aus gelbem Stoff mit der schwarzen Aufschrift ‹Jude›. Er ist sichtbar auf der linken Brustseite des Kleidungsstückes aufgenäht zu tragen.»

Nach den «Eingeborenenverordnungen» war es Afrikanern im deutschkolonialen Südwestafrika nicht erlaubt, Land zu besitzen oder Großvieh zu halten. Mehr als zehn Familien durften nicht auf einem Grundstück wohnen. Die neuen «Dorfvorsteher» wurden auf Regie-

«Zwischen Winter 1939 und Frühjahr 1940 mußten die polnischen Juden bereits ‹Judenräte› bilden. Sie waren die örtliche Verwaltung und der SS für die Durchführung der Befehle verantwortlich. Die Judenräte hatten diktatorische Macht – aber nur als Verwaltungsagenten der Deutschen ... Zur gleichen Zeit, als man die Judenräte in Polen einsetzte, zwang man auch die Juden in die Gettos. Das Warschauer Getto wurde im November 1939 geschaffen, die anderen Gettos in Lodz, Wilna, Lvov und vielen kleineren Städten folgten im Laufe des Jahres 1941 ... Bald sollten die Gettos Schauplätze des Hungers und des Todes werden – und dennoch leisteten die Juden auch hier die Sklavenarbeit für die deutsche Kriegsindustrie, die mitten in den Gettos aufgebaut worden war.»[252]

rungsland von der Verwaltung eingesetzt, auf Privatland vom weißen Eigentümer. Zum Verlassen des Distrikts mußten alle im Besitz eines gültigen Reisepasses sein, der ihnen «aus wichtigen Gründen» verweigert werden konnte und der für die Dauer eines Arbeitsverhältnisses nur mit schriftlicher Erlaubnis des Dienstherrn ausgestellt werden durfte. Über die Arbeitsverträge wurde in einem «Dienstbuch» Buch geführt. Es war wie ein zweiter Paß, der verhindern sollte, daß Afrikaner ihre Arbeitsplätze nach Belieben verlassen konnten. Es gab keine Kündigungsfristen, Entlassungen mußten von der Polizei «notifiziert» werden. Entlassungsgründe waren: wiederholter Ungehorsam, Aufreizung zum Ungehorsam, Diebstahl, Weglaufen, eine durch eigenes Verschulden herbeigeführte längere Arbeitsunfähigkeit, eine länger als vier Wochen anhaltende Erkrankung.

Verbrechen im Dienst der Wissenschaft – Wissenschaft im Dienste der Verbrechen

Am 9. Februar 1942 schrieb August Hirt, Professor für Anatomie an der «Reichsuniversität» Straßburg, in einem für Himmler bestimmten Bericht: «Nahezu von allen Rassen und Völkern sind umfangreiche Schädelsammlungen vorhanden. Nur von den Juden stehen der Wissenschaft so wenig Schädel zur Verfügung, daß ihre Bearbeitung keine gesicherten Ergebnisse zuläßt...»[253] Kurz darauf konnten Mitglieder des universitären Lehrkörpers in Konzentrationslager reisen, um dort jüdische Häftlinge zum Zweck der Einrichtung eines speziellen Schädel- und Sklettarchivs zu selektieren. Nach Angabe ihrer Personalien wurden die Opfer vermessen und lebend fotografiert, dann getötet; Kopf und Körperteile wurden der Universität in getrennten Blechbehältern zugeschickt.

Wir wissen bereits, weshalb es «von nahezu allen Rassen und Völkern» Schädelsammlungen in den Händen deutscher Wissenschaftler gegeben hat. Erinnern wir uns: Genau vierzig Jahre vor dem Schreiben von Hirt an Himmler hatte der Anthropologe Friedrich von Fülleborn seine Forschungsergebnisse aus den Nord-Njassaländern veröffentlicht: «Sämtliche Gehirne stammen von erwachsenen Männern und wurden in frischem Zustande gewogen...»*

Kolonialismus, Rassismus und Faschismus hüllten sich in ein wissenschaftliches Gewand, suchten auch auf diesem Wege nach Legitimation. Herrenwahn, Rassendünkel und Ethnozentrismus wurden nun in den Wissenschaften immer salonfähiger. Anwendbare wissen-

---

* Siehe Seite 59f.

IV. Jahrg. — Nr. 3   *Preis 10 Pf.*

Kolonie und Heimat
in Wort und Bild
Unabhängige koloniale Wochenschrift
Organ des Frauenbundes der Deutschen Kolonialgesellschaft

Nachdruck aller Artikel bei Quellenangabe gestattet, wenn nichts anderes vermerkt ist.

Die Wirkung des elektrischen Stromes auf einen Neger.

Phot. Rch. Foack.

Die Wirkung des elektrischen Stromes auf einen Neger.   Phot. Rch. Foack.
Im allgemeinen imponieren dem Neger die Errungenschaften moderner Technik gar nicht besonders. «Kasi uleia» – europäische Arbeit – erklärt ihm alles, und damit gibt er sich zufrieden. Anders mit der Elektrizität! Das ist ein Zauber, vor dem sein Begriffsvermögen total versagt und ebenso die Erklärung, daß er aus Europa kommt. Eine solche «Medizin», wie die Elektrizität, wollen natürlich alle kennenlernen und freuen sich diebisch, wenn ein im Ansehen eines großen Helden stehender Stammesgenosse wie oben unser Wagogo, teils von kopflosem Staunen, teils vom Entsetzen gepackt, der unheimlichen Gewalt willenlos unterliegen muß.

schaftliche Ergebnisse mündeten umgekehrt direkt in Macht. Die Wissenschaften dienten dem Verbrechen, Verbrechen wurden durch die Wissenschaften gerechtfertigt.

Deutsche Art und Moral, Untertanengeist und Angst vor Freiheit

> Ob Tag, ob Nacht,
> Stets bedacht
> Der Glocke Ruf erklingt
> – Ein Zeichen,
> Deine Pflicht beginn.
>
> > Inschrift auf dem Appellplatz des Konzentrationslagers Gusen II in Österreich [254]

Ordnung, Sauberkeit, Ehrlichkeit, Pflichterfüllung – das sind der Deutschen liebste Werte bis in unsere Tage. Andere Völker wollten die Deutschen dazu erziehen. «Am deutschen Wesen soll die Welt genesen!» In den Kolonien durch Mission und Schulen, durch Zwangsarbeit und Nilpferdpeitsche. Ab 1919 war das Experimentierfeld in eigenen Kolonien verloren. Die neuerlich landhungrigen, begehrlichen Blicke aus dem Deutschen Reich richteten sich nun zunächst in Richtung Osten. Auch für die Menschen dort wußten die Deutschen, was gut war und was nicht. Dr. Gross vom Rassenpolitischen Amt: «Für die nichtdeutsche Bevölkerung des Ostens darf es keine höhere Schule geben als die vierklassige Volksschule. Das Ziel dieser Volksschule hat lediglich zu sein: Einfaches Rechnen bis höchstens 500, Schreiben des Namens, eine Lehre, daß es ein göttliches Gebot ist, den Deutschen gehorsam zu sein und ehrlich, fleißig und brav zu sein. Lesen halte ich nicht für erforderlich ...»[255] Auch Heinrich Himmler war ein Moralist, sagt Peter Brückner, und weiter, «daß

> Es sind eigene Momente, wenn man so dicht vor dem Ende seines irdischen Daseins zu stehen glaubt; doch der Soldatentod, der mir diesmal nicht bestimmt war, muß wirklich ein schöner Tod sein. Mich beseelte das Gefühl der absoluten Zufriedenheit. Durch keine Einbildungen, durch keine philosophischen Gedanken suchte ich mir mein Schicksal zu erleichtern; Alles wurde durch das eine Gefühl «Du hast Deine Pflicht gethan» zurückgedrängt.
>
> H. Hermann Graf von Schweinitz in seinem Buch ‹Deutsch-Ostafrika in Krieg und Frieden›[256]

Himmler ein Moralist war, reicht hierzulande nie aus, um an unseren Moralen zu zweifeln. Man zweifelt lieber daran, daß Himmler einer war.»[257] Und heute?

20. Juli 1980: Gedenkfeier für die Opfer der faschistischen Gewaltherrschaft in der Gedenkstätte des ehemaligen Konzentrationslagers Plötzensee, West-Berlin. Der damalige Wirtschaftssenator und zweite Bürgermeister Lüder (FDP) vergleicht die Aussprüche «eines bayerischen Politikers», gemeint ist der CSU-Vorsitzende Franz Josef Strauß, über Schriftsteller als «Ratten und Geschmeiß» mit der Sprache der Faschisten. Der Proteststurm, der hierauf in der örtlichen und westdeutschen Medienlandschaft losbricht, richtet sich jedoch nicht gegen den geistigen Vater jener Ungeziefer, sondern gegen den Kritiker, den, der es öffentlich wagt, «die Würde des Ortes und des Augenblickes zu vergessen».

Egal, was es auch immer sei, es geht nicht um den Inhalt; die Form muß gewahrt bleiben und Anstand und Sitte. Wo kämen wir da hin? «Unter Hitler hatten die jungen Männer einen sauberen Haarschnitt und man konnte abends ohne Angst das Haus verlassen. Es gab keine Verbrecher damals ...» Oft, viel zu oft gebrauchte Argumente von Augenzeugen. Nicht nach dem Inhalt wird gefragt, der Augenschein fegt kritische Gedanken bedenkenlos vom Tisch, vor allem, wenn etwas von «oben» kommt. Ist Autorität im Spiel, verstehen die Deutschen keinen Spaß. Da wird auch alles auf den Kopf gestellt: Das organisierte Verbrechen an der Macht schafft endlich «Ordnung», verkündet furchterregend mit Pauken, Trommeln und Gewehren, was «Recht» ist. Das Unrecht erläßt Gesetze und Verordnungen. Das deutsche Volk in seiner panischen Angst vor Chaos, Anarchie und Freiheit tut «nur seine Pflicht» – als Untertanenvolk. «Das Messer geht mir in der Tasche auf», sagt Peter Brückner, «wenn ich sehe, daß in heutigen Prozessen noch immer der Mörder als einer in Erscheinung treten kann, der *seine Pflicht getan* hat. Gerade darum hätte er an den Galgen gehört – damals, nach dem 8. Mai 1945.»[258]

Innen und außen

«Faschismus», sagt Wilhelm Reich, «ist keine politische Partei, sondern eine bestimmte Lebensauffassung und Einstellung zu Mensch, Liebe und Arbeit.»[259] Massen von Menschen müssen also im Faschismus, wenn Reich in dieser Frage recht hat, sich gleichen in bezug auf Lebensauffassung und Einstellung zu Mensch, Liebe und Arbeit. Welches sind nun diese *inneren*, latent strukturellen, individuellen Bedingungen? Es gibt da vor allem eine Institution, die alle in verwandter Form durchlaufen, die alle für den Rest des Lebens entscheidend prägt – die Familie nach dem Modell der autoritären bürgerlichen Kleinfamilie. Dort wird der Hobel angesetzt, der vorhandene Lust- und Freiheitskräfte der kleinen Menschen durch Strafe und Liebesentzug der großen Menschen den herrschenden Normen angleicht und ihnen deutsche Moral eintrichtert und löffelweise Untertanengeist verpaßt.

Das Ergebnis sind angepaßte, autoritätsgläubige, sexuell verklemmte, aggressive Menschen, die wegen ihrer psychischen Kastration ihren eigenen Kindern das nämliche antun werden. Diese höllische Institution Kleinfamilie funktioniert dermaßen gut im Sinne aller *Herr*schenden, daß heute jede bestehende Staatsgewalt den Bestand der Kleinfamilie nach Kräften fördert – in den unterschiedlichsten Gesellschaftssystemen, die sich alle darin gleichen, daß sie eine zentralisierte Staatsgewalt besitzen, die nur mit diesem so erzeugten angepaßten Menschentyp funktionieren kann. Die ergänzenden Zwangsinstitutionen eines solchen Staates: Kindergarten, Schule, Lehre, Fließband, Militär tun ein übriges, die anerkannten gesellschaftlichen Moralen, die da sind *Ordnung, Fleiß, Pflichterfüllung,* in Kindern und Jugendlichen zu verankern. Der Grad der seelischen Verstümmelung ist jedoch jeweils unterschiedlich stark ausgeprägt, und dementsprechend unterschiedlich werden Menschen reagieren auf äußere Einflüsse. Bei uns in Deutschland kommt noch Schlimmes dazu: die fatale *historische Dimension*, die Geschichte der fehlgeschlagenen Revolutionen und Befreiungsversuche, der autoritäre Obrigkeitsstaat, der Freiheits- und Emanzipationsbestrebungen mit

Gewalt unterdrückte und so die Angst vor Freiheit und dem Streben danach ins historische Bewußtsein geschlagen und geschossen hat. Die Konjunktur für den Faschismus wurde geboren im verlorenen Krieg, der abgetriebenen Revolution, dem kranken, krisengeschüttelten Kapitalismus der zwanziger Jahre; das geistige Klima angeheizt von Ideologen und Verführern, falschen Propheten und Verirrten und allen jenen, die vom Faschismus in barer Münze profitierten.

Ersatzbefriedigung

Für den hier eingegrenzten Zusammenhang ist es wichtig festzuhalten, daß es den Faschisten in Deutschland gelungen war, mit ihrer mystifizierten Rassetheorie eine Art Kompensation anzubieten, die bei vielen Menschen genau ins «Schwarze» traf, in die unbewußten Sehnsüchte beschnittener Männer und Frauen, eine «Ersatzbefriedigung» an Stelle wirklicher Befriedigung, ein Ventil für ihre angestauten Aggressionen. Keine andere gesellschaftliche Kraft hatte dies zu jenem Zeitpunkt vermocht. Da auch andere Parteien, selbst die Kirchen, ebenfalls die Beseitigung von Not und Arbeitslosigkeit in den Jahren vor der Machtübernahme der Faschisten propagierten, kann dieser Teil der Nazi-Propaganda *allein* wohl nicht ausschlaggebend für eine Massenbewegung gewesen sein, sondern gerade das, was den ökonomistischen Predigten anderer fehlte, das *Gefühlsbetonte,* das *Mystische*.

Das Angebot, sich mit der allen anderen überlegenen «Rasse» zu identifizieren, muß schon verlockend gewesen sein für viele jener an Lust und Freiheitsvermögen verkrüppelten Menschen. Die tagtägliche Unterdrückung fest verinnerlicht, nun plötzlich «jemand» sein zu dürfen, teilzuhaben am Glanz und Ruhm der «Volksgemeinschaft» – wie anders wäre die Attraktion zu erklären, die ein fast geschlossenes System von Block- und Hauswarten und anderen Spitzeln, rekrutiert aus «kleinen Leuten», ermöglicht hatte. *Nach* der Machtübernahme der Nationalsozialisten halfen gleichgeschaltetes Schulwesen, Presse, Radio, Angst vor der Nichtkonformität, vor verbauten Berufsaussichten, vor Sanktionen, Strafen, Gewalt gegen Andersdenkende, das Heer der jubelnden bis duldenden Untertanen-«Massen» marschieren zu lassen: Intellektuelle, Beamte, Militärs, Handwerker, Bauern, Arbeiter, Selbständige, Arbeitslose, Männer und Frauen und Kinder.

Weltweit unterm Hakenkreuz

Auch unter den Auslandsdeutschen faßte nationalsozialistisches Gedankengut rasch Fuß. Maria Kahle berichtet in ihrem Brasilienbuch von 1937 begeistert davon, daß die NSDAP die «Idee des Nationalsozialismus» in Brasilien «bis in die kleinsten Stützpunkte hinein» ver-

Festzug deutscher Kolonisten am Dia do Colono in Brasilien.

breitet hätte und davon, wie es der Partei gelungen sei, «ein neues Zusammengehörigkeitsgefühl» zu entwickeln.[260] Maria Kahle übrigens spiegelt in ihrer Biographie die ganze Spann- und Schwankungsbreite persönlicher Gratwanderung, die in der Zeitspanne vom Kaiserreich bis zum tausendjährigen Erwachen möglich scheint. Jahrgang 1891, war sie 1913 zu Verwandten nach Brasilien gegangen, wo sie seit Ausbruch des Weltkriegs 1914 vaterländische Propaganda betrieb und mit ihrer «Ostmarkenhilfe» bis 1920 ungefähr 350 000 Goldmark sammelte, die bei ihrer Rückkehr nach Deutschland an Feldmarschall Paul von Hindenburg weitergereicht wurden. Maria Kahle arbeitete dann als Redakteurin und ging aus Studiengründen in die Fabrik, in die Vorstadtviertel, in die Mietskasernen. Sie sympathisierte jetzt mit dem «proletarischen Milieu». Nach der faschistischen Machtübernahme reiste sie jedoch 1934 erneut nach Brasilien, um «unseren Volksgenossen dort Gruß und Kunde vom Heimatvolk, vom neuen Deutschland und vom Verein der Deutschen im Ausland zu bringen».

Im brasilianischen «Alt-Hamburg», wo selbst die Schwarzen nicht die portugiesische Sprache, sondern «hunsbucklerisch» lernten, erzählte man ihr damals begeistert von einem Schwarzen, der im Ersten Weltkrieg, als er von der Not des deutschen Volkes hörte, sofort «treuherzig» erklärte: «Mir deitsche Buwe müsse z'sammehalte!» Und dort war es auch, wo der Schwarze Dionys behauptete, als «vom neuen Deutschland» die Rede war: «Mir sein wohl schwarze Neger, aber mir ham Hitlerblut!»

In der ehemals deutschen Kolonie Südwestafrika gab es schon vor 1933 Ortsgruppen der NSDAP, und obwohl «Hitlerjugend» und NSDAP vom südafrikanischen Generalgouverneur als illegal erklärt wurden, agierten beide munter weiter drauflos. Lediglich etwa vierhundert Deutsche und deutschstämmige Siedler dieses Gebietes hatten sich in der «Volksdeutschen Gruppe» gegen die Faschisten zusammengeschlossen. Der Anteil der Nationalsozialisten unter den Deutschen in Südwestafrika aber wurde auf 80 bis 95 Prozent geschätzt. Zwar wurden jene, die in «Südwest» offen als Nationalsozialisten aufgetreten waren, nach der Kriegserklärung Südafrikas an das Deutsche Reich inhaftiert und interniert, und 1942 wurde den deutschen Siedlern die britische Staatsbürgerschaft entzogen. Im Jahre 1944 mußten viele Deutsche sogar in die deutsche «Heimat» zwangsemigrieren. Nach Kriegsende aber wurden diese Maßnahmen zurückgenommen, das beschlagnahmte Eigentum wurde zurückgegeben und die Deutschen gewannen ihre einflußreichen Positionen innerhalb der weißen Siedlerschaft wieder zurück. Kontinuität auch dort: Es gibt bis heute Teile der deutschstämmigen Bevölkerung, die noch des Kaisers und Adolf Hitlers Geburtstag feiern.

Braune Träume

Von 1919 ab, als Deutschland seine Kolonien verloren hatte, betätigten sich viele ehemalige Kolonialdeutsche und Angehörige der «Schutztruppe» sowie andere Freunde der deutschen Kolonien darin, im Reich in Zeitungen, Zeitschriften, Büchern und Vereinen chauvinistisches und rassistisches Gedankengut zu verbreiten. Sie propagierten das «Volk ohne Raum» lange vor der offiziellen Nazi-Propaganda, schürten Rassendünkel und Vorurteilsdenken, heizten die Konjunktur mit an, bereiteten das Klima mit vor.

Der «Frauenbund der Deutschen Kolonialgesellschaft» wurde denn auch ohne die geringsten Schwierigkeiten dem nationalsozialistischen «Reichskolonialbund» unter seinem Bundesführer Franz

Ritter von Epp* einverleibt. Die Schriftführerin der neuen Frauen-Kolonialzeitschrift wurde Agnes von Boemcken, ehemalige Vorsitzende des alten kolonialen Frauenbundes. Der «Kolonialverein der Südwestafrikaner zu Berlin», am 3. April 1908 von einem «Häuflein aus Südwest heimgekehrter und von gleicher Begeisterung und gleichem Willen erfüllter Kameraden» gegründet mit dem Ziel, «in der engeren Heimat die Pflege der in Busch und Steppe erprobten kameradschaftlichen Tugenden fortzusetzen und die Liebe zu den Kolonien zu fördern»[261], betätigte sich gleichermaßen in einschlägiger Richtung. Auf einer Feier zum fünfundzwanzigjährigen Bestehen des Vereins waren unter den Ehrenmitgliedern neben der bekannten Kolonialriege auch der Hof- und Domprediger Bruno Doehring, der Reichsminister a. D. Külz und viel Militärprominenz anzutreffen. In dem Mitgliederverzeichnis aber fällt auf, daß in diesem Verein bis auf eine Ausnahme (und dies war ein Student der Theologie) alle Mitglieder vor der Jahrhundertwende geboren, viele Mitglieder erst nach 1919 in den Verein eingetreten waren und die Mitglieder sich aus allen sozialen Schichten zusammensetzten. Da sind vom Fabrikanten Kurt Andreas, dem Pförtner Otto Colberg, dem Oberzugschaffner Dajutt, dem Polizeibeamten Hermann Glander, dem Fleischer Walter Hardt, dem Arbeiter Reinhold Kiewitt, dem Hausmeister Eduard Lemke, dem Vollzugsbeamten Franz Rogalli, dem Geldzähler Bruno Motzer, dem Oberlandjäger Friedrich Tuschke oder dem Darmhändler Alfred Schwarz, Männer der verschiedensten Berufe versammelt, die alle die «Liebe zu den Kolonien» fördern wollen. Ihre Vereinszeitung ist *Der Schutztruppler*, ein chauvinistisches, rassistisches Blatt, das sich ab 1933 problemlos der nationalsozialistischen Staatsideologie anpassen konnte.

Auch die «Deutsche Kolonialgesellschaft» blieb nach dem Verlust der deutschen Kolonien aktiv bemüht, den «kolonialen Gedanken» im deutschen Volk wachzuhalten, sprich Kolonialpropaganda zu betreiben. Als sie im Oktober 1932 ihr fünfzigjähriges Jubiläum beging, waren bei den Feierlichkeiten u. a. folgende Herren aus dem Präsidium der Gesellschaft vertreten: Präsident Dr. Schnee, Ex-Gouverneur; Ehrenpräsident Dr. Seitz, Ex-Gouverneur; Dr. von Lindequist, Ex-Gouverneur ... und Oberbürgermeister Dr. h. c. Konrad Adenauer, späterer CDU-Politiker und erster Nachkriegs-Bundeskanzler der Bundesrepublik Deutschland, der 1931 Vizepräsident der «Deutschen Kolonialgesellschaft» geworden war.[262]

Über die Personen läßt sich also ein Zusammenhang von Kolonialismus und Faschismus herstellen. Kolonialisten fühlten sich anscheinend besonders «zu Hause» im nationalsozialistischen Gedankengut.

---

* Siehe Seite 36f.

Ein starkes faschistisches Reich bedeutete für sie natürlich zunächst die Hoffnung, im Ausland, besonders in den ehemaligen deutschen Kolonien, wieder zu Macht und Ansehen zu kommen. «Der Führer hat sich für die Rückgabe der deutschen Kolonien eingesetzt. Voll Zuversicht sieht das deutsche Volk dem Siege entgegen und auch der Erfüllung der deutschen kolonialen Forderung.» So träumte noch Jahre nach der Machtübernahme Dr. Heinrich Schnee, Gouverneur a. D.[263] Und ähnlich träumten sie wohl alle, die diesem Kreis angehörten. Doch behielten sie ihre Träume und Hoffnungen nicht für sich, sondern trugen ihr Herz auf der Zunge. In diesem Sinne waren sie auch keine «Ewig-Gestrigen», die Unwiderbringlichem nachtrauerten, sondern belebten im Gegenteil die ideologische Landschaft im Faschismus um eine exotische Nuance.

Geistige Verwandtschaft

> Es ist merkwürdig, wie gleichgültig uns Mensch und Menschenleben ist, wenn es von anderer Rasse ist.
>
> Gustav Frenssen:
> ‹Peter Moors Fahrt nach Südwest›,
> Berlin 1936, S. 193

Diesem von außen einsehbaren Zusammenhang zwischen Kolonialismus und Faschismus entspricht auch eine geistige Verwandtschaft. Gerade die Kolonialdeutschen hatten sich in jahrelanger Praxis eine besondere Konditionierung erworben in der Unterdrückung anderer Völker. Bei aller Zerstrittenheit beschworen sie sich in Abgrenzung gegenüber den «anderen» gerne als Einheit, als «wir», die «Deutschen», zu deren höchsten Werten, wie wir gesehen haben, Ordnung, Fleiß und Gehorsam gehörten und das Gefühl, besser zu sein als alle anderen.

Kaum zu glauben, hier ist von Menschen die Rede:

«[18. Juni.]
Ich habe heute viel zu tun gehabt. Mehrere neue Aufnahmen im Lazarett. Eine Sektion einer schwarzen Frau, die an Skorbut eingegangen war, zwei Atteste über Invaliden durch Streifschüsse durch Finger und durch Arm bei Oganjira. Skorbut herrscht hier ziemlich stark unter den Eingeborenen. Äußert sich bei ihnen mehr in Infiltration der Muskeln und Gelenkschwellungen, als in Zahnfleischentzündung. Sehr viele gehen daran ein. Beste Therapie: Ins Oberland schicken, wo sie Grünfutter bekommen.»

> Dr. H. Ortenburg, Kaiserlicher
> Oberarzt a. D.:
> ‹*Aus dem Tagebuch eines Arztes,*
> *Feldzugskizzen aus Südwest-*
> *Afrika*›, Berlin 1907

Jahre bevor die faschistischen Propagandisten ihre Schmähschriften verfaßten, sind den Kolonialapologeten beiderlei Geschlechts faschistische und damit meine ich entmenschlichte Sprache bereits in «Fleisch und Blut» übergegangen. Sie schreiben von «Arbeiter*material*» oder «Eingeborenen*material*» (Ada Cramer), alte und schwache «Eingeborene gehen ein» (Margarethe von Eckenbrecher) und Kontraktarbeiter gelten als «gut desinfizierte Leute» (Luise Diel). Ich habe mit Absicht einige Frauen zitiert, um zu verdeutlichen, daß dies auch die Sprache von Frauen, nicht nur von Männern gewesen ist, aktiv benutzt und eingesetzt. Unter den Kolonialpionieren und später folgenden Militärs, Beamten, Siedlern, Kaufleuten hatten Herrenmoral und Rassismus einen Ausdruck gefunden im Umgang mit den Einheimischen, der Art und Weise, wie sie die «Arbeiterfrage» und die «Eingeborenenfrage» beantworteten: mit Hochmut, Rassendünkel, Überheblichkeit und mit Gewalt.

Und auch im Umgang mit der täglichen Gewalt waren deutsche Frauen ihren Patriarchen in den Kolonien durchaus verwandt: Magdalene von Prince, die Frau des Bezwingers der Wahehe Ostafrikas,

Tom von Prince, wurde die berüchtigte «Königin von Usambara» genannt. Von den Afrikanern wurde sie gefürchtet, weil sie als Herrscherin der Großplantage Sakkarani auch gern selbst zur Peitsche griff. Bei Maria Karow sind die «Eingeborenen nur durch Prügel zu bändigen». Lydia Höpker verteilte selbstverständlich «Ohrfeigen» an die schwarze Arbeiterschaft oder schoß zur Warnung «über die Köpfe». Erika Busse-Lange gesteht, auch «sacksiedegrob» gewesen zu sein. Clara Brockmann, die ebenfalls vor «Ohrfeigen» nicht zurückschreckte, bedauerte sogar, daß Schläge ein «Vorrecht» für eingeborene Männer gewesen seien. Ada Cramer wurde zur Helfershelferin ihres Mannes, der einheimische Frauen zu Tode prügelte. Die Farmerin Ohlsen erschlug 1911 einen ihrer Arbeiter, den «Klippkaffern» Deubib.

Auch das nationalistische Element in der Kolonialideologie war sehr deutlich ausgeprägt. Und auch die Frauen in den Kolonien fühlten sich, wie bereits aufgezeigt, ausdrücklich als «Deutsche». Sie standen eindeutig an der Seite ihrer «braven Schutztruppler», rechtfertigten den Völkermord an den Herero, halfen mit, die «Dolchstoßlegende» vom Verrat im Ersten Weltkrieg durch die Revolution in der deutschen Heimat zu verbreiten und verteidigten in extremen Situationen Besitz und neue koloniale Heimat auch mit der Waffe in der Hand. Doch ist gerade dies der Punkt, in dem sie sich von den Männern äußerlich unterscheiden: *Krieg ist nicht ihr Handwerk, Krieg ist Männerhandwerk.* Die Frauen schreckten nicht davor zurück, die Einheimischen zu verachten, zu demütigen, zu züchtigen, zu schlagen, zu erniedrigen, zu beleidigen, aber der Mord im Namen der «Schutz»-Macht war in aller Regel Männersache. Frauen aber sind ihre Komplicinnen in Gesinnung und Tat: «... unsere braven Jungen hatten keine Verluste, aber ihre Gewehre räumten unter dem Gegner tüchtig auf, wir sahen jeden Mann fallen...» bezeugte Emma Dorn in ihren Erinnerungen an die «Zeit des großen Aufstandes»[264] der Herero und Nama in Südwestafrika. Daß dies nicht einfach das Nachbeten eines Männerideals ist, sondern sie als Frau voll und ganz dahintersteht, davon spricht die Wahl ihrer Worte eine deutliche Sprache: vom Aufräumen versteht die Siedlerin nämlich viel, Aufräumen ist Teil ihrer Identität als Hausfrau.

Aktive Komplicinnen, das waren im «Reich» die Frauen, die für die Faschisten Menschen bespitzelten, waren Frauen im «Lebensborn»; Komplicinnen waren SS-Frauen und Wärterinnen in den Konzentrationslagern. Der «harte Kern» des Faschismus aber, die Mächtigen, die Strategen, die Ideologen, die Herrschenden: das waren Männer, Krieger; und der Faschismus brachte letztlich auch den schrecklichsten der Kriege, von dem die Menschen und die Erde bis dahin heimgesucht wurden.

Krieger und Mädchen

Der Krieg war ihr Handwerk geworden, und sie bemühten sich erst gar nicht, ein anderes zu finden.

Manfred von Killinger,
Offizier eines Freikorps
über seine Kameraden[265]

Das «auf die Spitze getriebene Mannestum» der Krieger, kaum einer hat es glühender verherrlicht als Ernst Jünger. «Nach uns die Sintflut, im Grabe gibt es keine Freuden mehr ... Hinein in die Brandung des Fleisches, tausend Gurgeln haben, dem Phallus schimmernde Tempel errichten...» schwelgt er in seiner 1922 erschienenen Schrift ‹*Der Kampf als inneres Erleben*›[266]. Einen eigenen Abschnitt war ihm der «Eros» schon wert neben «Blut», «Mut» und «Grauen», die sie begleiteten, die «Jongleure des Todes», die «Meister des Sprengstoffes und der Flamme», die «prächtigen Raubtiere» – die deutschen Soldaten. Ganz klar, diese Herren fackeln nicht lange. Ihr «Eros»? – eine «Faust voll Genuß», Funktion der Entladung: «Scharfäugig und verwittert schritten sie über die Straßen fremder Städte, Landsknechte auch der Liebe, die nach allem die Hand ausstrecken durften, weil sie nichts zu verlieren hatten. Flüchtige Wanderer auf den Wegen des Krieges, griffen sie zu, wie sie es gewohnt waren, mit harter Faust und ohne viel Sentiment. Sie hatten keine Zeit zu langer Werbung, romanhafter Entwicklung, zum Drum und Dran, das auch dem kleinsten Bürgermädchen Bedürfnis bleibt. Sie forderten von der Stunde Blüte und Frucht. So mußten sie die Liebe suchen an Orten, wo sie sich ohne Schleier bot. Erglühten nicht Nacht für Nacht die Kreuzpunkte der Heerstraßen im Zeichen Eros, des Entfesselten? Da paradierte in langen Reihen bereite Weiblichkeit, die Lotosblumen der Asphalte. Brüssel! Leben, unter tausend Schiffsschrauben zerschäumt. Wie war der Schwung des Lebens ungeheuer und doch so erschreckend mechanisch wie dieser Krieg selbst. Da konnte nur stählerne Eigenart bestehen, ohne im Strudel verschliffen zu werden. Reine Funktion waren diese liebesgewandten Körper, die rauschend sich in Aufforderung wiegten, mit Kleidern wie mit leuchtenden Plakaten behängt...»[267]

Doch gab es nicht nur «bereite» Weiblichkeit. In Städten und Dörfern wurden Frauen vergewaltigt: «Je länger der Krieg dauerte, desto schärfer prägte er die geschlechtliche Liebe in seine Form. Unter den Schlägen der rastlosen Hammerschmiede verlor sie bald Glanz und Politur...» Solange es nur «pikardische Bauernmädchen» waren wie bei Ernst Jünger, wer fragte danach? Wird doch der Sieg über den feindlichen Soldaten erst wirksam, wenn «fremde Rasse sich unauslöschlich [grub] in fremdes Land». – «Krieger und Mädchen», rechtfertigt er sich, «ein altes Motiv.»[268] Ein Gewaltmotiv patriarchalischer Gesellschaften vor allem und deshalb keines, das auf deutsche Krieger beschränkt gewesen ist.

Kleiner Exkurs: Krieger International

Vergewaltigung, Prostitution und Geschlechtskrankheiten hatten die Konquistadoren und ihre Söldner nach Amerika-India gebracht und brachten die weißen Krieger in alle Teile der Welt.
In Indien erließ Lord Roberts am 27. Juni 1886 eine Verordnung, derzufolge in Regimentsbordellen dafür zu sorgen sei, «eine genügende Anzahl von Weibern zu halten, Sorge zu tragen, daß sie hinreichend hübsch sind, sie mit eigenen Häusern zu versehen und vor allem darauf zu achten, daß Reinigungsmittel überall zur Hand sind ...»[269] In Bombay «requirierte» der Befehlshaber eines Regiments, das in ein entferntes Lager ausrücken sollte, die nötigen Prostituierten selbst, «die den Soldaten von einer Etappe zur andern zu folgen hatten, und sagte dem Feldprediger, der sich darüber beschwerte, er habe höhere Order hierfür ...» Dieser und die folgenden Fälle wurden 1888 im britischen Parlament zur Sprache gebracht: «Ein britischer Offizier bei Kohat, an der Grenze von Afghanistan, sandte nach einer entfernten Garnison und verlangte die Zusendung einer Anzahl eingeschriebener Dirnen. Sie sollten hübsch und nicht unter zweiundzwanzig Jahre alt sein ...» Auch im Lager von Derhali war für ausreichend Frauen für die Soldaten gesorgt. «Die Eingeborenen nennen sie ‹die Huren der Königin›. Ja, der Übelstand wird so sehr als ein spezifisch europäischer betrachtet», heißt es in dem Parlamentsbericht weiter, «daß Hindu-Dirnen sich taufen lassen wollen, weil sie glauben, dann bessere Geschäfte zu machen.»
Als die US-Amerikaner die Philippinen 1898 besetzten, führten sie Bordelle für ihre Truppen ein, trotz des heftigen Protestes der Bewohner, auf den hin die amerikanische Administration eine Kommission unter dem Vorsitz des späteren Präsidenten Taft entsandte, die sich für die Beibehaltung der Standortbordelle aussprach. Die Kontinuität dieser Politik, verstärkt noch in den Jahren des Korea-Konflikts und des Vietnam-Kriegs, kann bis heute beobachtet werden in den Soldatenpuffs, Bars und Massagesalons der philippinischen Städte Olongapo, in der Nähe des Marinehafens Subic Bay, wo die atomar gerüstete 7. Amerikanische Flotte ankert, und in Angeles nahe des Stützpunktes Clark, der größten Basis der US-amerikanischen Luftwaffe auf ausländischem Boden.
Aus der Kolonie «Niederländisch-Indien», also dem indonesischen Archipel, wurde berichtet, «daß jeder Soldat in der Kaserne sich eine Eingeborene halten darf. Diese Frauen sind dem militärischen Disziplinarstrafrecht unterworfen, haben Anspruch auf Behandlung in Militärheilstätten, werden bei den Mobilisierungen in den Kasernen kompagnieweise vereinigt und verpflegt. Im Jahre 1880 betrug die

Zahl dieser Frauen 10130 auf einen durchschnittlichen Armeebestand von 30173.»[270] Heute gehört auch Jakarta, Metropole des indonesischen Inselreiches, zu den berüchtigten Bordellstädten in Südostasien.

Kriegshandwerk und Bordellwesen gingen in Übersee zumeist Hand in Hand. Das eine etablierte das andere und war dieses erst einmal vorhanden, so zog es im Zeitalter des Massentourismus sehr schnell scharenweise neue europäische, amerikanische und japanische Männerkundschaft an. Wohin wir auch blicken, in den großen städtischen Metropolen in Südostasien, in Afrika oder in Südamerika, überall gehen heute Prostitution und Tourismus Hand in Hand.

«Ich bin ein junges Reiterblut...»

Vergewaltigung, Prostitution und Geschlechtskrankheiten brachten auch die deutschen Militärs in ihre Kolonien und wo immer sie zu Gange waren. Aus den Strafakten des ostasiatischen Korps, das 1900/01 in China eingesetzt war, wurde ersichtlich, «daß Zerstörungen frivoler und brutaler Art, Plünderungen, Raub, Erpressungen, Schändungen und Vergewaltigungen aller Art an Frauen und Mädchen durch deutsche Soldaten verübt worden waren», wie der sozialdemokratische Abgeordnete Kunert dem Reichstag am 31. März 1906 ins Gedächtnis zurückrief. Der Abgeordnete, dem wegen der Aufklärung über die Greueltaten deutscher Soldaten in China ein Strafantrag an den Hals gehängt wurde, bekräftigte nochmals, «daß deutsche Soldaten geschlechtliche Gewaltakte an chinesischen Frauen verübt haben. Diese Behauptung ist bewiesen worden, eidlich vielfach bewiesen worden. Es sind dabei so ungeheuerliche Dinge ans Tageslicht gekommen, daß ich es mir versage, darüber nähere Angaben zu machen. Nur das eine möchte ich noch hervorheben, daß über die Tatsache hinaus, daß Frauen und Mädchen geschändet worden sind, noch bewiesen worden ist, daß auch Kinder in viehischer, in entsetzenerregender Weise von deutchen Soldaten geschändet worden sind. Darüber hinaus aber ist auch noch vor dem Halleschen Gericht bewiesen, daß eine ganz schmachvolle, nichtswürdige Bordellwirtschaft unter deutschem Schutz drüben in China etabliert war... Es waren zwei Abteilungen in dem Bordell, die eine für die Offiziere, die andere für Mannschaften. Es war in verschiedenen Sprachen eine Aufschrift an dem Hause ‹Nur für deutsches Militär›... Trotzdem die Soldaten wußten, daß das betreffende Haus unter deutschem Schutz, unter dem deutschen Banner stand, wurden solche Bordelle wiederholt gestürmt; dabei wurde die Kasse geplündert und die Mädchen mißhandelt, verwundet und vergewaltigt. – Ja, auch in Bordellen unter deutsch-militärischem Protektorate...»[271] Daß China nicht das einzige Schlachtfeld dieser Art für deutsche Soldaten gewesen sei, fügte Kunert noch hinzu und verwies auf die «Zerstörungen, Plünderungen und Schändungen deutscherseits in Frankreich» während des Deutsch-Französischen Krieges von 1870/71.

Die Zustände in den deutschen Kolonien bildeten keine Ausnahmen. In einem Bericht an die Kolonialabteilung verteidigte der Gouverneur von Kamerun, von Puttkamer, die Praxis der «Schutztruppler», gefangene afrikanische Frauen zu benutzen. Er sagte darin frank und frei, daß er ohne derartige Privilegien keine Soldaten rekrutieren könnte.[272] Gemeint sind hier afrikanische Söldner für die deutschen Truppen. Solche Söldner aus Ägypten, Somalia, dem Sudan oder Mozambique setzten die Deutschen vor allem in Ostafrika ein. Die Frauen in den umkämpften Gebieten wurden von ihnen ebenso wenig verschont wie von den Weißen.

> In Njurubuge versuchte der Soldat Rissasi, der zum deutschen Posten Ruhengeri gehörte, ein Dorfmädchen zu vergewaltigen: «Die Verwandten boten ihm zwei Ziegen an, wenn er sie in Ruhe lasse. Das lehnte er ab. Es kam zu tätlichen Angriffen, und Rissasi schoß nach den Verwandten des Mädchens. Darum brachten sie ihn um.»[273]

Auch in den Kolonien Kamerun und Togo stellten die Deutschen vor allem die Offiziere, die Afrikaner dagegen die Mannschaften. Im Gegensatz dazu bestand die «Schutztruppe» für die Kolonie Südwestafrika nur zu einem kleinen Teil aus den Reihen der Rehobother Bastards, der größte Teil aber setzte sich aus deutschen Offizieren und Soldaten zusammen. Auf der Höhe der kriegerischen Auseinandersetzungen in den Jahren 1904 bis 1907 waren das 8000 bis 10000 deutsche Männer. Ob Offiziere oder Mannschaften, die «moralischen Zustände» in der Truppe veranlaßten die Missionare zu bitteren Klagen, so den Missionsinspektor Plath auf einer protestantischen Generalsynode: «Die Europäer geben in den überseeischen Ländern nicht nur durch Brutalität und Unzuchtshandlungen, sondern auch durch den

Trunk ein sehr schlechtes Beispiel. Hinsichtlich des sechsten Gebots werden so schandbare Dinge dort drüben begangen, daß man blutige Thränen darüber weinen möchte. Innerlicher Grimm müsse jeden Christenmenschen erfassen über solche unchristlichen und schandbaren Handlungen.»

Allerdings scheinen die meisten Missionsberichte nur gefiltert in die deutsche Öffentlichkeit gelangt zu sein. In diesem Sinne nämlich äußerte der sozialdemokratische Abgeordnete Ledebour am 3. Februar 1910 im Deutschen Reichstag den folgenden Verdacht: «Nun liegen aber Gründe vor, daß ich leider zu der Annahme kommen muß, daß diese Missionsberichte, wie sie uns vorgelegt sind, lange nicht das geben, was wir von Missionsberichten erwarten müssen. Entweder haben die Missionare, als sie der Regierung ihre Berichte einreichten, dem üblichen Druck nachgebend, ihre Missionsberichte so gestaltet, daß der Herr Staatssekretär sie in seinem Interesse anstandslos vorlegen zu können glaubte, oder aber es sind nachher die Berichte von der Regierung frisiert worden, damit etwas anderes herauskommt. Frisiert müssen die Berichte sein...» Von den Beteiligten selbst ist nicht viel darüber zu lesen. Es hing solchen Männerfreuden in Deutschland wohl zu sehr der Makel der «Rassenschande» an, als daß sie sich damit lauthals hätten brüsten können.

Da erwähnt der kaiserliche Oberarzt Dr. von Ortenberg in seinen ‹Feldzugsskizzen aus Südwestafrika› so ganz nebenbei gefangene «Hottentottenschöne»[274]. Ein Kollege, Dr. Ludwig Külz, bestätigt für Togo wie für Kamerun, daß der größere Teil der weißen Männer mit afrikanischen Frauen zusammen lebte.[275] Schröder-Stranz schreibt in seinen ‹Kriegs- und Jagdfahrten› aus «Südwest» zwar keine Einzelheiten, veröffentlichte darin aber das Foto eines «Buschmannmädchens, etwa dreizehn Jahre alt», in gestellter Pose. Darunter findet sich sein fachmännischer Kommentar: «Schöne Körperformen findet man viel, hauptsächlich bei den Herero-Frauen. Etwa vom achtzehnten Lebensjahr an altern die Linien.»[276] Auch ‹Johann Ferdinand Mohr's Kriegserlebnisse in Südwestafrika› deuten darauf hin, daß die deutschen Soldaten keine «Kostverächter» waren. Über eine Bergdama-Frau bemerkt er: «Da sie außer einem verhängten Fell wie die meisten ihrer Stammesgenossen weiter keine Kleidung trug, kamen ihre schönen Körperformen voll und ganz zur Geltung.»[277]

Darauf können die Herren sich anscheinend einigen, daß die «Körperformen» durchaus schön sein können. Eine Art Entschuldigung dafür, daß sie sich mit ihnen einlassen. Als «Hüllen» gleichsam, als leere «Körperformen», nicht als «Frauen», zumindest nicht als «vollwertige». Bei Schröder-Stranz findet sich noch ein unverschämter Hinweis darauf, daß am Waterberg, bevor den Herero dort der vernichtende Schlag versetzt wurde, «schwere und schlechte Krankhei-

Buschmannmädchen, etwa dreizehn Jahre alt.
Schöne Körperformen findet man viel, hauptsächlich bei den Herero-Frauen. Etwa vom achtzehnten Lebensjahr an altern die Linien.

ten» in der Truppe und unter den Bergdama sowie den gefangenen Herero grassierten, denen der Hauptmann mit «strengen Mitteln» vergebens «Herr» zu werden versuchte.

Tatsächlich hatte die Anwesenheit Tausender deutscher «Schutztruppler» Vergewaltigung, Prostitution und Geschlechtskrankheiten in großem Ausmaß zur Folge. Alle Frauen der Sammel- und Gefangenenlager in der Kolonie Südwestafrika wurden den Truppenärzten zur Kontrolle vorgeführt. Dem «Frauenverein des Deutschen Roten Kreuzes» gelang es mit Hilfe der Rheinischen Missionsgesellschaft und der Drohung, durch Veröffentlichung einen Skandal zu entfachen, wenigstens diese unwürdige Prozedur auf Prostituierte zu beschränken.* Wer aber waren diese «Prostituierten»? Wie kamen sie dazu, sich zu prostituieren? Wie viele von ihnen hatten nach einer Vergewaltigung oder als Kriegsgefangene keine andere Wahl? Wie kamen sie mit einem Leben als Prostituierte zurecht? Mit dem Identitätsverlust, der sich unweigerlich damit verband? – Darüber fehlen alle Hinweise.

* Siehe Seite 250 f.

Hermann Graf von Schweinitz gibt als einer der wenigen direkt Beteiligten sexuelle Beziehungen zu afrikanischen Frauen zu. In seinem Buch ‹Deutsch-Ostafrika in Krieg und Frieden› aus dem Jahre 1894 schildert der selbsternannte «Sklavenbefreier» die folgende Szene, die sich im Hoheitsgebiet des Sultans Roma zugetragen hatte: «Kurz nach Sonnenaufgang des nächsten Tages erschien Roma mit einem großen Gefolge. Neben ihm schritt eine junge Negerin von vielleicht sechzehn bis siebzehn Jahren, ein hübsches, frisches, munteres Mädchen. Ich saß vor meinem Zelte. Nach unserer Begrüßung erklärte mir Roma, daß er seine schönste Sklavin im Lande ausgesucht habe und mir schenke. Sie würde für mich sorgen, und würde er erst über mein Schicksal beruhigt sein, wenn er die mir treu ergebene Sklavin in meiner Nähe wisse. Er habe ja das größte Interesse an meinem Wohlbefinden, denn er sei mein Bruder. Diese Bitte durfte ich natürlich nicht abschlagen, was mir, da die junge Dame nicht häßlich war, auch nicht allzu schwer wurde. Solche Geschenke, deren erstes ich in Tabora erhalten hatte, und die im Innern durchaus nicht selten sind, durfte ich schon meines Antisklaverei-Charakters wegen nicht ausschlagen, denn die Annahme eines solchen Geschenkes war gleichbedeutend mit Befreiung eines Sklaven. In dem Momente, in denen ein Sklave, sei es durch Schenkung, sei es durch Verkauf von seinem Herrn entlassen wird, ist er frei. An sich also war es ein gutes Werk, ganz abgesehen davon, daß mir die so befreiten Sklavinnen nicht oft genug wiederholen konnten, daß sie sich bei mir recht wohl fühlten...»[278]

Dem relativ frühen Erscheinen des Buches mag es zu verdanken sein, daß von Schweinitz diese Episode überhaupt so offen erwähnte. Mit zunehmender Diskussion um «Rassenhygiene» im Reich wurden selbst Eingeständnisse solcher «idyllischen» Verfügungen über einheimische Frauen nicht mehr salonfähig für Veröffentlichungen. Von den realen Verhältnissen zwischen deutscher «Schutztruppe» und einheimischen Frauen, von Gewalt gegen sie und Ausbeutung ihrer Sexualität war aber auch in diesem Bericht, der von Selbstzufriedenheit, Dünkel, Überheblichkeit und Verdrehungen nur so strotzte, davon war in diesen Büchern nie die Rede. Die Herren Militärs drückten sich vor Geständnissen, verschleierten, verdrängten, leugneten Gewalt gegen Frauen, gaben höchstens «Ausschreitungen» ganz allgemein zu wie Hans Rohde in seinen ‹Kleinen Skizzen› aus dem Balkan-Krieg von 1913, wenn er schreibt: «... Frauen und Kinder gehen unbelästigt durch die Straßen. Gewiß sind Ausschreitungen vorgekommen und kommen noch vor, sie sind aber nur geringfügiger Natur und werden von der Militärbehörde aufs strengste sofort bestraft...»[279]

Wollen wir also mehr über die tatsächlichen Zustände erfahren, müssen wir uns an andere Zeugen halten. Der britische Kolonial-Lieutenant Payne, der wer weiß was alles selbst zu verantworten hatte, berichtet über folgenden Vorfall, in den deutsche «Schutztruppen-Offiziere» verwickelt waren. «Zufällig habe ich von zwei deutschen Offizieren, die ihren Distrikt bereisten, Kenntnis genommen, als sie im Gebiet des Oberhäuptlings Dufy ihr Zelt aufgeschlagen hatten und die Anordnung trafen, daß man ihnen zwei einheimische Mädchen bringen sollte. Als der Fürst ihnen erklärte, daß es jetzt zu spät wäre, um noch zwei nette Mädchen herbeizuholen, fuhren ihn die beiden Deutschen an und fragten, was er denn in seinem eigenen Haus habe. Sie sahen eine unverheiratete Tochter des Häuptlings, die ungefähr dreizehn Jahre alt war, und befahlen ihm, sie ihnen zu bringen. Er bat sie inständig, seine Tochter zu verschonen, aber sie wurde mit Gewalt genommen und geraubt.»[280]

Auch das britische ‹Blaubuch› von 1918 nahm zum Problem der Vergewaltigungen im deutsch-kolonialen Südwestafrika Stellung: «Eine andere außerordentlich widerwärtige Angelegenheit im sozialen Gefüge des Protektorates unter den Deutschen war die Zügellosigkeit in den Beziehungen zwischen der europäischen männlichen Bevölkerung – Soldaten, Polizisten und anderen – und den eingeborenen Frauen, ungeachtet der Einwände der Frauen selbst oder deren männlicher Verwandter. Mit der Zerstörung des Stammessystems, das auf die Ereignisse von 1904/05 folgte, und der Verteilung der überlebenden Bevölkerung als Arbeiter unter die europäischen Siedler, wurden eingeborene Frauen in großer Zahl in das Konkubinat mit Europäern gezwungen, mit dem unausweichlichen Resultat, daß die Eingeborenen schnell begannen, ihre Herren zu verachten, die wiederum sich anstrengten, ihre Position durch eine Politik der Härte zu halten, die oft ... in roher Brutalität gipfelte.»[281]

Sieger

Am 1. Feiertage entsetzten wir Maltahöhe, und am 30. Dezember langten wir wieder in Gibeon an. Gleich am Morgen mußten wir noch zu einem Feldgericht über zwei Bastards zusammentreten, welche gemeinsame Sache mit den Hottentotten gemacht hatten – ich hatte am Nachmittage die Exekution durch Erschießen vollziehen zu lassen. – Am Abend hatte uns Oberst von Deimling zu einem «Sieger-Diner» eingeladen. Spaßig nahmen sich die Flaschen auf dem Tisch aus, welche mangels feuchter Tücher, mit denen man hier sonst die Getränke kühlt, mit den intimsten Kleidungsstücken weiblicher Natur umwunden waren.

  Oberleutnant Stuhlmann: Aus dem Kriegsleben in
  Südwestafrika; in: ‹*Deutsch-Südwestafrika,
  Kriegs- und Friedensbilder*›, Leipzig 1907, S. 65

Wilhelmshöhe, 16. August 1904

 Mit Dank gegen Gott und hoher Freude habe Ich Ihre Meldung aus Hamakari über den erfolgreichen Angriff des 11. August auf die Hauptmacht der Herero empfangen. Wenn bei dem zähen Widerstand des Feindes auch schmerzliche Verluste zu beklagen sind, so hat die höchste Bravour, welche die Truppen unter größten Anstrengungen und Entbehrungen nach Ihrem Zeugnis bewiesen, Mich mit Stolz erfüllt und spreche Ich Ihnen, den Offizieren und Mannschaften Meinen Kaiserlichen Dank und Meine vollste Anerkennung aus. Wilhelm

  Glückwunschtelegramm
  Kaiser Wilhelm II. an die
  «Schutztruppe» in «Südwest»

Die für Krieger nicht außergewöhnliche Gewalt über die Frauen eines besiegten Volkes gebrauchten in den deutschen Kolonien auch die meisten der zivilen Besatzer. Auf Grund der Tatsache, daß sie sich als die «Herren» über die Kolonialvölker aufspielten, war auch ihr Gehabe das von «Siegern» und nicht auf die Berufskrieger beschränkt.

> Es wird das Gouvernement angewiesen, dafür Sorge zu tragen, daß, falls der Brauch eingerissen sein sollte, wonach von den Beamten auf Reisen von den Eingeborenen Weiber zum geschlechtlichen Verkehr gefordert werden, den Beamten ein solches Verhalten als mit ihrer Würde unvereinbar verboten wird. Auch soll es unstatthaft sein, daß Soldaten, Dolmetscher u. ä. farbiges Personal von Beamten beauftragt wird, die Herbeiführung von Weibern für den Geschlechtsverkehr zu vermitteln.
>
> Kolonialdirektor Dr. Stübel[282]

Doch wechseln wir nun den Schauplatz des Geschehens. Wenn wir davon ausgehen, daß erst der Besitz der Frauen eines besiegten Volkes den Sieg für Krieger vollkommen macht, so erscheint das folgende Kapitel in der deutschen Geschichte in einem besonderen Licht: Deutschland hatte seinen kolonialen Besitz verloren und damit die deutschen Männer ihren Anspruch auf die kolonialisierten Frauen. Deutschland hatte aber auch den Weltkrieg von 1914 bis 1918 verloren. Die Sieger hatten sich damit – dem internationalen Männer-Kriegerkodex zufolge – das Recht auf deutsche Frauen erworben. Nun waren in den Reihen der Sieger auf französischer Seite aber viele Angehörige aus Frankreichs Kolonien zu finden, Afrikaner, *Schwarze*, die sich ihr Siegerrecht an deutschen Frauen nahmen. Der Schock für die deutschen Männer, die sich in kolonialen Zeiten zumindest dahingehend geeinigt hatten, daß deutsche Frauen für «farbige» Männer «tabu» sein müßten, der Schock für die deutschen Männer war also ein doppelter: Es waren weiße Frauen, deutsche Frauen, *ihre* Frauen, die da dem Recht des Siegers zum Opfer fielen. Und diese Sieger waren Angehörige der verachteten, der schwarzen «Rasse», über die zu herrschen sie aufgehört hatten. In einer Flut von Stellungnahmen deutscher Männer finden sich Aussagen wie die des Dr. med. Arno Krüche aus München in der *Ärztlichen Rundschau* vom 20. November

1920: «Denn die schwarze Schmach: das ist die Mulattisierung und die Syphilitisierung unseres Volkes, der Ruin unserer Volksgesundheit, körperlich und geistig!»

Die Schande vom Rhein

20. Mai 1920. Der Reichstag protestiert gegen die «Verwendung farbiger Truppen im Rheinlande». In der französischen Besatzerarmee dienten marokkanische und senegalesische Soldaten – eine «Kulturschande» riefen Sozialdemokraten und Deutschnationale da im Chor. Solange es nur schwarze Frauen waren oder Jüngers pikardische Bauernmädchen, regte sich kaum Protest. Aber jetzt, die farbigen Soldaten im eigenen Haus, die eigenen Töchter, Schwestern und Mütter sozusagen nach Soldatenart zur freien Bedienung, da schrien sie auf. Die «Reinheit des Blutes» war in Gefahr.

Am 30. Juli 1920 druckte die Zeitung des «Bundes Deutscher Frauenvereine», die *Deutsche Frau in schwerer Zeit*, aus einer Reichstagsrede der sozialdemokratischen Abgeordneten Elisabeth Röhl aus Köln folgende Auszüge ab: «Zu einem dauernden Frieden gehört das Hintansetzen kleinlicher Maßnahmen, die ein Volk fortgesetzt beleidigen. Die Belgier und Franzosen nehmen absolut keine Rücksicht auf die Gefühle der Deutschen im Rheinlande, wenn sie dort schwarze und farbige Truppen verwenden. Das ist eine Schmach und zugleich eine Gefahr. Deutsche Mütter werden dauernd in Angst um ihre Kinder gehalten. Immer mehr Fälle werden bekannt, in denen farbige Truppen deutsche Frauen und Kinder schänden. Nur der kleinste Teil der Scheußlichkeiten wird gemeldet. Schamgefühl und Furcht vor Rache schließen den unglücklichen Opfern meist den Mund. Auch das Wiedererkennen der farbigen Übeltäter ist sehr schwer.» – Gewiß, die Vergewaltigung von Frauen muß angeklagt werden, wo immer und von wem immer das Verbrechen verübt wird. Wo aber waren Proteste und Anklagen der deutschen Frauen gegen verbrecherische deutsche Soldaten? In den Kolonien, im Weltkrieg? Die wenigen, die dazu ihre Stimmen erhoben hatten, bekamen jetzt auf einmal tausendfach Verstärkung. Aus dem Kommentar der Zeitung wird klar ersichtlich: Es geht nicht gegen Krieg und Soldatentum überhaupt oder gegen Vergewaltigungen von Frauen durch Soldaten, wo auch immer, sondern darum, daß es sich hierbei um Truppen handelte, «deren Angehörige auf einer viel tieferen Kulturstufe stehen als das europäische Volk, dessen Land sie besetzt halten».

Es ist auch eine Vergewaltigung, wenn kolonialisierte Männer für den eigenen Unterdrücker in dessen Kriege ziehen müssen. Doch die eine Vergewaltigung entschuldigt nicht die andere. Und es mag für Angehörige der Kolonialtruppen die Aussicht, als Sieger weiße Frauen zu besitzen, ein Motiv gewesen sein, Rache zu nehmen an der Vergewaltigung der eigenen Frauen durch weiße Soldaten. Auch dies entschuldigt nicht neue Gewalttaten.

> Die Schandttaten schwarzer französischer Truppen sind nicht zahlreicher oder schlimmer in ihrer Art als die von weißen Besatzungsangehörigen! – Wir, der Nationalverband Farbiger, weigert sich ganz entschieden, eine Eingabe um Zurückziehung farbiger Truppen aus irgendeinem Standort zu unterzeichnen! Frankreich hat ein ebenso gutes Recht, seine farbigen Bürger zu Kriegsdiensten zu verwenden, als Deutschland seine weißen!
>
> *gez. James Weldon Johnsen*
> Generalsekretär des Nationalverbandes zum Schutze farbiger Völker, New York [283]

Die Nationalsozialisten jedenfalls haben die «Schande am Rhein» nie vergessen. *Hitler* beschäftigte sich mit den «Bastarden vom Rhein» in seinem Buch ‹Mein Kampf›, und zwei Monate nach der faschistischen Machtübernahme interessierte sich Hermann Göring persönlich für die Kinder jener schwarzen Väter und weißen Mütter. Die Landräte der in Frage kommenden Gebiete mußten ermitteln. Bis zum April 1934 waren bereits die Namen von 385 Kindern amtlich notiert. In einer Sitzung des «Sachverständigenrates für Bevölkerungs- und Rassenpolitik», an der auch Vertreter des Auswärtigen Amtes, des Innen-, Justiz- und Reichswehrministeriums teilnahmen, wurde beschlossen, daß die Fortpflanzung der Bastardkinder innerhalb des deutchen Siedlungsgebietes unerwünscht sei.[284] Damit war das Signal zur Sterilisierung dieser Kinder gegeben. Die Mediziner aber, die diese durchführten, wurden niemals gerichtlich oder auch nur öffentlich zur Verantwortung gezogen.[285]

Der Tag der Zietz

Am 20. Mai 1920, als im Deutschen Reichstag jene «Rassenschande» zur Sprache kam, ergriff eine Abgeordnete der USPD, Luise Zietz, das Wort. Sie spricht nun endlich das aus, was in diesem Zusammenhang gesagt werden mußte, entlarvte die doppelte Moral der deutschen Männer und ihrer blinden Anhängerinnen, zerpflückte deren heuchlerische Kommentare. Dabei verurteilte natürlich auch Luise Zietz diese Verbrechen und «bestialischen Roheiten», aber eben nicht, weil sie von Farbigen begangen wurden, sondern sie klagte an, wo immer und von wem immer solche Verbrechen verübt werden. Für Luise Zietz steht fest, daß Sittlichkeitsdelikte überall dort zu beklagen sind, «wo Militär längere Zeit stationiert ist». Militarismus an sich, «Verrohung» und «Barbarisierung durch den Krieg», das «Stahlbad der Völker», wird von ihr dafür verantwortlich gemacht. Sie fordert deshalb im Namen ihrer Partei auch nicht nur den Abzug der farbigen Besatzung, sondern der Besatzung überhaupt. Dann wendet sie sich den Verbrechen deutscher Soldaten im eigenen Land zu: «Ich will weiter darauf hinweisen, daß die Interpellanten, die sich jetzt mit Recht gegen die viehischen Roheiten im besetzten Gebiet wenden, kein Wort des Protestes gefunden haben, als in Deutschland unsere eigenen Landsknechte so viehische Roheiten und Brutalitäten gegen die deutschen Frauen begangen haben. [Unruhe und Zurufe.] Ich verweise nur darauf, daß ich in Weimar den lebhaften Wunsch hatte, die weiblichen Abgeordneten dazu zu bekommen, daß sie sich in einem Protest gegen die vielen Roheits- und Sittlichkeitsvergehen der deutschen Soldaten gegen deutsche Frauen vereinigen möchten ... Ich habe angeknüpft an einen speziell gelagerten Fall, wo in Hamburg die Noskiten gegen eine Frau in der unerhörtesten Weise vorgegangen waren, wo sie diese Frau verhaftet hatten, wo sie sie furchtbar geschlagen hatten, wo sie ihr die Röcke über den Kopf zusammengeschlagen und den bloßen Körper gezüchtigt hatten, wo sie ihr die Zähne aus dem Munde herausgeschlagen und sie in der scheußlichsten Weise beschimpft haben. Und was haben mir da die weiblichen Abgeordneten, die ich gefragt habe, ob sie sich mit mir zu einem Protest vereinigen wollten, gesagt? Ach nein, das wollen wir doch nicht so breitmachen, [hört! hört! bei den Unabhängigen Sozialdemokraten] das wollen wir lieber ruhen lassen.»

Damals wollte man offensichtlich die Freikorps des sozialdemokratischen Ministers Noske nicht exponieren, die doch in der Zerschlagung der Revolution so wertvolle Dienste geleistet hatten. – An dieser Stelle entstand bereits Unruhe unter den Abgeordneten im Parlament. Als Luise Zietz den deutschen Truppen weiterhin bescheinigte, sie hätten auch im Ausland, «in Frankreich, in Belgien, in Rußland in der furchtbarsten Weise gehaust ... und gerade auf dem Gebiet der Sittlichkeit», da entsteht laut Reichstagsprotokoll «große Unruhe». «Pfui Teufel», wird ihr von rechts zugerufen und, «müssen Sie immer unsern Gegnern die Waffen liefern»? Darauf die Zietz: «Wer solche Gemeinheiten der Soldaten im Auslande gutheißt und wer die decken will ... der kann mich nicht beleidigen.«

Auch wiederholte «Schluß! Schluß!»-Rufe beirren Luise Zietz nicht im geringsten. Sie rechnete jetzt als nächstes mit dem «Hunnenfeldzug nach China» ab: «Damals ist nachgewiesen worden, daß in China von den deutschen Behörden Bordelle geschaffen und chinesische Frauen in diese Bordelle geschleppt ... und von deutschen Soldaten mißbraucht worden sind. Chinesische Frauen haben aus Furcht, in diese Bordelle geschleppt zu werden oder von den Soldaten vergewaltigt zu werden, sich in den Brunnen gestürzt und haben lieber den Tod im Wasser gesucht, als sich dieser viehischen Roheiten der deutschen Soldaten auszuliefern.» Sie führte dann weiter aus, daß diese Dinge daran erinnern sollten, daß die Verbrechen der farbigen Rheinland-Besetzer keine besondere Erscheinung von Schwarzen seien und warnte vor einem immer mehr um sich greifenden ungeheuren Rassenhaß, für sie ein «Kennzeichen tiefster Kulturschande». Als sie schließlich deutsche Kolonialpolitik angriff und anprangerte als «eine einzige Geschichte der Greuel und der Unterdrückung der Farbigen durch die Deutschen», brachte ihr dies eine Rüge des Reichstagspräsidenten ein.[286]

Diese couragierte Frau lag den Männern im Magen. Wenige Wochen nach dieser Rede lieferte sie den Damen und Herren Volksvertretern eine neue Redeschlacht, diesmal ging es um die rechtliche Gleichstellung der Frauen. Major Adolf Stein, der die Nationalversammlung für die *Tägliche Rundschau* kommentierte, widmete Luise Zietz am 15. Juli 1920 eine haßerfüllte Glosse, überschrieben mit «Der Tag der Zietz». Darin diffamierte und beleidigte er sie in erster Linie *als Frau*: «Wenn man ihr muskulöses breites Gesicht ohne Zucken als Sprechmaschine dienen sieht, aus der in harten Lauten immer wieder nur ein Stück Erfurter Programm hervorquillt, wenn man ihre kräftigen Arme stoßweise die Luft hämmern sieht, als wolle sie Hufeisen schmieden, so hat man unbedingt den Eindruck, daß ein Mann einem gegenübersteht, der nur in Ermangelung von Hosen sich in das lange Weibergewand geworfen hat.» Dann zieht er los auf ihre Klassenherkunft. Er schimpft sie eine «Halbgebildete» und eine «etwas beschränkte Proletarierfrau», die «von Mutter Natur eine übergroße Menge ... männlicher Moleküle mitbekommen hat»[287]. Mut und offene Worte haben in unserem Lande eben selten zu öffentlichem Beifall geführt, noch seltener allerdings, wenn sie von einer Frau stammten.

«Wir wollen keine Kaffern mehr sein!» oder: Kurzer Aufruf zur Nachdenklichkeit

... da sah ich unter einem Baum einen Kaffer sitzen ...

Wenn weiße Siedler und Siedlerinnen in den Kolonien von ihrer eigenen «Rasse» als der überlegenen sprachen, so ist das vor dem Hintergrund ihrer Konditionierung und Interessenslage zu sehen: die Konfrontation der «Rassen» geschah direkt, tagtäglich; die angebliche Überlegenheit sollte den unberechtigten deutschen Herrschaftsanspruch begründen. Und überall dort im Deutschen Reich, wo Rassismus zur Herrschaftssicherung nach innen benutzt wurde, strotzten Reden und Pamphlete vor rassistischen Sprüchen. Aber das ist noch nicht alles. Spuren rassistischen Denkens, mehr oder weniger offen, fanden ich selbst in solchen Veröffentlichungen, in denen ich sie – dem jeweiligen Selbstverständnis der Autorinnen und Autoren zufolge – niemals gesucht hätte. Das machte mich nachdenklich. Mir wurde klar, wie gefährlich und ansteckend ein vergiftetes geistiges Klima sein kann – auch für Leute, die sonst wachsam sind und sich für emanzipative Ziele einsetzen. Darüber nachzudenken halte ich für außerordentlich wichtig. Die folgenden Beispiele sollen dazu anregen.

Im Jahre 1917 erschien der Roman ‹Zwischen den Rassen› von Heinrich Mann. Kann auch beim Lesen der ersten Seiten noch geglaubt werden, es handle sich um eine Auseinandersetzung zwischen Weißen und Schwarzen, so täuscht dieser Eindruck. Zwar wird die schwarze Amme, die ein deutsches Kaufmannstöchterchen aus Übersee nach Deutschland begleitet, aus Kindessicht bald als «dumm», weil abergläubisch entlarvt, doch bleibt dies der einzige Seitenhieb auf Schwarze. Es dauert fast 300 Seiten, bis deutlich wird, was mit dem Titel gemeint ist: Das kleine Mädchen ist erwachsen geworden und eine Schönheit, wie es sich für eine Titelheldin geziemt, und sie wird nun hin und her gerissen zwischen dem «hochmütigen dummen Rassemenschen», dem italienischen Lebemann Pardi, dem sie verfällt, obwohl er «brutal, ein Lump und der Gerechtigkeit unfähig» ist und ihrem «Blut», das sie von der lockeren adeligen oberitalienischen Gesellschaft trennt. Der «fleischliche Irrsinn» hatte sie Pardi in die Arme getrieben. Ein Kind wollte sie nicht von ihm: «Die Rasse des Mannes ist so viel stärker, sie würde mich überwältigen, noch in dem Geschöpf, das ich hervorbrächte. Es wäre seins, es würde zu diesen Fremden hier gehören. Ich will es nicht: ich will nicht die Fremden bis in meinen Leib ...» Selbst die in Italien geltenden öffentlichen Freiheiten sind nach Heinrich Mann in der «geselligen, vor allem öffentlich empfindenden Rasse» angelegt. Die Deutschen aber, die derlei nicht aufzuweisen haben, entschädigt er durch die Figur der Claudia, einer Italienerin, die die Deutschen bewundert: «Wie diese Deutschen klug sind!» ruft sie «fassungslos». Lola aber, die Titelheldin, wird schließlich erlöst aus ihren Qualen durch die Entscheidung für einen Mann des «gleichen Blutes». – Heinrich Mann, so scheint mir, war damals von dem Rassebazillus seiner Zeit gehörig infiziert.

Schon viel früher, im Juli 1898, Deutschland war noch stolze Kolonialmacht, erschien in der *Gleichheit* Nr. 15 ein Artikel von O. Kalt-Reuleaux zum Thema «Frauenleben im Transvaal». Dieser Aufsatz beschränkte sich im wesentlichen auf den Kontrast zwischen Burinnen und Engländerinnen; Afrikanerinnen tauchten nur im Nebensatz als «farbige Dienerin» auf. Doch nicht genug damit, wird das Volk der Buren folgendermaßen charakterisiert: «Die harte Arbeit, welche schon Generationen von Boerenfrauen verrichtet haben, hat diese zu kräftigen Hünengestalten mit außerordentlich starker Muskulatur gemacht, was allerdings bloß in Folge der ausreichenden, sehr kräftigen Beköstigung möglich war. Geistig stehen die Frauen und Männer des Boerenvolkes auf ziemlich niedriger Stufe, weshalb auch die Unmoralität der Zurücksetzung des weiblichen Geschlechts nicht zum Bewußtsein dringt.» Mit dieser Begründung hätte allerdings das Gros des deutschen Volkes jener Tage genausogut so charakterisiert werden können, denn auch in Deutschland hatte sich bis dahin noch kein allgemeines Bewußtsein von der «Zurücksetzung des weiblichen Geschlechts» durchgesetzt. Der Artikel wurde übrigens in der *Gleichheit* ohne jeglichen Kommentar abgedruckt.

In der Kolonialperiode der deutschen Geschichte wurden trotz aller völkerkundlichen und anderen Kolonialwissenschaften, denen die Eigennamen der unter europäischer Gewalt lebenden Völker durchaus bekannt waren, die Menschen der Südsee im volkstümlichen Sprachgebrauch zu «Kanaken» und die Südwestafrikas zu «Kaffern» und beides zum Synonym für Rückständigkeit, Dummheit, «Untermenschentum». «Wir wollen keine Kaffern mehr sein», kann deshalb die jüdische Dichterin Else Lasker-Schüler, die später vor dem Faschismus aus Deutschland emigrieren mußte, 1920 ungeniert ausrufen, als sie mit ihren Dichterkollegen wegen zu geringen Verzehrs aus ihrem Stammcafé hinausgeworfen wird und sich ein neues Domizil suchen muß.[288]

«Wer hat Angst vorm schwarzen Mann...?»

Volkstümlicher Rassismus – bis heute lebendig

Als unsre Kolonien vor Jahren
noch unentdeckt und schutzlos waren,
schuf dort dem Volk an jedem Tage
die Langeweile große Plage,
denn von Natur ist nichts wohl träger
als so ein faultierhafter Neger.
Dort hat die Faulheit, das steht fest,
gewütet fast wie eine Pest.
Seit aber in den Kolonien
das Volk wir zu Kultur erziehen
und ihm gesunde Arbeit geben
herrscht dort ein muntres, reges Leben.
Seht hier im Bild den Negerhaufen
froh kommen die herbeigelaufen,
weil heute mit dem Kapitän
sie kühn auf Löwenjagden gehn...

Kindergedicht um 1910

Ganz so kraß werden sie heute nicht mehr besungen, aber wer von uns kennt nicht das Lied von den ‹Zehn kleinen Negerlein›, die so dumm waren oder so ungeschickt, daß sie alle zugrunde gingen? Entstanden im Ausklang des 19. Jahrhunderts, so recht geeignet für die Kinder einer aufstrebenden bürgerlichen Kolonialmacht, wird es auch noch heute gesungen, in einem Zeitalter, in dem die «Negerlein» von gestern längst zu den «Partnern der Zukunft» avanciert sind. Da sie jedoch auch bei heutigen Geschäften noch immer kräftig betrogen und übers Ohr gehauen werden, kann das Lied von den ‹Zehn kleinen Negerlein› selbst heutige Kinder noch prächtig einstimmen auf künftige Aufgaben in Gesellschaft, Wirtschaft und Politik. Die ‹Zehn kleinen Negerlein› haben übrigens ihren Zug um die Welt noch lange nicht beendet. Sie sind inzwischen in zahlreiche Fremdsprachen übersetzt. Ein deutscher Verlag schickt sie seit neuestem auch nach Ägypten, Argentinien und Puerto Rico.

In die deutsche Sprache eingefressen hat sich schwarz als Synonym für schlecht und unheilvoll: ... schwarzer Mann, schwarzer Kater, schwarzer Peter, schwarzes Schaf, schwarze Seele, schwarzsehen, schwarzmalen, jemand anschwärzen ... «Ich bin schwarz und bin sehr klein und mag auch wohl recht lustig sein», läßt Goethe seinen «Mohrenkönig» in ‹Epiphanias› sagen. Klein und kindlich ist auch der «Sarotti-Mohr», der in Turban und orientalischem Kostüm in ungebrochener Tradition von 1868 bis heute für «Sarotti»-Schokolade wirbt: «Hier ein Stückchen, da ein Stückchen, dir ein Stückchen, mir ein Stückchen, vielen Dank singt man im Chor, vielen Dank Sarotti-Mohr!» – Eßbar ist der Deutschen «Neger» übrigens auch nach wie vor per «Mohrenkopf» oder «Negerkuß»[289]. Ein anderer Kind-Neger wurde sehr berühmt und ist fast in jedem Haushalt anzutreffen, der «schwarze Mann» aus der Geschichte ‹Fips der Affe› von Wilhelm Busch. «Es wohnte da ein schwarzer Mann, der Affen fing und briet sie dann.» Vor kurzem gab es noch hier und da «brav nickende Mohrenknaben am Opferstock in der Kirche». Alles Spottfiguren und triviale Abziehbilder aus der kolonialen Vergangenheit, die sich bis in die Gegenwart hinübergerettet haben. Kannibalenwitze und auf Negerklischees projizierte Potenzkomplexe, Ausdruck kolonialer und imperialistischer Ideologie, lange vorbereitet in der gängigen Kinder- und Jugendlektüre, sind als tiefsitzender Rassismus weiter unter uns.

Sensationellen Erfolg errang vor allem Heinrich Hoffmanns Kinderbuch vom ‹Struwwelpeter›, von dem Marie-Luise Könneker sagt, es habe «das Bewußtsein der Deutschen vermutlich nachhaltiger geprägt ... als der ‹Faust› oder das ‹Kommunistische Manifest›»[290]. In diesem so sehr mit der Geschichte des Bürgertums und der Kindheitsgeschichte von Millionen Deutschen verknüpften Bilderbuch findet sich auch die wahrhaft subtile Geschichte von «den schwarzen Buben». Auf den ersten Blick sieht es so aus, als würden die drei Buben, die den «kohlpechrabenschwarzen Mohr» auslachen, von der Autoritätsfigur Niklas zur «Räson» gebracht, als hätten sie etwas Gutes gelernt. Gelernt aber haben Ludwig, Kaspar und Wilhelm, genau wie die Millionen Kinder, die diese Geschichte lasen: schwarz sein ist nicht schön, man darf daher nach dem Motto: «Was kann denn dieser Mohr dafür, daß er so weiß nicht ist wie ihr» Mitleid mit dem «armen schwarzen Mohr» haben und Schwarzsein ist Strafe, denn zur Strafe werden die bösen Buben von Niklas im Tintenfaß geschwärzt. Interessant und kaum bekannt ist der zeitpolitische Hintergrund dieser Geschichte von den «bösen Buben»: Sie symbolisieren auch den Kampf der europäischen Großmächte um die Einflußgebiete am Schwarzen Meer in einer Zeit, als das türkische Reich zerfiel. Für Wilhelm, einen der drei bösen Buben, stand dabei der deutche Kaiser Wilhelm II. Pate, der damals ebenfalls sein Interesse an der Türkei angemeldet hatte.

«Wer hat Angst vorm schwarzen Mann...?» sangen deutsche Kinder über hundert Jahre lang. «Ich nicht», meint da der Münchner Straßensänger Tommy heute, «ich nicht, denn uns einfachen Leuten hat er nichts getan.» Sein «Schwarzer Mann» aber ist ein anderer; einer, der in den schwarzen Anarchistenmantel gehüllt, die bürgerliche Welt der Ordnung aufschreckt. Aber das ist eine andere Geschichte...

Anmerkungen

Dieser Text ist ein wesentlich überarbeiteter Teil meiner soziologischen Diplomarbeit ‹*Frauen und Kolonialismus; Thesen, Hypothesen, erste Arbeitsergebnisse*›, die 1981 am Fachbereich Philosophie und Sozialwissenschaften der Freien Universität Berlin angenommen wurde. Für Studienzwecke können und sollten die dort enthaltenen weit ausführlicheren Quellenhinweise, Fußnoten und Literaturangaben eingesehen werden.

1 Zitiert bei Maria Kahle: Deutsche Heimat in Brasilien; Berlin 1937, S. 87
2 Hans Amrhein: Die deutsche Schule im Auslande; Leipzig 1905, S. 29
3 L. Faubel: Weibliches Deutschtum in Amerika; in: Frauenkapital, Nr. 48 v. 13.12.1914
4 Maria Kahle, a.a.O., S. 126
5 Emilie Heinrichs: Die Frau des Auswanderers, Erlebnisse einer Kolonialistenfrau in Südbrasilien; Freiburg 1921, S. 53
6 Paul von Hindenburg; in: 25. Jahresbericht des Kolonialvereins der Südwestafrikaner zu Berlin 1932, S. 13
7 Zitiert bei Ludwig Külz: Blätter und Briefe eines Arztes aus dem tropischen Afrika; Berlin 1910, S. 106
8 Deutsche Kolonialpolitik in Dokumenten. Gedanken und Gestalten aus den letzten 50 Jahren; hg. und eingeleitet von Dr. Ernst Gerhard Jacob; Leipzig 1938, S. 574
9 Nachrichtenbeilage von Kolonie und Heimat, IV. Jg., Nr. 35
10 Evans Lewin: Deutsche Kolonisatoren in Afrika. Die Kolonisierung mit der Peitsche; Zürich 1918, S. 11
11 Deutsche Kolonialpolitik, a.a.O., S. 565
12 Deutsche Kolonialpolitik, a.a.O., S. 567
13 Karl Dove: Die Deutschen Kolonien I. Togo und Kamerun; Leipzig 1909, S. 6f
14 Karl Dove: Südwestafrika, Kriegs- und Friedensbilder aus der ersten deutschen Kolonie; Berlin 1896, S. 45
15 Harry R. Rudin: Germans in the Cameroons, A Case Study in Modern Imperialism; London 1938, S. 325
16 Zitiert bei Henning Melber: Namibia – Geschichte und Gegenwart. Zur Frage der Dekolonisation einer Siedlerkolonie; Bonn 1977, S. 58
17 Siegfried Krebs: Zwangsarbeit in der ehemaligen deutschen Kolonie Ostafrika; in: Wissenschaftliche Zeitschrift der Karl-Marx-Universität Leipzig, 9. Jg. 1959/60, S. 396
18 Siegfried Krebs, a.a.O., S. 399
19 Karl Dove: Die Deutschen Kolonien I., a.a.O., S. 30
20 Zitiert in Patrice Mandeng: Auswirkungen der deutschen Kolonialherrschaft in Kamerun; Hamburg 1972, S. 94

21 Heinrich Bohner: Die Hauptaufgaben einer westafrikanischen Kolonialregierung; Basel 1889, S. 36
22 Joachim Graf Pfeil: Studien und Beobachtungen aus der Südsee; Braunschweig 1899, S. 240
23 Stefan von Kotze: Aus Papuas Kulturmorgen; Berlin 1905, S. 16
24 E. Th. Förster in: Die deutschen Kolonien, 3. Jg. 1904, Nr. 4
25 Ludwig Külz, a. a. O., S. 263
26 Stefan von Kotze: Ein afrikanischer Küstenbummel; Berlin 1911, S. 301
27 Paul Rohrbach: Deutsche Kolonialwirtschaft; Berlin 1909, S. 44
28 Zitiert bei Hans Peter Dürr: Traumzeit. Über die Grenze zwischen Wildnis und Zivilisation; Frankfurt a. M. 1978, S. 153
29 Friedrich Fülleborn: Beiträge zur Physischen Anthropologie der Nord-Nyassaländer; Berlin 1902, S. 14
30 Gustav Fritsch: Die Eingeborenen Südafrika's; Breslau 1872, S. 279 ff
31 Gustav Fritsch, a. a. O., S. 363
32 Gustav Fritsch, a. a. O., S. 54
33 Adolf Bastian: Einiges aus Samoa und andern Inseln der Südsee; Berlin 1889, S. 99/100
34 Leo Woerl: Samoa. Land und Leute; Leipzig 1901, S. 22
35 Joachim Graf Pfeil, a. a. O., S. 1
36 Zitiert bei Hilde Thurnwald: Die schwarze Frau im Wandel Afrikas; Stuttgart 1935, S. 30
37 Missionarin Wolff: Wie die heidnischen Kinga ihre Kinder erziehen; in: Der Njassa-Bote, 12. Jg., Nr. 2, April 1916
38 Max Buchner: Kamerun. Skizzen und Betrachtungen; Leipzig 1887, S. 30
39 Marie Pauline Thorbecke: Auf der Savanne. Tagebuch einer Kamerun-Reise; Berlin 1914, S. 65
40 C. Arriens: Allerlei Hausindustrie in Kamerun; in: Kolonie und Heimat, VI. Jg., Nr. 28, S. 4
41 Margarethe von Eckenbrecher: Im dichten Pori; Berlin 1912, S. 61 f
42 Bei Christoph Borkowsky: Zu einigen Aspekten des Ovambolebens; Berlin-West 1975, S. 41
43 Franz Stuhlmann: Handwerk und Industrie in Ostafrika; Hamburg 1910, S. 31
44 Hilde Thurnwald, a. a. O., S. 66
45 Heinrich Vedder: Die Bergdama; Hamburg 1923, S. 95
46 Götz Mackensen: Zum Beispiel Samoa; Bremen 1977, S. 111
47 Heinrich Vedder, a. a. O., S. 8 f
48 Heinrich Vedder, a. a. O., S. 9
49 Joachim Graf Pfeil, a. a. O., S. 149
50 Nach einem Gespräch mit Reverend Hendrik Witbooi, einem Urenkel der gleichnamigen legendären Führerpersönlichkeit im Widerstand gegen den deutschen Kolonialismus in Südwestafrika
51 Zitiert bei L. de Vries: Sending en Kolonialisme in Suidwes-Afrika; Brüssel 1971, S. 169 nach: entwicklungspolitische korrespondenz, 8. Jg., Heft 5/6, Hamburg 1977, S. 22

52 K. F. Hoeflich: Das Deutsche Sprach- und Schulproblem in Südwestafrika; in: W. Drascher u. H. J. Rust (Hg.): Ein Leben für Südwestafrika. Festschrift für Dr. h. c. Heinrich Vedder; Windhuk 1961, S. 122
53 Zitiert bei Helmut Bley: Kolonialherrschaft und Sozialstruktur in Deutsch-Südwestafrika 1894–1914; Hamburg 1968, S. 247
54 Helmut Bley, a. a. O., S. 246
55 Festschrift: Ein Leben für Südwestafrika; a. a. O., Geleitwort, S. 5
56 Heinrich Vedder, a. a. O., S. 185
57 Heinrich Vedder, a. a. O., S. 174
58 Heinrich Vedder, a. a. O., S. 179
59 Heinrich Vedder, a. a. O., S. 182
60 Zitiert bei Bald/Heller/Hundsdörfer/Paschen: Die Liebe zum Imperium; Bremen 1978, S. 115
61 Deutsche Kolonialpolitik, a. a. O., S. 15
62 Heinrich Berger: Mission und Kolonialpolitik. Die katholische Mission in Kamerun während der deutschen Kolonialzeit; Immensee 1978, S. 338
63 Gerhard Heyde: 50 Jahre unter Tibetern. Lebensbild des Wilhelm und der Maria Heyde; Herrnhut 1921, S. 41
64 Gerhard Heyde, a. a. O., S. 45
65 Aenne Trey: Tausend Kilometer im Ochsenwagen durch Südwestafrika; Bremen 1926, S. 15
66 Heinrich Vedder: Die schwarze Johanna. Lebens- und Zeitbild der 99jährigen Johanna Gertze, der Erstlingsfrucht vom Missionsfelde des Hererolandes; Wuppertal-Barmen 1936, Teil I, S. 18
67 Heinrich Vedder, a. a. O., Teil II, S. 6
68 Heinrich Vedder, a. a. O., Teil II, S. 32
69 Margarethe von Eckenbrecher: Was Afrika mir gab und nahm; 1. Erlebnisse einer deutschen Frau in Südwestafrika 1902–1936; Berlin 1940, S. 48 f
70 Frau Missionar Wolff: Die Nähschule auf Tandala; in: Der Njassa-Bote, 5. Jg., Nr. 3, Juli 1909
71 Maria Maaß: Wie wir Hausfrauen in Deutsch-Ostafrika mit unseren schwarzen Leuten wirtschaften; in: Der Njassa-Bote, 5. Jg., Nr. 4, Oktober 1909
72 Anna Wuhrmann: Vier Jahre im Grasland von Kamerun; Basel 1917, S. 113
73 Anna Rein-Wuhrmann: Mein Baumvolk im Grasland von Kamerun; Stuttgart und Basel 1925, S. 25
74 Anna Rein-Wuhrmann, a. a. O., S. 150
75 Assumpta Volpert: Im Gefolge des Guten Hirten. Lebensbild der Steyler Missionsschwester Emerentiana Picker; Paderborn 1935
76 Assumpta Volpert, a. a. O., S. 72/73
77 Johanna Wittum: Unterm Roten Kreuz in Kamerun und Togo; Heidelberg 1899, S. 44
78 Helene von Borke: Ostafrikanische Erinnerungen einer freiwilligen Krankenpflegerin; Berlin 1891, S. 34

79 Hedwig Irle: Unsere schwarzen Landsleute in Deutsch-Südwestafrika; Gütersloh 1911, S. 56 ff
80 Hedwig Irle, a. a. O., S. 75
81 Lotti Kohls: Chinesische Kleinstadtbilder; Berlin 1927, Teil I, S. 23
82 Hanna Rhiem: Hinter den Mauern der Senana; Berlin 1902, S. 8
83 Manushi, indische Frauenzeitschrift, New Delhi 1980, Nr. 5, S. 25
84 Lene Haase: Durchs unbekannte Kamerun; Berlin 1915, S. 87
85 Paul Rohrbach: Deutsche Kolonialwirtschaft; Berlin 1909, S. 43
86 Reichskolonialamt: Die deutschen Schutzgebiete in Afrika; Berlin 1911/12, S. XI
87 Patrice Mandeng, a. a. O., S. 167 ff
88 Helmut Bley, a. a. O., S. 288
89 Henning Melber: Namibia; in: Peter Ripken (Hg.): Südliches Afrika. Ein kritisches Handbuch; Berlin-West 1978, S. 110
90 M. Göhring: Die Stellung des weiblichen Geschlechts in Kamerun in Beziehung auf Verheiratung und Ehesachen; in: Die deutschen Kolonien, 3. Jg. 1904, Nr. 11, S. 244
91 M. Göhring, a. a. O., S. 245
92 H. Bohner: Vorschläge zur weiteren Bekämpfung der Polygamie in Kamerun, in: Die deutschen Kolonien, 1. Jg. 1902, Nr. 4, S. 53
93 Karl Marx, MEW Bd. 9, Berlin-Ost 1960, S. 225
94 Zitiert bei Helmut Bley, a. a. O., S. 252–255
95 Zitiert bei Helmut Bley, a. a. O., S. 253–255
96 Vgl. Stenographische Berichte des Deutschen Reichstags vom 8. 5. 1912
97 Zitiert nach Gert von Paczensky: Weiße Herrschaft. Eine Geschichte des Kolonialismus; Frankfurt a. M. 1979, S. 117 f
98 Max Buchner, a. a. O., S. 154/155
99 Karl Oetker: Die Neger-Seele und die Deutschen in Afrika; München 1907, S. 32 ff
100 Vgl. Stenographische Berichte des Deutschen Reichstags vom 16. 3. 1896
101 Vgl. Stenographische Berichte des Deutschen Reichstags vom 3. 2. 1910
102 Stefan von Kotze: Aus Papuas Kulturmorgen; Berlin 1905, S. 108/109
103 Der Südwestbote; Windhuk, 27. 7. 1913
104 Nachrichtenbeilage von Kolonie und Heimat, VI. Jg., Nr. 15
105 Deutsche Kolonialzeitung, 30. Jg., Nr. 12, Berlin, 22. 3. 1913
106 Die deutschen Kolonien, Nr. 3, 1906
107 Acker: Die Frage der Mischrasseehen in den deutschen Schutzgebieten; in: Deutsche Kolonialzeitung, 30. Jg., Nr. 6, Berlin, 8. 2. 1913
108 Kolonie und Heimat, VI. Jg. (1912), Nr. 32
109 Ernst von Hesse-Wartegg: Samoa, Bismarckarchipel und Neuguinea. Drei deutsche Kolonien in der Südsee; Leipzig 1902, S. 218 f
110 Magdalene Prince: Eine deutsche Frau im Innern Deutsch-Ostafrikas; Berlin 1905, S. 5
111 Bernhard Dernburg: Südwestafrikanische Eindrücke; Berlin 1909, S. 38
112 Kolonie und Heimat, VI. Jg. (1912), Nr. 15, S. 8

113 Hans Jenny: Südwestafrika. Land zwischen den Extremen; Stuttgart und Berlin 1966, S. 66
114 Kolonie und Heimat, III. Jg., Nr. 5
115 Deutsche Kolonialzeitung, 18. Jg., Nr. 40, Berlin, 3.10.1901
116 Clara Bockmann: Die Deutsche Frau in Südwestafrika. Ein Beitrag zur Frauenfrage in unseren Kolonien; Berlin 1910, S. 22
117 Kolonie und Heimat, III. Jg., Nr. 25
118 Clara Brockmann: Briefe eines deutschen Mädchens aus Südwest; Berlin 1912, S. 193
119 Clara Bockmann, a. a. O., S. 9
120 Helene Grunicke: Nach Deutsch-Ost-Afrika. Reise-Erlebnisse; Friedewald-Dresden 1916, S. 63
121 Lydia Höpker: Um Scholle und Leben. Schicksale einer deutschen Farmerin in Südwest-Afrika; Minden 1927, S. 52f
122 Emmy Müller: Die deutsche Frau in der Südsee; in: Kolonie und Heimat, III. Jg., Nr. 26, S. 6f
123 Erika Busse-Lange: Afrikanisches Pflanzerleben. Aus den Briefen einer deutschen Pflanzersfrau in Deutsch-Ostafrika; Berlin und Leipzig 1935, S. 10
124 Maria Gräfin Matuschka: Meine Erinnerungen aus Deutsch-Ostafrika; Leipzig 1923, S. 16f
125 S. Ando: Bewirtung der Gäste in Südwest; in: Kolonie und Heimat, IV. Jg., Nr. 24, S. 9
126 E. F. Katiti: Von meinen Hottentotten und Kaffern. Aus den Erinnerungen einer alten Afrikanerin; in: Die Frau und die Kolonien; Heft 5/1937, S. 73
127 Margarethe von Eckenbrecher, a. a. O., S. 48f
128 Margarethe von Eckenbrecher, a. a. O., S. 53
129 Maria Karow: Wo sonst der Fuß des Kriegers trat. Farmerleben in Südwest nach dem Kriege; Berlin 1911, S. 139
130 Helene von Falkenhausen: Ansiedlerschicksale. Elf Jahre in Deutsch-Südwestafrika 1893–1904; Berlin 1905, S. 122
131 All-Deutschland. Ein illustriertes deutsches Familienblatt; o. V., Nr. 25/1894
132 Leonore Nießen-Deiters: Die deutsche Frau im Auslande und in den Schutzgebieten; Berlin 1913, S. 70
133 Ada Cramer: Weiß oder Schwarz, Lehr- und Leidensjahre eines Farmers in Südwest im Lichte des Rassenhasses; Berlin 1913, S. 53
134 Emmy Richter: Die deutsche Hausfrau in den Kolonien. Aus meiner Afrikazeit; in: Kolonie und Heimat, I. Jg., Nr. 10, S. 12
135 Margarethe von Eckenbrecher, a. a. O., S. 45
136 Leonore Nießen-Deiters, a. a. O., S. 24f
137 Joachim Graf Pfeil, a. a. O., S. 32
138 Clara Brockmann: Die Deutsche Frau in Südwestafrika..., a. a. O., S. 24/25
139 Christa Schmidt-Dannert: Als Hausfrau und Mutter in den Tropen. Er-

fahrungen und Erlebnisse einer deutschen Arztfrau; Stuttgart 1942, S. 205

140 Helene von Falkenhausen: Ein Farmerheim im Hereroland; in: M. v. Eckenbrecher u. H. v. Falkenhausen (Hg.): Deutsch-Südwestafrika. Kriegs- und Friedensbilder; Leipzig 1907, S. 31
141 Helene von Falkenhausen: Ansiedlerschicksale..., a. a. O., S. 114f
142 Lydia Höpker, a. a. O., S. 8
143 Clara Brockmann, a. a. O., S. 27
144 Else Sonnenberg: Wie es am Waterberg zuging. Ein Beitrag zur Geschichte des Hereroaufstandes; Berlin 1905, S. 8
145 Helene von Falkenhausen, a. a. O., S. 21
146 Magdalene Prince, a. a. O., S. 144 und S. 197
147 Maria Karow, a. a. O., S. 85
148 Clara Brockmann: Briefe eines deutschen Mädchens..., a. a. O., S. 201
149 Frieda Zieschank: Ein Jahrzehnt in Samoa; Leipzig 1918, S. 23
150 Helene von Falkenhausen, a. a. O., S. 25f
151 Charlotte und Ludwig Deppe: Um Ostafrika. Erinnerungen; Dresden 1925, S. 33
152 Maria Karow, a. a. O., S. 60
153 Gerda von Kries: Küchenzettel, schwarze Boys und Kinderwagen; in: Die Frau und die Kolonien, Heft 5/1937, S. 76
154 Gertrud Anhuth: Schwarze Perlen. Dienstbotenfragen in Südwestafrika; in: Die Frau und die Kolonien, Heft 10/1937, S. 154
155 Clara Brockmann, a. a. O., S. 37
156 Helene von Falkenhausen, a. a. O., S. 130
157 Ada Cramer, a. a. O., S. 119
158 Margarethe von Eckenbrecher, a. a. O., S. 89
159 Helene von Falkenhausen, a. a. O., S. 75
160 Lydia Höpker, a. a. O., S. 25
161 Clara Brockmann: Die Deutsche Frau..., a. a. O., S. 4
162 Helene von Falkenhausen: Ein Farmerheim im Hereroland; a. a. O., S. 27
163 Margarete Kierstein: Trommeln tönen durch die Wildnis; Breslau 1935, S. 6
164 Schröder-Stranz: Süd-West, Kriegs- und Jagdfahrten; Berlin 1910, S. 90f
165 Kurd Schwabe: Mit Schwert und Pflug in Deutsch-Südwestafrika; Berlin 1899, S. 49
166 Kurd Schwabe, a. a. O., S. 35
167 Karl Dove: Südwestafrika, a. a. O., S. 187
168 Ada Cramer, a. a. O., S. 105
169 Ada Cramer, a. a. O., S. 96
170 Frieda von Bülow: Reiseskizzen und Tagebuchblätter aus Deutsch-Ostafrika; Berlin 1889, S. 191f
171 Frieda Zieschank: Ein Jahrzehnt in Samoa; Leipzig 1918, S. 111
172 Frieda Zieschank, a. a. O., S. 108
173 Kolonie und Heimat, VI. Jg., Nr. 2, Ausgabe A, Nachrichtenbeilage

174 Frantz Fanon: Schwarze Haut, weiße Masken; Paris 1952 (Frankfurt a. M. 1980, S. 107)
175 Vgl. Stenographische Berichte des Deutschen Reichstags vom 7.5.1912
176 Paula Karsten: «Wer ist mein Nächster?» Negertypen aus Deutschwestafrika; Berlin 1903, S. XXX
177 Magdalene Prince, a. a. O., S. 60
178 Christa Schmidt-Dannert, a. a. O., S. 203
179 Sofie von Uhde: Deutsche unterm Kreuz des Südens; Berlin 1934, S. 149
180 Helene von Falkenhausen: Ansiedlerschicksale; Berlin 1905, S. 43–46
181 Grete Ziemann: Mola Koko! Grüße aus Kamerun; Berlin 1907, S. 87
182 Hedwig Irle, a. a. O., S. 64, und Louise Diel: Die Kolonien warten. Afrika im Umbruch; Leipzig 1939, S. 36
183 Grete Ziemann, a. a. O., S. 144
184 C. Schlettwein: Der Herero-Aufstand. Was hat ihn veranlaßt und was lehrt er uns?; Wismar 1905, S. 19
185 Deutsche Kolonialzeitung, 30. Jg., Nr. 24, S. 244f
186 Frauenwelt, Rundschau über alle Gebiete des Frauenlebens; Berlin, 14.7.1901
187 Deutsche Kolonialzeitung, 29. Jg., Nr. 16 vom 20.4.1912
188 Maria Gräfin Matuschka, a. a. O., S. 123
189 Margarethe von Eckenbrecher, a. a. O., S. 171f
190 Margarethe von Eckenbrecher, a. a. O., S. 215
191 E. Meirowsky: Geschlechtsleben, Schule und Elternhaus; Leipzig 1911, S. 8
192 E. Meirowsky, a. a. O., S. 13–15
193 Vgl. Stenographische Berichte des Deutschen Reichstags vom 11.3.1899
194 Kolonie und Heimat, Nr. 45, 1912/13
195 Anne Maag: Einrichtung von Lesemappen und Büchereien in Südwestafrika; in: Jahresberichte, Frauenbund der Deutschen Kolonialgesellschaft; Berlin 1930, S. 19
196 Deutsche Kolonialzeitung, 30. Jg., Nr. 22 vom 31.5.1913
197 Kolonie und Heimat, Nr. 23, 1911
198 Deutsche Kolonialzeitung, 30. Jg., Nr. 5 vom 1.2.1913
199 Adda von Liliencron: Wir waren unser vier; Berlin 1908
200 Adda von Liliencron: Reiterbriefe aus Südwest. Briefe und Gedichte aus dem Feldzuge in Südwest-Afrika in den Jahren 1904–1906; Oldenburg und Leipzig 1907, S. 52
201 Leonore Nießen-Deiters, a. a. O., S. 14 und S. 55
202 Jahresbericht 1933–34, Frauenbund der Deutschen Kolonialgesellschaft, S. 7
203 August Bebel: Die Sozialdemokratie im Deutschen Reichstag 1871–1893; Berlin 1909, S. 198f
204 Zitiert in: Alfred Mansfeld (Hg.): Sozialdemokratie und Kolonien; Berlin 1919, Anhang, S. 70
205 Zitiert bei Gianni Sofri: Über asiatische Produktionsweise; Frankfurt a. M. 1972, S. 77

206 Gianni Sofri, a. a. O., S. 79
207 Manfred Scharrer: Arbeiterbewegung im Obrigkeitsstaat; Berlin 1976, S. 109
208 Rosa Luxemburg: Die Krise der Sozialdemokratie; Zürich 1916, in: Gesammelte Werke, Berlin (Ost) 1974, Bd. 4, S. 162
209 Rosa Luxemburg, a. a. O., S. 161
210 Rosa Luxemburg, a. a. O., S. 55
211 Rosa Luxemburg, a. a. O., S. 162
212 Brief vom 12. September 1882, MEW 35, S. 357
213 Nach Gianni Sofri, a. a. O., S. 79
214 Nach Gianni Sofri, a. a. O., S. 79/80
215 Vgl. Verhandlungen der verfassunggebenden deutschen Nationalversammlung; Stenographische Berichte vom 6. Februar 1919
216 Zitiert bei Hans Poeschel: Die Kolonialfrage im Frieden von Versailles. Dokumente zu ihrer Behandlung; Berlin 1920, S. 110
217 Vgl. Verhandlungen der verfassunggebenden deutschen Nationalversammlung; Stenographische Berichte vom 3. März 1919
218 Adolf Stein: Friedrich der Vorläufige, die Zietz und die Anderen; Berlin 1919, S. 54
219 Marie Juchacz: Friedensvertrag und Kolonialarbeit; in: Alfred Mansfeld, a. a. O., S. 60
220 Clara Bohm-Schuch: Soll Deutschland vom Kolonialbesitz ausgeschlossen werden? in: Alfred Mansfeld, a. a. O., S. 61 f
221 Gianni Sofri, a. a. O., S. 84
222 Lida Gustava Heymann: Erlebtes – Erschautes. Deutsche Frauen kämpfen für Freiheit, Recht und Frieden; Meisenheim am Glan 1977, S. 96
223 Lida Gustava Heymann, a. a. O., S. 83 f
224 Zitiert bei Alice Salomon: Heroische Frauen; Zürich und Leipzig 1936, S. 279 f
225 Lida Gustava Heymann, a. a. O., S. 119
226 Zitiert bei Lida Gustava Heymann, a. a. O., S. 119 f
227 Nach Margrit Twellmann: Die deutsche Frauenbewegung. Ihre Anfänge und erste Entwicklung 1843–1889; Meisenheim am Glan 1972, S. 47 ff
228 Ludwig Hammerschlag im «Monistischen Jahrhundert» vom 15. Februar 1915
229 Adele Schreiber im Monistischen Jahrhundert vom August 1914
230 In: Deutsche Frau in schwerer Zeit, 23. Januar 1919
231 The International Council of Women of 1899; London 1900, 7 Vol.
232 The International Council, a. a. O., Bd. 1, S. 72 und S. 141 ff
233 The International Council, a. a. O., Bd. 1, S. 132
234 Courage, Frauenzeitschrift, Berlin, September 1977
235 Berliner Illustrirte Zeitung, Nr. 26 (1896), S. 8
236 Helene Lange und Gertrud Bäumer (Hg.): Handbuch der Frauenbewegung; Berlin 1901
237 Katharina von Kardorff-Oheimb, a. a. O., S. 55
238 Katharina von Kardorff-Oheimb, a. a. O., S. 59 f

239 Katharina von Kardorff-Oheimb, a. a. O., S. 179
240 Doris Wittner: Arabische Frauengassen; in: Frauenkapital vom 2. August 1914
241 Bertha Pappenheim: Sisyphus-Arbeit. Reisebriefe; Leipzig 1924, S. 222
242 Joan Anacker: Deutsche Frauen in den Kolonien; in: Menschenmarkt, Zeitung der Deutschen Liga zur Bekämpfung des Frauenhandels, München 1913, Heft 7/8
243 Helmut Bley, a. a. O., S. 251
244 Siegfried Passarge: Adamus. Bericht über die Expedition des Deutschen Kamerun-Komitees in den Jahren 1893–1894; Berlin 1895, S. 528
245 Lida Gustava Heymann, a. a. O., S. 94
246 Vgl. Richard J. Evans: Sozialdemokratie und Frauenemanzipation im deutschen Kaiserreich; Berlin und Bonn 1979, S. 279
247 Gisela Brinker-Gabler (Hg.): Frauen gegen den Krieg; Frankfurt a. M. 1980, S. 173
248 Zitiert bei George L. Mosse: Rassismus, ein Krankheitssymptom in der europäischen Geschichte des 19. und 20. Jahrhunderts; Königstein 1978, S. 104
249 Zitiert bei George L. Mosse, a. a. O., S. 101ff
250 Zitiert bei Olt. Stuhlmann: Deutsch-Südwestafrika, Kriegs- und Friedensbilder; Leipzig 1907, S. 79
251 Zitiert in Renzo Vespignani: Faschismus; herausgegeben von der Neuen Gesellschaft für bildende Kunst und dem Kunstamt Kreuzberg; Berlin 1976
252 George L. Mosse, a. a. O., S. 204
253 In Renzo Vespignani, a. a. O., S. 118
254 Hans Marsalek und Kurt Hacker: Kurzgeschichte der Konzentrationslager Mauthausen und seiner drei größten Nebenlager Gusen, Ebensee, Melk; Mauthausen o. J., S. 31
255 In Renzo Vespignani, a. a. O., S. 115
256 H. Hermann Graf von Schweinitz: Deutsch-Ostafrika in Krieg und Frieden; Berlin 1894, S. 52
257 Peter Brückner: Versuch, uns und anderen die Bundesrepublik zu erklären; Berlin 1978, S. 97
258 Peter Brückner, a. a. O., S. 96
259 Wilhelm Reich: Die Massenpsychologie des Faschismus; Hamburg 1974, S. 14
260 Maria Kahle, a. a. O., S. 30
261 Kolonialverein der Südwestafrikaner zu Berlin: 25. Jahresbericht, Geschäftsjahr 1932, S. 6
262 Vgl. Der Schutztruppler, 19. Jg., Nr. 10, Oktober 1932
263 Vorwort in: Luise Diel: Die Kolonien warten; Leipzig 1939
264 Emma Dorn: Frauenschicksale in Südwest zur Zeit des großen Aufstandes; in: Kolonie und Heimat, VI. Jg., Nr. 36 u. 37
265 Zitiert bei Dominique Venner: Söldner ohne Sold. Die deutschen Freikorps 1918–1923; Bergisch-Gladbach 1978, S. 57

266 Ernst Jünger: Der Kampf als inneres Erleben (1922); in: Werke Band 5, Essays I, Betrachtungen zur Zeit; Stuttgart o. J., S. 39
267 Ernst Jünger, a. a. O., S. 41
268 Ernst Jünger, a. a. O., S. 42
269 Willy Haberling: Das Dirnenwesen in den Heeren und seine Bekämpfung; Leipzig 1914, S. 94
270 Nach Willy Haberling, a. a. O., S. 96
271 Nach Willy Haberling, a. a. O., S. 96
272 Vgl. Harry R. Rudin, a. a. O., S. 197
273 Nach Bald/Heller/Hundsdörfer/Paschen, a. a. O., S. 118
274 Heinz von Ortenberg: Aus dem Tagebuch eines Arztes, Feldzugskizzen aus Südwestafrika; Berlin 1907, S. 117
275 Ludwig Külz, a. a. O., S. 94 ff
276 Schröder-Stranz, a. a. O., S. 33
277 Johann Ferdinand Mohr's Kriegserlebnisse in Südwestafrika; nach Tagebuchaufzeichnungen von F. W. Brepohl; Bad Nassau/Lahn 1917, S. 50
278 Hermann Graf von Schweinitz, a. a. O., S. 160
279 Hans Rohde: Meine Erlebnisse im Balkankrieg und kleine Skizzen aus dem türkischen Soldatenleben; Charlottenburg 1913, S. 81
280 Nach Bald/Heller/Hundsdörfer/Paschen, a. a. O., S. 118 f
281 Britisches Blaubuch; London 1918, S. 9
282 Zitiert nach Gert von Paczensky, a. a. O., S. 117 f
283 Zitiert nach Heinrich Distler, a. a. O., S. 64
284 Vgl. Reiner Pommerin: Sterilisierung der Rheinlandbastarde. Das Schicksal einer farbigen deutschen Minderheit 1918–1937; Düsseldorf 1979
285 Vgl. Jürgen Haller: Sterilisierung der Rheinlandbastarde; in: Kölner Stadtanzeiger vom 11./12. August 1979
286 Vgl. Stenographische Berichte der Nationalversammlung vom 20. Mai 1920
287 Adolf Stein, a. a. O., S. 215
288 Else Lasker-Schüler: Der grüne Heinrich; Berlin 1920, S. 91
289 Helmut Fritz: Der eßbare Neger; in: «die dritte welt» Nr. 1/1980, S. 14 ff
290 Marie-Luise Könneker: Dr. Heinrich Hoffmanns «Struwwelpeter», Untersuchungen zur Entstehungs- und Funktionsgeschichte eines bürgerlichen Bilderbuchs; Stuttgart 1977

Bildnachweise

Magdalene Prince: Eine deutsche Frau im Innern Deutsch-Ostafrikas; Berlin 1905, S. 40
Leipziger Illustrierte 1850; in: Fragen an die deutsche Geschichte, Katalog zur Historischen Ausstellung im Reichstagsgebäude in Berlin; Bonn 1981, Foto 101/S. 178
Maria Kahle: Deutsche Heimat in Brasilien; Berlin 1937, S. 25
Friedrich Zillessen u. Heinrich Beenken (Hg.): Was wir verloren haben – Entrissenes doch nie vergessenes deutsches Land; Berlin 1921, o. S.
Ida Schuffenhauer: Komm wieder Bwana. Ein deutsches Schicksal; Berlin 1940, S. 249. Aus Privatbesitz
Ida Schuffenhauer, a. a. O., S. 249
Report on the Natives of South-West Africa und their Treatment by Germany; London 1918, S. 175/Plate 5
Gustav Fritsch: Die Eingeborenen Südafrika's. Text und Atlas; Breslau 1872, Atlas, Tafel XX
Emmy Bernatzik: Afrikafahrt. Eine Frau bei den westafrikanischen Negern; Frankfurt a. M. 1953, S. 148/Abb. 89
Anna Wuhrmann: Vier Jahre im Grasland von Kamerun; Basel 1917, S. 50
Der Nyassabote, Nr. 1, 12. Jg., Januar 1916, S. 7
Grete Ziemann: Mola Koko! Grüße aus Kamerun. Tagebuchblätter; Berlin 1907, S. 148
Maria Karow: Wo sonst der Fuß des Kriegers trat. Farmerleben in Südwest nach dem Kriege; Berlin 1911, Tafel 21
Gerhard Heyde: 50 Jahre unter Tibetern. Lebensbild des Wilhelm und der Maria Heyde; Herrnhut 1921, S. 81
Heinrich Vedder: Die schwarze Johanna. Lebens- und Zeitbild der 99jährigen Johanna Gertze, der Erstlingsfrucht vom Missionsfelde des Hererolandes; Barmen 1936, Titelbild und S. 31
Ilse Steinhoff: Deutsche Heimat in Afrika. Ein Bilderbuch aus unseren Kolonien; Berlin 1941, o. S.
Kolonie und Heimat, IV. Jg. 1911, Nr. 49, S. 12
Die Frau und die Kolonien, Heft 8 v. 1. 8. 1937, S. 115
Eva Mac Lean, a. a. O., S. 11
Maria Karow, a. a. O., Tafel 27
Hedwig Irle: Wie ich die Herero lieben lernte; Gütersloh 1909, S. 17
Christa Schmidt-Dannert: Als Hausfrau und Mutter in den Tropen. Erfahrungen und Erlebnisse einer deutschen Arztfrau; Stuttgart 1942, Bild 19
Else von Bötticher: Das Heimathaus in Keetmanshoop; Berlin 1914, S. 3
Die Frau und die Kolonien, Heft 10 v. 1. 10. 1937, S. 155
Ilse Steinhoff, a. a. O., o. S.
Die Frau und die Kolonien, Heft 10 v. 1. 10. 1937, S. 155

Kolonie und Heimat, IV. Jg. 1911, Nr. 19, Titelblatt
Frieda Zieschank: Ein Jahrzehnt in Samoa; Leipzig 1918, S. 80
Kolonie und Heimat, IV. Jg. 1910, Nr. 15, Nachrichtenbeilage S. 4
Die Frau und die Kolonien, Heft 8 v. 1.8.1937, S. 122
Kolonie und Heimat, III. Jg. 1910, Nr. 12, S. 11
Berliner Illustrirte Zeitung, V. Jg., Nr. 38 v. 20.9.1896, Titelblatt
Felix von Luschan: Beiträge zur Völkerkunde der deutschen Schutzgebiete; Berlin 1897, S. 25
Henning Melber (Hg): Namibia – Kolonialismus und Widerstand; Bonn 1981, S. 85
Renzo Vespignani: Faschismus; Berlin 1976, S. 109
Kolonie und Heimat, IV. Jg. 1910, Nr. 3, Titelblatt
Maria Kahle, a.a.O., S. 149
Schröder-Stranz: Südwest. Kriegs- und Jagdfahrten; Berlin 1910, S. 32
Plakat zur Stationierung schwarzer französischer Truppen in Deutschland nach 1918
Lydia Höpker: Um Scholle und Leben. Schicksale einer deutschen Farmerin in Südwest-Afrika; Minden 1927, Umschlag innen

Alle Abbildungen, soweit nicht anders vermerkt, wurden mit freundlicher Genehmigung des Bildarchivs Preußischer Kulturbesitz in Berlin veröffentlicht.

frauen aktuell

Herausgeber Ingke Brodersen · Freimut Duve
Begründet von S.v. Paczensky

Eine Auswahl

rororo aktuell 12234

Theresia Brechmann
Jede dritte Frau
Protokoll einer Vergewaltigung (12137)

Ingrid Häusler
Kein Kind zum Vorzeigen?
Bericht über eine
Behinderung (4524)

rororo aktuell 12138

Elisabeth Vogelheim (Hg.)
Frauen am Computer
Was die neuen Technologien
den Frauen bringen.
Eine Einführung.
rororo aktuell 5529
Wenn die Frauen sich nicht in
die Computerzukunft einmischen, werden sie die
Analphabeten von morgen
sein.

C 2173/6

Barbara Kavemann /
Ingrid Lohstöter
Väter als Täter
Sexuelle Gewalt gegen Mädchen «Erinnerungen sind
wie eine Zeitbombe»
rororo aktuell 5250

rororo aktuell 5914

Heike Mundzeck
**«Als Frau ist es wohl
leichter, Mensch zu werden»**
Gespräche mit Dorothee Sölle,
Margarethe von Trotta, Heidemarie Wieczorek-Zeul
rororo aktuell 5354
Drei Frauen beschreiben ihre
Lebenswege: ihre Kindheit,
was ihnen geschenkt wurde,
was sie sich hart erringen
mußten und was sie weiterhin erwarten.

rororo aktuell 5244

A. Baumgartner-Karabak/
G. Landesberger
Die verkauften Bräute
Türkische Frauen zwischen
Kreuzberg und Anatolien
rororo aktuell 4268

Christine Swientek
**«Ich habe mein Kind
fortgegeben»**
Die dunkle Seite der
Adoption
rororo aktuell 5119

**Das trostlose
Leben der
Karin P.**
Geschichte
einer Pennerin
rororo aktuell 5633

Awa Thiam
**Die Stimme der
schwarzen Frau**
Vom Leid der Afrikanerinnen.
rororo aktuell 4840

rororo aktuell 4530

Claudia von Werlhof/
Maria Mies/Veronika
Bennholdt-Thomsen
**Frauen, die letzte
Kolonie**
Zur Hausfrauisierung
der Arbeit (12239)

Probleme der Dritten Welt

Aharon und Amalia Barnea
Mein Freund, der Feind
Der Israeli und der Palästinenser
(12259)

Gisela Frese-Weghöft
Ein Leben in der Unsichtbarkeit
Frauen im Jemen (5645)

Christine von Garnier
«Ich habe einen der letzten Kolonialherren Afrikas geheiratet»
Ein namibisches Tagebuch (5991)

Anja Malanowski/Marianne Stern (Hg.)
Iran – Irak
«Bis die Gottlosen vernichtet sind»
(12133)

Bahman Nirumand
Iran – hinter den Gittern verdorren die Blumen (5735)

Herausgeber
Ingke Brodersen
Freimut Duve

C 2133/10 b

12139

12556